中国人民银行上海总部重点研究课题汇编 2018

主编 金鹏辉

责任编辑:石　坚
责任校对:张志文
责任印制:赵燕红

图书在版编目(CIP)数据

中国人民银行上海总部重点研究课题汇编2018/金鹏辉主编.—北京:中国金融出版社,2019.7

ISBN 978-7-5220-0150-0

Ⅰ.①中… Ⅱ.①金… Ⅲ.①金融—研究报告—中国—2018 Ⅳ.①F832

中国版本图书馆 CIP 数据核字(2019)第 125900 号

中国人民银行上海总部重点研究课题汇编2018
Zhongguo Renmin Yinhang Shanghai Zongbu Zhongdian Yanjiu Keti Huibian 2018

出版
发行　中国金融出版社

社址　北京市丰台区益泽路2号
市场开发部　(010)63266347,63805472,63439533(传真)
网上书店　http://www.chinafph.com
　　　　　(010)63286832,63365686(传真)
读者服务部　(010)66070833,62568380
邮编　100071
经销　新华书店
印刷　北京市松源印刷有限公司
尺寸　169毫米×239毫米
印张　25.25
字数　480千
版次　2019年7月第1版
印次　2019年7月第1次印刷
定价　69.00元
ISBN 978-7-5220-0150-0
如出现印装错误本社负责调换　联系电话(010)63263947

前 言

  2018年,在以习近平同志为核心的党中央领导下,金融领域各项工作扎实推进,不断加强对经济和社会的支持力度,有效防范化解金融风险,持续深化金融改革开放。人民银行根据党中央国务院的战略部署,开展了一系列符合中国国情和客观规律的改革和探索。一是营造适宜的货币环境,强化货币政策逆周期调控作用,保证流动性合理充裕。二是精准支持经济重点领域和薄弱环节,通过"三箭齐发",即在贷款投放、支持民营企业债券发行、研究创设民营企业股权融资工具方面加大政策力度,小微企业、民营企业的金融环境明显改善。三是有效防患化解金融风险,稳定宏观杠杆率,平衡好稳增长和防风险之间的关系。四是兼顾经济内外平衡,保持人民币汇率在合理均衡水平上基本稳定,国际收支更趋平衡。五是进一步推动金融改革开放,推动金融监管体制改革,完善利率、汇率市场化形成机制,扩大金融业开放。

  当今世界面临百年未有之大变局,机遇与挑战并存。我国发展仍处于并将长期处于重要战略机遇期,经济韧性强、潜力足、回旋余地大,具备长期向好和深化改革的条件和基础。人民银行上海总部在总行党委的领导下,以习近平新时代中国特色社会主义思想为指引,提高政治站位,加强政治建设,把党对金融工作的集中统一领导贯穿总部工作的全过程和各方面,认真履行全国性职能,贯彻落实党中央国务院对上海的各项战略部署;深刻把握当前重要战略机遇期的新内涵,紧密围绕高质量发展和构建现代金融体系的中心任务,以深化金融供给侧结构性改革为主线,着眼现代金融体系效率性、稳定性、普惠性、开放性四大核心要素,主动作为,聚焦重点难点问题,深化上海国际金融中心建设。人民银行上海总部党委积极调动总部资源,充分发挥整体协同优势,进一步提高研究工作的针对性和有效性,努力推动上海总部研究工作再上新台阶。2018年上海总部围绕货币政策与金融市场、金融支持实体经济、金融监管与金融稳定、金融开放、内部管理五个方面主题，共开展35项重点课题研究，形成一批高质量研究成果。为鼓励全体员工大兴调研之风，深入开展各项理论研究和政策研究，进一步扩大调研成果共享，为各项金融工作提供智力支持，我们选取其中25篇，结集出版。聚焦金融系统结构调整优化和完善金融宏观调控；宏观经济形势变化对货币政策调控、金融稳定政策的影响；宏观审慎政策逆周期调节，防范金融系统性风险；扩大金融高水平双向开放，提升参与国际金融治理能力；国际金融中心建设和金融科技发展等领域。金融研究工作任重道远，人民银行上海总部在总行党委的领导下，紧密团结在以习近平同志为核心的党中央，以饱满的热情，围绕中心，服务大局，扎实做好研究工作，力求作出特色，作出品牌，为落实党中央对金融工作的要求和部署作出应有的贡献。本书的出版是我们在这方面努力的一点体现。当然，囿于能力和时间，难免错误遗漏，我们期待读者的批评指正，共同提高央行金融理论和政策研究水平。

目　　录

金融支持实体经济发展篇

对标世界银行指标体系
　　——从金融角度进一步改善上海营商环境
....综合管理部（3）

中国宏观融资结构：国际比较、变化趋势和当前问题
....公开市场操作部（18）

助力上海国际金融中心基本建成的金融市场发展研究
....金融市场管理部（38）

票据市场支持科创中心建设研究
....金融市场管理部（48）

地方债务收支与国库现金管理关系研究
....金融服务一部（64）

推进金融知识纳入国民教育体系有效性评估研究
....金融消费权益保护部（82）

金融监管与金融稳定篇

系统重要性银行统计框架及应用研究
....调查统计研究部（99）

刚性兑付的社会成本与有序治理研究
....调查统计研究部（114）

大资管时代我国资产管理行业发展与监管研究
....调查统计研究部（124）

支付机构大数据监管模式探究
....金融服务一部（142）

支付服务市场开放下的支付行业发展与监管研究
....金融服务一部（156）

新形势下洗钱犯罪查处机制完善研究
....金融服务二部（172）

违法违规金融广告典型特征实证分析与监管路径研究
………………………………………………………… 金融消费权益保护部（188）

基于典型案例的电信诈骗洗钱风险类型研究
………………………………………………………… 反洗钱监测分析中心（202）

货币政策与金融市场篇

投资者结构改善对债券市场定价效率的影响
——基于银行间市场企业债券数据的实证研究
………………………………………………………… 调查统计研究部（221）

中国货币政策的区域非对称效应研究
………………………………………………………… 调查统计研究部（234）

美国货币政策操作演变及对中国的启示
………………………………………………………… 调查统计研究部（251）

金融开放篇

货币国际化的国际经验实证比较
………………………………………………………… 国际部（271）

人民币对日元汇率决定因素影响分析
——基于宏观经济模型和高频数据的分析
………………………………………………………… 国际部（284）

跨境资本宏观审慎管理理论研究与实践探索
………………………………………………………… 外汇管理部（296）

美元周期与我国跨境资本流动研究
………………………………………………………… 外汇管理部（310）

上海国际金融中心建设框架下跨境金融业务税收政策研究
………………………………………………………… 跨境人民币业务部（332）

电子商务跨境资金结算新模式与监管创新的思考
………………………………………………………… 跨境人民币业务部（347）

央行内部管理篇

金融消费纠纷投诉处理全流程规范制度研究
………………………………………………………… 金融消费权益保护部（367）

人民银行征信信息安全管理效果及风险防范研究
………………………………………………………… 内审部（382）

 金融支持实体经济发展篇

对标世界银行指标体系

——从金融角度进一步改善上海营商环境

中国人民银行上海总部综合管理部课题组

课题组组长：文善恩
课题组成员：童士清　王　伟　李旭东　冯　月　杨梦萍

摘　要

打造良好的营商环境是建设现代化经济体系、促进高质量发展的重要基础。世界银行的《营商环境报告》是评估各国营商环境最权威、最具影响力的报告之一，其排名对国际机构、各国投资者都有重要的参考价值。本文简要回顾了世界银行《营商环境报告》的发展历程及其影响力，详细分析了最新一期《营商环境报告》的指标体系及评价方法，并从金融角度出发，就评价指标内与金融密切相关的内容进行重点分析，提出了进一步提高我国营商环境整体形象和国际排名的政策建议。

一、世界银行《营商环境报告》主要内容及评价体系

（一）《营商环境报告》简介

1. 发展历程

世界银行从20世纪80年代开始逐步重视对企业营商环境的研究。即在一个国家，除了宏观经济政策对企业的营商环境起着重要作用，与企业发展息息相关的法律法规、行政手续等对其产生的影响也同样重要。为了评估企业的发展环境，进一步推动该时期蓬勃发展的私营经济，2002年，世界银行成立了营商环境报告研究小组。该小组旨在研究制定营商环境指标体系，并就一个国家或者地区的监管制度对企业经营状态进行量化评价。自2003年起，世界银行按年度发布《营商环境报告》，并对相关国家和地区进行年度考察、评估、排位，从而评估该国或该地区的企业在其生命周期内所处的制度环境，重点评估内容集中在便利性、效率、成本和市场环境的公平性等方面。《营商环境报告》首次发布时，仅有5项一级指标，覆盖了133个经济体。经过16年的不断补充和完善，2019年《营商环境报告》包含

10项一级指标,覆盖了190个经济体。过去的16年,在190个经济体中,43800余名专业人士为《营商环境报告》指标的形成提供了数据支持。

2. 《营商环境报告》的影响力及意义

为了解各国的营商环境,《营商环境报告》提供了可度量的基准指标和可比较的客观数据,《营商环境报告》的覆盖范围广、指标全面、数据客观。由于影响力不断上升,自2014年起,世界银行将该报告列为旗舰报告(flagship report)。穆迪、标普、世界经济论坛等重量级国际机构经常引用该报告的分析和结论,全世界越来越多的投资者也将报告作为决策依据。各国政府、智库等将报告中的相关指数运用于指导政策、引用研究或开放新指数。自2003年发布《营商环境报告》以来,其衡量的190个经济体实施了3500余项商业监管改革,这些改革大多是在低收入和中低收入经济体中进行的。

(二) 2019年《营商环境报告》指标体系构成

2019年《营商环境报告》评价体系由衡量影响一个企业商业经营的11项一级指标和41项二级指标构成。2019年该报告的营商难易程度排名涵盖了10个领域:开办企业、办理施工许可证、获得电力、登记财产、获得信贷、保护少数投资者、纳税、跨境贸易、执行合同和办理破产。10个领域分别对应了企业整个生命周期的五大阶段:创业阶段、获得场地、获得融资、日常运营和在安全的商业环境中运营。

资料来源:营商环境数据库①。

图1 营商环境评价指标涵盖领域

---

① "劳动力市场监管"不包括在营商环境便利度排名中。

表1　　　　《营商环境报告》一级指标与二级指标

阶段分类	一级指标	二级指标
创业阶段	开办企业	开办企业手续（数量）
		开办企业耗时（天数）
		开办企业成本（人均收入百分比）
		最低实缴资本（人均收入百分比）
	劳动力市场监管	—
获得场地	办理施工许可证	手续（个）
		时间（天）
		成本（人均收入的%）
		建筑质量控制指标（0~15）
	获得电力	手续（个）
		时间（天）
		成本（占人均国民收入的百分比）（人均收入百分比）
		供电可靠性和电费指数透明度（0~8）
	登记财产	程序（个）
		时间（天）
		成本（财产价值的%）
		土地管理系统的质量指数（0~30）
获得融资	获得信贷	合法权利力度指数（0~12）
		信贷信息深度指数（0~8）
日常运营	保护少数投资者	披露指数
		董事责任指数
		股东诉讼便利度指数（0~10）
		股东权利指数（0~10）
		所有权和管理控制指数（0~10）
		公司透明度指数（0~10）
	纳税	纳税（次）
		时间（小时）
		总税率和社会缴纳费率（占利润百分比）
		报税后利润指标（0~100）
	跨境贸易	出口耗时：边界（小时计）合规
		出口所耗费用：边界（美元计）合规
		出口耗时：单证（小时计）合规
		出口所耗费用：单证（美元计）合规
		进口耗时：边界（小时计）合规
		进口所耗费用：边界（美元计）合规
		进口耗时：单证（小时计）合规
		进口所耗费用：单证（美元计）合规

续表

阶段分类	一级指标	二级指标
在安全的商业环境中运营	执行合同	时间（天数）
		成本（标的额的百分比）成本（占索赔额百分比）
		司法程序质量指数（0~18）
	办理破产	回收率（百分比）
		破产框架力度指数（0~16）

资料来源：世界银行。

（三）近年来我国在《营商环境报告》的排名变化情况

从近几年的情况来看，我国的营商环境排名提升较快，从2012年的第91位提升到2019年的第46位，大幅提升了45位，进入全球经济体排名前50位，这与我国施行的营商环境改革有密切关系。世界银行研究团队指出，在过去的一年里，中国在开办企业、办理施工许可证、获得电力、纳税、跨境贸易等七个类别的改革中取得了突出进展。其中，在跨境贸易方面成效显著，报告认为中国通过实施"单一窗口"，取消行政性收费、增强透明度并鼓励竞争，压缩了跨境贸易的时间和成本。尽管中国的排名呈现上升趋势，但我们必须清楚地认识到，中国离排名首位的新西兰、新加坡等国仍存在较大差距，离日本、韩国也有一定距离。

表2　　　　　2012—2018年我国营商环境排名变化情况

年份	排名	上升位数
2012	91	4
2013	91	0
2014	96	-5
2015	90	6
2016	84	6
2017	78	6
2018	78	0
2019	46	32

资料来源：根据世界银行相关数据整理。

二、《营商环境报告》与金融较为相关的指标分析

好的营商环境是一个国家重要的软实力,也是核心竞争力。上海不断改善和优化营商环境,不断进行制度创新,以"放管服"改革为抓手,着力营造更加良好的国际化、法治化、便利化的营商环境。从近些年的数据来看,上海在《营商环境报告》中的相关金融指标方面都有不错的表现。比如在获得信贷、开展跨境贸易便利度方面就有着明显提升。下面我们就与金融密切相关的指标逐一进行分析。

(一) 开办企业

1. 指标解析

该指标分析了在一个国家或者经济体开办企业的难度。数据显示:一个有限责任公司从注册到正式运营所需完成的步骤,花费的时间和费用(按性别细分)。在"开办企业"项中,与金融密切相关的是人民银行的开户许可,虽然在该项中没有直接的二级指标反映,但却是这四个指标中的重要环节。

表3 2019年《营商环境报告》中上海在"开办企业"方面的得分情况

指标	中国上海	东亚及太平洋地区	经合组织高收入经济体	总体最佳表现者
开办企业手续(男性)(数量)	4	6.8	4.9	1(新西兰)
开办企业耗时(男性)(数量)	9	25.9	9.3	0.5(新西兰)
开办企业成本(男性)(人均收入百分比)	0.7	17.8	3.1	0.0(斯洛文尼亚)
最低实缴资本	0.0	4.0	8.6	0.0(117经济体)

资料来源:世界银行。

2. 主要改革

从近几年的《营商环境报告》来看,"开办企业"项目一直是改革的重点。2013年的报告指出,我国从2012年1月到2014年12月通过免除小微企业缴纳的行政费用来降低创业成本。2015年的改革主要是通过取消最低资本要求和从审计公司获得验资报告的要求,使开办企业变得更加容易。2017年、2018年的报告都对中国减少开办企业的行政审批表示肯定。

3. 得分情况

在"开办企业"中,新西兰位居世界第一,中国香港位居第五。中国上海在该项目得分为93.37,在世界范围内名列前茅。

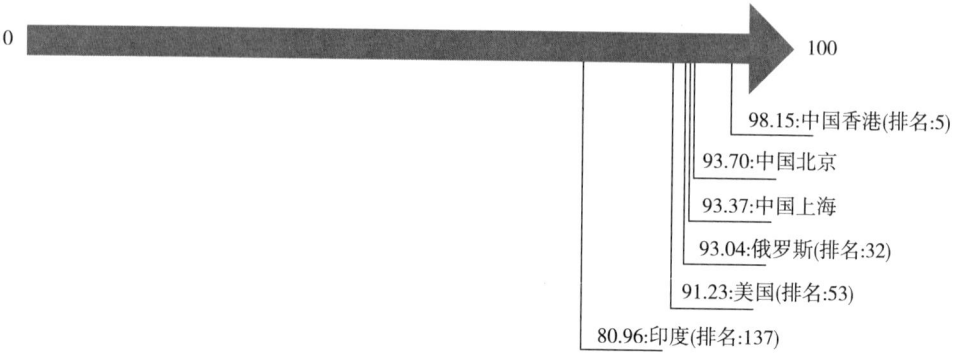

资料来源:2019 年《营商环境报告》。

图 2　开办企业在中国和可比经济体中的得分

(二) 获得信贷 (getting credit)

1. 指标解析

"获得信贷"指标是由"合法权利力度指数""信贷信息深度指数""信贷登记机构覆盖率""信贷局覆盖率"四个子项组成。"合法权利力度指数"取值范围为 0~12,数值越高,表示法律设计越有利于获得信贷;"信贷信息深度指数"反映的是通过公共或私营调查机构取得的信用信息的范围、途径和质量。该指数取值范围为 0~8,数值越高,表示通过公共注册或私营调查机构可以取得的信用信息越多;"信贷登记机构覆盖率(成年人百分比)"是指纳入公共信贷登记部门系统的人数及其近五年的借款历史信息;"信用局覆盖率(成年人百分比)"是指纳入私营信贷局系统的人数及其近五年的借款历史信息。

表4　2019 年《营商环境报告》中上海在"获得信贷"方面的得分情况

指标	中国上海	东亚及太平洋地区	经合组织高收入经济体	总体最佳表现者
合法权利力度指数 (0~12)	4	7.1	6.1	12.00 (5 个经济体)
信贷信息深度指数 (0~8)	8	4.2	6.7	8.00 (42 个经济体)
信贷登记机构覆盖率 (成年人百分比)	98.1	16.9	21.8	100.0 (4 个经济体)
信用局覆盖率 (成年人百分比)	0	23.0	65.3	100.00 (25 个经济体)

资料来源:世界银行。

2. 主要改革

2018 年 4 月,人民银行上海分行与其他相关监管部门联合印发了《关于提升金融信贷服务水平优化营商环境的意见》(以下简称《意见》),通过进一步深化金融开放创新、完善金融信贷政策、健全金融信用体系等有针对性的措施,扩大信贷资金来源和供给主体,加强信贷信息应用,提升信贷可获得性和便捷性。主要有:一是完善差异化货币信贷政策和监管政策;二是深入推进科技金融模式创新;三是加强"三农"金融服务。完善本市农业信贷担保体系;四是降低企业信贷成本费用;五是发挥上海中小微企业政策性融资担保基金作用;六是用好本市小微企业信贷风险补偿和信贷奖励政策,引导商业银行提高科技型中小企业和小微企业的不良贷款容忍度,进一步加大信贷投放力度;七是搭建多样化信贷服务平台。《意见》的出台,有利支持了上海地区企业获得信贷的能力。

3. 得分情况

中国北京、中国上海两地的得分在"获得信贷"部分排名都是第 60 位,世界排名第 73 位。新西兰、文莱在这项指标中位居世界第一,哥伦比亚、美国位居第三。亚洲国家中,蒙古国、阿塞拜疆、印度均为第 22 位,新西兰此项为第 32 位。中国属于中上游水平。

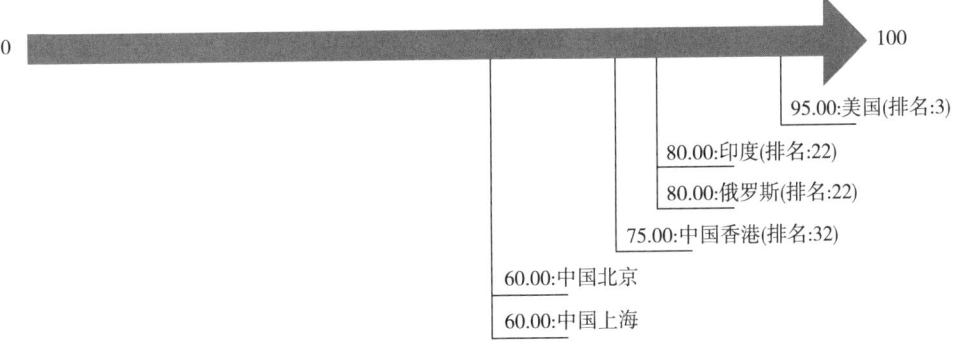

资料来源:2019 年《营商环境报告》。

图 3　获得信贷在中国和可比经济体中的得分

(三) 跨境贸易 (trading across borders)

1. 指标解析

该指标记录了与进出口货物的物流过程相关的时间和成本,衡量了与货物进出口总过程中的三组程序——单证合规、边界合规和国内运输相关的时间和成本(不包括关税)①。单证合规的时间和成本包括获得单证(如单证的发行和盖章所

---

① 尽管《营商环境报告》收集并公布国内运输相关时间和成本的数据,但在计算跨国界贸易方面的前沿距离分数或跨国界贸易便利度排名时并没有采用这些数据。这样做的主要原因是国内运输的时间和成本受许多外部因素的影响,比如过境地区的地理和地形、道路通行能力和一般性基础设施、与最近的港口或边界的靠近程度以及存放贸易货物的仓库的地点,不会受到经济体贸易政策及改革的直接影响。

花的时间)、准备单证(如收集信息以完成海关申报表和原产地证书所花的时间)、处理单证(如等待相关机构在所有检查完成后发放植物检疫证书所花的时间)、呈阅单证(如向道路警察出示海关申报表或向港务管理机构出示港口码头收据所花的时间)以及提交单证(如当面或通过电子方式向海关机构提交海关申报表所花的时间)的时间和成本。尽管该项指标与金融没有直接关系,但是外汇管理等金融服务的改善有利于跨境贸易。

边界合规指标衡量的时间和成本与遵守经济体的海关规定以及遵守为了让货物通过经济体边界而强制要求的其他检查相关的规定有关,另外还衡量了经济体港口或边界装卸的时间和成本。这一部分时间的成本还包括其他机构进行的通关和检查程序。例如,进行植物检疫的时间和成本在此将被纳入。边界合规时间和成本的计算取决于边界合规程序发生在哪里,是谁要求和由谁进行的以及进行检查的可能性有多大。如果所有的报关报检都在港口或边界同时进行,对边界合规时间的估计会将这种同时性计入。边界合规的时间和成本可以忽略不计或者为零是完全可能的,在欧盟或其他关税同盟成员国之间进行贸易的情况下即是如此。

表5　2019年《营商环境报告》中上海在"跨境贸易"方面的得分情况

指标	中国上海	东亚及太平洋地区	经合组织高收入经济体	总体最佳表现者
出口耗时:边界(小时计)合规	23	54.7	12.5	1.00(19个经济体)
出口所耗费用:边界(美元计)合规	305	382.2	139.1	0.00(19个经济体)
出口耗时:单证(小时计)合规	8	57.6	2.4	1.0(26个经济体)
出口所耗费用:单证(美元计)合规	70	109.4	35.2	0.00(20个经济体)
进口耗时:边界(小时计)合规	48	69.2	8.5	0.00(25个经济体)
进口所耗费用:边界(美元计)合规	335	415.8	100.2	0.00(28个经济体)
进口耗时:单证(小时计)合规	24	57.0	3.4	1.00(30经济体)
进口所耗费用:单证(美元计)合规	120	109.5	24.9	0.00(30经济体)

资料来源:世界银行。

2. 主要改革

"跨境贸易"方面,通过采用"一次申报、分步处置"模式,推行"无纸化""线上化",通过实施"单一窗口",取消行政性收费,增强透明度并鼓励竞争,压缩了"跨境贸易"的时间和成本。其中,进口的边境合规成本大幅降低。上海通过并联开展口岸作业,实施报检报关、物流作业同步操作,推广进口集装箱"从货物抵港至提离港区"时间压缩1/3;压缩单证时间,实行出口原产地证网上申请自主打印4小时办结，地方商务部门审批的机电类产品进口许可证出证一天内办结。同时，还将公布口岸作业和处理环节收费，包括类别、项目、水平等，对企业反映强烈的口岸不合理收费行为予以清理和规范。

3. 得分情况

法国、奥地利、西班牙等欧洲国家在此项中均为世界第一。亚洲国家中，韩国居第33位、日本居第56位。2019年《营商环境报告》特别指出，由于中国在改善"跨境贸易"营商环境方面所作出的努力，该指标的全球排名由上年的第97位上升至今年的第65位，提升30多位，得到了世界银行的好评。

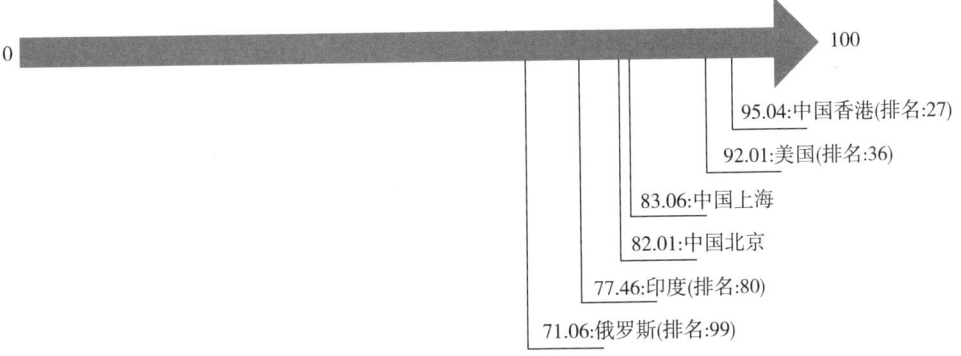

资料来源：2019年《营商环境报告》。

图4 跨境贸易在中国和可比经济体中的排名

（四）纳税（paying taxes）

1. 指标解析

该指标记录一家中型企业在某一特定年份必须缴纳的各种税项和强制性派款，也衡量因纳税与支付派款以及进行税后合规而产生的行政负担。所考察的税项和派款包括利润或企业所得税、雇主缴纳的社会派款和劳务税、财产税、财产转让税、股息红利税、资本收益税、金融交易税、垃圾税、车辆和道路税以及任何其他小额的税或费。《营商环境报告》用一个案例对标准化企业缴纳的税项和派款以及经济体的税务合规体系的复杂性进行了考察。该案例使用了一整套财务报表以及对一年中进行的各类交易所做的假设。在每个经济体中，来自不同公司（在许多经济体中，普华永道是这些公司中的一员）的税务专家会根据标准化案例对其辖区内的税项和强制性派款进行计算。此外，还对经济体的申报和缴税频率，纳税合规所需的时间，申请并处理增值税退税所需的时间，以及完成企业所得税更正所需的时间等信息进行汇编。金融服务效率会影响纳税的时间，继续缩短纳税时间，需要进一步改善金融服务。

表6   2019年《营商环境报告》中上海在"纳税"方面的得分情况

指标	中国上海	东亚及太平洋地区	经合组织高收入经济体	总体最佳表现者
纳税（次）	7	21.2	11.2	3（中国香港）
时间（小时）	142	180.9	159.4	49（新加坡）
总税率和社会缴纳费率（占利润百分比）	67.7	33.5	39.8	26.1%（32经济体）
报税后流程指标（0~100）	50.00	56.42	84.41	2017/18无最佳表现者

资料来源：世界银行。

2. 主要改革

2019年《营商环境报告》指出，我国通过取消营业税，以及实施多项行政管理改革缩短纳税合规时间，包括允许所有印花税联合申报和缴纳。2018年3月28日国务院常务会议提出，进一步深化增值税改革，从2018年5月1日起：一是将制造业等行业增值税税率从17%降至16%，将交通运输、建筑、基础电信服务等行业及农产品等货物的增值税税率从11%降至10%，预计全年可减税2400亿元；二是统一增值税小规模纳税人标准。将工业企业和商业企业小规模纳税人的年销售额标准由50万元和80万元上调至500万元，并在一定期限内允许已登记为一般纳税人的企业转登记为小规模纳税人，让更多企业享受按较低征收率计税的优惠；三是对装备制造等先进制造业、研发等现代服务业符合条件的企业和电网企业在一定时期内未抵扣完的进项税额予以一次性退还。实施上述三项措施，全年将减轻市场主体税负超过4000亿元，内外资企业都将同等受益。通过这些改革措施，"纳税"排名由2018年的130名上升至今年的114名，其中，纳税次数由9次减少到7次；纳税时间在2017年提速20%的基础上，再次提速30%，减少65个小时，为142个小时/年。

3. 得分情况

从2019年《营商环境报告》以及从世界银行和普华永道联合发布的2019年《世界纳税报告》中都可以发现，中国在纳税方面取得了很大的进步。2019年《世界纳税报告》中给出的数据：中国2017年的总税收和缴费率（税费合计）为64.9%，纳税时间为142个小时。中国的总税收和缴费率从2004年的82.8%降至2017年的64.9%，纳税次数从2004年的37次降至2017年的7次，纳税时间从2004年的832个小时降至142个小时。这与2019年《营商环境报告》中的数据都是吻合的。该指标在世界排名中我国列第114位。中国香港在此项排名中位居世界第一。

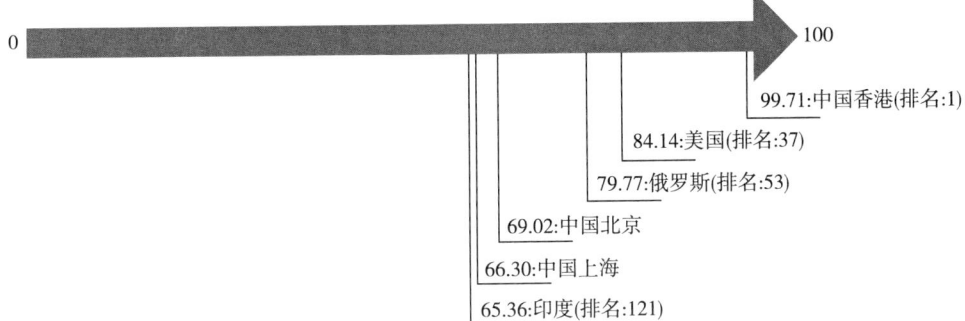

资料来源:2019 年《营商环境报告》。

图 5　纳税在中国和可比经济体中的排名

(五) 保护少数投资者 (protecting minority investors)

1. 指标解析

该指标用一组指标衡量在利益冲突的情况下少数持股者受到的保护,用另一组指标衡量在公司治理结构中股份持有人的权利。数据来自对公司法和证券法律师的调查,并以证券监管规则、公司法、民事程序法及法庭的证据规则为依据。少数投资者保护力度指数的排名由它们的分数排序决定。这些分数是利益冲突规范的指数和股份所有人在公司治理结构中治理指数的平均数。

表 7　2019 年《营商环境报告》中上海在"保护少数投资者"方面的得分情况

指标	中国上海	东亚及太平洋地区	经合组织高收入经济体	总体最佳表现者
披露指数	10.0	5.6	6.5	10 (13 个经济体)
董事责任指数	1.0	4.9	5.3	10 (柬埔寨)
股东诉讼便利度指数 (0~10)	5.0	6.7	7.3	10 (吉布提)
股东权利指数 (0~10)	7.0	5.6	6.4	10 (哈萨克斯坦)
所有权和管理控制指数 (0~10)	4.0	4.0	5.4	2017/18 无最佳表现者
公司透明度指数 (0~10)	9.0	5.3	7.6	10 (6 个经济体)

资料来源:世界银行。

2. 主要改革

2019 年《营商环境报告》指出,中国通过加强股东在公司重大决策中的权利和作用,明晰所有权和控制结构,以及要求对股东产生的法律费用给予报销,使"保护少数投资者"得到加强。该指标 2018 年大幅上升 55 位。

3. 得分情况

中国在此项的排名位居第 64 位。第一位是哈萨克斯坦，第二位是新西兰。新加坡、印度、泰国、韩国等亚洲国家排名靠前。在此指标下的二级指标"披露指数"项目中，中国上海的得分为 10 分最高，"公司透明度指数"也有不俗的表现，但是在"董事责任指数"中仅为 1 分。

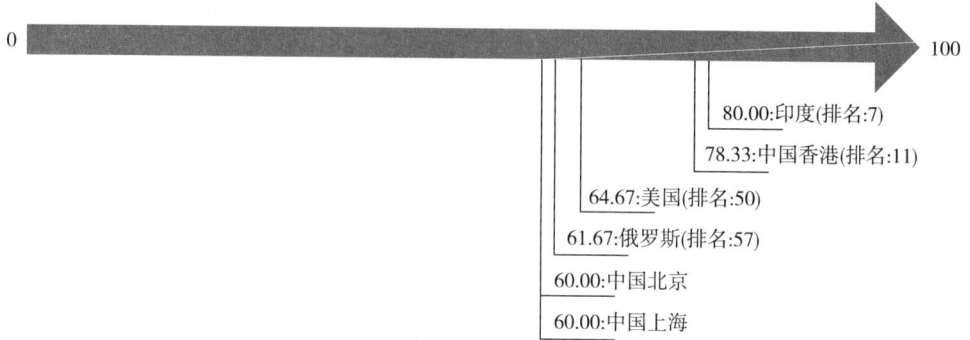

资料来源：2019 年《营商环境报告》。

图 6　保护少数投资者在中国和可比经济体中的排名

三、《营商环境报告》中金融元素的不足之处

（一）企业开户审批仍有优化空间

目前，企业开立基本户还需要到当地人民银行进行核准，需取得人民银行颁发的"企业开户许可证"。该规定来源于《人民币银行结算账户管理办法》中的第六条规定，"存款人开立基本存款账户、临时存款账户和预算单位开立专用存款账户实行核准制度，经中国人民银行核准后由开户银行核发开户登记证。"该过程手续较为烦琐，需要填写协议和表格，预留相关印鉴，办理的商业银行还要报这些资料给当地人民银行进行审核，初步统计，企业办理开户审批至少要四五个工作日，耗时较长。

（二）中小企业获得信贷仍存在高成本、低效率等现象

近年来，在不断推进信用体系建设、搭建信用信息平台、加强信息的公开和共享、拓宽信用信息共享渠道等各种因素的共同催化下，上海的这一指标得分为 60，在世界排名中属于中上游位置。但是，上海的信用信息记录、共享、披露机制等方面与国际先进城市存在不小的差距，特别是中小企业融资仍存在高成本、

低效率等现象。主要原因是目前人民银行征信系统未对社会开放,一些面向中小企业的金融服务机构无法接入人民银行征信系统,即使部分机构能够接入征信系统,但在获得信息的过程中通常需要经历 3~6 个月的辅导期,并花费较高的接入成本。正是由于信息共享制度成本的提高,导致信息公开的覆盖深度和广度不足,影响金融服务机构向中小微企业提供信用贷款服务的效率。

(三)动产担保体系不健全,企业信贷获得便利性不高

由于现行的动产担保制度与世界银行力推的现代动产担保制度不符,所以信贷"合法权利保护力度指数"指标的得分与排名过低(满分 12 分,仅得 4 分)。主要体现在:一是缺乏统一的法律框架,没有抵押、质押、留置、租赁、保理等各种交易须遵循统一的规则;二是没有统一的登记机构和登记系统,部分动产担保交易甚至没有地方可以登记;三是各类担保交易的公示效力、方式和优先权规则不一致,优先排序规则不清晰。此外,优先权规则也不统一,导致授信机构没有稳定的受偿预期。

(四)金融服务效率不高

在纳税指标方面,尽管 2019 年的《营商环境报告》和《世界纳税报告》都对中国的进步加以赞赏和肯定,但是从横向比较来看,2017 年中国在纳税时间、纳税次数、报税后流程指数上,相比于全球平均水平都有优势;但是总税收和缴费率要比全球平均水平高。中国的"总税收和缴费率"这一指标为 64.9%。虽然比 2004 年的 82.8% 降低不少,但从其他金砖国家的数据来看:俄罗斯(莫斯科)的"总税收和缴费率"为 46.3%,印度(孟买)为 52.2%,巴西(圣保罗)为 64.7%,中国在这个指标上还有很大的优化空间。

四、提高上海营商环境指标的政策建议

(一)进一步提高开户效率

人民银行分支机构要进一步优化企业开户服务流程,提高开户服务意识,提升开户服务效率。具体可以通过以下三个步骤进一步优化企业开户效率:第一步可以先通过明确开户的各项要求、压缩银行账户审核时间,在确保"了解你的客户"的前提下,根据"让数据多跑路,让企业少跑路"的原则,简化申请办理企业开户的各项流程;第二步可以考虑将审批权限下放至商业银行,并对商业银行进行窗口指导,要求进一步缩短审批时间;第三步也就是终极目标,就是取消

开户许可审批，改为备案制。目前泰州和台州已经进行试点，两地企业开基本户只需备案。建议根据试点情况，进一步扩大试点范围。

（二）提高企业信贷获得率

降低企业获得信贷难度，提高企业信贷获得率和成本，是优化提升金融领域营商环境的重要举措。就人民银行的角度而言，自《贷款通则》（以下简称《通则》）颁布以来，在防范化解金融风险方面起到了重要作用，但《通则》所要求的贷款条件高，对信用评估、贷款调查、贷款审批、借款合同、贷款发放、贷后审查等都做了严格的限定，在此情况下，小微企业、"三农"等很难达到贷款条件。为进一步提高企业信贷获得率，就要在控制风险的情况下，对颁布已久的《通则》做进一步修改。要适当放宽相关标准和要求，对企业一视同仁，鼓励更多主体借款，扩大对小微企业、民营企业的信贷资金供给。另外，要充分利用再贷款、再贴现等各项货币政策工具，督促商业银行角度用好定向降准、支小支农再贷款资金，并在防控信贷风险的前提下，减少申请材料件数，合并简化相关手续，减少企业跑腿次数，最大限度缩短办理时限，提升金融服务满意度。要从监管部门和商业银行两个角度共同发力，共同营造企业信贷的营商环境。

（三）建立我国现代动产担保制度

利用《民法典》编纂契机，在各分编中建立动产担保统一法律框架，将所有具有担保交易功能的业务纳入统一动产担保制度规范。依托人民银行征信中心，建立统一的登记机构和登记系统。在登记公示制度、担保物权实现制度相应调整的基础上，统一且明确优先受偿规则。

（四）加快社会信用体系建设

加快建设跨区域、跨部门、跨行业一体化的个人公共信用信息共享平台，制定统一的个人公共信用信息目录、标准和规范，建立个人公共信用信息基础数据库，逐步建立互联、互通、互查机制，为政府部门及社会各界提供服务。推动个人公共信用信息数据库与金融信用信息基础数据库建立共享关系，并向个人征信机构提供服务。培育私人征信公司，并鼓励合理竞争。

（五）提高金融服务效率

金融是优化营商环境的重要力量，进一步提升金融服务效率是营商环境建设的重要内容。上海要不断提升金融高效率服务的软实力，努力打造营商环境新高地。要进一步提升金融信贷服务效率，继续实施减税降费，持续释放改革红利、加强创新服务，提升纳税准备便利度、优化流程，减少纳税时间，提升税费办理便利度，提升金融服务效率，深化外汇管理体制改革，改善跨境贸易投资环境。金融领域是一项系统性工程，需要监管单位、金融市场、机构等各方主体共同努力、协同推进，只有形成了合力，才能进一步改善金融领域的营商环境。

中国宏观融资结构：
国际比较、变化趋势和当前问题

中国人民银行上海总部公开市场操作部课题组

课题组组长：朱 沛
课题组成员：潘 钧 辛 然 陈 勇 徐 阳 李 琦
　　　　　　朱文博 陈溢晖

摘 要

本文旨在通过观察最新数据的变化，总结各经济体融资结构的发展规律，试图指出直接融资比例出现的下降是暂时现象，未来随着经济的发展和经济结构的变化，直接融资比例还会增加。此外，尽管近几年的金融监管套利和刚性兑付问题恶化了风险，但经济体中杠杆率高的核心问题是地方政府和国企的预算软约束，中国的国企改革和财政改革落后于金融改革，而不是相反。因此，未来金融改革不应该"削足适履"，把银行资金"回表"当作金融改革的方向，而是应该加大财政和国企的改革，控制预算软约束，同时进一步鼓励直接融资，坚定不移地发展金融市场，打造包容的监管体系，才能适应未来国民经济向更高层次业态转型，与鼓励创新的方向一致。

一、引言和问题的提出

一国的融资结构主要是指其直接融资与间接融资的占比比例。直接融资是指资金需求方和资金供给方直接协商进行融资，采取的方式可以是为资金供给方购买资金需求方发行的有价证券、通过持有证券的方式提供融资。而间接融资是指资金供给方将资金提供给存款性机构，后由该机构将资金融出给需求方，供给方和需求方并没有直接发生融资行为，而是通过第三方机构来完成。直接融资和间接融资的本质区别在于第三方机构（一般为银行）是否参与，间接融资与银行信贷规模相关，而直接融资与一国的债券市场和权益市场相关。

(一) 衡量直接融资结构的三种方法

本文测算融资结构时采用了以下三种方法：社会融资法①、存量法和增量法。

1. 社会融资法。

$$直接融资比重 = \frac{非金融企业股票和债券融资}{社会融资规模} \times 100\%$$

社会融资法是基于增量数据计算融资结构计算。目前人民银行每月公布新增社会融资总量数据。该方法是中国特色的计算方法，主要使用的是非金融企业的直接融资。

社会融资法的测算数据易受市场环境、政策影响，波动较大，且国际数据可得性差，难以进行国际比较。

2. 存量法。

$$直接融资比重 = \frac{股市市值 + 债券余额}{股市市值 + 债券余额 + 银行贷款余额} \times 100\%$$

存量法用一国的贷款总规模代表间接融资存量；用一国的债券余额和股市市值分别代表债券融资存量和权益融资存量，两者之和为直接融资存量。存量法将政府部门、金融部门和非金融企业部门的融资结构均计算在内，反映了经过长期发展所形成的存量融资结构，受短期波动的影响较小，主要的波动因素来自股市市值的变化。大多数国家都有公开的存量数据，因此易于国际比较。

3. 增量法。

$$直接融资比重 = \frac{债券余额增量 + 所有企业股票融资}{债券余额增量 + 所有企业股票融资 + 贷款余额增量} \times 100\%$$

在增量法中，债券余额增量和贷款余额增量分别由债券余额和贷款余额的存量数据计算得到，以企业股票融资来反映股权融资的流量情况。在增量法中，债券融资的总量难以统计，因此该公式使用了债券的余额增量作为替代变量，但该指标受市场影响大，个别年份甚至可能为负。但该指标易于国际比较，能反映融资结构增量状况。

(二) 我国金融结构的变化和趋势

2008年国际金融危机以来，随着我国应对金融危机刺激性政策的启动，金融总量出现爆炸性增长，同时金融结构也出现了明显的变化。总结变化的趋势，

---

① 有观点认为社会融资数据中信托贷款和委托贷款属于直接融资，但本文认为这些贷款名义上属于直接融资，而实际上很多都是类银行贷款业务，因此在测算时将这些贷款视为银行贷款。

主要有以下几个方面：

一是金融机构资产规模大幅扩张，金融资产以银行资产为主，但金融结构正从银行主导型向市场主导型转变。

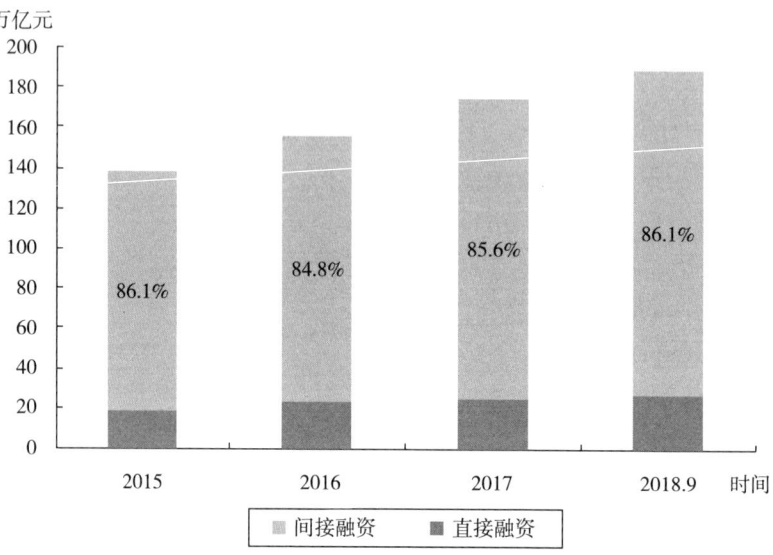

资料来源：Wind 资讯。

图 1　国内金融资产总规模

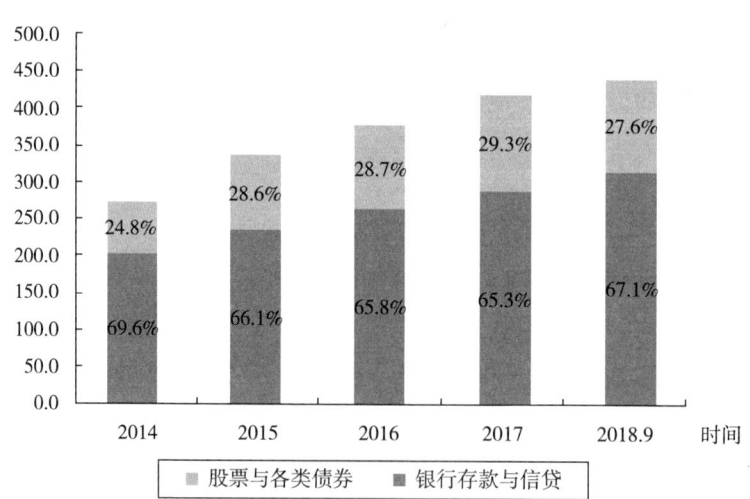

资料来源：Wind 资讯。

图 2　股权类和债权类资产比例

二是社会融资以间接融资为主，直接融资比重正在逐年上升，但最近几年出现明显回调和波动。

中国宏观融资结构：国际比较、变化趋势和当前问题　21

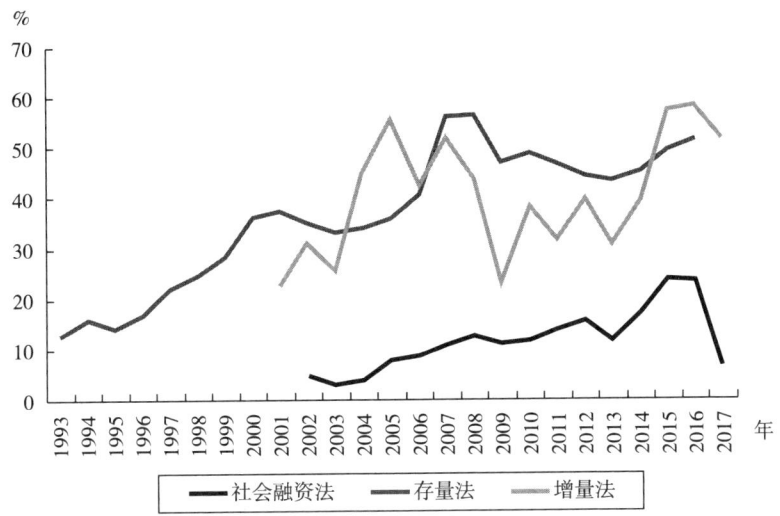

资料来源：中国人民银行。

图3　中国不同口径的直接融资占比

三是资产管理行业规模逐年增大，家庭金融资产、负债分别以银行存款、中长期贷款为主，家庭杠杆率呈显著上升趋势。

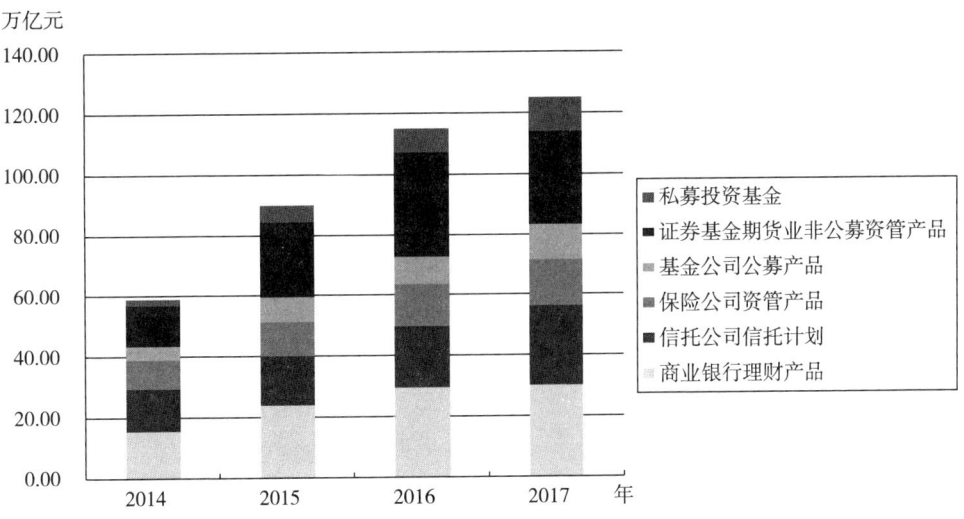

资料来源：Wind资讯。

图4　资管行业总规模

(三) 中国金融结构变化的原因

1. 经济增长和金融需求推动中国金融结构变化

中国经济的快速增长是中国金融机构变化的基础。改革开放初期，储蓄总量少，储蓄率低，金融资产形式单一，主要以银行存贷款为主。随着经济增长和储蓄率的提高，金融资产数量大幅增加，投资理财、保值增值的需求随之增加，客观上也改变了融资的方式，金融市场发展的动力蓬勃而生。企业规模越来越大，制造业行业密集度趋向集中，发债对大企业融资更加有吸引力。新兴产业开始加速成长，人力资本密集型行业难以提供有形的抵押品，融资过程中更依赖股权融资。这些因素都成为推动中国融资结构变化的核心动力。

2. 金融基础设施和科技力量推动金融结构变化

近十年来，我国金融基础设施飞速发展完善，从支付体系到证券交易、结算，征信体系建设，我国金融基础设施的"四梁八柱"已经成型并趋于成熟，很多基础设施的功能和效率接近甚至超越发达国家，为金融市场的发展提供了有力的支持。特别是近5年，互联网科技的兴起带动了互联网第三方支付，互联网金融开始改变传统金融业模式，信息成本的降低使银行作为传统金融中介的必要性不断下降，直接融资的成本越来越低，效率也越来越高。

3. 金融改革也推动了金融结构的变化

随着利率市场化的推进和金融市场的发展，银行负债端开始变得不稳定，由于面临流动性风险，银行需要更多的风险管理工具。例如，资产证券化可以有效帮助银行盘活存量，增加资产的周转，管理流动性，并提高融资效率。除银行外，证券业和保险业也开始放松管制，证券公司2012年开始创新业务，券商理财、券商承销ABS和中小企业私募债迅速发展。保险公司的投连险、万能险等产品快速增长。这些产品推动了债券的发行和股票发行，从而推动了直接融资的发展。2018年12月，证监会、银保监会监管的ABS和交易商协会主管的ABN存量已超过2.5万亿元。

4. 以监管套利为目的的"出表"增加了短期风险

2001年我国加入世界贸易组织后，宏观上贸易和资本流入出现"双顺差"；2008年国际金融危机后，经济一度出现过热现象。宏观形势迫使监管层对银行采取了较多的措施，如提高存款准备金，限制信贷等政策，加上银行需要满足国际监管规则，因此银行面临较密集的监管。与此同时，各类融资需求推动非银机构通过理财、基金等方式提供资金，而非银机构并不需要存款准备金和资本金要求，在刚性兑付的预期下，银行资金通过同业投资和理财的方式大量"出表"

通过非银机构融资。银行资金"出表"表面上抑制了传统贷款的增速，但传统的贷款以委托贷款、信托贷款以及购买债券等方式进行，统计上表现为促进直接融资的发展，但其风险却依然留在银行，导致资产成为银行的影子（孙国峰，2015）。

影子银行是2008年我国被动应对金融危机，采取逆周期应对措施后，市场在金融抑制的环境下，为突破金融约束，按照自我最大化的路径，自发形成生长的。在这个意义上，影子银行的发展丰富了我国金融市场业态，提升了金融的功能，支持了一大批中小企业和创新企业，大大缓解了金融压力，提供了流动性。但与此同时，影子银行也是监管套利的产物，特别是发展到一定程度后超出了实体经济的需要，产生了较大的金融风险。

（四）提出问题：直接融资的趋势是否变化了

2016年，中央提出去产能、去库存、去杠杆、降成本和补短板的供给侧结构性改革指导方针，社会融资法和存量法下的直接融资比例都出现了明显的下降趋势，甚至有人明确提出未来资金"回表"将是大势所趋。从防控风险的角度来看，上述政策的确起到了明显的纠偏效果。但从长远来看，应该明确两个问题：一是杠杆过度上升的根本症结在何处，二是直接融资比例提高的趋势是否已经变化。事实上，监管套利的根本原因在于部分行业实体端的非正常需求（地方平台融资和房地产泡沫），以及为抑制上述问题对银行业过度的监管，应该更多地反思预算软约束和经济增长目标的制订及实施机制。对于金融本身，应该看到直接融资还是一个长期趋势。本文后面试图在国际比较的基础上，阐明资金"回表"可能只是暂时趋势，直接融资趋势将会进一步提高。

二、国际宏观金融结构的比较

（一）主要经济体的融资结构比较

1. 社会融资法下中美直接融资比重的变化

数据显示，尽管我国近年来直接融资发展很快，但仍是一个以间接融资为主的国家。2002年以来，在企业债券融资大幅增长的推动下，我国的直接融资占比呈快速上升趋势，从2002年的5%增长到2015年和2016年的24%。近几年我国直接融资占比降幅明显，直接原因是企业债券融资大幅减少，深层次的原因是金融监管趋严，一方面，银行资金回流表内，降低信用债投资的比例，另一方面，债券收益率大幅高于贷款利率，出现债券融资难融资贵现象。相比之下，美国作为典型的以直接融资为主的国家,虽然直接融资占比数据波动较大,但远高于中国。特别是2009—2010年,受国际金融危机影响,美国新增贷款为负值,直接融资比例达到了100%。

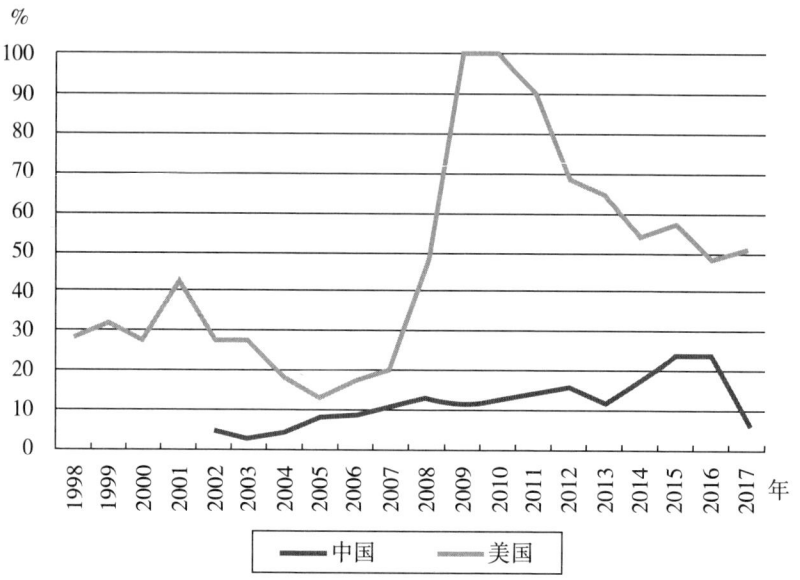

资料来源①:人民银行、美联储。

图5　中国和美国直接融资占比(社会融资法)

2. 存量法下主要经济体融资结构

存量法数据显示,主要经济体直接融资占比呈总体上升趋势,目前大致处于50%~80%。

在发达经济体中,美国和英国的直接融资比重相对较高,2008年国际金融危机发生后也未出现太大变化。而传统意义上的银行主导型国家,如日本、德国和法国等,直接融资占比在20世纪90年代基本都处于50%以下,近年来不断向市场主导型国家靠拢(见图6)。

---

① 资料说明:美国非金融部门新增贷款数据来自美联储公布的资金流量表,美国非金融企业新增股票和债券融资数据由美联储根据Securities Data Company数据整理得到。

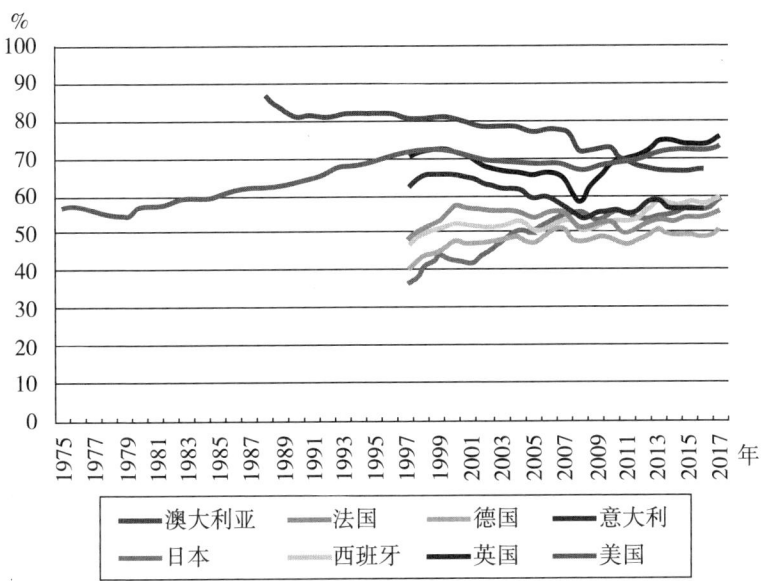

资料来源①：世界银行、国际清算银行、彭博、有关国家或地区货币当局、英国国家统计局。

图6 主要经济体直接融资占比（存量法）

新兴经济体直接融资起步低、发展快，但总体波动较大。我国直接融资占比在20世纪90年代初仅略高于10%，现在已达到50%的水平。巴西的直接融资占比在1994年只有40%，2003—2007年超过80%，2007年股市融资占比达38%，但有观点认为实际上巴西股市很不活跃，有价无市，股票市场并不发达。（见图7）

离岸金融中心香港和新加坡的直接融资占比水平很高，反映了其作为金融中心托管了大量本地以外的金融资产。香港目前达到85%，是同期所有考察的经济体中最高的。这和金融中心的特点密切相关，国际资本聚集，特备是股票市场非常发达（见图7）。

---

① 资料说明：股市市值数据主要来自世界银行Global Financial Development数据库，英国2013—2017年股市市值数据来自彭博。债券余额数据主要来自世界银行和国际清算银行，其中澳大利亚、巴西、中国、印度尼西亚、日本、韩国数据来自世界银行，法国、德国、意大利、西班牙、英国、美国、中国香港、新加坡数据来自国际清算银行。贷款数据主要来自各国或地区货币当局，具体是美联储、日本银行、欧洲中央银行、英国国家统计局、英格兰银行、澳大利亚储备银行、韩国银行、中国人民银行、巴西中央银行、印度尼西亚中央银行、新加坡金管局、香港金管局。计算过程中涉及的GDP数据主要来自世界银行World Development Indicators数据库。所有台湾相关数据均来自台湾"统计局"。

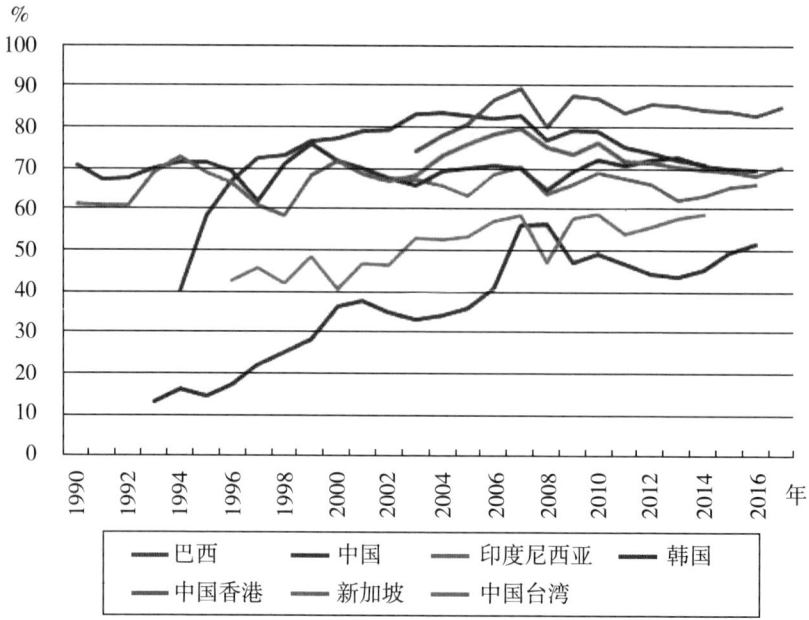

资料来源①：世界银行、国际清算银行、彭博、有关国家或地区货币当局、台湾"统计局"。

图 7　主要经济体直接融资占比（存量法）

3. 增量法下主要经济体的融资结构

增量法的思想和社融法基本一致，差别是增量法并不区分非金融企业和金融企业，没有特别强调"实体经济"。增量法的数据比社融法更容易获取，也更有利于国际比较。为了降低波动过大对数据分析的影响，本文以各经济体 2000—2017 年的增量数据为整体测算直接融资占比。结果和存量法基本一致，英国、美国以及金融中心香港和新加坡的直接融资占比很高，欧洲大陆国家处于中间水平，中国最低。中国的这一数据在国际比较中显得很特别，因为巴西和印度尼西亚都远高于中国。

---

① 资料说明：股市市值数据主要来自世界银行 Global Financial Development 数据库，英国 2013—2017 年股市市值数据来自彭博。债券余额数据主要来自世界银行和国际清算银行，其中澳大利亚、巴西、中国、印度尼西亚、日本、韩国数据来自世界银行，法国、德国、意大利、西班牙、英国、美国、中国香港、新加坡数据来自国际清算银行。贷款数据主要来自各国或地区货币当局，具体是美联储、日本银行、欧洲中央银行、英国国家统计局、英格兰银行、澳大利亚储备银行、韩国银行、中国人民银行、巴西中央银行、印度尼西亚中央银行、新加坡金管局、香港金管局。计算过程中涉及的 GDP 数据主要来自世界银行 World Development Indicators 数据库。所有台湾相关数据均来自台湾"统计局"。

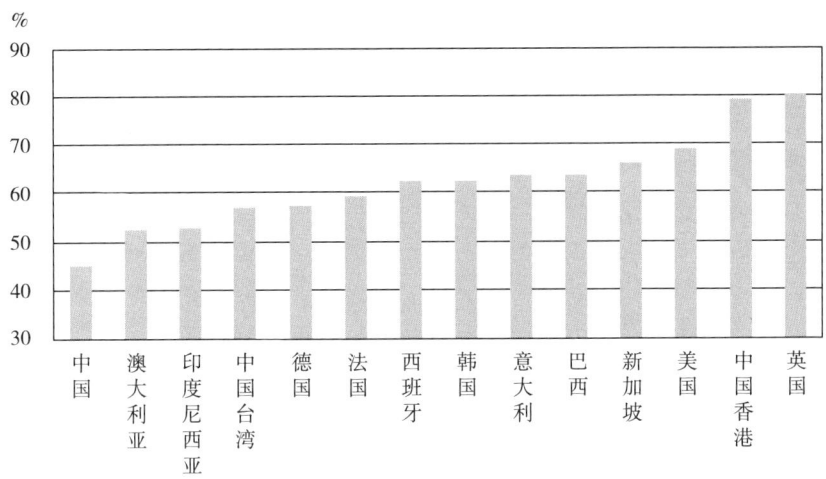

资料来源①:世界银行、国际清算银行、Securities Data Company、有关国家或地区货币当局、台湾"统计局"、汤森路透

图8 2000—2017年主要经济体直接融资比重(增量法)

(二) 国别比较后得出的几点重要结论

一国的金融结构或直接融资比重与很多因素相关,主要的因素包括经济发展水平、产业结构、金融自由化程度、制度环境等,因而各国金融结构显现出不同的形态。但总体来说,随着经济发展水平的提高,直接融资比重不断提高,资本市场在金融体系中发挥了更大作用,越来越多的金融资源通过市场进行配置是一个共同的趋势,各国向市场主导型金融结构演进的总体方向基本一致。

1. 直接融资比例和经济发展水平高度相关

从各国的情况观察,经济发展水平越高,直接融资比重往往更高(见图9)。从经济发展对资金的需求角度观察,资本市场在17世纪中叶起源于荷兰的阿姆斯特丹,此前的欧洲各国依靠商业银行进行资金融通。随着商业文明的发展,特别是工业化大生产的出现,大规模集合资金并分散风险的需求使更多的企业走向

---

① 资料说明:所有企业股票融资数据均来自 Securities Data Company。债券市场规模增量数据主要来自世界银行和国际清算银行,其中澳大利亚、巴西、中国、印度尼西亚、日本、韩国数据来自世界银行,法国、德国、意大利、西班牙、英国、美国、中国香港、新加坡数据来自国际清算银行。贷款规模增量数据主要来自各国或地区货币当局,具体是美联储、日本银行、欧洲中央银行、英国国家统计局、英格兰银行、澳大利亚储备银行、韩国银行、中国人民银行、巴西中央银行、印度尼西亚中央银行、新加坡金管局、香港金管局。计算过程中涉及的 GDP 数据主要来自世界银行 World Development Indicators 数据库,汇率数据来自汤森路透 Datastream 数据库。除企业股票融资数据和汇率数据外,所有台湾相关数据均来自台湾"统计局"。

资本市场,通过股票或债券向广大投资者直接募集资金。随后重工业化的进程和高科技产业的崛起更是加速了这一过程,确立了资本市场在发达国家特别是美国的主导地位。

从资金提供方的角度观察,往往是一国的人均 GDP 达到一定阶段后,人们有了足够的富余资金,财富管理和直接参与证券投资的需求有所增加。特别是 20 世纪八九十年代,共同基金等机构投资者在发达国家得到普遍快速发展,为广大投资者提供了相对专业的服务和稳定的回报。同时,以美国 401(k)计划为代表的养老基金成建制地参与资本市场,推动了买方力量的机构化和壮大,并由此极大地促进了直接融资的发展。因此,从全球范围看,随着经济的发展,资本市场的发展速度快于银行业的发展速度,意味着从长期来看,直接融资的比例是上升的。

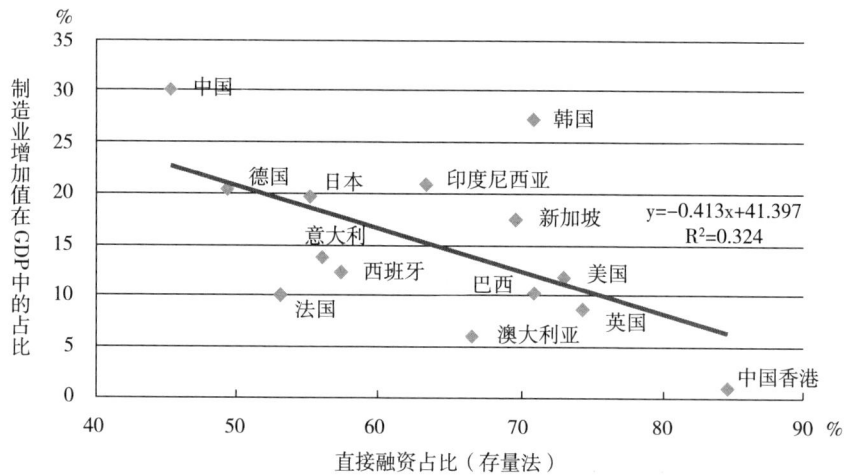

资料来源:世界银行、国际清算银行、彭博、有关国家或地区货币当局、英国国家统计局。

图 9　制造业增加值占比和直接融资占比

2. 直接融资比例高低和产业结构有密切关联

除了经济发展水平,产业结构也与金融结构有较强的关联度。制造业在经济中占比大的国家,间接融资比重更高,反之直接融资比重更大(见图 10)。

一方面,银行更加偏好资本密集程度高的制造业。在传统的工业经济下,工业企业拥有大量固定资产,扩大生产规模所需资金可以通过向银行抵押资产获得。而服务业的核心资产是知识产权和人力资本,没有可以用来大量抵押的固定资产,银行体系无法满足这类企业的融资需求。因此,由服务业驱动的经济,更加依赖直接融资。

另一方面,高科技产业风险较高,其融资需求有赖于资本市场配合。高科技产业或创新经济具有不确定性较大以及产业形态快速变迁的特点。面对这些行业的融资需求，资本市场投融资双方风险共担、利益共享、定价市场化和服务多层次等机制特点的优势得以发挥。所以资本市场的发展往往与高科技或战略新兴产业的发展紧密相连。与德国、日本等其他高收入国家相比，美国以硅谷为代表的创新产业更发达，直接融资或资本市场的比重也明显高于其他国家。

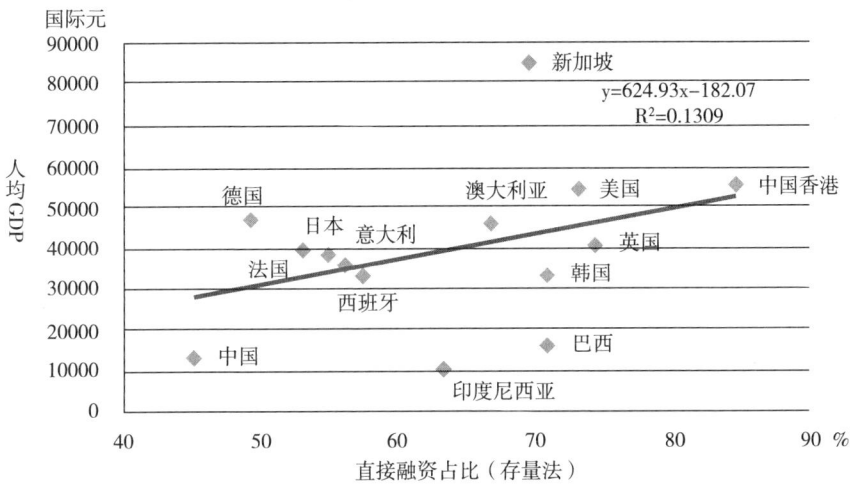

资料来源：世界银行、国际清算银行、彭博、有关国家或地区货币当局、英国国家统计局。

图10 人均GDP和直接融资占比

3. 金融自由化程度提高会加速推动直接融资比例升高

历史经验表明，一国在启动一轮金融自由化的改革，较快地实现金融资源的市场化配置后，金融脱媒（脱离传统的商业银行存贷模式）将成为一个重要趋势，直接融资比重会明显上升。

20世纪80年代，美国推动了利率市场化和汇率自由浮动，局部开始混业经营，资本市场增速明显超越银行，结合同一时期的高科技产业崛起和养老金计划的实施，直接融资比重得以大幅上升。同一时期，英国启动了"金融大爆炸"改革计划，带动了资本市场的快速发展，也重新强化了伦敦国际金融中心的地位。日本在20世纪90年代启动金融自由化改革，虽然因经济泡沫破裂等因素而遭遇挫折，但金融自由化改革打破了银行、证券、保险间的壁垒，引入竞争机制，促进资本市场的发展，使其资本市场总体规模显著扩大。

4. 法制环境的差异也是影响直接融资比例的重要因素

资本市场相对于银行体系而言，资源配置的方式更加市场化，信息的传递和扩散范围更加广泛，决策主体更加分散化，因此，一般而言，市场主导型的金融体系对法治和诚信的要求更高。与中等收入国家相比，高收入国家的法律体制和诚信水平相对较高，因此，金融结构中资本市场或直接融资的比重总体更高。

就高收入国家而言，英美法系立法理念更倾向于让投资者受益（pro‐investor）而非债权人或贷款人受益（pro‐creditor），故早期其资本市场发展比大陆法系国家快。同时，相对于更多依托法典的大陆法系而言，英美法系以判例法为主，因此能够及时解决新出现的商业纠纷问题，确定新的商事关系的法律规则，明确市场预期，因此容易适应商业环境的快速变化，更有利于经济金融的发展。近年来，两种法系不断融合、日趋接近，各国的法治水平也普遍提高，两种法系国家的金融结构差距也逐渐缩小。

三、宏观金融结构分析

（一）关于直接融资和间接融资的文献简述

直接融资和间接融资哪种更有利于促进经济增长，学术界讨论已久，结论莫衷一是。解释该问题最经典的理论来自科斯定理和之后的MM定理，即在微观的完美世界中，企业的资本结构和公司价值无关。该结论如果简单延伸至宏观世界，自然得到融资结构和经济增长无关的结论。但实证结果远非如此，主要有以下几派：一派认为银行主导的金融结构更有利，如认为有效市场减弱了收购的效力（Grossman和Hart，1980）；有效市场减弱了单个投资者研究公司的激励（Stigliz，1985；Bhide，1993）；缺乏债权人的监督导致治理失败，管理层和董事会可能相互勾结损害中小股东利益（Allen和Gale，2000）。另一派则认为市场主导的金融结构更有利于经济增长。如认为银行存在一定的垄断，会攫取内部信息阻碍创新（Hellwig，1991）；强有力的银行攫取了过多的利润，减弱了企业从事高利润项目的激励（Rajan，1992）；银行作为债权人也可能和企业经理串谋勾结，损害外部投资者利益（Hellwig，1998）；大银行，特别是国有银行的行为有时并非利润最大化，而有其政治目标，通常会将资金配置与劳动密集型企业，而非战略性行业（La Porter等，2002）。此外，还有金融法律派和产业组织派：金融法律派认为，无论银行主导还是市场主导，具体看金融信息的传播是否完全、金融服务是否能满足实体的要求（Levine，1997）；银行和市场可能在提供金融服务的时候取长补短，相互补充（Boyd和Smith，1998）；有效的法律体系可以提高治理的效率，促进融资效率，培训创新企业（La Porter等，1998）。产业组织派则认为，不同的融资模式适合不同的经济阶段实体经济的需要，从而一国的金融结构应该随着实体经济的不同要求而不断变化（Amel和Zingales，1997；林毅夫等，2009）。例如，在一国技术比较落后，以劳动密集型为主导的经济体中，一国金融体系应该更多地支持小企业的发展，因而小银行在信息收集方面更有优势；而对于技术水平较高、资本密集型企业，金融市场和发达的股权融资则是更有效率的融资方式。因而随着一国经济的发展和技术水平的演进，金融市场主导的直接融资应该在融资比例中越来越大。

(二) 直接融资占优的经济体的优势

单纯从微观治理情况上似乎无法分清直接融资和间接融资的区别，两种融资方式存在于所有类型的经济体，差别只是程度不同而已。但实际上，随着全球一体化的发展，直接融资占优的经济体逐步产生了一些明显的宏观优势。主要有以下几点：

一是在国际竞争中，直接融资的经济体流动性强，从而有更大的影响力和外溢性。在银行作为中介的融资结构下，大多数贷款往往是持有到期，其间缺乏流动性。而以市场为主导的融资结构中，融资多以证券化形式展开，金融机构本身的资产负债表相对比较灵活，银行资产也以各类证券为主要形式。在不同的利率和风险环境下，金融机构可以快速调整资产负债表的资产类型和资产规模以灵活应对。相应地，以银行为主导的经济体流动性相对较差，商业银行更加依赖中央银行提供流动性，资产负债表庞大但僵化，贷款多被银行持有到期，主导银行大而不能倒的情况特别突出。

二是融资结构和产业结构互为因果，高度相关。从实证来看，以银行为主导的经济体往往制造业较为发达，储蓄率高，国际收支中多为顺差；相反，以市场为主导的经济体，往往服务业较为发达，储蓄率较低，国际收支中多为逆差。此外，对中小企业贷款中，以银行为主导的金融体系对中小企业和大企业的态度明显不同，此外，直接融资较为发达的经济体收购兼并活动较为活跃，融资对中小企业和大企业融资的歧视较低。因此，越是经济发展程度高的经济体，服务业占比越高，其对直接融资需求就越强烈。

三是国际金融中心往往出现在那些以直接融资结构为主的经济体。金融中心出现的逻辑很多，而且金融中心之间存在一定的相互竞争，因此一般一个区域中只有一个金融中心。传统上，纽约和伦敦是全球公认的最主要的金融中心，也是直接融资最发达的经济体。东京、新加坡和中国香港虽然影响力稍弱，但其各类融资的发达程度也非常高。金融中心的一大特征就是有高度发达的股市和债市，这本身就是直接融资发达的重要特征。同时，金融中心的存在促成金融机构的聚集，又进一步提高了融资的效率。

四是国际金融中心密切相关联的经济体更容易获得流动性，从而容易在危机后的萧条期中复苏。直接融资发达的经济体，由于股权和债权的流动性较高，无论在危机爆发或是在危机后的复苏过程中，与相邻经济体联通性强，加上在技术产业链上往往站在高端,在经济调整中处于主导变量。此外,直接融资占比高的经济体的消费市场在国际经济中占有主导地位,此类经济体的经济数据往往在复苏过程中呈先行指标的作用。国际货币基金组织的一篇工作论文曾通过对17个OECD国家1960—2007年84次危机后的经济复苏情况进行分析,发现市场主导型经济体危机后的复苏速度显著高于银行主导型经济体,并且复苏效果更为持久(J. Allard 和 R. Blavy,2011)。

(三) 妥善处理融资方式与风险管理的关系

如前文所述,在更高的层次上,如何看待去杠杆、防风险和发展直接融资及金融市场的关系显得十分重要。银行资金"回表"就是回归金融业务的本源吗?如何判断和防止资金脱实向虚和资金空转?近期中国金融结构的逆趋势调整是因为前期以监管套利为根本目的的"银行影子"发展过度和之后的从严监管导致的结果。但在严监管的过程中,部分口号和提法似乎偏离了金融改革和金融发展的方向,部分措施急于求成,以至于对经济造成了过度冲击。

应该认识到,金融的本质就是借贷和杠杆,交易和套利,使用的手段是期限转换和风险分担,一方面为实体经济融资,另一方面为实体经济分担风险。银行资金"出表"是金融未来发展的大趋势,本身不是问题,银行业的本源也不能简单地理解成传统的存贷款业务。至于脱实向虚,也是一种似是而非的说法,市场资金不愿投入所谓的实体,在制造业普遍过剩的状态下,实际是不看好投入后的回报,资金反复在金融市场中套利"空转"而抹平期限利差,更可能的原因是预期的变化导致资金对各类风险的判断出现了急剧的变化,这些情形在美国的金融市场也曾出现过(Pozsar,2014)[①]。

对于此类问题,可能更应该反思的是政策目标本身。事实上,自国际金融危机以来,金融杠杆出现失控性增长的源头是地方融资平台和相关的基建投资,这些投资带动的债务(货币)增长最终进入房地产,形成了一个循环的闭环,同时又不断自我加强。其间政府不断试图控制,一旦切断,经济增长随即下滑,政府难以忍受经济脱离增长目标,从而再次放松。例如,2015—2016年,宏观政策与市场预期的背离,导致资金在选择投资方向上十分矛盾,居民偏好短期和安全资产,大银行偏好将资金保留在银行间市场以维持流动性,中间势必产生巨大期限转换和风险承担的空间,从而有部分激进的小银行通过购买存单加杠杆在银

---

① Pozar 曾在一系列纽约联储和IMF的工作论文中指出,市场在某些时候会出现安全金融资产不足的情况,而影子银行、次级贷款和其他结构化产品实际上通过批发融资和期限转换满足了市场的要求。如果监管不允许影子银行和这些产品存在,就会出现融资缺口,损害融资效率。

行间市场的不同期限工具中套利,才出现了所谓"资金空转"。归根到底,风险总量并未增加,只不过激进的小银行承担了居民和大银行规避的风险,但风险本身的来源仍是地方融资平台和相关的房地产投资,而这些投资背后支撑的是中国的经济增长目标。

同时,单纯强调银行资金"回表"的做法似乎是为控制所谓的"脱实向虚",并试图再次控制信贷的精准方向,但这恐怕仍解决不了让资金回到所谓的实体经济中去。相反,这种做法长期可能进一步降低融资效率,不利于中国经济向服务业和更具创新的产业和业态转型。同时,银行在经济增速降低的时候不愿意扩张资产负债表,或者融资的风险溢价会更高,也很难解决贷款难、贷款贵的问题。因此,我们不能指望金融业态的倒退来解决问题,更不能回到控制信贷,试图通过政策把金融资源配置到某些特定领域的老做法,历史一再证明,这种做法是低效率的。从长远来看,还应进一步拓宽创新金融服务,让市场发挥资源配置的效率,应当在更高一级的源头认清中国金融风险的来源,平衡好金融创新和融资效率的关系,让金融业更好地为经济发展服务。

四、总结与建议

(一) 我国财政和国企的改革落后于金融改革

我国旨在打造全球一流的金融体系,近十几年来,商业银行改革,股权分置改革,创业板和三板市场的扩容,以及债券市场的大发展,利率市场化,金融改革突飞猛进。与此同时,国企改革的滞后,地方政府预算软约束等问题普遍存在,市场机制在部分领域无法发挥资源配置作用。有人质疑金融改革跑得太快,实际上应该是财政体制和国有企业的改革过于落后,导致金融的治理和约束机制没有发挥好应有的作用。

在宏观上,我国金融改革的一个重要成果就是建立了一个独立于财政的金融体系,金融和财政的适当分离,保证了国家资产负债表的硬约束,从而金融才有优化资源配置的空间。在微观上,金融改革的目标是建立自负盈亏的金融机构,金融机构通过资金的融通实现风险的分担与配置,在优化要素配置的同时实现盈利。因此,从上述微观和宏观的两个视角来看,我国金融体系存在缺陷:一是宏观上财政资源与国家的发展目标不匹配导致金融承担了财政的功能,表现形式是国企和地方融资平台的预算软约束;二是微观上金融机构绝对不能出现风险的政治承诺导致普遍的刚性兑付。前者导致信贷资源过于向政府项目集中,扭曲了信贷结构,造成利率的长期"剪刀差",并导致信贷增长一度失控,从而进一步成为房地产泡沫的根源。后者导致银行资产难以真正出表,"影子银行"实际上仍是"银行影子",最终名义风险和实际风险出现分离,导致部分金融机构过度追逐风险。特别是在利率市场化后金融机构的同质竞争下,金融机构为规避监管,变相通过影子银行转移资产,以达到监管要求。而在刚性兑付的隐含担保下,大多数证券化资产的最终风险仍落在银行,金融产品的风险定价功能无法发挥。

预算软约束是改革开放以来的老问题,金融危机后问题更加突出。软约束问题主要在国企和地方融资平台中存在,由于国企和地方平台是基建的主要投资主体,因而"软约束"和"保增长"一直是一对矛盾。2017年底出台的资管新规①给出了解决金融产品刚性兑付的时间表,该问题似乎得到了一定的整固,但2018年以来相应出现的经济下行和民营企业融资一轮一轮地紧缩令人怀疑,这些监管紧缩政策是否能够坚持下去。金融体系的问题不从源头根本解决,不彻底消除预算软约束和金融机构的刚性兑付问题,金融市场就无法起到优化资源配置的作用。

(二)金融结构仍是经济结构变化的监测指标,金融结构应该与经济结构相对应

一方面金融结构仍是反映产业结构和经济发展的重要指标,当该指标大幅波动时,反映了经济周期的变化和经济所处的位置;另一方面,在金融发展的目标上,要考虑到让融资结构与产业结构相符合,避免资产价格泡沫或资产价格过度下跌。从静态来看,中国处于制造业为主的产业结构,总体发展水平处于国际的中下端,除了部分赶超国际水平的制造业以外,大部分仍然停留在劳动密集型为主的水平,整体经济仍对外贸出口存在依赖,贸易顺差对维持人民币稳定和国际国内信心仍然是重要变量。在这种情况下,应该看到国内以间接融资为主的金融结构与经济的产业结构有一定的对应关系,短期不能指望直接融资大幅替代间接融资。近几年,影子银行的发展的确令这种变化过快,从而产生了一定的金融风险,但也有一些明显的好处,如高估值的市场融资支持了一批跨国兼并和收购,大大缩短了部分企业和行业的技术跨越式发展所需时间;充裕的资金培养了一大批风险投资和创投基金,对近年来我国在互联网、生物科技等方面的创新功不可没。总体来看,随着经济产业调整和转型,直接融资的发展仍是主要趋势。

---

① 人民银行、银监会、保监会、证监会、外汇局于2017年3月28日联合发布《关于规范金融机构资产管理业务的指导意见》(征求意见稿)(简称资管新规),2018年4月27日正式敲定实施。2018年7月20日,人民银行发布《关于进一步明确规范金融机构资产管理业务指导意见有关事项的通知》并进行说明,银保监会发布《商业银行理财业务监督管理办法(征求意见稿)》并公开征求意见,证监会发布《证券期货经营机构私募资产管理业务管理办法(征求意见稿)》《证券期货经营机构私募资产管理计划运作管理规定(征求意见稿)》并公开征求意见。2018年9月28日和10月22日,银保监会和证监会版的正式办法分别发布实施。

（三）大力发展直接融资，着力发展资产证券化，支持中小微企业的发展

尽管金融改革走得快于国企改革和财政改革，但随着金融开放的加速，一国金融市场的规模、深度和影响力至关重要。因而在控制风险的同时，还要继续大力发展直接融资和金融市场。

首先，人民币仍处于国际化的关键时期，人民币国际化的一个重要支撑就是国内金融市场的深度。随着"一带一路"倡议的推进，人民币必定在金融产品的计价和结算方面有更大的需求，而稳定、成熟和有深度的金融市场是人民币能否在开放中保持稳定的关键因素。只有保证人民币的稳定和可兑换，国际化才有最基本的前提条件。其次，国际金融中心的建设，有赖于直接融资和金融市场的发展。国际金融中心仍是国家之间竞争的关键因素，而成熟、深度的金融市场，是聚合金融机构和金融资源的核心。最后，随着我国经济向高质量发展，新经济所占比例越来越大，直接融资势必要发挥更加重要的作用，间接融资和直接融资之间也将更加交错，关系越来越紧密。

除此之外，还应在立足当前的情况下，深挖潜力，做大做强金融市场。我国目前的债券市场和股市的体量已经不小，排除股市波动的因素，估计未来超高速发展的潜力也有限。但目前我国金融资产负债表中，还有100万亿元的存量信贷资产。目前我国债券市场中仅有2.3万亿元的资产支持证券，占比不到3%，距离成熟市场还有很大的差距。信贷资产的存量盘活既能有效地配置金融资源，提高融资效率，又是未来我国深化金融市场的最大潜力。

（四）改进监管，打造更加包容的金融体系

2008年国际金融危机以来，财政刺激政策、宽松的货币政策和松懈的监管既促进了中国金融业的爆炸式发展，又在一定程度上积累了金融风险。以资管新规为代表的一系列监管举措，其总体精神和指导思想无疑是正确的，该举措精确地识别了风险的源头，统一了监管标准，减少监管套利，打破刚性兑付，降低期限错配、试图降低流动性风险。但"去杠杆"下的监管走得过急过快，客观上造成了股市、债市和信贷市场融资的急剧收缩，反而在短期内加大了金融风险。总体来看有三点：一是监管变化过于剧烈，导致某类金融业务彻底熄火，对中小民营企业影响大。例如，资管新规规定了限制资产负债期限错配的规定，而对接非标资产的大多数是中短期的银行理财，因而该规定导致银行理财突然无法给非标资产融资，又如，资管新规规定净值化的估值处理，在债券违约后应该及时披

露,但同时打破刚兑后债券违约的流程不甚明晰,导致银行理财产品从低评级债券中集体撤出。银行理财对接的非标资产和低等级债券资金主要流向中小民营企业,以致这些监管政策在2018年以来对民营企业和中小微企业几乎产生了毁灭性影响。二是部分监管约束限制了资金的正常流动,甚至阻塞了中央银行货币政策的传导。例如,同业负债占总存款比例不超过1/3的约束,导致中央银行的中期借贷便利难以通过一级交易商的拆借向中小银行传递流动性;流动性覆盖比率(LCR)约束导致市场安全性资产不足,中央银行被迫调整质押品要求。这些宏观上为防止风险的政策最终演变成对货币政策的约束,迫使中央银行不得不将风险资产纳入自己的资产负债表。三是对国有资产流失的部分政策导致银行在需要时无法补足资本金。例如,按照国资委、财政部、证监会共同发布的36号令《上市公司国有股权监督管理办法》,规定商业银行在低于1倍PB时不能股票增发再融资,但目前绝大多数银行股PB都低于1,银行补足资本的道路被堵死,在资本充足率的监管约束下银行无法增资和增加贷款。

上述几个方面都反映了监管变化过于激烈,对宏观经济产生了顺周期的不利影响。反映到融资结构上,债券发行量的降低,贷款外社会融资的减少,最终导致直接融资占比的下降。未来应该更加注重宏观审慎在监管方面的运用,减少顺周期行为,打造更加包容的金融体系。

参考文献

[1] 林毅夫,孙希芳,姜烨. 经济发展中的最优金融结构理论初探 [J]. 经济研究, 2009 (8).

[2] 麦金农. 经济发展中的货币与资本 [M]. 上海:上海人民出版社, 1997.

[3] 雷蒙德·W. 戈德史密斯. 金融结构与金融发展 [M]. 上海:上海人民出版社, 1996.

[4] 孙国峰. 中国影子银行界定及其规模测算——基于信用货币创造的视角 [J]. 中国社会科学, 2015 (11).

[5] 吴晓求. 梦想之路——吴晓求资本市场研究文集 [M]. 北京:中国金融出版社, 2006.

[6] 王欣. 金融结构、资本配置效率与经济增长 [M]. 北京:经济科学出版社, 2018.

[7] 谭之博. 经常账户失衡与经济波动——金融结构与银行集中度的视角 [M]. 北京:北京大学出版社, 2016.

[8] Allard. J, Blavy. R. Market Phoenixes and Banking Ducks Are Recoveries

Faster in Market - Based Financial Systems [R]. IMF Working Paper, 2011, No. 11/213.

[9] Allen, Gale. Comparing financial systems [C]. The MIT Press, Cambridge, 2000.

[10] Amel, D. F., Liang, N. J.. Determinants of entry and profits in local banking markets [Z]. Review of Industrial Organization, 1997, 12 (1): 59 – 78.

[11] Bhidé, Amar. The Hidden Cost of Stock Market Liquidity [J]. *Journal of Financial Economics*, 1993, 34 (1): 31 – 51.

[12] Boyd, J. H., B. D. Smith. The Evolution of Debt and Equity Markets in Economic Development [J]. *Economic Theory*, 1998, 12, 519 – 560.

[13] GrossmanS, Hart O.. Takeover bids, the free – rider problem and the theory of the corporation [J]. *The Bell Journal of Economics*, 1980, 11 (1): 42 – 64.

[14] Hellwig, M.. Banking, financial intermediation and corporate finance in European Financial Integration [C]. (A. Giovanni and C. Mayer, Eds.), pp. 35 – 63. Cambridge Univ. Press, London, 1991.

[15] Hellwig, M.. On the Economics and Politics of Corporate Finance and Corporate Control [R]. Working paper University of Mannheim, 1998.

[16] La Porta, R., Lopez – de – Silanes F., Shleifer. Laws and Finance [J]. *The Journal of Political Finance*, 1998, 106: 1113 – 1155.

[17] La Porta, R., Lopez – de – Silanes F., Shleifer. Government Ownership of Banks [J]. *The Journal of Finance*, 2002, 57 (1): 265 – 301.

[18] Levine, R.. Financial Development and Economic Growth: Views and Agenda [J]. *Journal of Economic Literature*, 1997, 35: 688 – 726.

[19] Pozsar Zolton. Shadow Banking: The Money View [R]. The Office of Financial Research Working paper, www.treasury.gov/OFR.

[20] Rajan, Raghuram G. Insiders and Outsiders: The Choice between Informed and Arm's – Length Debt [J]. *Journal of Finance*, 1992, 47: 1367 – 1400.

[21] Stigliz. Credit Markets and the Control of Capital [J]. *Journal of Money, Banking, and Credit*, May 1985, 17 (2): 133 – 152.

助力上海国际金融中心基本建成的金融市场发展研究

中国人民银行上海总部金融市场管理部课题组

课题组组长：荣艺华
课题组成员：陈小五　叶可松　刘　彦　蒋一乐

摘　要

上海国际金融中心建设是我国一项重大国家战略，当前正值关键阶段，亟须以更大力度补短板、促发展，确保到2020年"基本建成与我国经济实力以及人民币国际地位相适应的国际金融中心"。为更好地顺应金融服务实体经济、扩大金融对外开放的要求，助力上海国际金融中心如期基本建成，应进一步着力于上海金融市场的高质量发展。

本课题围绕发展金融市场助力基本建成上海国际金融中心主题，从金融市场发展成效、国际实践、存在不足、对策建议等方面，进行了相关研究。

近年来，上海金融市场发展在推动上海国际金融中心建设方面取得了明显成效：市场体系日趋完备，利率与汇率形成机制不断健全，产品更趋丰富，交易量居全球前列，对外开放不断深化，面向国际的金融市场平台建设成效明显，法治环境不断完善。

从国际实践来看，金融市场的充分发展有力奠定和巩固了纽约和伦敦国际金融中心的地位。

上海金融市场在促进国际金融中心建设方面也存在一些不足：各子市场有待进一步互联互通，定价机制市场化程度有待进一步提高，产品创新的有序性尚需提高，金融市场存在脱实向虚情况，境外机构对境内金融市场整体参与度仍然较低，基础设施功能发展相对滞后等。

针对以上不足，立足于服务实体经济、推进人民币国际化和金融对外开放，对应上海国际金融中心建设的时代背景和现实需求，助力上海国际金融中心基本建成，金融市场发展可采取以下对策：高度重视基本建成上海国际金融中心的时代要求和金融市场发展定位；顺畅子市场联通，发挥金融市场助力上海国际金融中心建设的合力；推动定价机制市场化改革，让价格真正反映金融市场供求关系；全面统筹金融市场产品创新，搭好实体经济与金融市场间的联结桥梁；推进金融市场更高层次对外开放，顺畅人民币国际化的跨境循环流通；加强金融市场基础设施建设，提升范围经济效应。

本课题主要创新或特色：一是对照上海到2020年"基本建成与我国经济实力以及人民币国际地位相适应的国际金融中心"要求，寻找金融市场发展的不足，提出针对性的对策建议；二是立足于金融业进一步对外开放及人民币国际化战略的时代背景和现实需求，研究金融市场发展的突出问题；三是指出上海金融市场发展已从量的扩张进入了质的提升的精细化发展阶段，提出金融市场下一步的创新发展策略。

一、金融市场发展在推动上海国际金融中心建设方面的主要成效

自2009年国务院常务会议审议通过《关于推进上海加快发展现代服务业和先进制造业　建设国际金融中心和国际航运中心的意见》以来，上海国际金融中心建设取得了明显成效。根据Z/Yen集团公布的"全球金融中心指数"（Global Financial Centres Index，GFCI），上海国际金融中心的排名从2010年3月的第20位连续上升到2018年的第5位。作为其中重要组成部分，金融市场发展有力支撑了上海国际金融中心建设。

（一）上海金融市场体系日趋完备。目前，上海集聚了包括货币、债券、股票、票据、外汇、黄金、期货等在内的各类金融要素市场，市场层次较为丰富。货币市场涵盖了同业拆借、质押式回购等不同信用层次；债券市场包括以机构投资者为主的银行间债券市场、以个人及中小机构投资者为主的交易所债券市场和柜台交易市场；股票市场包含了主板、中小板、创业板、新三板及区域性股权交易等市场板块；黄金市场有现货、远期、期货及国际板等不同市场层次；期货市场覆盖了商品、金融两大期货门类。

（二）上海金融市场的利率与汇率形成机制不断健全。在利率形成机制方面：建立了以上海银行间同业拆放利率（Shibor）和国债收益率为基础的本币市场资金价格基准，银行间市场存款类金融机构以利率债为质押的7天期回购利率（DR007）为中轴、中央银行常备借贷便利（SLF）为上限、中央银行超额准备金利率为下限的利率走廊建设取得重大进展；债券市场初步形成了对不同期限及不同信用等级债券进行定价的收益率曲线，其中10年期国债收益率曲线已成为投资者分析金融市场时广泛使用的基准收益率；贷款基础利率（LPR）正式运行，成为越来越多的商业银行发放贷款时的重要参考。在汇率形成机制方面：人

民币汇率由盯住单一货币改为参考"一篮子"货币；人民币兑美元汇率中间价与上一交易日的收盘价保持连续，汇率日浮动幅度扩大至中间价的上下2%；正式发布CFETS人民币汇率指数，扩大市场供求因素对人民币汇率的决定权；引入逆周期调节因子等中间价管理创新模式。

（三）上海金融市场产品更趋丰富。基本形成了不同信用层次、不同期限、不同功能的基础产品和衍生产品序列，较好地满足了各种投融资需求。如货币市场先后推出了同业拆借、质押式回购、短期融资券、同业存单等基础产品以及远期利率协议等衍生产品；债券市场持续推出国债、地方政府债券、政策性银行金融债券、政府支持机构债券、普通金融债券、企业债券等基础债券，绿色债券、小微企业债券、永续债券等专项债券产品，以及国债期货、信用风险缓释工具、债券远期等衍生产品；股票市场具备了基础产品与股指期货、ETF期权等产品序列；黄金市场具有了现货、期货和黄金ETF等相关产品；外汇市场有外汇现货、外汇远期、掉期、期权等一批金融产品。

（四）上海金融市场交易量居全球前列。2017年，上海金融市场成交总额1428.4万亿元，同比增长5.3%。股票、债券、期货、黄金等金融子市场国际排名显著提升，多个品种交易量位居全球前列。例如，上海证券市场股票筹资总额位居全球第二，股票交易额和股票市值均位居全球第四；债券市场托管余额仅次于美国和日本，居全球第三，其中公司信用类债券托管余额仅次于美国，居全球第二；上海黄金交易所场内现货黄金交易量位居全球第一；上海期货交易所螺纹钢、铜、天然橡胶等10余个期货品种交易量位居全球第一。

（五）上海金融市场对外开放不断深化。股票"沪港通""债券通"、原油期货等相继启动，银行间债券、外汇、货币等市场加快开放；上海黄金交易所国际板启动"黄金沪港通"项目，开办"上海金"黄金集中定价业务，迪拜黄金与商品交易所挂牌以"上海金"基准价作为结算价的人民币黄金期货合约；人民币海外投贷基金、跨境ETF等试点顺利推出；上海清算所推出乙二醇进口掉期中央对手清算业务；金砖国家新开发银行、全球清算对手方协会（CCP12）、人民币跨境支付系统（CIPS）、中国保险投资基金、中国互联网金融协会等一批重要金融机构或组织落户上海。

（六）上海面向国际的金融市场平台建设成效明显。中国外汇交易中心建立了国际金融资产交易平台，中国外汇交易中心、中央结算公司和上海清算所陆续出台了自由贸易试验区债券业务相关指引、实施细则、指南和业务系统；中国外汇交易中心获批与彭博合作，支持境外机构投资者通过彭博终端与外汇交易中心系统的连接投资境内债券市场；与香港交易及结算所有限公司在香港成立了债券通有限公司，提供债券通"北向通"相关交易服务；中央国债登记结算有限责任公司与明讯银行签署合作备忘录，加强金融设施的互联互通；中央国债登记结算公司上海总部、上海保险交易所、上海票据交易所、中国信托登记公司、中债担保品业务中心和中国债券估值中心等市场中介机构在上海注册运营。

（七）上海金融市场的法治环境不断完善。出台了《上海市推进国际金融中心建设条例》、全国首部地方综合性信用条例《上海市社会信用条例》；设立了上海金融法院，金融审判庭、金融检察处（科）、金融仲裁院、金融消费权益保护局、金融纠纷调解中心等陆续成立；人民银行等部门联合发文，建立统一的债券市场执法机制，共同推动中国债券市场健康稳定发展；与金融市场相关的会计审计、法律服务、资产评估、信用评级、投资咨询、财经资讯、服务外包等专业服务加快发展。

二、主要国际金融中心的金融市场发展实践

从全球主要国际金融中心发展历程看，纽约和伦敦国际金融中心具有更强的活力和更广的辐射面，国际认可度高，可作为研究对标并借鉴其金融市场的发展经验。

（一）市场体系完备。纽约和伦敦的金融市场都包含货币、债券、股票、外汇、商品期货和金融衍生产品等子市场，并形成了货币市场到资本市场、基础产品到衍生产品、固定收益到权益等在不同维度上都较为完备的市场体系。各子市场均有不同期限、交易方式和信用层次的产品，衍生产品尤为丰富，覆盖主要基础产品，为境内外投资者有效锁定相关风险提供保障，提高了投资者参与金融市场的积极性。

（二）具有较为健全的价格形成机制。纽约和伦敦的金融市场均形成了能够及时反映和调节市场供求关系的金融产品价格机制，得到了投资者的高度认可。其中多项产品价格及其定价标准被全球主要在岸和离岸金融市场接纳为定价基准，如 Libor 和美国 10 年期国债收益率均为全球金融市场的重要基准利率；伦敦金银市场协会制定的《全球贵金属准则》，在全球贵金属场外交易市场中得到较高认可度；纽约、伦敦的原油期货价格在石油市场中起到了风向标作用。

（三）市场规模居全球前列。在纽约金融市场中，货币市场在全球范围内居于重要地位；2017 年末，外汇与利率衍生品交易量居全球第一，占 41%；2017 年，外汇市场日均即期交易居全球第二、股票市场市值居全球第一，债券市场的发行量、成交量和存量均居全球第一。在伦敦金融市场中，2016 年外汇交易量居全球第一，份额约为 37%，2017 年外汇与利率衍生品交易量居全球第二，占 39%；2016 年末，伦敦金融市场的基金管理量占全球总额的 7%。

（四）市场开放度高。在纽约金融市场，截至 2017 年末，境外发行主体在美

国发行的债券余额占美国债券市场总余额的9%，美国国债的境外机构投资余额占比超过40%，利率及外汇衍生产品市场中外国银行及外资银行的交易占比达到80%，在纽交所上市的外国公司占比高达21.7%，在NASDAQ上市的外国公司占比为13.7%。在伦敦金融市场，非本地银行、非居民主体持有超过50%的利率和汇率衍生品头寸余额，在伦敦股票交易所上市的外国公司数量占比达到17%，市值占比达到36.6%。伦敦金融市场的基金业投资海外的占比超过40%，为海外客户管理的基金总额占比达到32.1%。

（五）市场发展定位凸显了各自特色。纽约金融市场主要表现为债券市场和股票市场发达，能为全球的市场参与主体提供更为有效的投融资渠道。美国债券市场的开放程度高、流动性最强、收益率曲线最为完备，为全球参与者提供了较好的投资渠道，近年来以欧亚地区投资者为主的国际投资者持有占比逐步上升；股票市场上市开放度高，规则灵活，上市后对不同股东的权益可进行灵活安排，吸引了阿里巴巴等一大批国际企业上市融资。伦敦金融市场则更多地表现为基金市场和金融衍生产品市场较为发达，为全球市场参与主体提供财富与风险管理手段，基金市场为全球投资者提供了良好的全球股权投资和债权投资机会，其离岸市场美元和欧元衍生产品交易额均长期为对应在岸市场交易额的两倍。

三、上海金融市场在促进国际金融中心建设方面的不足

（一）各子市场有待进一步互联互通。当前上海金融市场的各子市场基本完备，但不同交易场所、不同行业间同一性质的业务，在政策法规、监管标准、市场规则，甚至业务层面的协议文本等方面都存在不一致的情况。如债券发行市场，具有企业发债审核权限的部门有证监会和发展改革委，还有接受债券发行注册申请的自律组织全国银行间债券市场交易商协会，其审核标准、流程规范、评级要求等均各不相同，企业掌握全面信息的成本较高，也容易形成监管套利或疏漏。衍生品市场的发展和开放程度总体上滞后于基础市场，产品较为单一，为投资者所提供的对冲汇率、利率风险的便利度相对较弱，一定程度上影响了金融市场交易效率。

（二）定价机制市场化程度有待进一步提高。定价机制的基础尚需夯实。本币市场中，利率双轨、国债期限结构不完整；投资者对Shibor等基准利率的认可度有待改进；贷款基础利率对经济与市场环境的反应仍缺乏足够的敏感性，直接影响境内金融市场的基础定价能力；外汇市场交易须符合实需原则，资本管制仍严于大多数成熟经济体，市场投资者的交易方向基本一致倾向明显，导致汇率缺乏弹性，对经济基本面和资金面的反映较为滞后，影响外汇市场定价能力。与此同时，风险定价能力需要提升。利率衍生产品序列不全，投资者不能全覆盖对冲

所持有基础产品的利率风险；国债期货产品不全，导致无对应国债期货的短期收益率高于有对应国债期货的长期收益率，扭曲了以期限结构为基础的流动性风险定价机制；信用风险定价机制的发展长期停滞，金融市场相关产品更多地还在根据所有制、行业和政策文件等进行信用风险定价，且尚未真正打破刚性兑付，信用风险缓释等市场化定价机制发展较为缓慢。

（三）产品创新的有序性尚需提高。监管协调和沟通不够，政策松紧不一，在引导金融产品创新的思路、步调等方面均存在不一致，一些无金融资质的机构借助科技手段，以创新名义大量开展金融市场业务，影响金融产品有序创新，也干扰了金融市场的有序竞争。长期以来，金融产品的发展往往是为了解决某个局部和具体问题，随着金融产品不断增多，这一发展思路导致产品之间缺乏有效协调，产生形式多样、实质雷同、层次单一等情况，降低了创新发展的有序性。

（四）金融市场存在脱实向虚情况。2017年末债券余额占GDP之比为89.5%，低于成熟市场国家普遍超过100%的占比，更远低于美国约2.5倍的比例；股票市场中上市公司市值占GDP之比仅为68.6%，百万人上市公司数量仅为成熟市场国家的1/5左右。金融机构间加杠杆、各类通道和场外配资类业务发展过快，不仅影响了金融市场服务实体经济的能力，还加剧了市场波动，易产生系统性风险隐患。

（五）境外机构对境内金融市场整体参与度仍然较低。债券市场中，境外主体在我国发行的债券余额占债券市场总余额之比约为3%，远小于成熟国际金融中心约10%的比例；境外机构持有我国国债的占比不到其在成熟国家债券市场持有比例的一半。股票市场尚未许可境外企业到境内公开发行股票融资，境外机构持有境内股票市值约为5%，明显低于境外投资者在其他股票市场中的持股比例，如韩国约占30%。黄金市场中，境外会员参与黄金现货的成交金额占总成交金额不到4%，参与方式仅限于参加黄金国际板。外汇市场中，境外机构投资者数量占比不到15%，低于伦敦、纽约国际金融中心约50%的比例，且以境外中央银行类机构、境外人民币清算行、境外人民币参加行等特定金融机构为主。2018年才开启商品期货及金融期货市场对外开放，目前仅有原油、铁矿石和PTA等几个商品期货产品允许境外投资者参与，仅有QFII和RQFII可以参与股指期货，尚不能参与国债期货交易。

（六）基础设施功能发展相对滞后。金融市场各交易平台在建设时基本都采用了当时先进的技术，并且逐年升级，为金融市场快速发展提供了有力支持，但相关基础设施也存在功能较为单一和管理制度发展滞后系统建设的问题。一是交易系统的功能主要集中于交易方面，配套服务较少，且终端在语言的多样性、使用的便利性、与境外相关系统的联通等方面存在不足。二是实施一级托管的中央存管机构直接面向所有投资者，数据量大，防差错任务重，关注点主要在于保证托管结算的安全性，难以根据不同投资者的需求为其提供差异化、个性化延伸服务。三是支付系统的功能发展较为滞后，在反洗钱、跨币种的连续、实时、跨地区的清算和结算方面还不够顺畅；对结算的最终性认定与解救、幸存者支付等事项仅颁布了部门规章，与成熟国家通过法律进行管辖不对等，在跨不同法律管辖权区域间开展工作协调、处理纠纷时处于不利地位；人民币跨境支付系统（CIPS）二期进入投产试运行，支持人民币开展全球支付与金融市场业务，但接入主体较少，所提供的服务与功能覆盖面相对较窄。

四、助力上海国际金融中心基本建成的金融市场发展对策建议

（一）高度重视基本建成上海国际金融中心的时代要求和金融市场发展定位。

一是发展金融市场，助力上海国际金融中心基本建成具有很强的紧迫性。党的十九大以来，我国社会主义现代化建设在新起点上开启了新征程。2020年既要全面建成小康社会、实现第一个百年奋斗目标，又要趁势向第二个百年目标进军，是重要的时间节点。上海基本建成"与我国经济实力以及人民币国际地位相适应的国际金融中心"是处在这个时间节点上的一项重要任务。这对上海金融市场发展既注入了更丰富的内涵，也提出了更高要求。

二是上海金融市场发展要着力于推进金融对外开放。党的十九大报告明确指出大幅放宽市场准入，扩大服务业对外开放。习近平总书记在第五次全国金融工作会议上指出，要积极稳妥推动金融业对外开放，合理安排开放顺序。2018年是我国改革开放40周年，根据党中央相关精神，人民银行在长期积极推动和扩大金融业对外开放的基础上，提出要继续推动全方位的金融业对外开放。这一系列开放战略明确要求金融市场须将自身发展扩展到开放、包容、与国际接轨的范围上。

三是上海金融市场发展要着力于推进人民币国际化。自2009年启动人民币跨境结算业务以来，人民币在跨境贸易和投资中的作用明显增强，2016年正式成为国际货币基金组织新的特别提款权（SDR）篮子货币，排名第三；目前成为全球第五大支付货币、我国跨境收付第二大货币。随着人民币国际化步伐稳步推进，境外主体积累的人民币增多，会产生越来越多的使用人民币进行投资和资产配置的需求，上海金融市场要有足够的规模和开放度，为境外机构提供充沛的可投资人民币金融产品，夯实人民币跨境循环的金融市场基础。

（二）顺畅子市场联通，发挥金融市场助力上海国际金融中心建设的合力。上海金融市场发展已从量的扩张进入了质的提升的精细化发展阶段，需要加强各子市场之间的互联互通，促进金融市场的功能提升。一要转变发展思路，从金融

市场服务实体经济发展的角度,加强市场发展规划,防止因过于关注解决局部问题和短期目标而带来的金融市场碎片化。二要在不同子市场中建立与其功能相适应的投融资主体入市、信息披露和检查处罚标准。对于主要功能是为个人和中小机构投资者提供投资渠道的子市场,实行透明度最高、信息披露全且最通俗易懂、交易结算容错率最低、业务检查最为密集、处罚最为严格的制度体系;对于面向合格机构投资者的子市场,可在法律框架范围内,结合市场主体真实需求,适当放宽标准;对于面向识别、管理和承受风险最强的特定机构投资者的私募类市场,可由监管部门提供标准清单,投融资双方在法律框架下自行协商事项。三要联通各子市场基础设施。统一接入基础设施的资料要求、从投资者需求角度统一基础设施之间互联互通的方式、转托管相关业务规则和时限等相关标准。四要深化市场层次。为不同投资主体提供与其识别、管理与承受风险能力相对应的市场层次,让投融资主体能及时找到对应其投融资需求的市场,减少市场层次与主体真实需求之间的错配。

(三)推动定价机制市场化改革,让价格真正反映金融市场供求关系。一要充分发挥市场供求关系在定价机制中的决定性作用,使金融市场收益率正确反映宏观经济和政策表现出的真实风险和利率水平。减少行政干预,完善监管制度,有序打破刚性兑付,消除行政力量和监管套利给金融市场收益率带来的溢价或折扣,破除投资者对政策支持的行业、所有制等方面的保护幻觉;改善金融产品的信息披露,加强投资者风险教育,完善市场化、法制化的违约处置长效机制,形成"卖者尽责,买者自负"的市场纪律。二要支持上海自贸实验区在外汇管理方面先行先试,探索创新外汇管理体制,稳步推进投融资汇兑便利改革;逐步放宽外汇交易的实需原则限制,增强汇率弹性,促进汇率形成机制市场化发展,更有效地反映外汇市场供求关系。三要扩大衍生产品种类和参与主体范围,更好地发挥其价格发现和风险分摊功能。引入多元化的金融机构和部分风险管理能力较强的非金融机构参与金融衍生产品市场,以风险管理能力为基础,覆盖其持有基础资产量为依据,促进金融衍生品市场稳健发展。

(四)全面统筹金融市场产品创新,搭好实体经济与金融市场间的联结桥梁。金融产品本质是联结投融资双方的桥梁,金融市场的核心功能是服务实体经济。为此,应从降低实体经济融资成本、提高融资效率出发,推动市场产品有序创新。一要厘清政府和市场的边界,切实发挥市场在资源配置中的决定性作用,推动市场主体依据实体经济需求、市场规则和市场价格开展充分竞争,以此促进其创新出符合市场投资者实际和实体经济需求的金融产品。二要规范行政管理行为,推动市场主体有序开展产品创新。监管部门从具体产品创新工作中解脱出来,着力提高宏观调控和科学管理水平,重点做好对产品创新方向的引导、对创新效用的评估、创新效果激励等相关机制设计,加强事中事后监管、维护市场秩序、保障公平竞争。三要发挥上海自贸实验区先行先试优势,立足于金融支持科创中心建设,探索新型金融产品创新机制,更好地发挥金融产品创新支持实体经济的作用。

(五) 推进金融市场更高层次对外开放,顺畅人民币国际化的跨境循环流通。支持投资者优先以人民币实现跨境支付和投资,扩大人民币跨境使用,从金融市场建设层面保障人民币"出得去";稳步实现金融市场全方面对外开放,让人民币"回得来、留得住"。一要在金融市场准入和开展业务方面全面实行负面清单管理,并减少分段式管理带来的市场分割,稳定境外投资者对金融市场管理政策的预期,增强其进入境内金融市场的信心。二要针对各国管理部门对不同类型金融机构及非法人产品的监管标准不相同的现象,实行不同的金融市场开放层次,对于全球系统重要性金融机构、与我国金融机构有长期稳定业务往来并从中体现其业务与风险管理能力的境外金融机构,允许其进入所有层次的金融市场;对于其他境外金融机构及非法人金融产品,根据其能证明的业务和风险管理能力,允许进入相应层次的境内金融市场;参与不同市场层次的境外金融机构,可根据预先设定的业务发展和风险合规等标准,在不同的金融市场层次之间进行转层操作,让上海金融市场能够覆盖最广泛的境外人民币持有主体。三要进一步开展离岸人民币市场的研究、建设和监测,为境外人民币持有主体提供更多的投融资便利,促进离岸人民币市场健康发展。

(六) 加强金融市场基础设施建设,提升范围经济效应。金融市场基础设施的根本价值在于顺畅流通、降低成本、扩大辐射、加大深度。完善的基础设施能够有效降低市场主体进行金融交易的成本,增强金融市场的吸引力。一要鼓励相关中介机构在其交易和结算终端增加相应的配套服务功能,便利投资者获得相关信息和开展交易;尽快实现基础设施在交易结算和转托管方面规则统一,实现基础设施的互联互通;继续推动面向国际的金融市场平台建设,在风险可控的范围内为境内外投资者提供更加便利化的投融资服务;结合投资者意愿和市场承受能力,稳步推动国内基础设施同境外基础设施的对接。二要推动完善基础设施建设的相关法律法规,对其功能、联通、接入要求、纠纷处理等进行明确界定,更好地为境内外投资者提供配套增值服务。

参考文献

[1] 吴青. 服务国家战略 打响上海品牌 努力建设新时代上海国际金融中心 [J]. 陆家嘴论坛2018会前刊, 2018-09-02.

[2] 中国人民银行上海总部《中国金融市场发展报告》编写组. 2017年中

国金融市场发展报告 [M]. 北京：中国金融出版社，2018.

[3]《径山报告》课题组. 中国金融开放的下半场 [M]. 北京：中信出版集团，2018.

[4]《国际金融中心发展报告》编写组. 国际金融市场发展报告2018 [M]. 北京：中国金融出版社，2018.

票据市场支持科创中心建设研究

中国人民银行上海总部金融市场管理部课题组

课题组组长：陈晓虹
课题组成员：王雯珠　杨　婕　李旭光　孙　钰

摘　要

建设上海科创中心是我国的国家战略之一，据统计接近九成的科创企业面临融资困难的问题，如果能够为区域内的科创企业提供良好的融资环境，则可以有效推动科创中心建设。

科创企业大多是生产依附型中小企业，且以轻资产运营方式为主，难以满足股票或债券的融资门槛；风险高、固定资产较少也使其难以获得银行的低成本贷款支持。而票据融资更加契合科创企业的特点，一是其融资门槛和成本较低，使科创企业能够及时、便捷地获得资金支持；二是其兼具支付和融资功能，可以帮助科创企业盘活沉积的应收账款，促进资金流转。

2018年3月，"中关村商票信息服务平台"项目在北京启动，旨在以商业承兑汇票（以下简称商票）支持中关村科创企业融资。本文分析了此模式的运行方式和存在的问题，并根据这些问题提出了更具市场化的供应链商票模式。

供应链商票模式能够实现核心企业、科创企业和商业银行的互利共赢，保证其能够被顺利推广。对于核心企业，签订商票向供应商支付，即可实现零成本融资；对于中小科创企业，将商票逐级支付时也可实现零成本融资，对其贴现时可实现低成本融资；对于商业银行，一方面可借助供应链扩大客户源，另一方面借助再贴现支持可赚取利差收益。

现如今发展供应链商票融资模式的外部市场条件日益成熟。上海票据交易所（以下简称票交所）建立并上线运行，票据电子化进程加速，业务效率提高，操作风险降低，商业汇票支付功能得以加强。这些发展变化为商票在供应链金融中的应用打下了基础，这也是此融资模式现如今可以实际应用的客观条件。

本文在描述此模式运行方式和支持机制的基础上，也给出了政策建议和具体推广落实的措施。具体政策方面：一是建议允许商票开展质押回购业务；二是放开供应链项下企业异地开户政策；三是明确票据资产属性；四是减少票据业务资本重复计量。推广措施方面：一是建立企业间票据交易平台；二是对企业间票据交易平台做好前瞻性管理；三是设定再贴现支持标准，以精准滴灌需要支持的核心企业；四是加强对失信重点企业的惩戒措施；五是建设一体化交易市场，使企业贴现可直接在票交所挂牌交易；六是建立票据交易主报告行制度，形成智能化的全市场监管体系；七是建立信息披露机制；八是探索引入涉及商票的信用评级制度。

一、引言

伴随着科技的进步与联动，世界各地陆续涌现出区域性的科创中心，如美国硅谷、北卡三角科学园、日本筑波科学城、德国慕尼黑高科技工业园、英国伦敦东区科技城等。这些科创中心为所在各国输出了新技术、新产品与新服务，高效推动了社会经济的发展，同时其集聚效应又能吸引全球的优质资源和高端人才。上海被定位为中国的科创中心，建设上海科创中心既对我国的长远发展具有重要意义，也可以为全球科学技术进步作出巨大贡献。

国际上的科创中心都有良好的金融市场环境来支持区域内的科创企业融资和发展。科创企业大多为中小企业，而中小企业往往有更强的融资需求，据统计，有88%的中国科创企业认为融资环境严峻或存在一定挑战，这一数据比2017年高了4个百分点[①]。因此，通过金融工具支持科创企业融资可以有效支持科创中心的建设。

对比银行贷款和直接融资，票据融资更加灵活、高效，且门槛低、成本低，契合科创企业规模小与轻资产运营的特点。本文提出用商业承兑汇票（以下简称商票）结合供应链的融资模式来助力科创企业发展，并在对比分析现有中关村商票模式特点与不足的基础上，说明供应链商票融资模式的运行方式和优点，给出具体的政策建议和落实方法。

二、以票据市场服务科创中心的原因

上海于1988年成立了"上海市科技创业中心"，致力于科技型中小企业的孵育服务与管理，在金融方面主要体现在对其提供信贷支持。在走访调研中，中心相关负责人表示科创企业自身抵押物较少，难以获得银行贷款，也不易满足直接融资条件，且大多是生产依附型企业，经常受应收账款所累而影响资金周转。票

---

① 数据引自由硅谷银行和浦发硅谷银行联合发布的2018年《中国科创企业展望报告》。

据业务契合科创企业特点,可以提供更具针对性的帮助,丰富和补充市场现有的融资渠道,而供应链商票融资模式是较好的切入点。

(一) 科创企业的特点

科创企业的规模一般较小。据统计,2018 年有 59% 的科创企业的员工人数不满 25 人,有 82% 的科创企业的员工人数不满 100 人,而大于 100 人的科创企业仅占 18%[①];且中国的小微企业完成了 65% 的发明专利和 80% 以上的新产品开发[②]。小型企业由于市场竞争地位不占优势,更具动力将最新的科研成果转化为产品,通过新产品来抢占市场,实现盈利。

科创企业通常为轻资产企业(徐光伟和王卫星,2013)。"轻资产"并非财务术语,其源头是国际管理咨询公司麦肯锡推崇的"轻资产运营"战略(asset-light strategy),是指抓住自己的核心价值,而将非核心业务,例如物流、生产等外包出去的战略模式。此类企业一般不进行大规模的固定资产投资,而将精力和财力集中于提高自身研发能力、营销能力或终端销售渠道等价值链中的高附加值环节(田高良等,2012;戴天婧等,2012)。

科创企业有一定的风险。科创企业研发投入与产出之间存在较大的不确定性,在其研发过程中,随着技术和产品出现阶段性的进展,会出现相应的资金需求,而技术最后的产业化往往需要一定的时间,会导致企业盈利的不稳定(苏植权和方秀文,2007)。新产品要占领市场,形成经济规模,要面对功能类似的已有产品的竞争,新产品稍有成功可能还会出现模仿跟随者,这些都对科创企业的发展壮大提出挑战。

科创企业大多为生产依附性企业,由于其规模较小,在贸易中难以占主导地位,与供应链上核心企业相比较为弱势。核心企业通常不会以现款方式支付,科创企业容易被应收账款拖累而影响资金周转。据"上海市科技创业中心"反馈,有个别科创企业的应收账款高达 1.7 亿元,严重影响其正常生产周转,甚至可能导致其破产。

(二) 目前科创企业融资方式的局限性

企业融资方式主要可分为两大类:债务性融资和权益性融资。这两类融资方式可以对科创企业融资起到一定的支持作用,但也都存在一定的局限性。

---

① 数据引自由硅谷银行和浦发硅谷银行联合发布的 2018 年《中国科创企业展望报告》。
② 数据引自人民银行行长易纲 2018 年 6 月的讲话《综合施策 精准发力 进一步改进和深化小微企业金融服务》。

对于债务性融资，最常见的方式是银行贷款和债券发行。由于科创企业自身的轻资产运营模式和企业规模限制，无形资产占企业资产的比重较大，可供抵押的资产较少，由于投入产出的不确定性不能保证有稳定盈利，获得银行贷款支持的机会有限。而一般债券的发行门槛较高，由于科创企业大多是中小企业，很难满足发债要求。虽然双创债券、中小企业集合债券等专项债券已推向市场，但市场接受程度和发行量均有待提高。

对于权益性融资，可分为天使投资、风险投资、私募股权和首次公开上市。首次公开上市适用于企业发展到比较成熟的阶段，并不适合大部分处于成长期的科创企业。天使投资、风险投资和私募股权虽然更适合企业规模普遍较小的科创企业，但是这类投资者数量有限且对投资标的挑选谨慎，其提供的资金仅可满足小部分科创企业的初期融资。

2016年推出的"科创企业投贷联动模式"尝试结合债务性融资和权益性融资来助力科创企业发展，对科创企业融资起到了积极作用。① 但目前市场上的投贷联动模式都存在商业银行收益与风险不匹配的问题，因此银行参与的积极性可能无法充分调动（王轶昕和负菲菲，2018）。

虽然科创板已经于2018年11月上线，但根据《科创板优质企业信息收集表》中的相关信息，可以通过此方式融资的科创企业需要具备一定的经营规模，在创业初期或前期的企业仍然难以获得融资支持。发行债券与此类似，也是有较高的融资门槛，其提供的支持难以充分覆盖中小科创企业。

（三）供应链商票融资模式概述

商业汇票包括商业承兑汇票（商票）和银行承兑汇票（银票），本文提出的融资方式主要使用商票。商业汇票是由出票人签发，委托付款人在见票时或者在指定日期无条件支付确定的金额给持票人（票据分类和介绍见表1）。商业承兑汇票融资本质上属于商业信用融资，商业信用融资是指企业在正常的经营活动和商品交易中由于延期付款或预收账款所形成的企业常见的信贷关系。供应链商票融资是用商票来代替供应链中的货币资金、应收款和预付款来帮助企业有效管理资金流，满足短期的资金需求。开立商票企业为链上核心企业，中小企业可将商票逐级转让或贴现融资。

---

① 2016年银监会、科技部、人民银行联合发布《关于支持银行业金融机构加大创新力度 开展科创企业投贷联动试点的指导意见》。

表1　　　　　　　　　　票据业务分类介绍

类别			定义	用途	
票据	本票	银行本票	由银行签发，承诺自己见票时无条件支付确定的金额给持票人	通常用于个人在本地银行间现金转账	
		商业本票	目前我国《票据法》不承认商业本票		
	汇票	商业汇票	银行承兑汇票	由出票人签发，委托付款人在见票时或者在指定日期无条件支付确定的金额给持票人。根据出票人属性分为商业汇票和银行汇票。在商业汇票中，根据付款人属性分为银行承兑汇票和商业承兑汇票	主要用于企业间远期贸易结算，将商业汇票进行贴现可融入资金	企业融资
			商业承兑汇票			
		银行汇票		通常用于异地支付	
	支票		由出票人签发，委托办理支票存款业务的银行或者其他金融机构在见票时无条件支付确定的金额给持票人	通常用于本地现金结算	

对比银票，商票在服务供应链上的中小科创企业融资具有一些先天优势（宋倩，2017）。一是对于企业来说，商票的签发更简单。只要上游供应商愿意接受，下游企业即可签发商票作为支付手段，免去了授信审核等环节。二是企业向银行申请银票需要缴纳保证金、承兑手续费及其他隐形的衍生费用，而签发商票可以省去这些费用，降低企业成本。三是企业签发银票依赖于银行的信用，导致风险集中于银行体系，商票有助于优化风险结构。

（四）供应链商票融资适合科创企业轻资产运营方式

科创企业的轻资产运营方式是将低价值的生产环节外包出去，因此与供应链管理天然地联系在一起（穆林娟和赵楠，2015）。供应链管理是指在保证合理的客户服务水准的情况下，通过有效整合制造商、供应商、仓储中心、物流配送体系而将整个供应链系统的成本降到最低的过程。①

供应链管理中涉及对资金流的管理，其需要金融工具的支持，而商票可以在这方面起到有效帮助。在商品交易过程中，只要用货币资金形式支付，无论是预付款还是应收款方式，都会产生一定的资金成本，引入商业承兑汇票的信用交易可降低

---

① 供应链是以客户需求为导向，以提高质量和效率为目标，以整合资源为手段，实现产品设计、采购、生产、销售、服务等全过程高效协同的组织形态（国办发〔2017〕84号文）。

资金成本（赵慈拉，2017）。社会分工协作的进步使企业之间的竞争渐渐升级为供应链之间的竞争（Christopher 和 Towill，2001），此融资模式也能够进一步加大供应链上下游企业之间的黏性，提升供应链管理的效果和增强整体供应链的竞争力。

（五）供应链商票融资可解决应收账款沉积问题

在没有票据介入时，由于核心企业在供应链中处于强势地位，核心企业倾向于选择赊账的方式，而不是立即向上游科创企业支付货款，其会产生一定的资金成本。科创企业可能受核心企业的应付账款所累，进而影响生产周转，还可能造成供应链系统的不稳定。引入票据后，在链条中其可代替流动资金作为支付工具。签发商票并采取票据接收方付息的方式对核心企业来说没有增加额外成本，但科创企业可以将其流通转让，也可以将其贴现融资，盘活了应收账款。

（六）供应链商票融资门槛低、成本低

供应链商票模式不要求出票企业是小微科创企业，只要科创企业是核心企业票据接受方，即可将票据贴现融资。票据贴现无须担保，不受企业资本金规模限制，也不用披露财务报表，持票企业仅需出具能够证明真实贸易背景的材料，一般都能通过银行的审批而获取流动资金。

科创企业将商业汇票进行贴现融资时，由于是基于承兑人而不是持票人本身的资信度，通常可以享受较低的融资成本。根据2018年《中国社会融资环境报告》的统计数据（见表2），我国非金融企业平均融资成本为7.60%。其中，通过承兑汇票的平均融资成本为5.19%，是所有融资方式中成本最低的，较银行贷款成本低1.41个百分点。

表2　　　　　　　　融资成本统计　　　　　　　　单位：元，%

融资方式	平均融资成本	融资余额	所占比重
银行贷款	6.60	69.16万亿	57.19
承兑汇票	5.19	12.54万亿	10.37
公开发债	6.68	18.37万亿	15.19
融资性信托	9.25	8.53万亿	7.05
融资租赁	10.70	5.87亿	4.85
保理	12.10	4900亿	0.41
小贷公司	21.90	9704亿	0.80
互联网金融（网贷）	21	1.22万亿	1.00
上市公司股权质押	7.24	3.77亿	3.12
企业平均融资成本：7.60			

资料来源：《中国社会融资环境报告》。

三、现有中关村商票模式概述及其存在的问题

2018年3月,由北京金融工作局、中关村管委会、海淀区政府主办的"中关村商票信用服务平台"进行了项目启动仪式。此项目旨在推动"中关村商票模式"服务中关村科创企业。

(一)中关村商票运行方式

此模式中,京津冀协同票据交易中心(以下简称票交中心)首先基于财务报表和数据模型,对中关村科创企业进行评价筛选。随后,票交中心向中关村科技融资担保公司和银行推荐符合条件的科创企业,由它们对筛选后的科创企业开出的商票进行担保和保贴增信。最后,中关村科创企业用已增信的商票向其供应商进行支付,实现商票期限内的零成本融资。

首单"中关村科技企业商票"签发企业为北京绿创声学工程有限公司,保贴金额1000万元,目前已贴现200万元。第二批5家"中关村科技企业商票"还在商谈中。

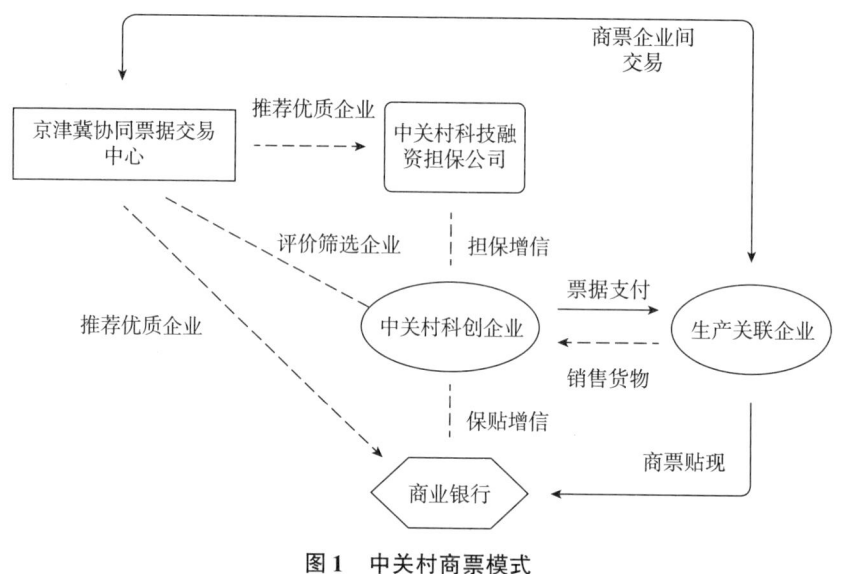

图1 中关村商票模式

(二)存在的问题

一是市场化程度不足,中关村科技融资担保公司可能承担过高风险。据统计,中关村地区共有企业25000余家,其中处于成熟期的上市公司320余家,处于典型成长期小型企业包括瞪羚企业5054家和展翼企业1620家,其余多数属于

尚未达到成长期的创业型小微企业。由于此模式是直接支持科创企业开立商票，而不是供应链商票模式中的支持核心企业，进而使链上科创企业间接收益，其担保公司可能会出现收益与风险不匹配的问题。

二是出票企业为科创企业（大多是小微企业），即便有增信措施，仍可能存在商票不易被贸易关联方企业接收的问题。担保公司和银行对商票提供保贴服务，由于受到授信额度等因素的限制，难以完全覆盖商票的全部面额。票据接收方依然要承担一定的兑付风险，此时若出票企业不是高资信度核心企业，票据的流传容易受阻。

三是未引入人民银行再贴现支持，商业银行对其保贴和贴现积极性难以被充分调动。因为科创企业一般风险较大，商业银行会考量收益与风险，谨慎对科创企业签发的商票提供保贴和贴现业务。如果加入再贴现支持，可以增加商业银行利差收益，促进其积极性。

四、供应链商票模式

此模式旨在发挥人民银行及地方政府的支持和引导作用，鼓励商业银行支持贸易对象含科创企业的供应链核心企业，为核心企业商票增信以促进其在供应链上的支付流转，并建立票据交易平台实现企业间商票交易。核心企业拥有较高的资信度，增信机构不会承担过高的风险，其商票也容易被链上中小科创企业接受。

（一）供应链系统介绍

早期的供应链仅仅被视为企业内部的一个物流过程，所涉及的主要是采购、库存、生产和分销等各部门的职能协调问题，最终目的是优化企业内部的业务流程、降低物流成本，从而提高经营效率。

到了20世纪90年代，随着生产方式的进步和企业间协同合作的发展，Steven（1989）进一步拓宽了供应链的含义，指出其是通过物流和信息流将原材料供应商、生产工厂、配送服务和顾客联系在一起的系统。随着金融市场和供应链理论的发展，资金流也越来越引起重视，并被马士华等（2000）将其和物流、信息流一起归入供应链概念当中。

随着市场分工的深化和生产流程的进步，供应链的形式也越来越复杂。企业逐渐意识到需从整体供应链的角度来经营生产，合理安排和布局上下游企业。供应链管理的概念随之产生，并被世界权威的《财富》（FORTUNE）杂志于2001年列为企业的一种重要战略竞争资源。供应链管理是指在保证合理的客户服务水准的情况下，通过有效整合制造商、供应商、仓储中心、物流配送体系而将整个供应链系统的成本降到最低的过程。

供应链管理中涉及对资金流的管理，其需要金融工具的支持，而商票兼具支付和融资功能，可以在这方面起到有效帮助。供应链商票融资是用商票来代替供应链中的货币资金、应收款和预付款来帮助企业有效管理资金流，满足短期的资金需求。

（二）供应链商票模式的运行方式

如图2所示，科创企业一般为中小企业（中小企业1），是核心企业的上游供应商，由于核心企业在供应链中处于强势地位，没有票据介入时，核心企业倾向于选择赊账的方式，而不是立即支付货款，科创企业会受应收账款拖累而影响周转。

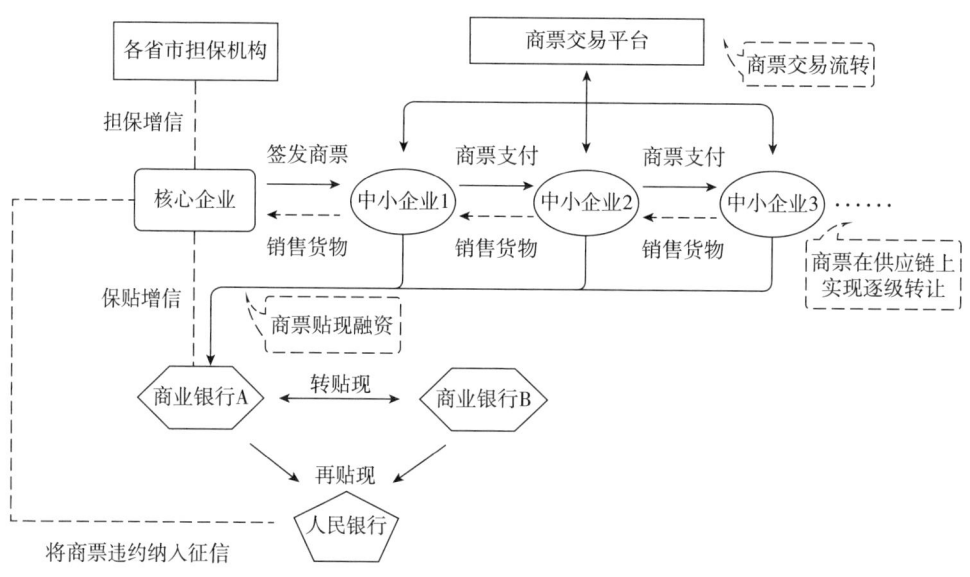

图2 供应链商票模式

引入票据时，核心企业签发商票，借助其远期支付的信用功能，不会占用现有资金。当中小企业1愿意接受此商票，核心企业即实现该票据期限内的零成本融资。为提高商票接受度，地方担保机构为其提供担保，商业银行为其保贴，分担兑付风险。

中小企业1收到此商票，将其支付给中小企业2后，中小企业1的应收账款（来自核心企业）和应付账款（来自中小企业2）即可以结清，此时中小企业1在这次收支活动中也不会产生融资成本。

以此类推，商票可在供应链上实现逐级转让，链上企业均可以借助承兑人的信用和商票的支付功能而降低融资成本。整个供应链上企业的应收应付账款可以抵消，各自的资产负债率也得以降低，优化了财务结构，提升了企业估值。

除了将商票逐级转让，链上中小企业也可到银行进行贴现融资，因为核心企业的资信度较高，相比于中小企业依靠自身的资信度向银行借款，其融资效率更高，融资成本也更低。通过企业间商票交易平台，链上中小企业还可将商票在企业间进行买卖。实现票据交易双方的高效、低风险匹配，也可以增加未被银行保贴额度覆盖的商票变现渠道。

人民银行充分发挥再贴现的精准投放功能，对符合条件的核心企业签发的商票，鼓励商业银行积极对其贴现。地方政府有针对性地加大对当地企业的支持，通过担保增信，切实促进供应链上商票推广使用。未来可探索鼓励金融机构创新商票增信方式，如保险公司可推出商票履约保证保险等。

（三）供应链商票模式的市场化基础

如果一个新的融资模式或者创新产品不能为各方市场主体带来切实的收益或长远的利益，很有可能只停留在顶层设计的美好愿景阶段而无法真正在市场上有效推广。供应链商票融资模式可以克服这个问题，充分调动市场参与主体的积极性，为其广泛推广创造了条件。

对于核心企业，签发商票加大了对上下游中小企业的把控力度，增强合作黏性，有助于维持供应链稳定。对于中小企业，链上商票的逐级转让可以使其减少应收账款的负担和相应的资金成本，也可借助核心企业进行低成本贴现融资，使其有更多的资金投入生产和研究。对于银行，依托供应链，其自身的客户群体也得到扩大，同时还可以借助核心企业解决与中小企业信息不对称的问题，扩大盈利减少风险。

五、供应链商票模式的发展条件日益成熟

现如今发展供应链商票融资模式的外部市场条件日益成熟。上海票据交易所（以下简称票交所）建立并上线运行，票据电子化进程加速，业务效率提高，操作风险降低，商业汇票支付功能得以加强。这些发展变化为商票在供应链金融中的应用打下了基础，这也是此融资模式现如今可以实际应用的客观条件。

（一）票据电子化使交易结算更加方便

2016年9月人民银行发布《关于规范和促进电子商业汇票业务发展的通知》，大力推广电子商业汇票在市场上的应用。现在市场上电子票据的使用量远大于纸质票据，据统计，2018年10月商业票据承兑发生额中电子票据占全部票

据的比重已达到 96.36%；商业票据贴现发生额中电子票据占全部票据的比重已达到 97.50%。①

电子商业汇票可以从三个方面使企业的支付结算和融资过程更加便捷（胡丹等，2017）。一是提高了票据的交易效率。电票依托网银操作，企业在背书转让过程中只需登录网上银行，省去人力奔波；收票、托收零在途，提升了回款速度。二是降低了票据的管理成本。纸票的传递和保管都会给企业造成额外的负担，减少企业在供应链中使用票据的动力。三是有效降低纸票的操作风险。纸票的伪造、变造风险和在流通过程中的操作风险在电票中不再存在。

（二）票交所的成立为商票发展提供了统一高效的平台

票交所于 2016 年 12 月成立，提供票据交易、登记托管、清算结算和信息服务，实现了票据市场基础设施的搭建。对整合票据市场、防范业务风险、优化资源配置、推动商业信用和第三方评级发展等方面发挥了重要作用，有效促进了票据市场规范健康发展。

票交所提供了统一的票据交易流转平台，一是可以有效消除信息壁垒和地域限制，提升市场信息和业务行为的透明度，为票据高效安全流转创造了条件，抑制了票据业务中的不规范行为。二是可以有效缩减交易中间环节，缩短融资链条，降低企业在票据签发、贴现时的难度。三是有利于通过制度设计增强票据信用，票交所已经制定了相关票据交易规则，为商票的健康发展创造了良好的市场环境（宋汉光，2017；汤莹玮，2018）。

（三）电子商业汇票的支付功能更加凸显

电子商业汇票的支付功能正在逐渐被市场主体接受，其有助于票据在供应链中的应用。图 3 是电子商业汇票的平均面额及交易笔数从 2017 年 6 月到 2018 年 6 月的变化。电子商业汇票的平均面额呈明显下降趋势，从 2017 年 6 月的 226.65 万元下降到 2018 年 10 月的 97.67 万元；交易笔数则从 53.24 万笔上升到了 129.61 万笔，表明开票主体越来越倾向于选择签发小面额的商业汇票。

相比于大面额的商业汇票，小面额商业汇票更易于用来作为支付结算工具，也能更好地服务于供应链末端的中小科创企业，将票据从市场主流通道延伸到更多的支流通道。在支付流通过程中，大额票据可能会出现票据金额大于需支付的金额现象，小额票据则可以在这方面更等价于货币。

---

① 数据引自上海票据交易所。

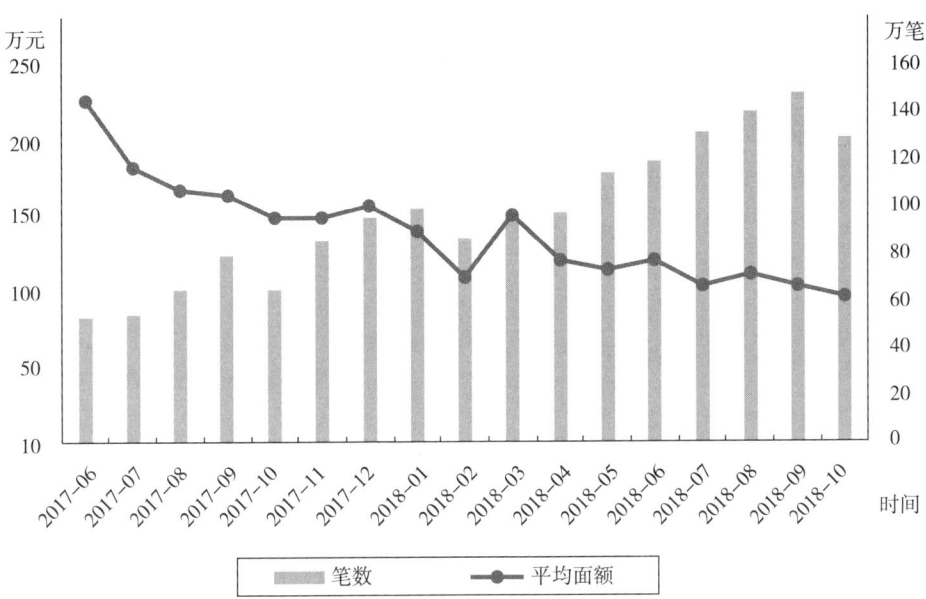

资料来源：上海票据交易所。

图3 电子商业汇票平均面额及交易笔数变化

六、政策建议

允许商票进行质押回购。2014年发布的《关于规范金融机构同业业务的通知》（银发〔2014〕127号文），未明确将商票纳入可办理买入返售业务的金融资产范畴①，降低了其市场接受度和流动性。在当前票据市场条件逐步完善的条件下，建议在上海票据交易所平台上开通商票质押回购业务，确保商票后端流转畅通。

放开供应链项下企业异地开户政策。供应链中核心企业的上游供应商可能为异地中小企业，目前政策上不允许企业异地开户，若一些城商行的网点没有覆盖中小企业所在地，则会影响其办理贴现业务。建议放开供应链项下企业异地开户政策，可由银行上报供应链核心企业以及其上下游异地企业名单，并审核其基础交易背景，在名单范围内为供应链项下的异地企业开户。

明确票据资产属性。2018年4月四部委联合发布的《关于规范金融机构资产管理业务的指导意见》（银发〔2018〕106号文），要求"金融机构不得将资

---

① 买入返售（卖出回购）业务项下的金融资产应当为银行承兑汇票、债券、央票等在银行间市场、证券交易所市场交易的具有合理公允价值和较高流动性的金融资产。

产管理产品资金直接投资于商业银行信贷资产"。虽然文中没有明确该项规定中所提及的信贷资产是否包括票据,但市场参与主体从审慎经营的角度出发,大多已停办与资管产品之间的转贴现业务,影响了票据市场的资金供给。建议明确认定票据属于标准化资产,使票据达到公募基金、银行理财产品等非法人产品的投资标准,增加票据资金供给,降低票据市场参与者同质化风险。

减少资本重复计量。目前票据在承兑端、贴现端、转贴现买入端均需计量资本,提高了实际交易成本。在票交所交易规则中,票据到期后的偿付顺序为承兑行、贴现行、保证增信行,实际上转贴现行被追索的可能性很小。建议放松转贴现买入端对资本环节的再次计量。

七、具体落实措施

建立企业间票据交易平台。当前,电子商业承兑汇票有较高的流转需求。一方面,电票的普及和其方便快捷的特点,使其逐渐成为企业间的支付方式之一,且具有一定的投资价值;另一方面,持票企业因发薪、还贷、纳税或现金货币采购则需要将电票变现。在这种市场需求下,近些年陆续诞生了京津冀协同票据交易中心、深度票据网、同城票据网等数十个电票有偿转让交易平台。但是,这些交易平台是区域性质的平台,且规范性有待提升。由于票交所定位于银行间票据的交易转让,可探索成立覆盖面广、规范化的企业间票据转让交易平台,建立多层次的票据交易市场。

对企业间票据交易平台做好前瞻性管理。对票据中介机构买入电子票据套取银行信用,进行利差牟利的做法,增加了融资贵的矛盾,有悖信贷政策,应予杜绝;非套取银行信贷资金的电子票据有偿转让交易属于市场的合理行为,需要监管部门在满足市场需求的同时做好前瞻性管理。交易平台必须具备客户资金第三方存管机制,由第三方支付机构托管交易保证金,或引入清算银行模式,在电票受让方签收票据的同时实施票款对付(DVP)。

设定再贴现支持标准。充分发挥再贴现的精准滴灌作用,可对再贴现支持的签票企业设立一定的标准:如要求出票企业为资质较高的核心企业,评级在2A级或3A级;同时其业务关联的上游企业包含科创企业;为保证票据充分转让背书,使其可以流通至供应链末端的小微企业,可要求票据背书次数不少于3次。

加强对失信重点企业的惩戒措施。在定期考核中,对出现无正当理由拒付票款、履约不及时等现象的企业,除对其按照《票据管理实施办法》给予行政处罚之外,可将失信记录录入人民银行征信系统,并曝光增加其违约成本。目前《票据法》《支付结算办法》等法律法规对商票违约行为处罚力度偏低,建议从法律规则方面进一步加强处罚。

建设一体化交易市场，使企业贴现可直接在票交所挂牌交易。现行企业与银行机构的贴现交易为 OTC 交易模式，由于其价格不具有透明性，无法形成市场公允价值；OTC 交易效率低下，交易双方产生大量的人工操作成本，因此对中小微科创企业未能体现普惠金融原则。对此，上海票交所可搭建全国一体化的电票贴现、转贴现交易平台，引入持票企业可在一体化平台报价的机制，全国银行机构可在一体化平台上直贴买入，生成全国唯一的时点成交价，实现电票持票企业最低利率贴出，银行最高利率贴入的最优化的市场公允价格。在此平台上，中小微科创企业与大企业享受同一利率，完全体现普惠金融原则。

建立票据交易主报告行制度，形成智能化的全市场监管体系。为解决建设一体化市场和企业间票据交易平台时面临的票据中介和贸易背景审核的问题，可建立票据交易主报告行制度，即银票出票人和票据贴现人每年须委托一家银行为其票据交易的主报告行，向其申报当年的销售成本和固定资产购置支付的总额，作为向所有银行申请银票承兑的最高额，申报当年度的销售总额，作为向所有银行申请票据贴现的最高额，并提交上一年度的会计报告和本年度的增长计划（对新开业的票据行为人可按其实交资本金的一定比例申报）。主报告行进行审核后，将该票据行为人的组织机构代码、申请银票承兑的最高额、申请票据贴现的最高额三要素录入上海票交所的票据交易监管系统，上海票交所系统据此对所有票据行为人的银行承兑或票据贴现形成框架性总额约束，该年度内任何一家银行机构与其进行银行承兑或票据贴现交易时须在其剩余额度的条件下才可完成并相应扣减，以智能化监管方式来有效杜绝出票人循环开立银票套取银行信用，无贸易背景贴现或民间票据中介贴现套取信贷资金的违规行为，并为票据交易全程智能化创造基础条件。

建立信息披露机制。可依托票交所或企业间商票交易平台开展签票企业及商票信息披露，如签发企业的基本情况和经营情况，商票的年度签发计划、已签数量、未兑付余额、银行保贴金额、已贴现金额等信息。尽可能地减少银行和企业之间的信息不对称，可以使银行更好地开展保贴业务，进而促进商票的流通。

探索引入涉及商票的信用评级制度。可以支持和鼓励外部评级机构参与商票推广工作。探索建立商票评级指标体系，对签票企业进行客观的主体信用评级，对签发的商票开展债项信用评级。评级结果通过信息平台进行公示，为链上商票流通和银行保贴增信提供依据，也可根据评级结果实行商票贴现价格差异化定价。

参考文献

[1] 苏植权，方秀文. 广东科技型中小企业融资存在的问题、成因及对策研究 [J]. 科技管理研究，2007（5）.

［2］田高良，刘晓禹，韩洁．后金融危机时代科技型中小企业融资问题研究［J］．会计之友，2012（8）．

［3］戴天婧，张茹，汤谷良．财务战略驱动企业盈利模式——美国苹果公司轻资产模式案例研究［J］．会计研究，2012（11）．

［4］徐光伟，王卫星．轻资产运营模式的融资困境与机制创新研究——一个科技型企业的案例分析［J］．当代财经，2013（10）：66－75．

［5］穆林娟，赵楠．轻资产运营特征及其面临的风险分析［J］．商业会计，2015（17）：23－25．

［6］中国银监会，科技部，中国人民银行．关于支持银行业金融机构加大创新力度 开展科创企业投贷联动试点的指导意见，2016．

［7］习近平．决胜全面建成小康社会 夺取新时代中国特色社会主义伟大胜利［N］．人民日报，2017－10－28（1）．

［8］胡丹，郭俊，肖雅云．商业汇票在供应链金融中的作用［J］．中国金融，2017（12）：30－31．

［9］赵慈拉．现阶段我国货币信用供给侧改革的思考——兼议融资性票据市场的创建［J］．上海金融，2017（8）：11－16．

［10］国务院办公厅．关于积极推进供应链创新与应用的指导意见，2017．

［11］宋倩．利用电子商票贴现解决小微企业融资难［J］．中国金融，2017（12）：47－48．

［12］宋汉光．搭建票据市场基础设施 促进票据市场规范健康发展［J］．金融电子化，2017（7）：52－54．

［13］邹倩，高源，扈健，等．大力发展票据供应链融资破解小微企业融资难题［J］．中国银行业，2018（5）：69－71．

［14］硅谷银行，浦发硅谷银行．中国科创企业展望，2018．

［15］易刚．综合施策 精准发力 进一步改进和深化小微企业金融服务，2018．

［16］王轶昕，贠菲菲．我国商业银行开展投贷联动业务的理论分析与模式选择——基于解决科创型企业融资难问题的视角［J］．管理现代化，2018，38（1）：11－14．

［17］汤莹玮．信用制度变迁下的票据市场功能演进与中小企业融资模式选择［J］．金融研究，2018（5）：37－46．

［18］Stevens J. Integrating the supply chain［J］. International Journal of Physical Distribution and Materials Management，1989，19（8）：3－8．

[19] Christopher M., Towill D. An integrated model for the design of agile supply chains [J]. International Journal of Physical Distribution & Logistics Management, 2001, 31 (4): 235-246.

[20] Cornell University, INSEAD, WIPO. The Global Innovation Index 2018: Energizing the World with Innovation. Ithaca, Fontainebleau, and Geneva, 2018.

地方债务收支与国库现金管理关系研究

中国人民银行上海总部金融服务一部课题组

课题组组长：陈苏珍

课题组成员：邹梅群　谢梅华　赵　珺　徐占新　申　琳　张卫云　聂　敏

摘　要

随着我国公共财政建设的发展，地方政府开展政府债务收支和国库现金管理的需求与力度不断加大，两者在政府融资管理方面存在交叉。理顺地方政府债务收支与国库现金管理运行关系，合理安排两者开展时机，加强两者运行管理的协调配合，对于提高政府资金使用效率具有重大意义。本文首先阐述国际上地方政府债务管理与国库现金管理方面的先进经验，回顾近年来我国地方政府债务收支与国库现金管理发展情况，并探讨了两者的辩证关系。之后，从实证角度分析国库库存变动对于货币供应量和商业银行流动性的影响，并基于上海市数据，研究地方债务收支、国库现金管理对国库库存的影响关系，建立相关模型寻找两者协调操作的可行性路径，提出相关的政策建议。

一、国际经验

世界各国对于地方政府债务管理模式，依据分权程度由高到低分为市场约束型、共同协商型、规则控制型和行政约束型；对于国库现金管理模式分为两级存款控制模式、市场管理控制模式和单一账户控制模式等。

（一）美国

1. 地方政府债务管理

美国作为市场经济体制较为完善的联邦制国家，在地方政府债务收支管理方面，属于规则控制型管理模式。美国证监会市场监管部市政债券办公室与美国市政债券规则委员会对地方政府债券发行实施监管。美国的政府体系从上至下可以分为联邦、州、地方政府三个等级，本着地方自治原则，地方政府可直接发行市政债券，发行原则是市政债券规模与当地 GDP 比重须保持在 15% 左右，并且地方政府应对负债情况和还贷能力负有自查和监管职责。

美国地方政府主要通过发行市政债券、银行借款和融资租赁等形式进行债务融资，其最大优点是公平、透明。同时，可以避免地方政府与中央政府间的议价。在风险防控方面，美国证券交易委员会对市政债券的承销、托管、交易环节进行监控，并有权依据反欺诈条款和持续信息披露条款等法律，约束市政债券参与者规则，从而规范市场。

2. 国库现金管理

美国财政部负责国库现金管理工作。财政部在美国联邦储蓄银行开设国库一般账户以实现所有财政支出，库底资金保证在 50 亿美元左右，同时，在商业银行开设特别专户和贷款账户以实现债权及各类税收收入。

在现金管理操作方面，由于国库资金收支在年度内呈季节性规律变化特点，美国财政部通过定期发行期限为 4 周、13 周和 26 周的短期国债，以及临时发行十几天期限的短期国债，满足国库临时性支出的需要。在风险防控方面，金融机构需向财政部提交优质足额的金融资产作为质押品，质押品价值受到实时监测（盯市制度），当质押品价值不足时，不足部分的国库资金将会自动划回国库。

(二) 英国

1. 地方政府债务管理

英国是一个历史悠久的单一制国家，中央集权程度较高，地方政府行使的权利是由中央政府赋予，其债务管理属于行政约束型。英国财政部下设债务管理办公室，对政府债券发行实施监管，将全国政府债务余额占 GDP 的比重控制在 40% 以内。同时，地方政府对于发债持谨慎态度，仅在出现严重经济危机时，开展小规模发债。

英国地方政府举债方式分为中央政府贷款、地方政府融资和公私合营。中央政府贷款通过下属的公共工程贷款委员会操作。地方政府融资由地方政府机构发行地方债券。公私合营由地方政府通过项目招标，由获得特许权的私营部门进行项目建设与运营，并在特许期（通常为 30 年）后，将所经营项目归还政府，私营部门从政府部门收取费用以回收成本，该模式可改善政府资产状况和提升公共服务能力。

在风险防控方面，地方政府将辖内债务余额占 GDP 的比重控制在 4% 以内，并设定资本上限以满足投资规则。此外，为缓解地方政府债务压力，避免地方政府一次性偿付不足，中央政府设置偿债准备金制度，规定地方政府在规划年度预算时，安排一定比例的财政收入用于偿还债务。

2. 国库现金管理

英国财政部债务管理局和政府财务管理局负责国库现金管理工作。英国国库单一账户管理体系由统一基金账户和国家贷款基金账户组成。基金账户的现金余额管理目标最低为 5 亿英镑，且财政收入须及时缴入基金账户。国库现金管理是通过国库单一管理体系，确保在工作日终了时，现金余额转移至财政部主账户内，以实现政府现金需求的最小化。

在具体操作方面，财政相关部门对国库现金流进行分析预测，提出未来 5 个月内的每日现金流预测，并通过发行和回购国库券，以开展现金流平滑操作，确保债务管理账户至少预留 5 亿英镑。在风险防控方面，为保证资金安全，债务管理局规定只能通过优质金融工具开展回购或回售交易，且在购买或卖出时，产品剩余期限须在 6 个月以内，包括英国政府债券、美国政府债券、商业银行短期票据等。

（三）其他国家

1. 新西兰地方政府债务管理

新西兰地方政府在财政管理方面具有高度独立性，不受中央政府行政约束，属于市场约束型管理模式。其《地方政府法》授予了地方政府举债权利，地方政府举债行为主要受法律制度约束以及市场秩序调节，每一笔特别用途的债务都需要发行单支或多支债券，其举债目的主要为旧资产升级换代以及新资产建设和购买，且法律严禁地方政府出于收入目的向银行或个人借款。

在风险防控方面，地方政府实行严格的债务预算管理，须合理确定举债规模，其债务率（债务余额/财政收入）不得超过 150%，任何追加预算必须经政府与议会共同商讨决定。在操作过程中，采取利率互换来管理浮动利率风险，使用信用评级等方式保障资金安全。

2. 法国国库现金管理

法国国库局与法兰西银行（中央银行）共同负责国库现金管理工作。国库采用单一账户管理体系，账户均开设在法兰西银行，国库局对财政部开设的主账户余额进行统一现金管理操作，确保国家在正常履行财政义务的前提下，日终余额控制在 1 亿欧元水平，闲置资金采用最优渠道投资。

在具体操作方面，现金管理工具主要为银行存款、国库券逆回购和对欧元区国家提供贷款。在风险防控方面，年初即对国库未来 12 个月的每日现金流量做初步预测，短期则开展为期 2 个月的日平均现金流预测，在保障日常支付的前提下，确保国库单一账户日平均结余目标。此外，中央银行与国库局实现系统对接，国库局可实时跟踪和监控国库收支流量，保证流动性安全。

二、我国发展现状

经过长期发展，世界各国形成了符合本国国情的地方政府债务收支和国库现金管理方式，这对于我国具有一定的借鉴作用。近年来，我国的相关管理工作也取得了突破性的发展。

（一）地方政府债务管理发展现状

随着市场经济发展和城镇化建设的不断推进，各级地方政府对于基础设施的建设需求不断扩大。为维持地方财力以长期支持经济建设，地方政府举债融资现象普遍。与此同时，由于缺乏管理手段，地方债务规模急速扩张，为各级政府和中央带来难以估算的财政风险隐患，不利于国家经济良性发展。① 对此，中央于2014年发布多条意见和办法，开展存量地方政府债务甄别置换工作，并试点开展地方政府债券自发自还。2015—2017年，全国发行地方政府置换债累计超过10万亿元，地方政府对存量债务的还款期限和利率等进行了重新调整，有效缓解了地方政府的负债压力。2018年4月，继土地储备专项债、政府收费公路专项债之后，第三个地方政府项目收益专项债券品种——棚户区改造专项债券出台，表明了我国地方政府专项债管理改革，向着扩大项目收益和融资自求平衡的方向发展。

从我国地方政府债务管理发展情况看，地方政府短期偿债压力得以缓解，地方政府债务管理改革任务持续推进，但尚存在以下风险点：

一是地方政府隐性债务的偿债风险。隐性债务没有统一口径，规模也难以统计。过去由于缺少对地方政府性债务的规模控制，对政府举债的程序和资金用途没有合理限制，导致违法融资、变相举债、违规使用政府性资金、政府违规担保企业债等行为普遍存在，此类现象难以在短期内杜绝。2018年，中央下发相关文件②，部署化解地方隐性债务风险，对存量和增量隐性债务采取严格遏制。

二是债券市场泡沫和部分项目违约风险。近年来，市场投资呈现短期化的模式，资金大规模进入债券市场和房地产市场，导致短期国债和地方债价格迅猛增长、债券规模迅速扩张③，债券违约风险也随之升高。1979年至今，土地出让收

---

① 根据2013年审计署公布的《全国政府性债务审计结果》数据显示，截至2013年6月底，地方政府负有偿还责任的债务达10.89万亿元，负有担保责任的债务达2.67万亿元，可能承担一定救助责任的债务达4.34万亿元。

② 《中共中央 国务院关于防范化解地方政府隐性债务风险的意见》和《地方政府隐性债务问责办法》。

③ 截至2016年8月末，新发债券规模已逾25万亿元，超过2015年全年债券发行量。

入一直是地方政府的主要偿债来源①,"卖地偿债"导致地方政府债务风险与房地产市场高度捆绑,一旦房地产市场出现波动,项目违约风险将骤增且难以控制。

三是违规融资、违规使用债务资金的风险。目前,部分地区仍然存在政府违规担保和融资平台违规融资的问题②,导致隐性债务规模持续膨胀。地方政府违规将债务资金投入资本市场和房地产市场等、财政性资金持续以资本金形式违规进入融资平台公司,加之地方融资平台公司管理不善,多重因素为地方政府债务管理带来风险。

(二) 地方国库现金管理发展现状

2014年8月,"国库现金管理"首次正式写入新《预算法》中,标志着国库现金管理作为国库业务领域的一个发展方向会逐步开始施行。③ 新《预算法》赋予地方政府开展国库现金管理的权利,为地方国库现金管理提供了法律基础,有利于地方政府提高财政资金使用效益,也有利于商业银行扩大资金规模,给市场带来充裕的流动性。2014年12月,经国务院同意,财政部发布了《地方国库现金管理试点办法》(财库〔2014〕183号)④,确定北京、上海、深圳、广东、黑龙江和湖北6个省份为地方国库现金管理试点,并强调地方国库现金管理应加强与货币政策协调配合,建立包括决策机制和工作机制在内的协调机制。此后试点范围不断扩大,至2017年2月已扩展至全国。

随着地方国库现金管理工作的顺利推进,国库资金获得了良好收益,进一步拓展了商业银行的融资渠道,促进了地方经济的增长。同时,招投标机制和管理制度建设不断完善,也为现金管理实现了"公开、公平、公正"的操作原则。然而,地方国库现金管理仍面临发展难题。

一是国库集中收付制度尚未完善建立。国库资金集中化管理是实现地方国库

---

① 截至2012年底,11个省市、316个市级、1396个县级政府承诺以土地出让收入偿还的债务余额为34865.24亿元,占负有偿还责任债务资金量的37.2%。

② 2013年《全国政府性债务审计结果》披露:国发〔2010〕19号文件下发后,仍有533家只承担公益性项目融资任务且主要依靠财政性资金偿还债务的融资平台公司存在继续融资行为;财政部等四部委2012年底明确要求地方政府规范对融资平台公司的注资行为后,仍有部分地方将市政道路、公园等公益性资产和储备土地等以资本金形式违规注入71家融资平台公司,涉及金额544.65亿元;部分地方违规将债务资金投入资本市场22.89亿元、房地产市场70.97亿元和用于修建楼堂馆所41.36亿元。

③ 新《预算法》第五十九条规定:"各级政府应当加强对本级国库的管理和监督,按照国务院的规定完善国库现金管理,合理调节国库资金余额。"

④ 《地方国库现金管理试点办法》以深化和完善国库集中收付制度改革,规范地方国库现金管理行为,提高财政资金使用效益,增强财政政策与货币政策协调性为目标;以安全性、流动性、收益性相统一原则,公开、公平、公正原则和协调性原则为三项原则。

现金管理的基础，国库集中收付制度改革的推进，使财政预算内、外资金逐渐纳入国库单一账户体系管理。但仍存在部分国库资金游离在外，地方国库资金的集中化管理尚有缺口，存在违规挪用国库资金的风险，资金使用效率不足。

二是国库现金管理受地方干预的影响较大。区别于中央国库现金管理，地方国库现金管理涉及部门众多，各地方财税收支情况不同，对国库现金流量预测水平不一，从开展各分库、中心支库和县支库的库存现金管理，到实现总的国库现金有效管理存在管理难度。此外，各地方对国库现金管理工作的认识、业务开展水平存在差异，难以制定统一协调的标准。

三是操作工具较为单一，管理平台有待建设完善。当前，地方国库现金管理操作工具仅为1年期以内（含）商业银行定期存款，较为单一。在质押品管理方面，2015年地方国库现金管理的质押品范围，在国债的基础上增加了地方政府债券①，给地方商业银行参与地方国库现金管理的资金规模有所松绑，但仍有待丰富和补充。系统建设方面，目前地方国库现金管理尚未启用招标系统②和科学有效的预测工具。

三、地方政府债务管理和地方国库现金管理的辩证关系

（一）规模方面

1. 地方债发行能满足政府项目融资需求，有效释放库底资金，实现短期国库现金管理操作需求

在规模方面，地方债务总量对地方国库现金总量影响巨大。政府举债项目的周期普遍较长，地方政府通过发行地方债，获得债务收入以实现相关政府项目的长期融资需求。同时，地方债的债务收入不能长期滞留国库，需及时拨付到项目，如公开发行的置换债资金原则上要在1个月内完成置换等。发行地方债可大大缓解国库收支压力，同时有效释放库底资金，实现短期内国库现金管理操作需求。

2. 地方债作为国库现金管理的有效质押品，商业银行持有规模会直接影响其参与地方国库现金管理的规模

---

① 《关于中央和地方国库现金管理商业银行定期存款质押品管理有关事宜的通知》（财库〔2015〕129号）关于"质押品范围"，提出"在国债基础上，增加地方政府债券作为国库现金管理商业银行定期存款质押品"；关于"质押计价与比例"，提出"中央和地方国库现金管理商业银行定期存款质押品按债券面值计价，国债、地方政府债券分别按存款金额的105%、115%质押"。

② 在现代化支付系统和国库信息系统框架下，中央国库现金管理商业银行定期存款业务招标系统已于2018年1月上线。

地方债是国库现金管理的有效质押品，商业银行持有地方债规模越大，在满足质押品要求的前提下，可参与国库现金管理操作的规模越大。以上海市为例，在《关于中央和地方国库现金管理商业银行定期存款质押品管理有关事宜的通知》（财库〔2015〕129号）的文件基础上，《上海市国库现金管理操作细则》（沪财库〔2015〕4号）明确规定了商业银行必须以可流通国债和地方政府债券为质押，质押的国债面额数额为定期存款金额的105%，质押的地方政府债券面额数额为定期存款金额的115%，强调了商业银行质押品范围、计价及比例。

截至2018年8月末，上海市存量的国库现金管理定期存款中，中标额度排名前5位的商业银行分别是上海银行185亿元、工商银行182亿元、农业银行178亿元、浦发银行174亿元、建设银行153亿元，上述商业银行须相应质押不低于160亿~194亿元的可流通国债，或质押不低于175亿~212亿元的地方政府债券（可含异地地方政府债券），以实现国库现金管理的质押品要求。从全量来看，上海市存量国库现金管理规模达到1500亿元，对应质押品规模，可流通国债应达到1575亿元或地方政府债券应达到1725亿元。

3. 地方国库现金管理收益补充库存，可相应减少因弥补赤字而发债的需求

地方国库现金管理通过存放商业银行或货币市场以开展短期资金筹措活动，可以减少资金闲置，提高地方国库资金使用效益，实现合理的投资收益，当地方国库现金管理达到相当规模时，增收效应显著，因弥补赤字而发行地方债的规模会相应减少。

以上海市为例，自2015年至2018年11月末，国库现金管理滚动操作达到12488亿元，累计实现现金管理利息收入109.01亿元，收益率为0.9%。在确保国库正常支出的前提下，现金管理利息收入实现了国库收入增长，可相应抵消部分债务需求的产生。截至2017年末，按审计口径计算，上海市债务率为41.2%，低于国际货币基金组织90%~150%的控制标准参考值，债务率指标表现良好。

同时，地方国库现金管理操作释放的短期市场流动性，会促使一部分中长期国债被短期地方政府债等其他融资方式替代，从而降低国债余额增速，并降低年度借债规模增速。从全国范围来看，2017年末国债余额实际数为13.48万亿元[1]，同比增长12.2%，回落0.4%；借债净增速为9.2%，回落13.9%；同期，全国地方政府债务余额净增1.15万亿元[2]。

（二）结构方面

1. 增发短债可降低国库现金管理对市场流动性的影响，提前赎回长债有利

---

[1] 财政部公布。

[2] 2017年、2016年全国地方政府债券余额分别为16.47万亿元、15.32万亿元。

于国库现金管理的合理规划

在结构方面，债券期限结构的变动对地方国库现金管理有直接影响。如增发短期国债，为地方政府调剂地方国库头寸提供手段，同时，作为公开市场操作手段调控货币市场和债券市场利率，能有效减少国库现金管理对市场流动性的影响。提前赎回长期债券，可避免债务期限过长，降低债务筹资成本并提高市场流动性。同时，也可避免国库库存盈余过多，有利于国库现金管理的合理规划。

短期国债[1]发行主要用于平衡国库短期收支，也是公开市场操作手段之一。由于地方国库现金管理操作品种为1年期以内定期存款，在降低国库现金管理对市场流动性影响方面，发行短期国债是直接有效的方式。2014年，短期国债发行量仅为2889.1亿元，占当年全部记账式国债的19.9%[2]。2015年地方国库现金管理试点开始推行，至2017年扩展至全国。同年，短期国债发行量已扩大至10427.20亿元，占当年全部记账式国债的28.2%。短期国债发行规模扩大明显，大大削减了地方国库现金管理对市场流动性的影响。

2. 国库现金管理操作释放短期市场流动性相应改善债券期限结构，从而提高地方债利率市场化水平、降低政府债务筹资成本

地方国库现金管理提供的短期市场流动性，带来大量滚动发行短期债券、可回购或提前赎回长期债券，机构投资者会选择性地搭配持有短期、中期、长期债券，从而有效改善债券的整体期限结构，在市场供求关系主导下，推动地方政府债券利率市场化水平。地方国库现金管理在提高市场流动性的同时，也能提振市场参与者信心，有利于降低地方债发行成本。

从地方债期限结构的变化来看，配合实际举债项目情况，《财政部关于做好2018年地方政府债券发行工作的意见》（财库〔2018〕61号）提出合理设置地方政府债券期限结构的相关要求，明确公开发行的一般债券增加2年、15年、20年期限，公开发行的普通专项债券增加15年、20年期限，在原有地方政府债券期限结构中，做了短期和长期债券的结构性配置。

从地方债利率市场化情况来看，当前地方政府债券发行以3年、5年、7年和10年期品种为主，且地方债具有较强的准国债性质，其发行利率通常参照同期限国债利率决定，与国债利率紧密联系。从地方债一级市场的发行利率来看，在2018年宽松货币环境下，地方政府债发行利率中枢有所下移。从二级市场利差来看，3年期、5年期地方债与同期限的国债到期收益率利差（月均）持续走扩，以2018年3月30日为参考时点，当日中债地方政府债到期收益率（AAA

---

[1] 偿债期在1年期以内的记账式国债。
[2] 其中，91天期品种发行量为450亿元，占比仅为3.1%。

级）3年期、5年期分别为4.0897%、4.1709%，高出同档期的中债国债到期收益率分别达到52个基点、51个基点，至6月以后，利差才开始逐渐收窄，至8月末，相应3年期、5年期收益率利差分别收窄为41个基点、48个基点，地方债利率逐步从紧贴国债利率到日益市场化方向转变。

（三）两者协调方向

目前，地方政府性债务风险已构成实际金融风险，同时，地方财政也面临着收入增速放缓的局面，须加快国库现金流量管理的供给侧结构性改革，综合应对地方政府性债务风险。地方国库现金管理能优化政府资源配置效率，对调整和对冲地方政府债务影响有一定作用。提升地方国库现金管理水平，是改善地方政府债务管理的有效突破口。

2017年，财政部下发《关于试点发展项目收益与融资自求平衡的地方政府专项债券品种的通知》（财预〔2017〕89号），奠定了项目收益专项债的发展基础。2018年，专项地方债发行规模进一步扩张，尤其自8月以来，地方政府专项债券发行进度加快，至9月末，地方政府专项债券规模达到1.76万亿元，净融资达到1438亿元，对银行贷款、企业债券等有明显接替效应。为将该接替效应返还到社会融资规模中，自9月起，人民银行将"地方政府专项债券"纳入社会融资规模统计。据初步测算，2018年前3个季度，社会融资规模达到15.37万亿元，其中，专项债规模占比达到了11.5%。从货币环境来看，地方债发行高度依赖流动性环境，在地方债发行放量过程中，流动性也持续保持宽裕。2018年9月末，广义货币供应量M_2达到180.17万亿元，同比增长8.3%，较2015年初规模增长45.0%，其中，地方国库现金管理滚动操作是市场流动性的重要来源之一，为商业银行参与地方债配置提供了货币和政策支持。

四、实证分析

随着国库集中收付制度的不断完善，各级国库库存持续增长。首先，国库库存变动对基础货币供应量和商业银行流动性会带来直接影响，基于人民银行资产负债表建立分析，观察国库库存变动对货币供给量的影响，并结合超额准备金的变动因素，分析对商业银行流动性的影响。其次，基于上海市的地方国库现金管理与地方政府债务管理情况，分析两者对国库库存波动造成的影响以及影响程度，及协调配合路径。最后，我们采用米勒—奥尔模型测算最佳国库现金余额，寻求与现金管理相协调的短期流动性债务的操作建议。

（一）国库库存变动对货币供应量与商业银行流动性的影响分析

在人民银行资产负债表中，储备货币与政府存款均为负债项目，根据"资产＝负债＋所有者权益"会计恒等式，政府存款作为负债项目，其增减会引起同为负债项目储备货币的减增（见表1）。从统计口径来看，基础货币反映在人民银行资产负债表中即为储备货币；国库库存存款占政府存款的绝大部分，因此，国库库存与基础货币呈反向关系（见图1）。货币供给量＝基础货币×货币乘数，当国库库存减少时，国库存款转变为基础货币投放市场，并在货币乘数作用下，引起货币供应量相应增长；反之，在国库库存增加时，意味着基础货币回笼，并在货币乘数作用下，引起货币供应量骤减。

表1　　　　　　　　　　　人民银行资产负债表

项目	item
国外资产	Foreign Assets
外汇	Foreign Exchange
货币黄金	Monetary Gold
其他国外资产	Other Foreign Assets
对政府债权	Claims on Government
其中：中央政府	Of which: Central Government
对其他存款性公司债权	Claims on Other Depository Corporations
对其他金融性公司债权	Claims on Other Financial Corporations
对非金融性部门债权	Claims on Non-financial Sector
其他资产	Other Assets
总资产	Total Assets
储备货币	Reserve Money
货币发行	Currency Issue
其他存款性公司存款	Deposits of Other Depository Corporations
非金融机构存款	Deposits of Non-financial Institutions
不计入储备货币的金融性公司存款	Deposits of financial corporations excluded from Reserve Money
发行债券	Bond Issue
国外负债	Foreign Liabilities
政府存款	Deposits of Government
自有资金	Own Capital
其他负债	Other Liabilities
总负债	Total Liabilities

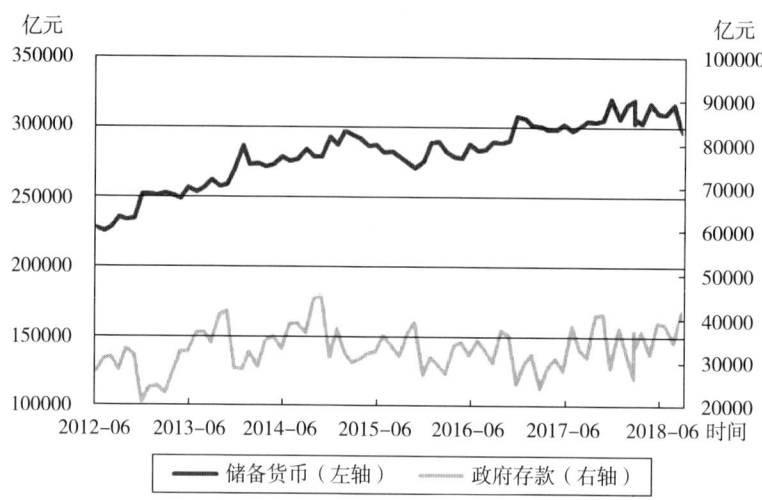

图 1　基本人民银行资产负债表的储备货币与政府存款走势

　　超额准备金,是指商业银行及存款性金融机构在人民银行存款账户上的实际准备金超过法定准备金的部分。商业银行等金融机构在追求经营利润的同时,必须考虑其资产流动性和风险性等因素,所持有的实际准备金通常会与法定准备金存在一定差额,由此产生超额准备金。当实际准备大于法定准备时,则超额准备为正数;反之,则超额准备为负数。当超额准备出现负值,通常须在下一计算周期内补足。当银行流动性充裕时,超额准备金上行;当银行流动性紧缩时,超额准备金下行。由此,我们通过超额准备金率来分析商业银行流动性影响。

　　根据中央银行资产负债表,其他存款性公司存款由法定存款准备金与超额存款准备金组成。当同为负债项目的政府存款减少,会引起同为负债项目的其他存款性公司存款增加,在法定准备金率不变的前提下,超额准备金趋于上行。由此,政府存款与超额准备金率趋于反向关系(见图2)。当国库库存减少,超额准备金率上行,商业银行流动性充裕;反之,当国库库存增加,超额准备金率下行,商业银行流动性紧缩。

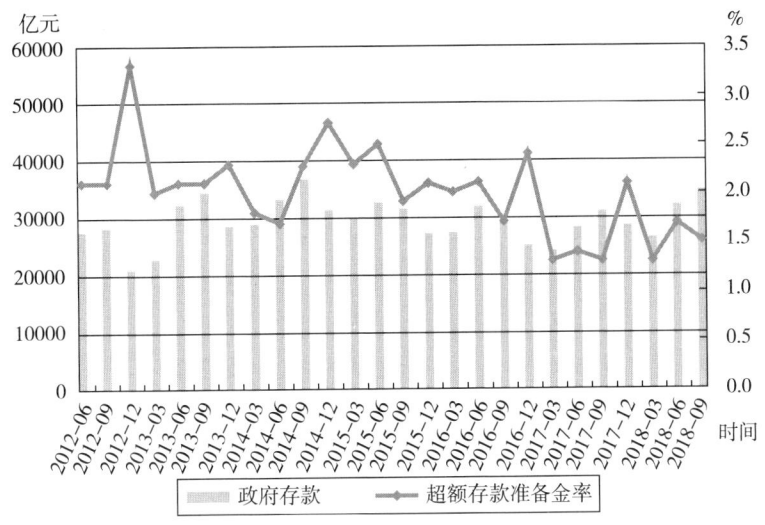

图 2　超额存款准备金率和政府存款走势

（二）上海市地方债务管理、地方国库现金管理对国库库存变动影响分析

选取 2015 年 1 月至 2018 年 10 月的上海市地方级国库库存月度数据进行分析，在统计区间内，受地方债务管理和地方国库现金管理两者共同影响，地方国库库存均值为 1581.32 亿元，标准差为 463.29 亿元。还原地方债与地方国库现金管理收支后，地方国库库存均值为 2808.90 亿元，标准差为 290.91 亿元。上海市地方国库支出呈现明显的季节性变化，当叠加地方债管理和地方国库现金管理因素后，国库库存波动更为剧烈（见图 3）。

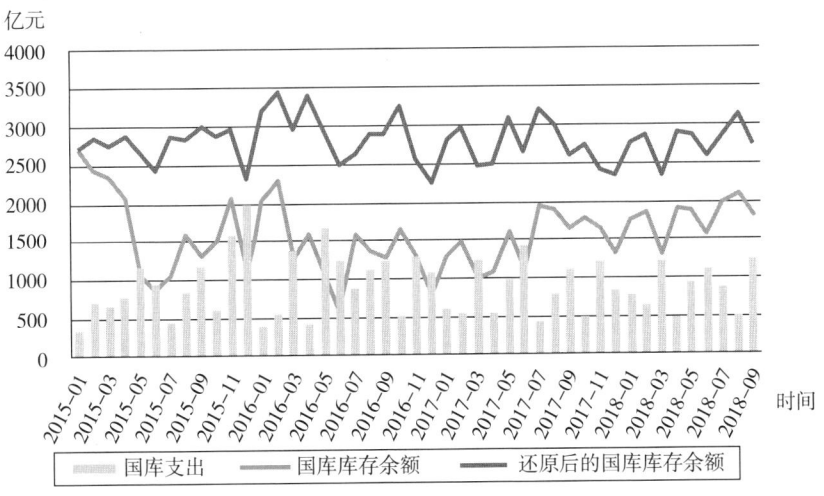

图 3　上海市地方国库余额变动趋势

2015年上海市开启地方债置换工作,地方债发行规模逐步扩大,债券收支与还本付息对上海市市区两级国库库存变动均有影响。以2016年7月为例,当月上海市发行地方债813亿元,扣除发行费、还本付息及转贷收支的影响,共实现债务净收入661.43亿元,占当月全辖国库库存变动的64.9%。

2015年1月至今,上海市合计开展地方国库现金管理操作33期,累计招标12488.00亿元,已实现利息收入97.86亿元。截至2018年10月末,上海市地方国库现金管理余额为1200亿元,同期上海市国库库存余额为2026.27亿元,地方国库现金管理操作对国库库存有显著影响。

选取2015年1月至2018年10月上海市地方债收支(dfz)、地方国库现金管理收支(xjgl)、国库库存变动量(kcbd)月度数据建立模型分析,首先通过ADF检验,变量序列平稳,接着构建VAR模型,通过单位根检验,模型平稳。经过协整检验,变量存在长期均衡协整关系,表达式:

$$kcbd = 1.063 xjgl - 0.492 dfz$$

进一步开展格兰杰因果检验,结果显示两变量的联合显著性检验拒绝高于单个变量xjgl,而dfz不拒绝原假设,即地方债收支与地方国库现金管理收支的联合影响是引起国库库存变化的格兰杰原因,且影响程度大于地方国库现金管理单一因素,但地方债收支不是国库库存变动的格兰杰原因(见图4)。

Dependent variable: kcbd

Excluded	Chi-sq	df	Prob
xjgl	13.66794	4	0.0084
dfz	7.672978	4	0.1043
All	22.55680	8	0.0040

注:通过Eviews 5.0软件获得VAR Granger Causality。

图4 以kcbd为应变量的格兰杰因果检查结果

从脉冲响应来看,地方国库现金管理收支对国库库存变动的冲击更加快速和显著(见图5)。

结论:地方国库库存变动、地方债收支与地方国库现金管理存在长期均衡关系;地方债收支未形成滚动操作,故其对国库库存变动的影响,没有形成滚动操作的地方国库现金管理显著,而两者联合操作对于国库库存变动的影响显著高于两者独立操作的影响。

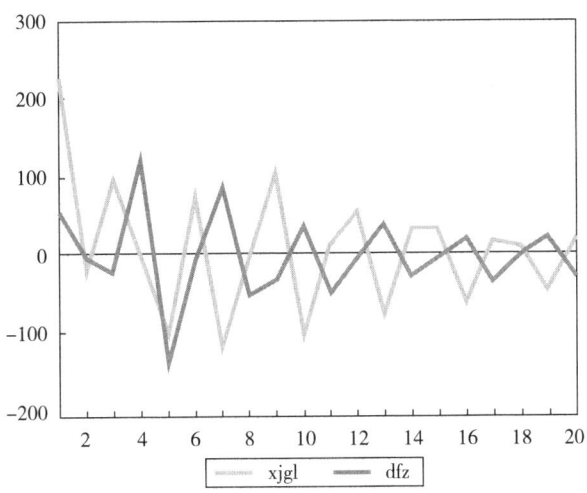

注:通过 Eviews 5.0 软件获得 VAR Impulse Response。

图 5 以 kcbd 为响应变量的脉冲函数结果

(三)地方政府债务管理与地方国库现金管理协调配合路径分析

在宏观层面上,地方政府债务管理与国库现金管理协调配合的目标,是有效熨平国库库存波动,从而减弱对货币供应量与市场流动性的影响。在微观层面上,通过地方国库现金管理操作实现利息收入,可抵消部分偿债利息;同时,地方政府债券是地方国库现金管理的有效质押品。此外,地方国库现金管理滚动操作能有效改善债券的期限结构,从而推动地方政府债券利率市场化(见表2、表3、表4)。目前,地方债务管理资金波动较大,没有形成周期性滚动操作特点。假定管理规模相当,确保国库库存的动态平衡,两者须保持相向操作(见表5)。

表 2　　　　上海市国库现金管理情况(2015.01—2018.10)

期限	期数	规模(亿元)	平均利率(%)
3 个月	14	4930	1.58
6 个月	16	6508	2.07
9 个月	2	650	1.89
12 个月	1	400	3.25

表3　　　　上海市地方政府债券发行情况（2015.01—2018.10）

期限	期数	发行量（亿元）	平均利率（%）
3年	22	907.2	3.01
5年	20	1395.6	3.19
7年	17	1161.1	3.24
10年	18	1437.1	3.30

表4　　　　上海市地方国库现金管理收益与发债规模

年度	现金管理收益（亿元）	发债规模（亿元）
2015	20.23	1212
2016	31.23	2200
2017	28.14	783.1
2018	18.25	705.9

表5　　　　地方国库现金管理与地方政府债务管理的协调性分析

债务管理＼现金管理	资金净投放	资金净回笼	滚动操作
净投放	不平衡	平衡	不平衡
净回笼	平衡	不平衡	不平衡
滚动操作	不平衡	不平衡	平衡

在此基础上，根据国库库存变动情况，须充分考虑国库收支的季节性波动因素，做好国库现金流预测，在库存处于相对高点时，开展国库现金管理滚动操作，同时，避免地方债发行偿付与国库收支时间的错配，有效熨平国库库存波动，从而减少对货币供给和商业银行流动性的影响。

由于实际发行的地方政府债券多为3年期及以上品种，与地方国库现金管理的1年期（含）以内短期操作有差异，以下我们采用米勒—奥尔模型[1]，对最佳现金余额（国库库存余额）进行测算，找出与现有国库现金管理相协调的短期流动性债务管理规划。

根据模型假设，将国库现金量控制在上下限余额区间之内，当现金余额达到上限H时，通过国库现金管理，将超过部分投放入商业银行参与定期存款操作，

---

[1] 米勒—奥尔模型是一种随机模式，可在现金流动随机的情况下，确定最佳现金余额。模型引入现金流入量以及现金流出量概念。模型有两个假设条件：一是日净现金流量（现金流入量－现金流出量）服从正态分布，且每次交易成本固定；二是设定控制线H（上限）和L（下限），目标现金余额最优值为Z。

使现金持有量保持在最优值水平 Z；当现金余额降到下限 L 时，则发行短期地方债，使现金余额回归到最优值水平 Z。

同时，米勒—奥尔模型依赖于交易成本和机会成本，且每次交易成本 F 是固定的（如转换有价证券），每期持有现金的机会成本 K 则是利率（有价证券利率），公式为 $H = 3Z - 2L$ 及

$$Z = \left[\frac{3F\sigma^2}{4K}\right]^{\frac{1}{3}} + L$$

以 2015 年 1 月至 2018 年 9 月上海市国库库存、地方国库现金管理与地方政府债券的数据进行模型量化分析，交易成本 F 为债券发行成本；机会成本 K 为在现行国库现金管理滚动操作前提下发行短期地方债的最大机会成本（利率），通过样本区间内国库现金管理利息所得，计算得出加权平均月利率 0.16%；方差 σ^2 为样本区间内国库库存变动方差 262933.07。此外，假设上限 H 为还原国库现金管理操作与地方债管理操作后的国库库存均值，即 2798.32；下限 L 为国库月度支出的均值，即 902.45（单位：亿元）。

根据 $H = 3Z - 2L$，计算得出 $Z = 1534.41$，根据 $Z = \left[\frac{3F\sigma^2}{4K}\right]^{\frac{1}{3}} + L$，推导计算得出 $F = 2.05$。

结论：在地方国库现金管理一直处于滚动操作的理想状态下，最多可覆盖 2.05 亿元偿债利息。当国库库存余额跌落至 L，即 902.45 亿元时，可发行一只最高年化利率为 2.045 ÷（1534.41 − 902.45）× 12 = 3.89% 的短期债券，在现金管理收益覆盖债券利息的前提下，使国库余额保持最优目标。

五、政策建议

（一）健全金融法律体系，出台制度规范市场

以"在安全性、流动性基础上，实现合理的收益性"为目标，提升地方政府债务管理和地方国库现金管理全口径预算管理能力，满足两者与货币政策相协调的需要。

在地方政府债务管理方面，应把地方政府债务治理纳入法制化管理，构建全面、科学、严谨、明晰的政府债券管理法律体系。明确"谁负债，谁偿债"的偿债主体责任，终身问责，倒查责任。同时，增强市场约束力，建立统一的会计核算方法和信息管理系统，制定债券市场化发行和交易机制标准。

地方国库现金管理方面，一是要清理剩余财政专户，彻底解决公共财政资金隐匿现象；二是统一国库现金管理操作规程，明确各参与主体的权责，细化操作

方法、风险控制措施等内容；三是建立国库现金管理监督体系，完善监管部门和监管措施。

（二）科学开展现金流预测，提高预测精度和效率

一是加强分类预测。现金流预测对象为不同类型的现金流，其变化规律也存在较大差异，应加强地方政府债务、地方国库现金管理、国库收入和国库支出等现金流的分类预测，提高预测精度。

二是加强职能部门的信息交互，财政部门负责后台预测，财政部门与中央银行共同负责中台决策。

三是建立按季滚动预测机制，并加强预测质量评估，在总结预测方法和经验的基础上，不断提高预测精度。

四是加快地方政府债务管理系统和地方国库现金管理系统建设步伐，丰富国库现金流的信息化处理手段，提高预测工作效率。

（三）丰富操作工具，完善规模控制和操作频率

一是丰富地方国库现金管理操作工具，参照美国财政资金通过商业银行招标投放活期存款等方式。目前，地方国库现金管理可考虑仍以商业银行定期存款为主要操作工具，但可进一步增加存款期限品种，同时可考虑将质押品范围扩大至优质信贷、商业票据、证券资产等。而随着国库集中收付改革推进，国库库存规模化效应更加显著时，可考虑增加流动性更强的操作工具，如参与货币市场短期拆借等。

二是地方财政部门应于年初做好当年度国库现金管理的规模控制，适度调整地方国库现金管理操作频率，建议开展 3 个月期限的地方国库现金管理滚动操作，最大限度地减少对货币政策的影响。规模控制与滚动操作便于商业银行提前安排参与计划，提高其参与积极性，从而有效降低操作成本。

（四）合理配置期次结构、促进投资主体多元化，加强地方政府偿债管理

地方政府可借鉴美国相关经验，根据地方国库收支状况，定期发行短期地方政府债券，与地方国库现金管理形成补充；合理发行中长期债券，满足政府长期融资项目需求。同时，鼓励商业银行、证券公司、保险公司、外资金融机构和个人等各类投资者，参与地方政府债券投资。在偿债管理方面，研究开展地方政府债券提前偿还、分年偿还，有效防范偿债资金闲置或挪用风险。

（五）进一步加强地方政府债务管理与地方国库现金管理的协调配合

地方政府债务管理与地方国库现金管理作为政府财政资金余缺的调节工具，相互影响、相辅相成，应进一步加强两者的协调配合。一方面，在开展地方国库现金管理阶段，充分考虑地方政府债券的发行时间、规模和期限，提高国库资金的使用效率，减少资金沉淀损失，设定国库最优库存余额管理目标；另一方面，基于我国中长期地方债务存量规模较大的现实情况，创新国库现金管理操作工具，实现合理化收益，有助于改善地方政府负债状况。同时，在全口径预算管理方面，也应强化地方政府债务管理与地方国库现金管理的决策与问责机制等。

参考文献

[1] 陈颖. 西方国家国库现金管理模式特点与借鉴 [J]. 金融会计, 2006 (10).

[2] 周娅. 新西兰的地方政府债务管理 [J]. 中国财政, 2008 (6).

[3] 王世刚. 启动地方国库现金管理的思考 [J]. 北方金融, 2013 (4).

[4] 傅强. 地方国库现金管理的国际经验借鉴 [J]. 南方金融, 2014 (11).

[5] 韩媛媛, 张芳. 我国地方国库现金管理的主要风险及防范对策探析 [J]. 金融发展研究, 2015 (9).

[6] 李毅. 地方国库现金管理存在问题与对策研究 [J]. 现代经济信息, 2015 (23).

[7] 张晓斌. 国库库存变动对货币供应量的影响——基于中央银行资产负债表结构的分析框架 [J]. 上海金融, 2016 (6).

[8] 伍宇冰, 谭维波, 符慧萍. 地方政府债券发行与国库现金管理的协调研究——以广西为例 [J]. 区域金融研究, 2017 (11).

[9] 田利民, 田博. 地方债务收支对国库资金的影响浅析 [J]. 金融经济, 2017 (22).

推进金融知识
纳入国民教育体系有效性评估研究

中国人民银行上海总部金融消费权益保护部课题组

课题组组长：尹优平
课题组成员：武 岳　徐雅萍　张 璇　华国斌

摘 要

随着金融创新的加快和普惠金融的推进，金融产品和服务的数量和复杂程度正日益上升，越来越多的消费者广泛参与到金融市场，数字金融的普及在提高消费者金融服务可得性的同时也带来了一些风险。而提升国民金融素养、推进金融知识纳入国民教育体系是构建金融消费者教育长效机制的重要手段，是防控金融风险、维护金融安全的一种有效预防性措施。

本文的创新点：一是进一步明确金融知识纳入国民教育体系的理论基础；二是对我国的金融知识纳入国民教育体系试点地区开展随机控制试验，为金融教育进课堂提供了进一步的证据，通过定量分析和定性分析相结合的方式，对试点地区的工作进行有效性评估；三是通过研究结果对未来如何构建金融消费者教育长效机制，实施中国的金融教育国家战略提出政策建议。

本文的主要研究结论：金融课程教育能对小学生的金融素养提升产生积极作用；金融知识纳入国民教育体系的关键前提是加强顶层设计并注重协调配合；金融知识纳入国民教育体系的核心内容是要贴近学生需求使其学有所成；金融知识纳入国民教育体系的智力保障是培养年轻骨干和引导建设师资队伍；金融知识纳入国民教育体系的重要途径是定期开展反馈和强化有效性评估；金融知识纳入国民教育体系的有效载体则是总结提升经验和开展国际交流。

一、引言

2008年国际金融危机以来，金融消费者保护受到各国的空前重视和强化。金融消费者教育作为一种预防性保护，得到了越来越多的国家和国际组织的高度重视。接受良好教育的金融消费者是维护金融稳定的基石。在当前复杂多变的金融市场上，金融消费者教育在金融消费者保护领域意义重大，是金融消费者保护的基础性、长期性和系统性工程。站在监管当局的角度，金融消费者教育作为一种预防性保护，是金融消费权益保护框架体系中的重要组成部分。

从近年人民银行开展的消费者金融素养调查的情况来看，我国国民的金融素养水平整体不高，青少年的金融素养显著低于成年人，风险意识和权责意识也亟须加强。目前，我国绝大多数中小学还没有开设金融知识课程，但近年来，我国越来越重视对国民金融知识普及和金融能力的提升，各相关主体也已开展了一系列有益的探索和尝试。针对学校的金融教育项目，越来越多的国家和国际组织开始使用评估证据来确定金融教育项目是否有效，确保资源被充分利用，并确定改进的领域以及可复制推广的实践经验。

本文拟在前期已开展研究和试点的基础上，通过系统阐述有关理论与案例，借鉴不同经济体推进金融知识纳入国民教育体系的实践经验，介绍我国开展此项工作的经验和难点，并在试点地区进行随机对照实验，探索将金融知识纳入国民教育体系的理论框架与一套具有普适性的金融教育项目评估方法。

二、文献综述

（一）金融教育对青少年消费者金融素养的影响

1. 行为经济学框架下，金融教育可提升消费者金融素养

学术界和理论界一致认同接受金融教育可以提高消费者的信心、金融知识水平和金融技能，改善金融行为和态度。2005年，经济合作与发展组织（OECD）发布《消费者金融教育问题的若干意见》就认为金融教育可以提高金融消费者对金融产品概念和风险的理解，增强投资技能和自信，能采取有效措施改善财务状况。

由于金融市场普遍存在信息不对称，金融消费者存在种种行为偏差（如认知偏差、羊群效应、锚定效应），金融知识的提高对于金融态度、行为和技能的改善具有正向传导功能。金融知识普及是改善金融态度、行为和技能的基础。因此，全面提升消费者金融素养必须积极开展金融消费者教育与金融知识普及，通过金融知识的传播与普及使消费者掌握改善金融态度、行为和技能的基础性方法与工具。

2. 金融教育对青少年消费者金融素养的提升具有显著作用
（1）对金融教育"及早开始"的认识

澳大利亚学者Beal 和 Delpachitra（2003）证实了年轻人的金融知识水平是

相对薄弱的。Lusardi 等（2009b）发现少于 1/3 的美国青少年（12~17 岁）知道有关利率、通胀和风险分散的知识。25~65 岁的美国人群比 25 岁以下人群在回答金融知识问题上的表现高 5 个百分点（Lusardi 和 Mitchell，2011b）。有证据表明，父母在孩子童年时期的金融社会化（如教孩子们储蓄）对后期的金融行为有积极的影响（Bucciol 和 Veronesi，2014；Grohmann、Kouwenberg 和 Menkhoff，2015）。

（2）对金融知识纳入国民教育体系必要性的认识

学术界和实务界一致认为，推进金融知识纳入国民教育体系意义重大：第一，在早年培养良好的金融素养对学业、就业以及成年后面对的金融生活大有裨益。第二，学生群体能更好地吸收、记忆以及运用金融知识。针对成人，许多金融教育项目采取相对小型的研讨班的形式。然而，研究结果表明，这类课程对金融行为只存在微小的改善作用（Cole 等，2011），并且该作用会随时间消失（Fernandes 等，2013）。此外，人们对成人金融教育研讨班的兴趣以及参与积极性通常较低，所以该种方式并不是覆盖广泛人群的有效性形式（Bruhn 等，2013）。

（二）有效性评估是检验金融教育效果的重要手段

金融消费教育有效性评估是指采取正确的评估方式收集信息，确定某项金融消费教育项目的效果、意义和影响。系统性的金融消费教育有效性评估体系可以帮助金融监管当局作出正确的决策，开展具有针对性的金融消费教育活动。金融教育项目的有效性评估包括过程评估和效果评估。过程评估针对金融教育项目的发展和实施。效果评估则评价金融教育项目是否完成了预期目标，关注参与者的行为变化，同时涉及知识、技能和与金融决策有关态度的变化，实验方法包括随机实验法和激励设计法。

在进行金融消费教育有效性评估之前，要准确界定评估的目的，考虑所采取的评估方式在以往对金融消费教育项目评估中的效果和不足，选择最适合评估目的的评估方式，设计最适合评估目的的评估问题，确定某项金融消费教育项目评估结果中成功与不成功的标准，并设计基于评估结果将采取的下一步行动方案。

三、推进金融知识纳入国民教育体系的国内外实践

（一）全球范围内学校开展金融教育的总体现状

随着各国对金融教育的重视程度日益增加，越来越多的国家认识到及早开始金融教育的重要性，开始在正规的学校课程中引入某种形式的金融教育（见表1）。

表 1　　　　　　　　学校的金融教育：关于引入模式的例子

引入模式	国家（非排他性列举）	典型做法
必修课	美国、英国、捷克、丹麦、马来西亚、秘鲁、西班牙	英国：教育部于 2013 年对国家课程大纲进行了修订，将金融能力教育列入国家课程大纲，金融教育成为四个地区（英格兰、北爱尔兰、苏格兰、威尔士）的学校义务教育
跨学科课程	澳大利亚、新西兰、爱沙尼亚、日本、拉脱维亚、南非	澳大利亚：金融教育作为国家课程和跨学科（第一年到第十年的数学、英语、科学；第五到第八年的经济学和商务学）的一部分引入学校
有机融入	新加坡、荷兰、爱尔兰、葡萄牙、法国、泰国	荷兰：小学教育（钱的数学运算）和初中教育（家庭经济学）涵盖了基础金融教育元素
试点	巴西、比利时、俄罗斯、加拿大	巴西：在高中有已评估的试点，正在实施金融教育；在小学将有实施的试点

资料来源：根据 OECD 官方网站资料整理。

（二）我国推进金融知识纳入国民教育体系方面的现状

1. 金融教育国家战略顶层设计

2013 年，人民银行牵头制定的《中国金融教育国家战略（初稿）》被 OECD 收录进《推进国家金融教育战略》中，于二十国集团（G20）圣彼得堡峰会期间正式发布。《中国金融教育国家战略（初稿）》提出教育部可考虑研究将金融教育纳入国民教育体系，推动把金融知识教育纳入各阶段的教学课程当中。

2015 年 11 月 13 日，国务院办公厅发布了《关于加强金融消费者权益保护工作的指导意见》，明确提出，建立金融知识普及长效机制。金融管理部门、金融机构、相关社会组织要加强研究，综合运用多种方式，推动金融消费者宣传教育工作深入开展。教育部要将金融知识普及教育纳入国民教育体系，切实提高国民金融素养。2015 年 12 月 31 日，国务院发布《推进普惠金融发展规划（2016—2020 年）》（国发〔2015〕74 号）："建立金融教育发展长效机制，推动部分大中小学积极开展金融知识普及教育，鼓励有条件的高校开设金融基础知识相关公开课。"

2. 推进金融知识纳入国民教育体系的试点情况

（1）人民银行在山西、福建、广东的试点情况

临汾市中心支行与临汾市教育局联合下发文件，将《金融与诚信》课程正式纳入小学选修课程，走进了全市约 5 万名五年级小学生课堂。各小学均不同程度地将"金融与诚信"知识纳入德育课程，其中定期设置课程并由德育老师为

学生授课的学校占比为 95.89%，另外有 4.11% 的学校定位于以课外阅读为主，利用主题班会或德育课进行针对性辅导。各县（市）设立了"红领巾"金融教育基地作为金融与诚信课外实践的场所，组织代课老师和五年级小学生开展金融体验课，通过体验、现场指导提升教师和学生对金融的认知度。

福州中心支行于 2015 年起在辖区内开展初等、中等、高等直至老年教育的金融教育试点工作。2017 年 5 月，福州中心支行联合福建省教育厅、福建省财政厅印发《关于全面开展高校学生资助育人工作的通知》（闽教学〔2017〕20 号），全面开展以"金融知识校园行""资助政策乡村行""家校关怀万里行""三行"活动为载体的高校学生资助育人工作。2017 年 8 月，福州中心支行联合省教育厅印发《金融教育联系行制度》，并制定《金融教育有效性评估指引（试行）》，科学检验和评估试点学校学习成效，旨在打造"平台＋共建＋评估"的一体化金融教育新模式。

广州分行积极协同金融、教育行政管理等有关部门，实施"南粤金融 春风化雨"——金融知识进学校教育普及工作，在全国率先建立系统性、可持续、重实用、广覆盖的国民金融知识教育普及体系，探索出"金融选修课""诚信银行浸入式教学""广东金融读书角""金融夜校"等金融知识普及措施。

（2）其他部门开展学校金融教育活动的情况

2017 年 1 月 23 日，中国银监会、共青团中央、教育部联合下发《关于开展送金融知识进校园活动的通知》，在全国范围内广泛、深入开展"送金融知识进校园"活动。"送金融知识进校园"全面覆盖全国普通高校在校学生，从集中教育活动和长期宣传引导两个方面整体推进金融知识普及教育，促进学生进一步养成良好消费习惯，增强自我保护意识、远离不良网贷、提高防范不法侵害的能力。

中国金融教育发展基金会（以下简称基金会）于 2012 年启动了"金惠工程"子项目——"农村中学金融知识普及"，主要利用中学生九年义务教育阶段在校集中学习的时间，帮助其接受较为系统、规范的金融基础知识教育。试点中学按照项目的要求安排培训所需课时，完成学习内容需要一个学期，约 12 课时。基金会组织编写了配套教材《金融知识伴我成长》，被科技部评为"2014 年全国优秀科普作品"。

（三）存在的难点

一是缺乏完善的顶层设计和有效的治理机制。目前我国尚未明确一个机构履行推进金融知识纳入国民教育体系工作的统筹协调职责，未建立由协调部门、参与部门及推动部门共同构成组织体系。虽然各相关机构已开展推进金融知识纳入国民教育体系的试点工作，但还未形成燎原之势，各地区缺乏统筹安排，难以持续推动。二是学校金融教育项目的针对性和长效性还需加强。推进金融知识纳入国民教育体系开展的各类学校金融教育项目应准确把握青少年的金融知识水平的缺陷和需求，在内容和形式上也应有针对性，提高学生群体的参与度和积极性。这需要针对不同年龄段的学生设计相应的教学内容和教学方式，是推进金融知识纳入国民教育体系中的重点和难点。三是反馈机制与效果评估机制存在不足。目前，绝大多数地区尚未建立科学全面的效果评估机制，对效果的评估往往只注重一些表面的数据资料，如散发资料的数量、组织讲座的场数、受众人数等，而对学生的接受程度、认知程度以及受教育后经济行为的改变情况等，还缺乏全面有效的调查研究，定性与定量相结合的评估方法、多元化与多层次的评估指标体系等未能在评估中得以运用。

四、学校金融教育项目的有效性评估实践

（一）金融教育有效性评估的国际实践

1. INFE 发布学校金融教育的政策指导

在评估方面，OECD/INFE 收集了各国在开展金融教育项目评估中的经验和教训。基于此，OECD/INFE 发布了一系列用来评估金融教育项目的政策指导和工具，包括《INFE 金融教育国家战略高级原则》（2012）和两个非技术的评估指引（2010a，2010b）。2015 年，INFE 还设计了一个实际的检查表来评估金融教育项目并开发了一个全球性的已评估教育项目数据库。其中，2012 年发布的《金融教育国家战略高级原则》包含开展学校金融教育的评估工具。

2. 通过国际学生评估项目（PISA）对金融素养测评

经合组织（OECD）开展国际学生评估项目（PISA）是一项三年一次的国际性调查，旨在通过测试 15 岁学生的科学、阅读、数学技能和知识来评估全球教育系统。2012 年第一次将金融素养纳入评估，2015 年进行了第二次评估。2015 年，48000 余名学生代表 15 个参与国家和经济体的 1200 余万名 15 岁学生参加金融素养测试。2015 年的评估涵盖了 15 个国家和经济体，包括 10 个 OECD 国家和经济体[①]；5 个伙伴国家和经济体[②]则参加了第二次评估。根据 2015 年国际学生评估项目（PISA）学生金融素养评估报告，中国学生平均得分最高，其次是比

---

① 澳大利亚、比利时（佛兰芒社区）、加拿大（不列颠哥伦比亚、马尼托巴、新不伦瑞克、纽芬兰和拉布拉多、新斯科舍、安大略和爱德华王子岛）、智利、意大利、荷兰、波兰、斯洛伐克共和国、西班牙和美国。

② 巴西、中国（北京、上海、江苏和广东）、立陶宛、秘鲁和俄罗斯联邦。

利时、加拿大、俄罗斯联邦、荷兰和澳大利亚。该测试结果显示，接近1/4的学生几乎无法对日常开支作出简单的决策，只有1/10的学生能够理解复杂的问题，例如所得税。

3. 巴西金融教育项目的有效性评估

世界银行集团于2010年开始在巴西采用随机控制实验的方法对金融知识纳入高中教育的项目进行了有效性评估。世界银行设计了一套类似于美国学术能力评估测验（SAT）的金融水平测试，构建了反映金融素养的得分系统。然后，在巴西的6个州选择成对学校，分成实验组和对照组，实验组的学生可接受金融知识课程，在基点阶段、项目一期以及项目二期分别对两组学生进行测试，整个项目历时15个月。该项目得出了两个结论：采用合理方式并较长时间在校园教授金融知识可有效提高学生金融素养；学校金融教育可以对学生及其家庭产生显著的正面影响。

（二）我国金融教育项目有效性评估实践

中国人民银行金融消费权益保护局（以下简称消保局）积极探索将金融知识纳入国民教育体系，在全国多地不同层次的学校推行试点工作。2015年初，消保局在福州启动了金融知识纳入国民教育体系试点工作，截至目前，人民银行福州中心支行及省内6家地市中心支行开展了试点工作，基本覆盖省会城市及地级市市区。在县域，全省60个县共有48家县支行开展了试点工作。主要涵盖小学、中学和大学三个阶段的学生，受教育学生累计约5.5万人次。为扩大试点范围，消保局于2016年9月开始在山西省临汾市开展将金融知识纳入国民教育体系的试点工作，编写了《金融与诚信》读本，将其纳入临汾市辖区内所有小学（共计1056所）五年级学生的素质教育范畴，让其接受连续两个学期的金融知识课程教育。经过两年的试点尝试，为检验金融教育干预对学生产生的影响，课题组对山西临汾和福州两地的中小学金融教育效果展开阶段性评估。

1. 山西临汾的评估实验

（1）实验设计

本文采用随机对照实验方法研究金融知识纳入国民教育体系试点的效果。从学校层面随机抽取实验组和对照组，实验组按照金融教育的课程设置和要求，完成相应的课程学习与训练，对照组不单独接受金融知识的课程教育。我们用分配变量 $C_i = 1$ 表示个体被分配到实验组，$C_i = 0$ 表示进入对照组。

本次实验采取的评估方法以问卷调查为主，为衡量学生的学习效果设计了"《金融与诚信》知识测试卷"。在对学生开展阶段性评估之外，本文针对家长设计了调查问卷，检验家长在相关金融知识上的认知和掌握的情况，考查学生在接受金融课程教育过程中是否能给家长带来喷泉效应(trickle-up effects)。学生在某些金融知识的实践应用中需要与家长进行沟通和讨论,如压岁钱的存放与使用,从而促进家长对相关问题的重新思考,提升家长对金融知识的了解和掌握程度,这种自下而上的影响并最终使双方的金融素养都得到提高的现象我们称为喷泉效应。

(2) 样本选择

山西临汾下辖17个县级行政单位(以下简称县),本次评估随机选取了65所小学。受教育程度、收入、职业、地域、年龄等因素对消费者的金融素养会有影响,由于在校的同年级小学生不存在职业和收入上的差异,年龄也基本相同,个别年龄差异也在微小的范围内,驼峰效应并不明显,因此我们需要着重考虑的是地域上的差异。从样本的描述性统计中可以发现,在随机抽取的实验组和对照组中,城区和乡镇的样本比例基本保持一致,同时性别比例差异较小,保证了两组之间的可比较性。

表2 样本结构

		实验组		对照组	
		数量	占比	数量	占比
样本		2719	100%	2720	100%
地域	城区	1999	73.52%	2024	74.41%
	乡镇	720	26.48%	696	25.59%
性别	男	1374	50.53%	1417	52.10%
	女	1345	49.47%	1303	47.90%

(3) 实验结果

评估想要说明的核心问题是,金融课程教育能够对学生的金融素养带来影响吗?通常而言,个体的金融素养随着年龄的增长以及不断接触和参与金融活动而逐步提高。为了提升整体国民的金融素养,在中小学阶段引入金融教育,让孩子较早接触基本的金融概念、掌握基础的金融知识,是一项非常有意义的尝试。在考量金融课程是否对学生产生作用时,我们想要衡量的是学生在接受金融课程教育前后在金融素养上所产生的变化,假设金融素养水平是变量Y,那么个体的金融素养在不接受或接受金融课程教育时会有两种不同的潜在结果,即

$$Y_i = Y_{1i} \text{ 或 } Y_{0i}$$

最让人感兴趣的是实验组的$Y_{1i} - Y_{0i}$,但无法同时观测到这两种结果。我们可以观测到的是实验组和对照组的平均差值,即$E(Y_i|C_i=1) - E(Y_i|C_i=0)$,进一步地,可以将其写成:

$$E(Y_i|C_i = 1) - E(Y_i|C_i = 0) = \{E(Y_{1i}|C_i = 1) - E(Y_{0i}|C_i = 1)\} + \{E(Y_{0i}|C_i = 1) - E(Y_{0i}|C_i = 0)\}$$

由于在样本选择过程中严格遵循了随机抽取的原则，实验组和对照组的基本特征是相似的，不存在样本选择偏误，所以 $E(Y_{0i}|C_i = 1) - E(Y_{0i}|C_i = 0)$ 为零，从而 $E(Y_i|C_i = 1) - E(Y_i|C_i = 0)$ 能够衡量我们想要了解的金融课程教育的处理效应。

在随机选择对照组和实验组的基础上，我们采用如下回归模型来衡量金融课堂教育给学生带来的影响：

$$y_i^{obs} = \alpha + \beta C_i + \varepsilon_i$$

其中，y_i^{obs} 是衡量学生在金融知识、技能、行为和态度等方面综合水平的变量。C_i 是指示变量，当样本被随机分配到实验组时，C_i 取值为1，当样本被分配到对照组时，C_i 取值为0，ε_i 是误差项。

对实验组和对照组的数据进行OLS回归，得到如下结果：

表3　　　　　　　　　　学生金融素养OLS回归结果

模型		未标准化系数		标准化系数	t	显著性	B 的95.0% 置信区间	
		B	标准误差	Beta			下限	上限
1	（常量）	68.824	.158		435.397	.000	68.514	69.134
	C	19.400	.224	.762	86.773	.000	18.961	19.838
a. 因变量：学生金融素养得分								

从表3中可以看出，经过一年的金融课程教育，实验组的学生金融素养得分结果要比对照组高出28%，在统计意义上具有显著性。

表4　　　　　　　　　　家长金融素养OLS回归结果

模型		未标准化系数		标准化系数	t	显著性	B 的95.0% 置信区间	
		B	标准误差	Beta			下限	上限
1	（常量）	59.573	.263		226.089	.000	59.057	60.090
	C	13.619	.373	.444	36.551	.000	12.889	14.349
a. 因变量：家长金融素养得分								

实验组的家长金融素养得分比对照组高出18.6%，家长间的差距比学生的组间差距要小，说明学生接受金融课程教育对家长具有一定的传导作用，效果弱于

课堂教育。

2. 福州的评估实验

课题组在福州以政府及教育部门、人民银行、金融机构、试点学校、学生这五类主体为评估对象,设置五大类25项评估指标(见表5),设置实验组(接受过金融教育)和对照组(未接受金融教育),开展了覆盖四个地市、1092位学生的金融消费者教育有效性评估工作。与临汾的有效性评估相比,课题组在福州开展的金融知识纳入国民教育体系评估扩大了遴选范围,设置了专门针对中学生的金融知识与能力调查问卷,将中学生也纳入评估范围。

表5 金融教育有效性评估指标

一级指标	二级指标	三级指标	一级指标	二级指标	三级指标
教学环境(80分)	地方政府及教育部门统筹推进情况(15分)	工作机制(7分)	教学环境(80分)	学校教学开展(25分)	教学规划(6分)
		管理考核(4分)			师资力量(5分)
		激励措施(2分)			教学设备(3分)
		其他(2分)			教学开展(5分)
	人民银行指导推动情况(15分)	工作部署(4分)			教学评估(4分)
		外部协调(2分)			教学反馈(2分)
		管理考核(5分)	教学效果(20分)	测试组(15分)	优秀率(5分)
		教学辅助(4分)			及格率(5分)
	金融机构参与支持情况(25分)	工作落实(4分)			平均分(5分)
		人员支持(6分)		对照组(5分)	优秀率(2分)
		活动支持(6分)			及格率(1分)
		教学支持(6分)			平均分(2分)
		宣传支持(3分)			

试点工作总体成效良好,政府及教育部门和试点学校是影响金融教育有效性的关键因子。评估得分显示,实验组的评估分均在80分以上。评估指标的相关性分析和回归检验表明,政府及教育部门和试点学校是影响金融教育成效的关键因子,即建立良好的工作机制、考核管理以及合理的师资配备、课程安排等因素将显著推动受教育学生金融素养水平的提高。

对照实验结果表明,试点工作对不同年级的受教育学生作用不一,对小学生金融素养的提升作用最为显著。实验组学生的金融测试平均分、及格率(高于60分)和优秀率(高于90分)均明显优于对照组。差异最明显的是小学,实验组的平均分比对照组高22分,及格率高出33.9个百分点,优秀率高出26.2个百分点。中学生实验组平均分仅比对照组高4.4分,及格率仅比对照组高出4.9

个百分点,优秀率比对照组高出19个百分点(见表6)。

表6　　　　　　　　　　金融测试情况统计

年级	组别	平均分	及格率(%)	优秀率(%)
小学	实验组	80.2	90.5	29.8
	对照组	58.2	56.6	3.6
中学	实验组	84.4	100	37.3
	对照组	80.0	95.1	18.3

金融知识纳入国民教育体系发挥了积极的"金融扫盲"作用。以小学为例,"金融扫盲"作用主要体现在三个方面:一是显著消除了"金融文盲"现象,对照组左侧低分段学生较多,而实验组50分以下的小学生分布数量急速下降。二是推动金融素养水平向高分段集中。实验组80~90分数段占比为31.4%,90~100分数段占比为29.8%。而对照组80~90分数段占比仅为8.5%,90~100分数段占比仅为3.6%。三是改善金融素养参差不齐的状况。实验组的分布更为集中,近似正态分布。而对照组的成绩离散明显,呈现"两头多,中间少"的不均衡分布态势。

县域和农村是金融教育的薄弱地区,但金融知识纳入国民教育体系试点工作有助于县域和农村地区学生的金融素养实现跨越式提升。以三明市小学生为例,在未接受过金融教育的对照组中,市区对照组小学生的金融素养水平明显高于县域和农村地区的小学生,说明金融素养存在明显的地域差异,县域和农村是金融教育的薄弱地区。在接受金融教育后,市区和县域学生的金融素养差异明显缩小。

3. 实验小结

综合以上分析,我们得出以下几点结论:一是金融课程教育对小学生的金融素养提升产生了积极的作用,能够显著消除"金融文盲"现象,改善金融素养参差不齐的状况。实验组的学生经过系统性的学习,与对照组的学生相比,对课本上涉及的基础金融知识有了一定的掌握,金融行为得到了一定的改善,更加注重储蓄和积累,消费行为更趋理性。二是金融课程教育同时给家长带来了喷泉效应。金融课堂教育与一般的知识教育不同,会涉及一些互动内容,鼓励学生了解和接触家庭理财。这样的实践形成了学生和家长之间共同提升金融素养的纽带,通过课本的学习,学生与家长探讨如何规划使用压岁钱等金融具体实践,既是学生的课外延伸锻炼,也促进了家长的理财意识和金融素养的提升。三是金融课程具有实践意义。在互联网时代,金融渗透到人们的日常生活中,更具实践价值。金融的实践特性是学生向家长及社会传导金融知识的重要机制。四是要重视政府及教育部门和试点学校在金融知识纳入国民教育体系中的作用，建立良好的联动工作机制、考核管理，配备合理的师资力量。五是金融素养水平存在明显的地域性，金融教育有助于缩小城乡学生在金融素养上的不平衡。

五、研究结论和政策建议

（一）研究结论

通过山西省临汾市和福建省开展的金融教育有效性评估实践，我们得出以下结论：

一是建立工作协调机制，统筹考虑开展金融教育项目。金融知识纳入国民教育体系涉及教育部门、金融监管部门、文化部门、宣传部门、金融机构等，学校的支持和配合也十分关键。为了进一步推进金融知识纳入国民教育体系，应加强各相关主体间的协调配合，建议由教育部牵头，建立多部门协调工作机制。各部门之间加强联动，发挥合力，整合资源，在金融知识纳入国民教育体系的目标、计划、实施、保障、评估等各方面统筹考虑，尽快落实。

二是制定统一的金融素养掌握标准。在具体的调查实践中，我们发现大部分金融课程的教材是当地人民银行负责编制，具体内容则根据中国人民银行编著的《金融知识普及读本》改编而成，《金融知识普及读本》是针对成年人的普及性读物，内容全面翔实，但选取哪些内容进行改编以适合中小学生的特征，是需要进一步思考的问题。中小学生对金融知识需要掌握到什么程度，毕业时金融素养应达到什么样的水平，也是应当进一步明确的。2017年底，消保局牵头编著了小学金融知识进课程读本《金融诚信伴我行》，充实国内的青少年金融教育体系，进一步推动金融知识普及纳入国民教育体系。

三是要加强对学校师资的金融教育与培训。目前金融课程教育还没有被正式全面纳入小学课堂，学校在教师储备方面缺乏专门的人才。有的地方充分利用人民银行以及金融机构的专业人才，组建义务讲师队伍，为学生进行授课。这是一种效果良好的教学方式，但从长远来看，还是有必要培养一支具备良好金融素养和丰富教学经验的正规教师队伍。人民银行和金融机构可以提供专业上的指导与帮助，例如通过举办培训班等方式增强教师队伍的金融专业素养。

四是要重视金融素养水平的地域不平衡特征。广大的县域和农村是金融知识普及的薄弱地区，同时也是农民、务工人员等低净值人群集中分布的地区。应加强对县域和农村地区的教育资源投入，尤其是要突出对低净值家庭学生的金融消费者教育，积极发挥"金融扫盲"作用，推动薄弱地区学生的金融素养实现跨越式提升。

五是要关注金融素养提升效果最显著的阶段。评估表明金融消费者教育对小学生的金融素养提升最为显著，是金融知识纳入国民教育体系的最佳切入时间点。应实行因材施教的策略，针对小学生的特点，突出"金融启蒙"作用，重点普及日常生活中的金融基础知识和基本技能，滋养诚信文化，树立正确的金钱观和财富观，实现"金融教育从娃娃抓起"。

六是继续做好金融课堂教育的效果评估工作。评估的目的是改进现有的做法，为以后全面开展金融课程教育积累完整的基础数据，从中提取良好的实践经验。本次实验受时间、经费、人力等因素限制，整体实验项目的时间较短，仅能评估目标群体在短期内的知识行为改变，而无法对毕业后的学生进行长期跟踪，且研究项目开始晚于试点地区开展金融教育试点的时间，受客观因素制约无法完全深入学校开展评估，从而给结论的一般化推广造成阻碍。

（二）推进金融知识纳入国民教育体系，构建金融消费者教育长效机制

1. 顶层设计、协调配合是金融知识纳入国民教育体系的关键前提

推进金融知识纳入国民教育体系工作应结合我国具体情况来推进，在各个层级具有一定的灵活性，且应形成一定的治理机制，应有确定的牵头机构，利益相关者或者合作方，使各方有共同目标但又明确区分的角色和职责。为了指导、推进学校金融教育工作，需加强各政府部门间的协调配合，建立战略框架，明确总体目标，制定出台推动金融知识纳入国民教育体系的相关政策措施，努力协调所有利益相关者推动金融教育活动的开展，确保这项工作能够持续、有效地实施。

2. 贴近学生需求、实现学有所成是金融知识纳入国民教育体系的核心内容

推进金融知识纳入国民教育体系旨在帮助学生了解金融基本知识，引导学生正确运用金融技能，并树立良好的金融态度，激发学金融、懂金融、用金融的社会氛围。因此，应充分考虑学生的理解能力和金融知识需求，根据不同年龄段的学生由浅入深、由简如繁，系统化、科学化地设置课程，注重与日常生活相结合，紧贴孩子们身边的金融生活，设计相应的教学内容和重点。同时，教学方式应集趣味性、实践性和启发性三位一体，注重与学生的双向互动交流，运用案例展示、实物辨别、情景模拟等教学手段，吸引学生深入参与，在潜移默化中提升金融素养。

3. 培养年轻骨干、引导建设师资队伍是金融知识纳入国民教育体系的智力保障

师资力量是抓好教学质量、提升课堂效果的关键，金融知识普及教育具有一

定的专业性，客观上要求授课老师具备一定的金融素养。因此，金融知识纳入国民教育体系离不开师资队伍的培养。首先，应在金融监管部门、教育部门、金融机构中遴选志愿者，打造一支综合素质高、业务能力强、具有亲和力和感染力的青年骨干队伍。同时，可组织授课教师开展跨校际、跨区域等多元化观摩交流活动，探讨教学经验，促进教师之间取长补短、共同提高。

4. 定期开展反馈、强化有效性评估是金融知识纳入国民教育体系的重要途径

金融知识纳入国民教育体系在探索、实践阶段离不开定期反馈和评估，可从三个方面着手。一是前期深入调研。建议采用金融素养问卷调查的方式，针对不同年龄层次的学生群体的金融知识、风险意识等基本情况进行摸底；二是中期实时反馈。在授课和教育实践过程中，注重与学生交流互动，及时了解情况和相关建议，并针对出现的问题动态调整授课方式和授课内容；三是后期跟踪评估。对学生进行回访和测试，对金融知识纳入国民教育体系有效性进行定期跟踪调查和评价，不断改进教育方式和内容，切实工作实施效果。

5. 总结提升经验、开展国际交流是金融知识纳入国民教育体系的有效载体

我国推进金融知识纳入国民教育体系起步较晚，基础较薄弱，还存在诸多问题与症结。"他山之石，可以攻玉"，国际组织和世界各国已在推进金融知识纳入国民教育体系方面做了大量的工作，取得了实质性的成果，我国应密切关注和借鉴国际上在推进金融知识纳入国民教育体系方面的成功经验，结合现实国情，进一步推动和强化该项工作。

参考文献

[1] 焦瑾璞. 国际金融教育网络（INFE）金融消费教育有效性评估的指导原则及启示 [J]. 清华金融评论, 2014 (12).

[2] 余文建, 等. 消费者金融素养指数模型构建与分析 [J]. 上海金融, 2017 (4).

[3] 余文建. 推进金融知识纳入国民教育体系的几点思考 [J]. 清华金融评论, 2017 (6).

[4] Angrist, Joshua, Eric Bettinger, Erik Bloom, Elizabeth King, and Michael. Vouchers for Private Schooling in Colombia: Evidence from a Randomized Natural Experiment [J]. AMERICAN ECONOMIC REVIEW, 2002.

[5] Walstad W. B., Rebeck K., Macdonald R. A., et al.. The Effects of Financial Education on the Financial Knowledge of High School Students [J]. JOURNAL OF CONSUMER AFFAIRS, 2010.

[6] Connell A O.. Evaluating the Effectiveness of Financial Education Programmes [J]. OECD JOURNAL: GENERAL PAPERS, 2009.

[7] Becchetti, L., F. Pisani. Financial education on secondary school students: The randomized experiment revisited [R]. AICCON WORKING PAPER, 2012.

 金融监管与金融稳定篇

系统重要性银行统计框架及应用研究

中国人民银行上海总部调查统计研究部课题组

课题组组长：王海生
课题组成员：谢 霏 李腾飞 许霞红 司 巍 邵 珺
张 昀 包 钧

摘 要

《中共中央关于制定国民经济和社会发展第十三个五年规划的建议》中提出人民银行统筹监管系统重要金融机构。自全球金融危机爆发以来，如何构建有效的银行监管体系、防范化解银行业风险，成为各国监管层和国际金融组织研究的重点问题。金融稳定理事会（FSB）牵头制定的 G-SIBs 通用数据采集模板，是监测系统性风险的重要工具。本文基于 G-SIBs 统计框架、报表体系、分类标准以及具体报送要求等，深入其思路和方法，总结分析国际监管实践，立足本国实际，提出对我国系统重要性银行统计框架建立和金融风险监测的借鉴意义。

一、引言

全球系统重要性银行（Global Systemically Important Banks，G-SIBs）的概念根植于2007年国际金融危机。在本轮国际金融危机中，一些所谓"大而不倒"的机构接连出现经营困境，而且涉及金融领域的各行业。各国监管当局对这些陷入困境的大型金融机构面临两难选择：不救助，任其倒闭有可能引发系统性风险；救助，则可能强化其"大而不倒"的预期，助长道德风险。因此，如何有效处理金融机构"大而不倒"的问题，成为后危机时代各国金融监管改革的热点和难点问题。

在2009年9月G20匹兹堡峰会上，"系统重要性""大而不倒"等概念被提出，相关国际金融组织开始致力于开展更全面的金融监管，尤其加强对全球系统性金融组织的监管，以提高其风险自救能力。同时，在技术层面，危机的教训使人们认识到，单个银行信息技术和数据架构不足以支持大范围的金融风险管理，只有在银行集团层面、不同业务领域、不同实体之间进行多维度风险数据的收集,才能进行有效的预测和评估,抗衡全球性金融危机。

自2011年7月以来,巴塞尔银行监管委员会(The Basel Committee on Banking Supervision,BCBS)几乎每年都在为更新和细化相关标准发布相关进度报告与说明文件。与之相对应,金融稳定理事会(FSB)自2011年以来,每年11月发布一份G-SIBs名单,并对名单上的银行实行更为严格的监管。从2011年起,我国的中国银行、中国工商银行、中国农业银行和中国建设银行先后入选该名单。如今,对G-SIBs强化监管的认识已成为全球金融市场的共识。

本轮国际金融危机充分暴露了奉行微观审慎监管理念而忽视宏观审慎监管重要性的危害,促使人们重新关注宏观审慎监管,并强调宏观审慎监管与微观审慎监管的结合。本文站在宏观审慎管理的视角,对系统重要性银行统计框架进行研究。从理论层面来讲,对系统重要性银行进行研究主要集中在发达国家,发展中国家起步较晚,资料较少。本文在详细分析国际宏观审慎政策及系统重要性银行监管的基础上,结合商业银行的现实情况以及独特的国情,最终形成对我国的启示与借鉴,并为今后加强系统重要性金融机构的监管提供理论基础。

二、系统重要性银行的概念

危机后国际金融监管强调协调合作和共同推进审慎监管,最先尝试对系统重要性金融机构进行规范化定义的是国际金融监管组织。2009年10月,国际货币基金组织(International Monetary Fund,IMF)、国际清算银行(Bank for International Settlements,BIS)和金融稳定理事会(Financial Stability Board,FSB)在它们联合发布的《系统重要性金融机构、市场和工具的评估指引》中认为,系统重要性金融机构(Systemically Important Financial Institutions,SIFIs)是指在金融市场中承担了关键功能,其倒闭可能会给金融体系造成损害并对实体经济产生严重负面影响的金融机构。系统重要性银行(Systemically Important Banks,SIBs)是SIFIs中重要的金融机构。巴塞尔银行监管委员会(BCBS)则指出,负外部性是SIBs的本质特征,主要表现在SIBs的经营行为可能给其他金融机构乃至金融体系带来不利影响,且其倒闭存在系统性风险。所谓系统性风险,是指由金融体系部分或整体损害造成金融服务的供给中断,会给整个金融体系和实体经济带来严重消极影响。《巴塞尔协议Ⅲ》中提出的"系统重要性金融机构",是指业务规模较大、复杂程度较高、发生重大风险事件或经营失败会对整个银行体系带来系统性风险的大银行。

FSB将系统重要性银行定义为,由于规模、复杂度与系统相关度,其无序破产将对更广范围内金融体系及经济活动造成严重干扰的金融机构。并将其划分为两个层面:全球系统重要性银行(Global Systemically Important Banks,G-SIBs)

和国内系统重要性银行（Domestic Systemically Important Banks，D‐SIBs）。具体而言，G‐SIBs 指的是那些具有一定的规模、市场重要性和全球关联性，一旦陷入困境或破产将会导致全球金融体系严重紊乱，造成重大不良经济波动后果的金融机构；相应地，D‐SIBs 的影响一般仅限于一国国内金融体系和经济活动。

系统重要性银行（SIBs）监管概念的提出，体现了危机后全球金融监管的新趋势，是强化宏观审慎监管、防范系统性风险的重要维度之一。

三、全球系统重要性银行的评估方法

（一）G‐SIBs 评分指标构成

对系统重要性银行统计，主要围绕系统重要性银行的基本特征来建立统计框架。2009 年 10 月，IMF、FSB 和 BIS 联合发布的《系统重要性金融机构、市场和工具的评估指引》认为，对单个金融机构系统重要性的评估应同时考虑直接和间接两个影响渠道，并提出衡量 SIFIs 的三个主要标准：规模、关联度和可替代性。其中，规模和可替代性是从直接影响的角度衡量的，间接影响的大小依关联度的强度而定。

2011 年 7 月，BCBS 发布的《全球系统重要性银行的评估方法和额外的损失吸收要求》提出了定量与定性相结合的商业银行全球系统重要性评估方法，从跨境活动（cross‐jurisdictional activity）、规模（size）、关联度（interconnectedness）、可替代性（substitutability）和复杂程度（complexity）5 个维度，采用 12 个指标评估银行的全球系统重要性，并要求相关银行披露全球系统重要性评估指标。

2013 年 7 月，BCBS 发布修订后的《全球系统重要性银行的评估方法和额外的损失吸收要求》，进一步明确了披露要求。同时，在该文件中，BCBS 将关联度指标中的"批发融资比例"更改为"发行证券余额"（outstanding securities）。

2018 年 7 月 5 日，巴塞尔委员会发布了最新修订后的 G‐SIBs 监管文件——《全球系统重要性银行：修订后的评估方法和附加损失吸收能力要求》，这是对 2013 年版评估方法的再次修订，主要修订内容包括：（1）修订了跨境业务指标的定义；（2）引入了交易量指标；（3）将保险子公司的部分业务纳入指标计算。修订后的评估方法将从 2021 年开始使用，即使用 2020 年末的财务数据进行计算。该报告的系列文件仍将不断更新，G‐SIBs 框架的各项规定也日趋科学化和精细化。

表 1　　　　　G-SIBs 的相关评估指标及权重（2018 年修订版）

类别及权重	单个指标	指标权重
跨境活动（20%）	跨境债权	10%
	跨境债务	10%
规模（20%）	调整后的表内外资产余额	20%
关联性（20%）	金融系统内资产	6.67%
	金融系统内负债	6.67%
	发行证券和其他融资工具	6.67%
可替代性（20%）	托管资产	6.67%
	支付结算系统发生额	6.67%
	有价证券承销额	3.33%
	交易量	3.33%
复杂程度（20%）	OTC 衍生产品名义价值	6.67%
	第三层次资产	6.67%
	交易类和可供出售类证券	6.67%

资料来源：Global systemically important banks: revised assessment methodology and the higher loss absorbency requirement。

1. 跨境活动。包含跨境债权和跨境负债两个指标，衡量银行在本国之外的国家或地区的业务规模，跨境业务规模较大的银行，救助中的协调更为困难，银行倒闭的风险传染和溢出效应更显著。G-SIBs 统计框架中，I-I 数据模板主要融资来源表中的融资来源方的国别信息、I-A 数据模板中资产负债国别信息等，一定程度上评估了金融机构的跨境影响以及全球活跃程度。

2. 规模。单个机构对整个金融体系的重要性，一般与它能给系统提供的金融服务的数量成正比。一个机构的规模与一个机构在陷入困境或失败时可能造成的系统性影响二者之间的联系，通常被认为是评估该机构系统重要性的一个关键因素。一个机构资产负债表内和表外风险暴露的规模、从事和处理的交易量、存储或者管理的资产规模均能够从不同角度反映其客户资金匮乏的程度、它与其他机构的业务可能中断的程度、它的交易对手可能面临的损失程度。这些指标主要在 G-SIBs 统计框架下 I-A 数据模板中合并的资产负债表中加以体现。在系统重要性评估过程中，对于机构自身而言，规模是一个重要指标，若机构与其他机构存在相互关联，规模标准显得更加重要。此外，机构特定的业务模式和组织结构对规模标准的影响也非常明显。机构越复杂，规模对于系统重要性的影响越大。而资本状态良好、业务模式简单、风险敞口及较低的大型机构，反而可能成为危机中金融稳定的来源。规模标准还需要考虑一个更加微妙的方面，即可能存在某一类机构，分机构看规模都比较小，但因为它们可能在经营模式、关联资产或者负债的风险暴露等方面十分类似，易于在同一时间点陷入困境，或者在遭受压力时有相似的行为反应，这一类机构总体规模十分显著，所以也应认为其具有系统重要性。

3. 关联性。表明当一个机构面临财务困境时，由于机构间的契约关联网络，另一个机构陷入财务困境的可能性。这种连锁反应通过资产负债表的资金供给方和需求方的相互关联实现。金融机构间联系的规模越大（贷款方和客户的数量越大），引发对客户和（或者）贷款方的溢出效应的潜在性越高。此外，单个机构的风险暴露规模越大，潜在的溢出效应越被放大。而且，在一个体系网络内关联的复杂性，以及体系内的某个核心要素遭受压力时的信心因素，都会增加在压力状况下市场参与者的不确定性，进而提高系统性风险发生的概率。G-SIBs统计框架中，按交易对手分类统计（I-I数据）被提到了前所未有的重要地位，足见对金融机构间关联性的重视。

4. 可替代性。反映客户和其他机构对该机构的依赖程度。一些机构具有系统重要性不是因为其他机构对它们的金融风险暴露，而是因为金融市场的其他参与者需要依赖其持续提供关键的专业性服务，从而使它们在经济中发挥的关键作用短期内确实难以替代。单个机构陷入困境时，其所处金融体系的其他机构难以提供相同或者类似的金融服务以保证该服务不至于中断，那么该机构具有系统重要性。例如，提供交易清算、支付、结算或者托管服务等系统重要性基础设施服务的机构。当提供的服务数量巨大，或者成为金融机构间联系的关键节点时，有限的可替代性可能是评估系统性、重要性更值得关注的因素。该类别各项指标主要在G-SIBs统计框架中表外或有负债项下加以体现。

5. 复杂程度。包含场外衍生产品名义本金、交易类和可供出售类证券与第三层次资产三个指标，银行的业务、结构和操作的复杂性越高，银行倒闭对金融体系的影响越大，救助银行的成本和时间越多。G-SIBs统计框架中，I-A数据模板衍生品交易表、外汇衍生品交易表，以及资产负债表中的金融工具分类信息中，均加强了对创新、复杂金融产品的统计。

（二）G-SIBs制度的优越性

G-SIBs制度有其显著优越性。首先，评判G-SIBs的每一项指标的采用，均来自欧洲银行数百年以来的金融实践。这个实践产物，不仅来源于对2007年全球金融危机的全面总结，也根植于对资本主义发展的周期性危机的深刻思考，因此，对新兴的经济体来说，G-SIBs制度具有很强的借鉴意义。

其次，G-SIBs制度以系统重要性银行为核心，有的放矢，抓住了全球金融监管体系的重点。金融市场的资本运作以银行为中轴，在经济全球化高度发展的今天，跨国银行的重要性日益凸显。因此，加强全球系统重要性银行的监管工作，无异于抓住了全球金融监管体系的"牛鼻子"。而且，在全球金融一体化进程中，G-SIBs的发展也给其他中小型银行带来了诸多借鉴经验。

再次，在对G-SIBs制度下，全球宏观经济净收益不降反增。BCBS在2010年对长期经济影响模型的研究报告显示，与金融危机前相比，即使现在大幅增加对银行的资本要求，就降低危机成本而言，也不太可能使宏观经济的成本高于收益。现有学者研究表明，"即使在考虑了银行商业模式调整之后，《巴塞尔协议Ⅲ》预期仍将产生较大的宏观经济净收益"。因此，《巴塞尔协议Ⅲ》规定所采取的金融监管措施，运用了科学有效的方法，既能提高监管水平，也能充分满足银行的营利需求。

最后，《巴塞尔协议Ⅲ》的规定将G-SIBs划分为五档，30家G-SIBs应根据各自构成的风险水平相应持有额外的资本。G-SIBs档位越高，其重要性就越高，对全球金融的影响力越大，就需要持有更多的额外资本，以有效控制风险。G-SIBs所具有的"全球系统重要性"，使其有能力、有义务负担起应对风险的额外要求。

（三）国际概况

根据上述评估指标体系，BCBS每年都会要求各国监管当局开展定量测算，并根据测算结果更新全球系统重要性银行名单。从2011年起，FSB于每年11月公布上一年度全球系统重要性银行名单。自2012年首次公布系统重要性分组以来，G-SIBs的系统重要性中枢呈下降趋势。2012年，入选G-SIBs的平均系统重要性等级为1.82级，到2018年，等级降至1.34级，降幅达0.48级。2012年，第四级银行共有4家，2018年仅剩1家（见表2）。

表2　　　　　　　　　　G-SIBs名单的历史演变

银行名称	2011年	2012年	2013年	2014年	2015年	2016年	2017年	2018年
摩根大通	是	四	四	四	四	四	四	四
花旗集团	是	四	三	三	三	四	三	三
汇丰控股	是	四	四	四	四	三	三	三
德意志银行	是	四	三	三	三	三	三	三
美国银行	是	二	二	二	二	二	三	三
巴克莱集团	是	三	三	三	三	二	二	二
巴黎银行	是	三	三	三	三	三	二	二

续表

银行名称	2011年	2012年	2013年	2014年	2015年	2016年	2017年	2018年
高盛集团	是	二	二	二	二	二	二	二
三菱日联金融集团	是	二	二	二	二	二	二	二
中国工商银行	否	否	一	一	一	二	二	二
富国银行	是	一	一	一	一	一	二	二
中国建设银行	否	否	否	否	一	一	二	一
中国银行	是	一	一	一	一	一	二	二
中国农业银行	否	否	否	一	一	一	一	一
纽约梅隆银行	是	二	一	一	一	一	一	一
法国农业信贷银行	是	一	二	一	一	一	一	一
瑞士信贷	是	二	二	二	二	二	一	一
ING集团	是	一	一	一	一	一	一	一
摩根士丹利	是	二	二	二	二	一	一	一
瑞穗金融集团	是	一	一	一	一	一	一	否
北欧联合银行	是	一	一	一	一	一	一	一
加拿大皇家银行	否	否	否	否	否	否	一	一
苏格兰皇家银行	是	二	二	二	一	一	一	否
桑坦德银行	是	一	一	一	一	一	一	一
法国兴业银行	是	一	一	一	一	一	一	一
渣打银行	否	一	一	一	一	一	一	一
道富银行	是	一	一	一	一	一	一	一
三井住友金融集团	是	一	一	一	一	一	一	一
瑞士银行	是	一	一	一	一	一	一	一
裕信银行	是	一	一	一	一	一	一	一
毕尔巴鄂比斯银行	否	一	一	一	否	否	否	否
法国人民银行	是	一	一	一	一	一	否	一
德国商业银行	是	否	否	否	否	否	否	否
德克夏银行	是	否	否	否	否	否	否	否
劳埃德银行	是	否	否	否	否	否	否	否
银行总数	29	28	29	30	30	30	30	29

资料来源：Financial Stability Board。

(四) 中国概况

从表 3 中可以看出，2018 年 3 家中资 G-SIBs 系统重要性得分均呈现上升态势。工商银行从 268 分升至 283 分；中国银行从 231 分升至 254 分；农业银行从 175 分升至 183 分。规模和复杂性是推动中资银行系统重要性上升的主要原因。中国建设银行由第二级降至第一级，系统重要性得分由 2017 年的 251.11 分降至 224.89 分，降幅达 26.22 分。其中复杂性降幅贡献 19.26 分，是主要驱动因素，建行复杂性指标的下降主要与第三类资产和证券承销规模下降有关。

表 3　中资 G-SIBs 系统重要性得分变化

	年份	规模	关联性	可替代性	复杂程度	跨境活动	总得分
工商银行	2017	93.25	59.13	50.01	41.55	24.05	267.99
	2018	98.93	65.66	41.7	51.78	25.35	283.43
农业银行	2017	75.27	47.03	21.38	26.07	6.19	175.94
	2018	80.01	44.04	19.95	31.74	7.29	183.03
中国银行	2017	70.57	51.53	33.29	20.47	55.17	231.02
	2018	73.52	55.5	46.52	23.54	54.41	253.5
建设银行	2017	80.35	51.45	41.62	66.16	11.54	251.11
	2018	82.7	44.88	36.2	46.9	14.21	224.89

资料来源：Financial Stability Board。

2018 年，在系统重要性排名第 31~50 位的银行中，中资银行有 5 家入榜。交通银行得分达 118 分，排名第 32 位，浦发银行、中信银行和招商银行也在系统重要性排名内，分别排名第 41 位、第 44 位和第 45 位。中资银行系统重要性排名不断提升，一方面反映出我国银行业实力不断壮大、国际影响力持续提升，另一方面也意味着我国大型银行将面临更高的监管要求。除额外资本缓冲要求外，还包括附加杠杆率缓冲要求，总损失吸收能力要求；建立集团恢复与处置计划和定期处置评估要求；满足有效风险数据加总、信息披露、风险治理等方面的要求。满足这些监管政策给 G-SIBs 带来了合规成本，部分政策已经对 G-SIBs 功能发挥产生了约束效应。2012 年以来，G-SIBs 评级中枢大幅下移也反映出国际大型银行正不断通过业务结构调整降低监管要求带来的不利影响。

四、全球系统重要性银行统计框架及实施情况

(一) 模板采集数据的分类

从所采集的数据内容看，模板所采集的数据包括以下四类：

1. "机构对机构"（Institution to Institution，I-I）数据，采集（合并后的）报数机构与其他（合并后的）交易对手间双边资产负债头寸数据，衡量彼此间的风险敞口、融资依赖性和潜在的风险传播路径。目前模板内共包括四张 I-I 报表，分别为前 50 大交易对手信用敞口报表（周报）、前 50 大交易对手信用敞口报表（月报）、主要融资来源表和非股票证券持有情况表。

2. "机构对总体"（Institution to Aggregate，I-A）数据，采集（合并后的）报数机构资产负债头寸的国别、部门分布信息（如对特定国家的信贷敞口或来自特定部门的融资占全部融资来源的比重），衡量报数机构在金融部门内系统级的影响程度和范围、风险连接性和集中度，以及报数机构与实体经济其他部门之间的关联关系、对经济冲击的敏感性等。目前模板内共包括四张 I-A 报表，分别是直接对手风险表（I-A IC 表）、外汇衍生品报表（I-A FX 表）、最终风险表（I-A UR 表）和弥合（Bridge）报表。

3. 结构化数据及系统重要性指标。描述报数机构提供的支付、清算等主要金融服务情况，危机中的修复能力以及自身发生危机时的系统性影响。目前尚未定义具体的该类采集模板。

4. 当形势需要时，额外采集的常规统计框架外的临时性数据。该类数据包括两个层次：一是已定义好采集内容，但仅在必要时报送的非常规数据；二是管理机构根据需要临时决定采集的数据。目前尚未定义具体的该类采集模板。

（二）模板实施的进度安排

由于统计内容的复杂性，整个模板分三阶段实施。第一阶段、第二阶段均采集"机构对机构"（Institution to Institution，I-I）数据，这两个阶段重点揭示机构与具体的交易对手之间的风险传递。第三阶段采集"机构对总体"（Institution to Aggregate，I-A）数据，即对直接交易对手汇总的资产负债信息，包括一张主报表——合并的资产负债表、两张补充报表——衍生品交易表和外汇衍生品明细表以及多口径并表的弥合报表，均按季报送。第三阶段最终模板计划于 2017 年第二季度正式实施。

五、全球系统重要性银行制度在我国的落实情况

我国金融监管领域一直致力于与国际监管标准实现更高层次接轨，在资本监管要求、信息披露、数据收集评估、资本工具标准等各个方面一直开拓前进。

中国银监会于 2012 年 6 月颁布《商业银行资本管理办法（试行）》。这份文件对我国商业银行的资本定义进行了调整，引入多层次的资本监管要求，并对资本充足率标准、风险权重等要求进行了全面修订。2014 年 1 月，银监会引发

《商业银行全球系统重要性评估指标披露指引》，对相关大型银行的指标披露要求作出了规定。2016年，人民银行调查统计司发布了《关于开展系统重要性银行统计数据试报和评估工作的通知》，要求四大银行按照G-SIBs统计框架进行统计数据的试报和评估。

2018年2月，人民银行发布了2018年第3号公告，放宽了银行业金融机构发行资本补充债券的要求。该要求重新明确了"资本补充债券"的定义，即当触发事件发生时，资本补充债券可以实施减记，也可以实施转股。这项金融工具的发展，是对国际金融创新的借鉴，它增强了我国G-SIBs的风险应对能力，表明我国正在积极探索金融监管的新途径。

2018年11月27日，为完善我国系统重要性金融机构监管框架，防范系统性风险，有效维护金融体系稳健运行，经党中央、国务院同意，中国人民银行、中国银行保险监督管理委员会、中国证券监督管理委员会联合印发《关于完善系统重要性金融机构监管的指导意见》（银发〔2018〕301号）（以下简称《指导意见》）。《指导意见》的印发标志着我国的系统重要性金融机构监管由"全球系统重要性"发展到"国内系统重要性"机构监管阶段，响应了金融稳定理事会（FSB）的要求"落实对G-SIFIs的属地监管职责，制定国内系统重要性金融机构（D-SIFIs）的政策框架"，同国际通行做法正式接轨。从国际横向对比看，我国国内系统重要性银行（D-SIBs）的监管细则落地情况也已晚于巴塞尔委员会要求。因此，本次《指导意见》的发布不仅是进一步防范系统性金融风险的需要，也是看齐国际监管要求的"补短板"举措。

表4　　　　部分巴塞尔委员会成员D-SIBs规则落地情况

国家/地区	落地进度	具体情况
巴塞尔委员会		由于D-SIBs监管框架是G-SIBs的有效补充，因此建议被当地监管机构识别为D-SIBs的银行应于2016年1月满足相关要求
美国	不适用	总资产在500亿美元以上的银行被认定为系统重要性金融机构（SIFIs），需要接受更严苛的资本充足率、杠杆率、压力测试、信息披露、处置计划和风险管理等要求（根据S.2155法案，SIFIs，门槛拟提高为2500亿美元）
欧盟	已执行	欧洲银行监管局2014年12月发布D-SIBs评估标准，D-SIBs附加监管要求于2016年1月1日起开始实施
澳大利亚	已执行	2013年12月发布最终规则，2016年1月1日起生效
日本	已执行	2016年3月起实施D-SIBs评估标准及附加资本要求
瑞士	已执行	2013年起相关规定已生效

续表

国家/地区	落地进度	具体情况
加拿大	已执行	2016年起相关规定已生效
中国香港	已执行	2014年10月发布D-SIBs附加监管要求，2015年1月1日起实施，2015年2月18日明确D-SIBs评估标准
中国	落地中	2012年《商业银行资本管理办法（试行）》已规定D-SIBs附加资本要求，但D-SIBs认定标准及其他细则制定中

资料来源：巴塞尔委员会。

目前，我国四家G-SIBs已经满足《巴塞尔协议Ⅲ》的标准，但是需要弥补的TLAC资本缺口较大。与国际金融监管体系相比，我国金融监管标准化程度与精细化程度远远不够；与国际银行相比，我国大型银行还面临着资本工具相对匮乏、资本结构较为单一、资本补充机制尚未健全等问题。因此，我国金融业要立足于国内经济发展现状，结合国际金融发展的实践，稳步推进金融体系的改革。

六、借鉴国际标准，加强我国系统重要性银行统计监测

经济全球化使金融体系表现出有别于传统运行方式的特点，主要表现为金融总量快速增长，金融机构突破传统国境限制在全球范围内积极开展业务活动，杠杆率持续提高，创新型金融机构和业务多元发展，影子银行、表外业务与传统银行体系关联复杂，其相互依存的网络存在巨大的潜在系统性风险。本次金融危机暴露出传统监测框架的不足。G-SIBs数据采集模板代表了国际金融监管领域新的指导思想，借鉴其思路和方法可有效提高我国金融体系的信息化、国际化水平，强化风险识别与防范能力，提升商业银行经营管理的精细化水平和稳健程度，其可供我国金融统计工作借鉴的具体方面包括：

（一）现阶段宏观审慎监测仍应以银行为重点

近年来，我国金融业已经开始由银行主导型向市场主导型转变，但这并不意味着银行在金融体系的核心地位发生变化，它们反而是以更为丰富、更为市场化的形式参与金融市场。G-SIBs模板对我国而言，更重要的意义在于应用于国内系统重要性银行，识别和防范系统性风险。

（二）加强机构间关联性的监测

随着我国金融改革的深化，金融活动覆盖的深度和广度持续延伸，融资链条不断拉长，不同类型的金融机构交叉持有产品，金融机构间的关联程度日益紧

密，风险传播途径渐趋复杂且速度加快，而银行体系则在其中处于核心地位，应借鉴 FSB G-SIBs 的判定方法和数据采集模板内容，及时建立国内系统重要性银行（D-SIBs）的判定体系和统计监测框架，预防系统性风险累积和暴露。

（三）加强对创新型产品的统计监测，并通过基础资产特性识别金融创新产品的风险

G-SIBs 模板特别加强了对衍生产品的统计，并且突破了传统的分类方式，有利于穿透复杂的产品结构，识别风险。而我国金融机构创新型产品的统计还相对滞后。亟须研究并借鉴国际先进理念，进一步加强对这些创新型金融产品的统计监测，除了从合约本身去认定其性质外，也可以考虑将其相关基础资产作为主要分类依据。

（四）重视对描述产品、交易信息的多维明细数据的采集

传统的统计监测基于单个法人轧差后的资产负债表，而忽视交易对手风险和表外业务潜藏的风险。危机后，人们认识到金融监管当局统计信息的建设应有更高要求，要加强对各类金融机构和金融活动的信息采集，由单纯注重机构的统计转变为机构和产品并重；由重点关注资产负债表统计转变为表内外业务兼顾；由仅关注轧差后净额信息转变为全面衡量总量、价格、期限、对手方等市场信息，全面描述金融交易及其潜在风险，绘制金融活动的"全息图"。G-SIBs 数据采集模板中大部分报表以产品或交易作为报送的最小单元，反映了这一国际趋势。以产品或交易为核心的多维明细数据可以满足上述要求，还具有逻辑结构简明、理论基础成熟、易于计算机存储及加工的优点，无论在发达国家还是新兴市场经济国家，已被越来越多的金融监管当局采用。

（五）提高信息标准化程度

模板对信息填报进行了标准化处理，不仅规定报送的维度，还规定维度取值范围和判定依据，有助于提高统计数据的准确性和一致性。在统计标准的指导下，报数机构在信息采集、报送中采用相同的定义、口径，提高统计指标内涵一致性、数据准确性。如果报数机构在其系统中落实了统计标准，则可实现直接从其业务系统采集源数据，降低统计成本。另外，标准化的数据有助于提高统计信息共享效率，便于开展同业之间以及不同国家之间的横向比较。目前我国对产品统计框架和统计标准化程度已取得了长足进展，未来将进一步完善，实现标准的全覆盖。

（六）重视以更丰富的合并层次审视报数机构的资产负债，识别监管真空，防止监管套利

当前大型商业银行普遍向集团化发展，往往控制多个法人甚至特殊目的载体（SPV），因此国际上监管实践也要求更高层次的合并，除本文介绍的数据采集模板外，国际会计准则同样对合并提出了更高的要求。另外，大型商业银行往往跨国大量开展业务，容易引起风险的跨国传播，金融管理当局为维护本国金融稳定，必然将监测视角扩展至境外，并由此延伸出监管和统计的国际协调。目前我国监管统计尚以基于法人的合并或国内合并为主，对境外机构、集团内其他法人、所控制的SPV的合并要求较为简单。为全面衡量风险状况及分布，有效防止大型金融控股集团的监管套利行为及其带来的潜在风险，应根据不同需要对合并范围提出不同要求，提高合并的程度。

（七）慎重考虑轧差操作对风险计量的影响

为提高资本的有效性，扩大业务规模，微观机构往往倾向于利用会计准则和监管规定，经过复杂的对冲轧差操作以净额计量风险。这会导致忽视交易对手违约的风险，使大量的风险被隐藏，一旦交易链条中某一环节出现问题，风险会迅速显现并大量累积。因此应将监测视角由轧差后的净额扩展至轧差前的总额（gross），全面衡量风险。

（八）提高深度挖掘利用数据的水平

不断丰富的数据采集内容对数据应用水平提出了更高要求。一方面需要建立数据的组织、管理及应用模型，深度挖掘信息，发现潜在的风险点、风险传播路径和冲击影响范围；另一方面需要利用积累的历史数据，采用国际先进、成熟的量化风险计量模型，计算CVA、DVA、PE等量化风险指标供决策参考。

参考文献

[1] 黄志凌. 系统重要性金融机构的责任[J]. 中国金融, 2017（9）.

[2] 李文泓, 吴祖鸿. 系统重要性金融机构监管：目标和政策框架[J]. 中国金融, 2011（2）.

[3] 毛奉君. 系统重要性金融机构监管问题研究[J]. 国际金融研究, 2011（9）.

[4] 彭锋. 系统重要性金融机构的风险度量和监管[J]. 中国金融, 2011（3）.

［5］王湉. 系统重要性金融机构国际监管改革进展及对我国的启示［J］. 金融发展评论, 2011 (8).

［6］徐超. 系统重要性金融机构识别方法综述［J］. 国际金融研究, 2011 (11).

［7］严兵, 张禹, 王振磊. 中国系统重要性银行评估——基于14家上市银行数据的研究［J］. 国际金融研究, 2013 (2).

［8］张强, 吴敏. 中国系统重要性银行评估: 来自2006—2010年中国上市银行的证据［J］. 上海金融, 2011 (11).

［9］章彰, 杨瑾, 沈鸿. 系统重要性银行国际监管改革进展及启示［J］. 金融监管研究, 2015 (11).

［10］中国人民银行. 2017年中国金融稳定报告［M］. 北京: 中国金融出版社, 2017.

［11］中国人民银行调查统计司课题组. 宏观审慎管理视角下系统重要性银行统计及应用研究［J］. 金融监管研究, 2018 (7).

［12］宗良. 入选全球系统重要性银行的机遇与挑战［J］. 中国金融, 2011 (1).

［13］Allen, F., D. Gale, Financial Contagion［J］. Journal of Political Economy, 2000, 108 (1).

［14］BaselⅢ: A global regulatory framework for more resilient banks and banking systems. Basel Committee on Banking Supervision, 2010, http://www.bis.org/publ/bcbs189.pdf.

［15］Bongini P., Nieri L., Pelagatti M.. The Importance of Being Systemically Important Financial Institutions［J］. Journal of Banking and Finance, 2015, 50 (1).

［16］Drehmann M., Tarashev N. Measuring the Systemic Important of Interconnected Banks［J］. Journal of Financial Intermediation, 2013, 22 (4).

［17］Elsinger, H.. Risk Assessment for Banking Systems［J］. Management Science, 2006, 52 (9).

［18］Furfine, C.. Interbank Exposures: Quantifying the Risk of Contagion［J］. Journal of Money, Credit, and Banking, 2003, 35 (1).

［19］IMF, BIS, FSB. Guidance to assess the systemic importance of financial institutions, markets and instruments: initial considerations［R］. Report to the G20 Finance Ministers and Governors, 2009.

［20］Mistrulli, P.. Assessing Financial Contagion in the Interbank Market: Maximum Entropy Versus Observed Interbank Lending Patterns [J]. Journal of Banking & Finance, 2011, 35 (5).

[21] Upper, C., A. Worms, Estimating Bilateral Exposures in the German Interbank Market: Is There A Danger of Contagion [J]. European Economic Review, 2004, 48 (4).

刚性兑付的社会成本与有序治理研究

中国人民银行上海总部调查统计研究部课题组

课题组组长：金艳平
课题组成员：王家辉　王慧娟

摘　要

当前，我国多个金融领域，如理财、信托、债券、政府隐性债务等，存在刚性兑付问题。刚性兑付引发的道德风险、信用利差收窄，不利于资源的优化配置，不利于市场化风险分担机制的建立，极易抬高整体社会融资成本。刚性兑付具有不可持续性，被压制的风险总有爆发的时候，这必然增加风险处置成本。如何在保护投资者利益、维护契约精神的情况下，建立市场化的风险分担机制、有序打破刚性兑付值得深入研究。

本文深入分析了我国金融领域刚性兑付的现状。刚性兑付在我国多个金融领域存在，有序打破刚性兑付已经取得一定成效。课题剖析了刚性兑付产生的根源、负面影响、社会成本。计划经济遗留下来的"政府包揽一切"的思维习惯，是刚性兑付产生的根源之一；间接融资为主的融资结构，加深了全社会的刚性兑付意识。刚性兑付的负面影响包括：助推了相关金融领域规模的过度扩张；提升了整个社会的风险偏好，催生了道德风险；成为推高杠杆率的一个重要因素；导致风险的积累，直至集中爆发。刚性兑付的社会成本主要体现在三个方面：一是扭曲金融资源的配置，降低资金利用效率；二是导致无风险收益率上升，提升社会融资成本；三是引致的风险爆发，增加社会稳定成本。当前打破刚性兑付存在一定的难点，打破刚性兑付的迫切性，与实施"兜底"的机构的承受能力密切相关，投资者对银行理财等资管产品打破刚性兑付的接受程度还很低。打破刚性兑付与我国金融业的市场化改革取向高度一致，与提高直接融资比重的金融改革取向高度一致。课题最后提出了有效治理刚性兑付应采取的措施，包括应进一步深化国内金融业的市场化改革，充分发挥市场在资源配置中的决定性作用；强化信息披露，加强金融资产定价的透明度管理；大力发展直接融资，改善融资结构；发展不良资产转让市场、信用衍生品市场，为缺乏流动性的金融产品提供流动性和信用风险定价机制，给投资者提供产品到期前的退出渠道；加强投资者风险教育，建立投资者适当性制度。

当前，我国多个金融领域，如理财、信托、债券、政府隐性债务等，存在刚性兑付问题。刚性兑付引发的道德风险、信用利差收窄，不利于资源的优化配置，不利于市场化风险分担机制的建立，极易抬高整体社会融资成本。刚性兑付具有不可持续性，被压制的风险总有爆发的时候，这必然增加风险处置成本。如何在保护投资者利益、维护契约精神的情况下，建立市场化的风险分担机制、有序打破刚性兑付值得深入研究。

一、刚性兑付在我国多个金融领域存在，有序打破刚性兑付已经取得一定成效

刚性兑付这种行为一直存在，如银行对存款的到期兑付，这种债务人对债权人本金及利息的归还，具有明确的法理依据或契约基础。而近几年广受争议的"刚性兑付"最早出现在信托行业，是指无论信托项目成功与否，信托公司都必须按照约定向投资者支付本金和投资收益①。"刚性兑付"甚至成为信托文化的一部分。近年来，这种刚性兑付逐步蔓延至债券领域、其他资产管理领域。

（一）刚性兑付在我国多个金融领域存在

刚性兑付，一般是指投资人投资的一项金融资产或者购买的一款资产管理产品到期后，发行机构、发起机构或者第三方担保机构必须分配给投资者本金以及收益，当金融资产或资管产品出现不能如期兑付或兑付困难时，发行机构、发起机构或者第三方机构需要兜底处理。

2018年4月，人民银行等四部委发布的《关于规范金融机构资产管理业务的指导意见》从金融机构资产管理业务开展角度定义了刚性兑付。其规定，存在以下行为的，可认定为刚性兑付：（1）资产管理产品的发行人或者管理人违反真实公允确定净值原则，对产品进行保本保收益；（2）采取滚动发行等方式，使资产管理产品的本金、收益、风险在不同投资者之间发生转移，实现产品保本保收益；（3）资产管理产品不能如期兑付或者兑付困难时，发行或者管理该产品的金融机构自行筹集资金偿付或者委托其他机构代为偿付②。

当前，我国多个金融领域，如理财、信托、债券、政府隐性债务等，存在刚性兑付问题。以银行理财产品为例，银行理财产品多数都有预期收益率，且相当

---

① 唐彦斌，谢识予. 刚性兑付问题的经济学本质探究及影响分析 [J]. 商业经济研究，2015（4）.
② 中国人民银行等四部委发布的《关于规范金融机构资产管理业务的指导意见》，www.pbc.gov.cn。

部分银行理财产品承诺保本保收益,因此,可以认为银行理财存在刚性兑付。

要正确区分"正常履约"与"刚性兑付"的区别。以债券为例,债券到期时,债券发行人以债券发行时约定的收益率向投资者兑付本金和收益,并不能都算刚性兑付。而当债券募集资金对应的资产出现重大损失,债券发行人无法履约时,其通过挪用其他资金或者由第三方机构提供资金,对投资人进行本金和收益的兑付,可以认定为刚性兑付。

(二) 有序打破刚性兑付已经取得一定进展

管理层一直在呼吁并致力于有序打破刚性兑付。《关于规范金融机构资产管理业务的指导意见》,明确提出包括银行理财在内的资产管理产品必须打破刚性兑付,并且提出了促进打破刚性兑付的步骤——推动资产管理产品净值化管理。

净值化管理的资产或产品,其交易价格或者申购、赎回价格均按净值进行,收益或者亏损都由投资者承担,不存在保证收益、兜底等情况,因此,净值化管理的资产或产品,一般不会出现刚性兑付。比如,股票、基金等二级市场活跃的金融资产没有刚性兑付之说;债券在信息披露充分、信用评级完善,且二级市场流动性较高的情况下,一般也没有刚性兑付;净值型银行理财、资金信托等资产管理产品,以净值兑付客户收益,一般也不会有刚性兑付。

近年来,随着我国经济金融市场化进程的不断推进,打破刚性兑付也取得显著进展。

债券市场已经出现一些债券产品违约后,政府或者发行机构不再兜底的情况。2014—2018年,有超过200只债券出现违约,涉及金额超过1500亿元。违约债券的处置方式包括诉讼或仲裁、破产重组、债务重组、自筹资金、担保人代偿、破产清算等。经过积极处置,一些投资者的合法权益受到保护。这体现了既要打破刚性兑付,完善风险的市场化分担机制,也要保护投资者合法权益。

银行理财、资金信托等资产管理产品打破刚性兑付取得进展。这从银行理财、资金信托等资产管理产品净值化程度的提高可以看出。2018年某月,银行理财约有5%的产品是净值型产品,资金信托的净值化水平超过银行理财,约有17%的资金信托是净值型资金信托。从银行理财与资金信托的实际兑付情况也可以看出刚性兑付被逐步打破。一些银行理财、资金信托未能按照预期收益率实现兑付,部分银行理财、资金信托的兑付客户实际收益率甚至是负数,这表明银行、信托公司没有为这些产品兜底,这部分产品可以认定为已经打破刚性兑付。以2018年某月清盘终止的资金信托为例,16%的终止产品兑付客户收益率为负数,这些负收益资金信托产品中,净值型产品占比为79%。这表明资金信托打破刚性兑付情况已经十分明显,且净值型产品是打破刚性兑付的主力军。

二、刚性兑付产生的根源

（一）计划经济遗留下来的"政府包揽一切"的思维习惯，是刚性兑付产生的根源之一

在西方经济学中，不存在"刚性兑付"这一概念。我国社会主义制度建立之初实行计划经济制度，在计划经济制度下，政府决定供给、需求和价格，政府决定资源的配置，导致公众产生"政府包揽一切"的思维定式。尽管改革开放以来，我国已经逐步形成了社会主义市场经济体制，但该体制仍不完善。市场在资源配置中核心作用、决定性作用的发挥还不充分，政府对经济的不当干预还存在（包括隐性担保），经济活动的责权还不够明晰，相关法律制度还不健全，这为刚性兑付提供了生存的土壤。

（二）信息披露不充分、透明度不高的融资结构或资产，一般会出现刚性兑付

银行存款是典型的、需要刚性兑付的金融产品或金融资产。银行通过吸收存款，形成资金池，然后发放贷款，这是典型的间接融资。在这种融资模式下，存款人和借款人之间不存在直接的、充分的信息沟通，信贷资产的透明度不高。为保证银行存款人的利益，必然需要对银行存贷款业务实施较为严格的监管，必然需要建立存款保险制度，以保证普通客户银行存款的及时足额兑付，即银行存款必须刚性兑付。

债券市场如果信息披露不足，风险提示不足，也容易出现刚性兑付。相对而言，信息披露较为充分的股票、公募证券投资基金等金融产品，基本没有刚性兑付的可能。

（三）出于维护声誉、维系客户关系的考虑，银行等金融机构倾向于刚性兑付

对于间接融资的金融产品、债务型直接融资的金融产品，由于缺乏活跃的二级市场（如不良资产交易市场）和信用衍生品市场，其中的信用风险难以被市场定价、对冲或管理，违约风险预期难以有效地在产品存续期间被释放、转移，缺乏流动性带来的后果就是违约风险逐步积累，到期末一次性爆发。如果没有建立完善的、制度化的风险分担处置机制，一旦违约风险爆发，在无法划分权责、认定风险分担主体的情况下，金融机构出于"声誉"的考虑，往往会倾向于刚性兑付。这一点在银行理财、资金信托等资产管理业务领域表现明显。实证研究发现，当期的刚性兑付积累的"声誉"与下一期的收益呈现显著正相关关系。以信托公司为例，通过对 68 家信托公司 2010—2015 年度数据进行实证分析发现，当期声誉与下一期收益呈现显著正相关关系，好声誉能够为信托公司带来更高的收益①。

尽管金融机构资产管理人受"尽职免责"条款的保护，但如果预期收益率型资产管理产品出现投资损失，其很难要求客户（委托人、投资人）承担所有投资损失。为了维系客户关系、留住客户，金融机构一般会"以丰补歉"，对预期收益率型资产管理产品进行刚性兑付。

三、刚性兑付的负面影响

刚性兑付的本质是隐性担保。隐性担保短期内有利于维护市场信心，推动市场规模的扩张，长期来看，隐性担保模糊化了市场经济的风险分担机制，使风险不能正常定价，必然削弱金融资源配置的效率，导致风险的积累，以致最终集中爆发。

（一）刚性兑付助推了相关金融领域规模的过度扩张

银行理财、资金信托、债券、P2P 网络借贷等本应风险自担的投资领域，由于存在刚性兑付，投资者无须考虑自身的风险承担能力，无须关心所投资产的风险状况，踊跃投资，这些领域极易出现规模高速扩张，即规模"泡沫"（非通常意义上的价格"泡沫"）。

2011—2016 年，由于宏观经济环境较为宽松，资金较为充裕，且银行理财、资金信托、P2P 网络借贷等领域受到的监管约束薄弱，这些领域出现了较为明显的规模扩张，资产规模增长较快。根据全国银行业理财信息登记系统（银行业理财登记托管中心）数据，2014—2016 年，银行理财余额年增速分别为 46.7%、56.5%、23.6%，远高于金融机构各项存款的增长速度，银行理财成为分流银行存款的重要渠道。根据中国信托业协会的数据，2013—2016 年，信托资产余额年增速分别为 46.1%、28.1%、16.6%、24.0%，增速相当快，为各路资金投资基础设施建设、房地产业等提供了通道。根据网贷之家的数据，2015—2017 年，P2P 网贷行业待偿还余额年增速分别为 292%、101%、50%，扩张较快。刚性兑付可能不是这些领域规模扩张的最主要原因，但刚性兑付、相对较高收益率绝对是吸引各路资金进入这些领域的重要因素。

---

① 蔡英玉，孙涛. 信托公司为什么"刚性兑付"——基于声誉机制的解释 [J]. 财贸经济，2017 (7).

（二） 刚性兑付助推了整个社会风险偏好的提升，催生道德风险

刚性兑付提高了整个社会的风险偏好，导致高风险经济活动过快增长，助长了道德风险。由于刚性兑付的存在，收益率成为投资者选择金融产品的唯一标准，"劣币驱逐良币"，高风险高收益的产品受到追捧，低风险低收益的产品乏人问津，整个社会的风险偏好上升，道德风险突出。

由于刚性兑付的存在，投资者习惯享受高收益而不承担风险，一旦刚性兑付不能持续，投资者就会聚众进行所谓的维权，围攻相关机构、相关政府部门，由此演变出一个个群体事件，破坏社会稳定和金融安全。

（三） 刚性兑付是推高杠杆率的一个因素

刚性兑付的存在，使投资者更愿意出借资金，融资者更容易借到资金，这容易引发市场主体过度借贷，加剧杠杆率的上升。由于刚性兑付存在，地方政府融资平台、网络借贷借款人等高风险领域的融资者，能够轻易借到资金，由此加重其债务负担。

以地方政府融资平台为例，由于有地方政府财政兜底，商业银行"无限制放贷"，造成地方政府负债水平、杠杆率大幅攀升。2010年以来，我国中央政府陆续出台针对防范和化解地方政府债务风险的文件，地方政府平台债务高增长的态势有所遏制，但受经济下行压力影响，地方政府债务风险有所反复，2014年、2015年地方政府融资平台负债仍分别增长22%、25%。2016年末，一些省份的负债率（债务余额/GDP）接近80%，高于地方政府负债率60%的警戒线[①]。

（四） 刚性兑付不能分散化解风险，只会导致风险的积累，直至集中爆发

在刚性兑付下，市场化的风险分担机制无法发挥作用，风险被压制隐藏。投资者在初期感受不到风险，但这并不意味着风险的消失。等风险积累到一定程度，出现一些导火索，比如经济形势出现恶化、政府政策出现调整等，风险必然会集中爆发，并可能波及整个金融体系或经济体系，酿成更大的灾难，对经济社会造成更大的破坏。

以P2P网贷行业为例，P2P网贷行业一直存在刚性兑付情况，有些平台通过设立风险准备金、风险备付金、风险保证金等自我增信方式维系刚性兑付，有些平台通过担保公司、保险公司等第三方机构增信方式维系刚性兑付。更多的平台

---

① 郭攀可. 我国地方政府融资平台风险及防范 [J]. 合作经济与科技, 2018 (1).

式通过拆东墙补西墙的方式维系刚性兑付。这种脆弱的运行方式必定不可持续，一旦出借人资金流入减少，或者借款人出现贷款逾期，资金链断裂，就会爆发风险。如果出现系统性的资金链紧张，整个行业信心受到影响，风险就会向外部扩散，影响社会经济的其他领域。比如，2018年6月以来爆发的P2P暴雷潮，引发了一系列群体性事件，破坏了社会稳定，也导致了一些实体经济风险。据媒体报道，由于投资方上海善林金融被警方查处，2018年8月初，168家北京邻家便利店歇业关门。

四、刚性兑付的社会成本

刚性兑付的社会成本产生于刚性兑付的负面影响。刚性兑付使过多的资源集中于部分金融领域，信用利差收窄，扭曲金融资源的配置，降低资金利用效率。刚性兑付加大社会风险偏好，导致无风险收益率上升，提升社会融资成本。刚性兑付引致的风险积累、爆发，增加社会稳定成本。

（一）刚性兑付扭曲金融资源的配置，降低资金利用效率

刚性兑付下，信用风险不能准确定价，信用利差收窄，使过多的金融资源集中于部分金融领域，必然会扭曲金融资源的配置，降低资金利用效率。

近年来，资产管理领域的产品嵌套、投资链条长、资金空转，与监管套利密切相关，而多数类别的资产管理产品都有刚性兑付，也助长了这一态势的发展。资产管理产品嵌套的第一个环节一般是银行理财，中间环节一般是资金信托或券商资管、基金及其子公司专户，最后环节，也就是底层资产，一般是债券、信托贷款、委托贷款等。由于多数资产管理产品都有刚性兑付的问题，其收益率在投资链条中层层加码，风险不断积累、不断传递扩散，而资金的利用效率没有得到实质性提高，反而会有所下降。

在债券市场，由于存在一定的刚性兑付，大量资金追逐高收益低信用等级的债券，信用利差收窄，且处于不合理、不正常水平。刚性兑付导致的资源大量配置在高风险的资产类别上，然后通过推高高风险资产价格，获取收益，实体经济受损，这也降低了资金利用效率。

（二）刚性兑付导致无风险收益率上升，提升社会融资成本

刚性兑付的存在，使社会风险偏好上升，无风险收益率也趋于上升，社会融资成本上升。

近年来，银行存款分流严重，大量资金流向银行理财、资金信托、P2P网络借贷等高收益影子银行领域，影子银行融资成本较银行表内融资成本高数个百分

点，实体经济的融资成本显著上升。以 2016 年末为例，根据《2016 年第四季度中国货币政策执行报告》，社会融资规模存量中，人民币贷款余额同比增长 13.4%，而作为影子银行的信托贷款余额、委托贷款余额同比分别增长 15.8%、19.8%，大大高于人民币贷款增幅。2016 年 12 月，非金融企业及其他部门贷款加权平均利率为 5.27%，而信托贷款加权平均利率为 7.70%，后者比前者高 2.43 个百分点。另外，根据清华大学经管学院中国金融研究中心、财经头条 APP 新媒体和企商在线网络股份有限公司等共同发起的中国社会融资成本指数研究项目 2018 年 2 月 1 日发布的报告——《中国社会融资环境报告》，当前中国社会融资（企业）平均成本为 7.60%，其中，银行贷款平均融资成本为 6.6%，企业发债平均融资成本为 6.68%，融资性信托平均融资成本为 9.25%，互联网网贷平均融资成本为 21.0%。刚性兑付的影子银行融资导致社会融资成本上升较多。

从银行表内融资来看，银行为了稳住存款，不得不上浮部分类别存款的利率，如大额存单、协议存款等，这增加了银行的资金来源成本，传导到资产端，就会引发贷款利率的上浮，增加实体经济从银行表内融资的成本。

（三）刚性兑付引致的风险爆发，增加社会稳定成本

不具备商业可持续性的刚性兑付，最终会引致风险积累，直至爆发，而对风险的处置，必然会导致多方利益受损，从而增加社会稳定成本。

有序、受控的刚性兑付，比如银行存款的刚性兑付，风险不大。由于银行存款利率受到监管限制，即使在利率市场化程度已经较高的情况下，银行存款利率水平也是适度的，为金融机构所能够承受，而且银行被要求提取的不良资产风险准备金、缴纳的存款保险金能够覆盖相关风险。在这种情形下，风险得到有效控制，业务具有可持续性。

缺乏安全保障、超出自身承受能力的刚性兑付，必然会导致风险的积累，最终演变为风险的集中爆发，出现强制性市场出清。在这种情形下，一直享受刚性兑付带来的利益、没有承担风险的心理预期的投资者，必然会串联起来维权，由此引发社会稳定问题，增加社会稳定成本。这尤以 P2P 网络借贷风险最为突出。P2P 网络借贷风险最终都会演变为非法集资刑事犯罪案件。根据 2018 年 7 月 12 日最高人民检察院在《检察日报》披露的信息，2017 年，检察机关就非法集资类金融犯罪案件提起公诉 8252 件 17144 人，同比分别上升 6.18% 和 4.50%，涉众型金融犯罪隐蔽性、欺骗性强，蔓延速度快，涉案人员多，波及地域广，涉案金额大，严重损害人民群众财产权益，严重危害国家金融安全。

五、有效治理刚性兑付的措施

(一) 当前打破刚性兑付的难点

打破刚性兑付的迫切性,与实施"兜底"的机构的承受能力密切相关。我们在对银行业金融机构进行银行理财产品刚性兑付问题调研时,多数机构认为出于声誉的考虑,其愿意进行一定程度的刚性兑付。这一方面是因为银行理财投向的主要是固定收益资产,收益稳定可预期,另一方面是因为银行有实力以丰补歉,刚性兑付并未侵蚀其资本,反而增强了投资者信心,促进了其业务收入的快速增长。这导致银行打破刚性兑付的动力不足。

投资者对银行理财等资管产品打破刚性兑付的接受程度还很低。银行理财、资金信托、债券的投资者多数都是风险偏好低的稳健投资者,不愿意承担太大的风险,其对刚性兑付期望值很高。风险偏好高的投资者一般直接选择股票、基金等产品。这导致对银行理财、资金信托、债券等实施打破刚性兑付,难以被投资者接受。为防止客户流失,一些机构不愿贸然打破刚性兑付。

(二) 长期来看打破刚性兑付应采取的措施

打破刚性兑付与我国金融业的市场化改革取向高度一致,与提高直接融资比重的金融改革取向高度一致。

进一步深化国内金融业的市场化改革,充分发挥市场在资源配置中的决定性作用。刚性兑付产生的根源在于计划经济思维。市场化程度越高,刚性兑付的生存空间就越小。因此,应深化金融业市场化改革,减少政府对经济金融的直接干预,切断政府对发行主体、融资主体等的隐性担保,理顺市场投融资匹配机制,合理引导社会资金资源配置于具有良好现金流预期和发展潜力的企业。

强化信息披露,加强金融资产定价的透明度管理。信息不对称、透明度不高的领域,是刚性兑付的重灾区。因此,强化信息披露,包括建立金融产品存续期持续的信息披露机制,提高透明度,是打破刚性兑付的基础。

大力发展直接融资,改善融资结构。要消除刚性兑付存在的土壤,缩小刚性兑付的领域,需要大力发展直接融资,改变我国以间接融资为主、风险集中在银行体系的状况,促进融资结构的多元化、多层次化。

发展不良资产转让市场、信用衍生品市场,为缺乏流动性的金融产品提供流动性和信用风险定价机制,给投资者提供产品到期前的退出渠道。债务型直接融资金融产品净值化、基金化发展,将隐含的风险显性化,将厚尾、左偏的违约风险分布逐步中心化、正态化,修正投资人寻求刚性兑付的内在激励机制。发展信用风险缓释工具,建立信用衍生品市场①,有利于发挥市场化信用风险分担机制的作用。

加强投资者风险教育,建立投资者适当性制度。加大投资者金融知识教育,推动其树立"高收益高风险、低收益低风险"的投资风险意识。在金融产品销售过程中,应对投资者进行风险承受能力测试,将特定风险等级的金融产品销售给风险承受能力与之匹配的投资者。强化"卖者尽责,买者自负"的投资文化。

参考文献

[1] 郭攀可. 我国地方政府融资平台风险及防范 [J]. 合作经济与科技, 2018 (1).

[2] 张海阳, 厉大业, 彭劼. 关注金融市场"刚性兑付"现象 [J]. 银行家, 2014 (9).

[3] 聂新伟. 刚性兑付、债务展期与债务违约 [J]. 财经问题研究, 2017 (1).

[4] 蔡英玉, 孙涛. 信托公司为什么"刚性兑付"——基于声誉机制的解释 [J]. 财贸经济, 2017 (7).

[5] 唐彦斌, 谢识予. 刚性兑付问题的经济学本质探究及影响分析 [J]. 商业经济研究, 2015 (4).

[6] 蔡年华. 打破刚性兑付是降低社会融资成本的关键一环 [N]. 中国经济导报, 2014-08-26 (B05).

[7] 宋啸啸, 薛香娣. 刚性兑付一定推高社会融资成本吗? [N]. 中国证券报, 2014-07-25 (A04).

---

① 张海阳, 厉大业, 彭劼. 关注金融市场"刚性兑付"现象 [J]. 银行家, 2014 (9).

大资管时代
我国资产管理行业发展与监管研究

中国人民银行上海总部调查统计研究部课题组

课题组组长：储幼阳
课题组成员：钱 俊 肖立伟 张若雪

一、我国资产管理行业的发展现状和面临的乱象

（一）我国资产管理行业的发展现状

资产管理业务是指银行、信托、证券、基金、期货、保险等资产管理机构接受投资者委托，对受托的投资者财产进行投资和管理的金融业务。资产管理机构为委托人利益履行勤勉尽责义务并收取一定的管理费。资产管理业务的本质是"受人之托，代人理财"。行业的核心竞争力是两个：一是价值管理，目标是对受托资产保值增值以及实现利润最大化；二是风险管理，在利润最大化的前提下尽量降低风险或者说在风险最小化的前提下尽量提升收益。资产管理机构是基于客户的信用托付关系而存在的，目的是以自己的专业化知识解决客户与市场之间的信息不对称问题，为合适的资本与资产做相应的匹配，是直接融资的灵活手段。基于此，资产管理机构应该具备这样的直接融资特征："卖者尽责，买者自负"，投资者风险自担，管理人负有义务但没有刚兑责任。对于管理人而言，这是一个表外业务，不纳入自己的资产负债表，也不用为它承担主要的投融资风险，是投资者与最终投资标的之间的一种直接融资渠道。从理论上来说，真正的资产管理业务应当合理匹配风险和收益，资产管理中介机构应当将等价于风险的收益顺畅地在产业链上各个环节之间流转，而产业链上的不同主体应该根据自身的附加风险准确地自我定价，并实现自身价值。但实际上现在的资产管理产业链条没能很好地传递风险和匹配收益，风险在某些环节无序集聚，偏离了资产管理的本源，同时也对系统性稳定带来隐患。改革开放40多年来，我国资产管理行业从无到有，从小到大，取得了令人瞩目的巨大发展和成就。据统计，2012年我国资产管理行业规模为27万亿元，而截至2017年底，我国资产管理行业规模

已达到百万亿元规模之巨,年复合增长率达到43.97%,在整个金融系统中已经颇具系统重要性。从2013年的流动性危机到2014年的信用债违约,再到2015年的"股灾",而后的险资频繁举牌,P2P频繁爆仓跑路等无不与资产管理产业链条有着密切的关联。在宏观经济下行的大环境下,资产管理产业却逆势而起,获取了与整个经济景气周期不一致的收益,这引起了管理层的警惕。

资产管理产业的大发展有着深层次的原因。首先,我国多层次金融市场的构建始终步履蹒跚,不尽如人意。金融市场丰度不足,金融产品和金融工具相对稀缺。与此同时,随着国民经济的迅速发展,居民家庭有了相当可观的财富积累,这部分财富迫切需要新的溢出渠道和投资工具。资产管理产品的出现在很大限度上丰富了金融市场投资工具,为金融消费者提供了多种投资可能。其次,在我国现有的金融体系中,银行主导的信贷资金间接融资一直占据着融资市场的主体地位,间接融资面临严格的资本和监管约束,灵活度相对欠缺。同时,直接融资市场的发展始终不够健全,企业对灵活多样、成本适中的直接融资有着巨大的需求。资产管理产品的出现为企业直接融资提供了新的渠道,激活了直接融资市场的大发展。此外,从金融机构的角度来看,利率市场化改革以及金融业的逐渐放开,使金融机构的利差收益逐渐收窄,金融机构改进单一业务和盈利模式的需求十分迫切,表外资产管理业务正是其很好的切入点。

(二) 资产管理行业的主要业务实践

在实践中,资产管理业务主要有银行非保本理财、信托公司信托计划、证券公司资管计划、保险公司资管计划、期货公司资管计划、公募基金、基子公司专户计划等业务类型。

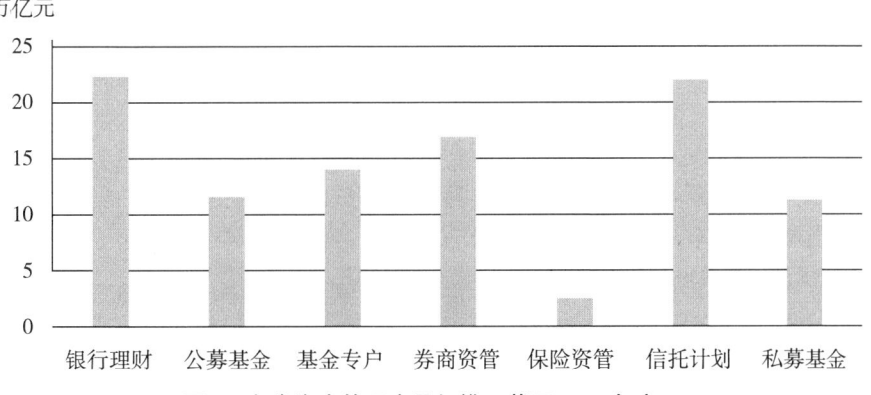

图1 各类资产管理产品规模(截至2017年底)

1. 商业银行理财。商业银行利用自身广泛的销售渠道和较好的信用形象在资金端拥有很大优势,占有资产管理业务较大部分份额。同时,由于表内信贷受到严格的监管和资本约束,商业银行也有动力开拓表外业务,借助资产管理产品来规避监管约束,实现信贷收益。银行表外理财资金实际上成为很多资产管理业务的资金"水龙头"。商业银行理财业务运作模式包括:一是自营业务管理,银行募集资金主动管理,配置资产可以是标准化债券、货币市场工具,也可以是其他金融机构的理财产品、资产管理计划;二是通道业务,银行借助信托、券商资管等通道机构将募集的资金投向自己目标项目,银行承担投资风险和最终的收益,通道机构收取管理费;三是委外业务,缺乏投研能力的中小银行将募集的资金委托给投研能力强的机构代为主动管理。银行理财最大的优势在于发行人的信用,投资人对银行发行的预期收益、固定收益类理财产品都有刚性兑付预期。然而从风险隔离的角度,这违背了资产管理产品"代客理财,风险自担"的原则,监管层无法容忍风险在银行表外无序集聚,所以银行理财需要从银行信用中隔离,成立银行资管子公司。

2. 公募基金和基金专户。我国公募基金发端已近20年,发展日臻成熟,产品主要涵盖股票基金、混合基金、债券基金、货币市场基金等主流产品类型。公募基金是目前最成熟的资产管理业务,其上位法明晰,法律关系明确,投资权属合理,也是本轮资产管理业务变革的方向之一。基金公司专户产品以及基金子公司专户产品都属于面向特定客户的私募产品,与基金公司的公募产品互为补充,充实了基金系产品序列。基金系私募产品,投资范围广泛,产品形式灵活,投资标的几乎涵盖全部标准和非标准化产品,相较于其他系列的私募资产管理产品,基金系私募产品发端较晚,但是发展迅速,特别是拥有公募团队的投研团队资源支持,在主动管理能力方面有先天优势。

3. 证券公司资产管理计划。券商资产管理计划从2005年开始发展,在政策的扶持下实现了快速发展。证券公司资产管理业务以资产管理子公司为主体,结构上分集合资产管理计划、定向资产管理计划以及专项资产管理计划。集合资产管理计划与定向资产管理计划的区别在于投资者人数的多少。专项资产管理计划主要用于资产证券化业务,由证券公司成立专项资产管理计划作为SPV(特殊目的载体)购买待证券化的基础资产,然后进行证券化操作。资产管理行业的竞争归根到底是投资业绩竞争,而投资业绩取决于人才、机制、产品设计、风险管理、上游资源和历史经验。比较来看,券商资管拥有较好的上游资源,在股权投资方面富有经验,人才储备也优于银行、信托,激励机制比较成熟,所以在近两年获得了较大的发展。

4. 信托公司信托计划。在分业监管的大环境中,信托公司是我国金融机构中唯一能够横跨货币市场、资本市场和实业投资领域经营的金融机构,其独特的制度设计赋予了信托计划功能的多样性和运用的灵活性。按照委托标的分类,信托计划分为资金信托和财产信托。按照委托人数量分类,信托计划分为单一信托计划和集合信托计划。相较于券商系资产管理计划,资金信托计划上位法规明确,法律权属明晰,再加上灵活的架构设计和广泛的投资标的,使信托计划一开始就成为理财出表的最佳通道,两者一拍即合,使银信合作业务规模迅速攀升,一时无两。

5. 保险公司资产管理计划。保险资产管理计划的受托资金一般是其保险母公司或其他保险公司的保险资金,其体量相对较小,截至2017年底,保险资产管理计划的余额约为2.5万亿元。此外,保险资产管理产品为保险公司表内业务,这是其鲜明的特点,按照"偿二代"的要求,保险资金运用情况通过信用风险和市场风险等量化指标计量认可资产,与最低资本挂钩,其风险覆盖与控制情况直接影响偿付能力充足率。在流动性管理和久期匹配上,保险资产管理计划拥有显著的优势,其负债端为长期保险资金,不追求过高收益,因而在资产端的配置上就比较游刃有余,中长期以及短期资产都可以灵活进行配置。

6. 私募基金。私募基金以非公开方式向特定合格投资者募集资金投资未上市权益或者股票等二级市场。前者称为私募股权投资基金(PE),在交易实施过程中,PE会附带考虑将来的退出机制,即通过公司首次公开发行股票(IPO)、兼并与收购(M&A)或管理层回购(MBO)等方式退出获利。后者主要关注二级市场投资,称为私募证券投资基金。

此外,很多不具有资产管理业务资质的非金融机构和互联网平台非法公开宣传、销售各种类资产管理产品,这些类资管产品通过各种手段变相突破了合格投资者以及审慎投向限制,扰乱了资产管理市场的正常发展,需要依法进行规范清理,构成非法集资、非法发行证券的要依法追究法律责任。

(三) 典型复合嵌套资产管理产品

在实际业务中,单层资产管理计划并不是常态,更常见的是各种资产管理产品根据实际业务场景的组合嵌套和通道业务。由于同质业务的监管存在差异,资产管理机构利用自身禀赋优势进行了各式各样的创新合作:银信合作、银证合作、银证信合作、证信合作、委托贷款、银政合作等,这里列举几种比较典型的嵌套组合业务场景。

1. 信托受益权转让（银信合作）。A银行借道过桥行B向自己目标客户发放信托贷款。过桥行向A银行转让信托收益权。A银行规避资本约束向目标企业放款。

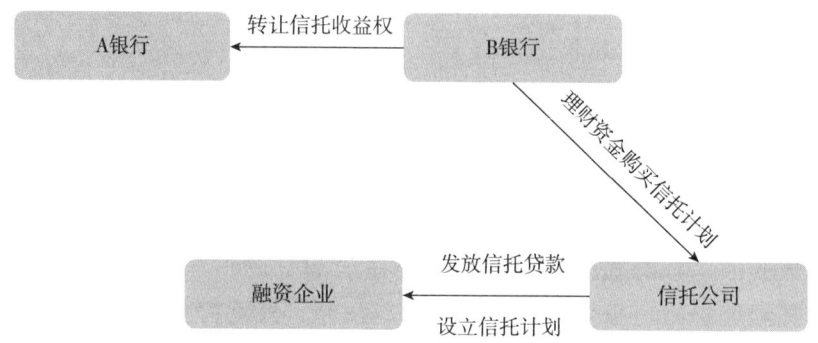

图2 信托受益权转让（银信合作）

2. 股票质押融资（银证合作）。银行理财通过券商资管计划通道向目标企业大股东进行股权质押融资。

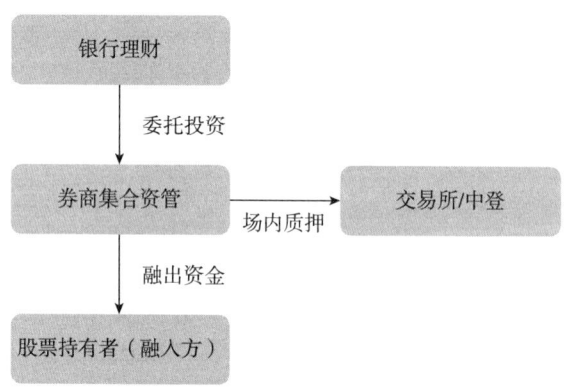

图3 股票质押融资（银证合作）

3. 股票定向增发（理财+信托+基金专户结构化定增模式）。融资人通过结构化信托筹集杠杆资金（银行理财认购优先级）借基金专户参与上市公司定向增发计划。

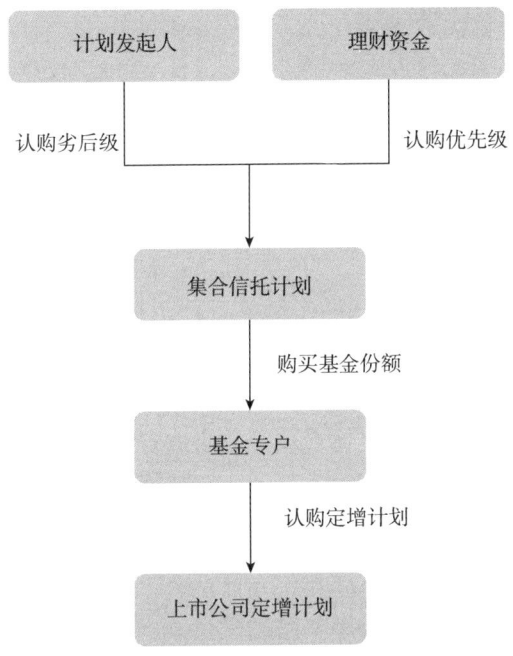

图 4　股票定向增发（理财 + 信托 + 基金专户）

4. PPP 结构化定向融资（银政合作）。地方政府利用理财资金成立 PPP 财政支持基金，支持本地 PPP 项目发展。

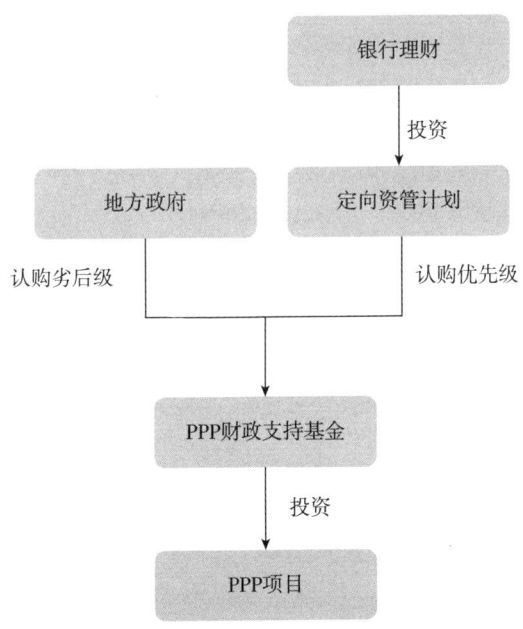

图 5　PPP 结构化定向融资（银政合作）

(四) 资产管理行业发展乱象

资产管理行业在狂飙猛进了许多年后，随着经济下行和监管趋严，开始慢慢暴露一些在快速扩张期被掩盖了的问题和风险。

1. 监管标准不一，监管套利泛滥。首先是资产管理业务法律适用混乱，各大类资产管理产品的法律基础、法律关系适用并不相同。有的依据国家法律，如信托法、基金法，相应的法律关系为信托关系；有的依据资产管理机构所在行业监管部门规章，法律关系是委托—代理关系；还有的产品仅仅依据当事人的约定，依据的是民事合同法律关系的意思自治。其次是监管标准不统一。在分业监管体制下，各大类资产管理产品，在产品准入、投资范围、募集推介、信息披露、资金资产托管、投资者适当性管理等方面监管标准并不一致，导致监管套利泛滥，哪里监管标准低，资金就往哪里走，风险就往哪里聚集。最后是监管者可能陷入监管竞争，监管与发展的目标混淆，"父爱"式监管无处不在。各资产管理产品缺乏统一的监测监控，各类结构化资管产品日益复杂，资金来源、交易结构横跨银行、证券、保险业，难以对行业整体风险进行监测统计和预测研判。

表1　　　　　　　　　　资产管理产品监管文件统计

机构	产品类型	主要监管文件
银行	银行理财	《商业银行个人理财业务管理暂行办法》
		《关于进一步规范商业银行个人理财业务投资管理有关问题的通知》
		《关于规范商业银行理财业务投资运作有关问题的通知》
		《关于完善银行理财业务组织管理体系有关事项的通知》
		《商业银行理财业务监督管理办法（征求意见稿）》（未正式下发）
信托	信托计划	《中华人民共和国信托法》
		《信托公司集合资金信托计划管理办法》
		《银行与信托公司业务合作指引》
		《信托公司证券投资信托业务操作指引》
		《关于进一步规范银信合作有关事项的通知》
		《关于规范银信理财合作业务有关事项的通知》
保险资管公司	保险资管计划	《保险资产管理公司管理暂行规定》
		关于调整《保险资产管理公司管理暂行规定》有关规定的通知
		《关于保险资产管理公司开展资产管理产品业务试点有关问题的通知》
		《资产支持计划业务管理暂行办法》

机构	产品类型	主要监管文件
基金	证券投资基金	《证券投资基金管理公司管理办法》
		《公开募集证券投资基金运作管理办法》
基金子公司	特定客户资产管理业务	《基金管理公司特定客户资产管理业务试点办法》
		《基金管理公司子公司管理规定》
		《基金管理公司特定客户资产管理子公司风险控制指标指引》
		《证券公司及基金管理公司子公司资产证券化业务管理规定》及配套规则
		《资产支持专项计划备案管理办法》及配套规则
证券公司及其资产管理子公司	资产管理计划	《资产管理机构开展公募证券投资基金管理业务暂行规定》
		《证券公司集合资产管理业务实施细则》
		《关于规范证券公司聘用第三方机构为集合资产管理计划提供投资决策相关专业服务的通知》
		《证券公司定向资产管理业务实施细则》
		《证券期货经营机构落实资产管理业务"八条底线"禁止行为细则》
		《关于规范证券公司与银行合作开展定向资产管理业务有关事项的通知》
		《关于进一步规范证券公司资产管理业务有关事项的补充通知》
		《证券期货经营机构私募资产管理业务运作管理暂行规定》
		《证券公司客户资产管理业务管理办法》
		《证券公司及基金管理公司子公司资产证券化业务管理规定》及配套指引
期货公司及其资管子公司	资产管理计划	《期货公司资产管理业务试点办法》
		《期货公司资产管理业务管理规则（试行）》
私募投资公司	合伙型基金与契约型基金	《合伙企业法》
		《私募投资基金管理人登记和基金备案办法（试行）》
		《私募投资基金监督管理暂行办法》

2. "资金池"操作和期限错配导致流动性风险隐患。传统的理财产品募集的资金与投资资产标的基本是一一对应的，资金有明确的投向。而"资金池"运作模式往往形成了多路期限各异的资金构成的"资金池"对应内容复杂的"资产池"的情形，即多个理财产品对应多笔资产。具体来看是资产管理机构统一运用资金投资多元化集合性资产包，通过滚动发售不同期限的理财产品持续性募集资金，以动态管理模式保持理财资金来源和理财资金运用相互平衡，并从中获取收益的投资模式。"资金池"运作模式问世时，其初衷总是好的，商业银行

希望把各种项目的长期融资需求与投资者的短期理财需求所匹配，进而通过项目与产品的期限错配方式来降低资金募集成本，并且通过资金的集约化管理来降低运作成本，同时也可以提升投资者的短期投资收益。然而，随着"资金池"运作模式的理财产品大规模兴起，其暴露出来的问题也广受诟病。首先，期限错配带来的流动性风险不容小觑，一旦资金募集无法"接力"，将面临前期产品兑付困难的问题。其次，"资产池"中的融资类项目虽然收益较高，但其风险也较高。如果这些项目出现无法兑付本息的情况，必然影响整个池子的总体收益，这样一来前期已经按预期收益率兑付的理财产品实际上损害了后面到理财产品的利益。最后，由于产品与资产无法一一对应，单一产品无法进行独立核算，从而银行在向理财产品投资者兑付收益时无法按照投资资产的实际收益进行利息分配。此外，这样一种紊乱的资产对应关系使产品投向信息披露基于形式，无法具体到实际资产运用，这使投资者无法看清产品所面临的风险大小。

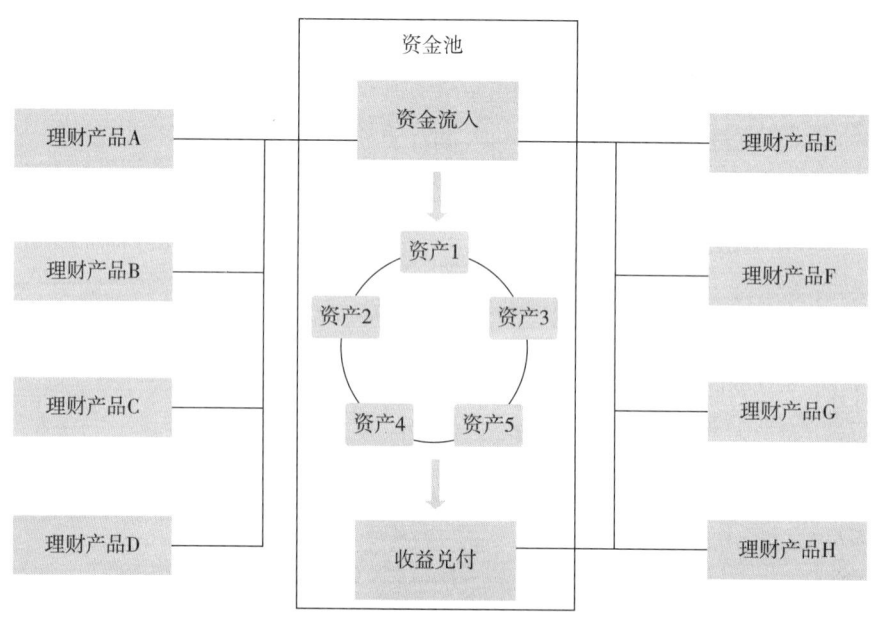

图 6　"资金池"运作模式

3. "预期收益型"和"刚兑型"产品普遍，资产管理业务沦为"影子银行"。"预期收益"特征产品成为行业惯例，"刚兑"成为行业信仰，资产管理机构实际承担风险失真。管理人借资产管理业务（直接融资）之名，行间接融资之实，规避了监管机构的资本和信息披露要求，严重影响了金融机构的微观审慎。资产管理业务的本质是"受人之托，代人理财"，是一种典型的直接融资手段。金融机构只从事资金中介业务，风险和收益本应由投资人自己担负，资管中介机构不能也不该承担刚性兑付风险，否则就会使资产管理业务异化为表外的"表内业务"，由于缺失相应的资本和风险保障措施，最终风险在资产管理机构无序积累，系统性风险就有可能发生。同时，随着资产管理业务规模的膨胀，资产管理机构的隐性兑付责任会显著提高全社会资金无风险利率水平，扭曲市场的资金价格体系，干扰货币政策的有效传导机制，最终影响社会资源的合理配置。

4. 产品层层嵌套，链条愈加愈长，隐匿真实风险。复杂的产品嵌套链条只是表象，实质还在于多头监管下的监管套利。不排除善意的功能嵌套确实能发挥各自产品的禀赋优势，更好的媒介资金和分散风险。但是实际上大部分的嵌套业务，特别是多层嵌套完全是打着金融创新的旗号行监管规避的实质，嵌套各段的"警察"们无力深入链条的全环节，只能望"链"兴叹，形式监管替代了实质监管，功能监管严重缺位。随着嵌套链条的延长，产品愈加复杂，底层资产不清，顶层资金不明，参与机构众多，风险意识淡薄，道德风险频发。同时延长的产品链大大提高了底层资产的融资成本，各路人马都要分一杯羹，资金在各种嵌套中自我循环和空转，违背了金融支持实体经济的初衷，也违背了发展资产管理直接融资节约融资成本的初衷。

5. 非标业务无序发展。2013年银监会发布8号文《关于规范商业银行理财业务投资运作有关问题的通知》，首次引入非标准化债权的概念，其中规定"非标准化债权资产是指未在银行间市场及证券交易所市场交易的债权性资产，包括但不限于信贷资产、信托贷款、委托债权、承兑汇票、信用证、应收账款、各类受（收）益权、带回购条款的股权性融资等"。现行监管体系下，银行表内信贷面临较为严格的资本充足率、存款准备金率、合意贷款管理、贷款投向限制等监管要求。与此同时，很多监管限制性领域，如房地产业又有着迫切的融资需求，在这种情况下，银行本着营利的目的就有着较强烈的表外放贷冲动。银行通过银信合作、银证合作、银基合作等方式投资标的企业的非标准化债权类资产，此类产品对于满足实体经济的融资需求发挥了一定程度的作用，但是由于其业务透明度低，业务随意度大，实际上具有部分影子银行特征，成为表内信贷产品的替代品。这部分资金部分投向监管限制性的地方政府融资平台、房地产等领域，并且大多尚未纳入社会融资规模统计，在规避信贷监管的同时一定程度上扰乱了货币政策的传导效果。同时，非标准化债权类资产一般期限较长，产品的久期管理难度较大，实际业务实践中，大量的短期理财资金被以滚动发行，期限配错的资金池形式对接长期非标资产，影子银行风险不断积累。

6. 资产管理产品同质化竞争严重。现在各类资产管理金融机构提供的产品虽然很多，但有一个问题就是产品同质化特征明显，各种功能相似的产品充斥市场,差异化创新产品鲜有出现,价格战此起彼伏,但是细分领域功能创新很少。原因首先是产品创新精神缺位,首创意愿不高,大家都是相互模仿抄袭,抄袭的成本低,风险也小,创新的成本高,还要承担试错风险,同时也缺乏产品创新的人才和机制支持;其次是因为监管相对保守或者客户的尝新意愿不强导致很多新产品半路夭折,费时费力,久而久之,造成创新产品供给缺失。整个市场提供的产品的风险梯度是比较粗略的,不能满足不同风险偏好投资者的需求。

二、"资管新规"的出台以及其监管逻辑

(一)"资管新规"的出台背景

现行资产管理行业的监管体系延续中国大分业改革以后的分业监管模式,由于各资产管理分业是在原有的银行、证券、保险、基金、信托体系中发展衍生出来的,本着"谁生的孩子谁抱走"的理念,银行、证券、保险也顺理成章地承担起对银行系理财、券商系资管、保险系资管的监管职责。这种分业监管体系在资产管理产业发展之初,对产业的原始发展是有益的,专业性和匹配性比较强,监管成本也相对比较低。但是随着资产管理产业的爆炸式增长,金融业的混业经营在有意无意中获得了超常发展,各类资产管理金融机构的交易结构和业务模式变得日益复杂,金融体系内部的关联性和脆弱性不断上升。各种穿透、嵌套、资金池、期限错配技巧层出不穷。在此背景下,现行的基于机构监管、分业监管的金融监管框架和模式就略显无力,无法有效应对和跟进快速变革的金融创新。同时,各监管当局的微观审慎措施无法应对累积的宏观金融风险,金融体系的稳定性受到威胁,宏观审慎的缺位最终促使管理层推动了资产管理新规的出台。全国第五次金融工作会议提出服务实体经济、防范金融风险、深化金融改革三大任务,强调"强化金融监管的专业性、统一性、穿透性"。2018年4月27日,《关于规范金融机构资产管理业务的指导意见》出台,这是党和国家机构改革调整后,人民银行制定出台的第一个审慎监管基本制度,核心在于弥补监管短板、治理市场乱象、防范系统风险,对资产管理行业的规范发展有里程碑意义。

(二)"资管新规"的监管逻辑分析

"资管新规"是一个纲领性监管文件,旨在对整个资产管理行业的监管做顶层设计和纲领规划,是人民银行出台的一个宏观审慎基本制度。各分业监管当局有义务在总纲文件的指导下制定各自监管领域的细则文件。作为一个监管文件,"资管新规"要解决的首要问题是"管什么",即监管客体是什么?然后才能谈

得上"怎么管"的问题。"管什么"界定的是监管的内涵边界和边界内域的划分。

1. 明确资产管理产品定义。要统一监管,首先要定义监管的边界,统一监管口径。各系列资产管理业务五花八门,令人眼花缭乱。"资管新规"明确规定资产管理业务是指银行、信托、基金、期货、保险资产管理机构、金融资产管理公司等金融机构接受投资者委托,对受托的投资者财产进行投资和管理的服务,金融机构为委托人利益履行诚实信用、勤勉尽责义务并收取相应管理费用,委托人自担风险并获取相应收益。明确规定资产管理业务是金融机构的表外业务,金融机构在开展资管业务时不得承诺保本保收益,资产管理机构是基于客户的信用托付关系而存在的,目的是以自己的专业化知识解决客户与市场之间的信息不对称问题,为合适的资本与资产做相应的匹配,是直接融资的灵活手段,不得以直接融资之表行间接融资之实。

2. 统一产品分类。解决了"管什么"的监管边界问题,接下来就要对边界内域进行统一划分。只有建立了统一分类标准,才能对各分类产品施行一致的监管。总体来看,资产管理产品的资金来源分为合格投资者和不特定社会公众,不同的投资者的风险承担能力是不同的,从这个角度将资产管理产品分为私募产品和公募产品。公募产品面向不特定社会公众,风险外溢性强,在投资范围、杠杆约束、信息披露等方面需要有更严格的监管要求,以便更好地保护投资者利益和避免风险积累。私募产品面向风险承受能力较强和专业化素质比较高的合格投资者,出于对市场意思自治和契约精神的尊重,对私募成品的监管就会相对比较宽松,产品可投范围比较广,杠杆约束相对较轻。另外,从资金投向来划分,将资产管理产品划分为固定收益类产品、权益类产品、商品及衍生品类产品以及混合类产品。不同产品风险级别不同,按投资性质划分产品类别有利于强化功能监管和穿透式监管。

定义了监管客体,明确了监管的边界后,接下来就是"怎么管",要解决监管的手段、工具、方法等一系列问题。"资管新规"从规范非标投资、禁止资金池运作、强化投资者适当性管理、抑制通道和嵌套业务等多个角度阐述了"怎么管"的问题。

3. 明确标准化资产范围,规范非标投资。首先,以反向排除法规定标准化债权类资产之外的债权类资产均为非标准化债权类资产。规范标准化债权资产的要求,包括等分化、可交易、信息充分披露、集中登记、独立托管、公允定价、流动性机制完善、在国务院同意设立的交易所交易等要素。其次,对投资非标资产的资产管理产品发行机构实施限额管理和流动性管理等监管标准,限制资产管理产品投向限制性领域。加强资产管理金融机构发行产品的久期管理,避免期限错配用力过度,引发流动性风险。最后,鼓励资产管理产品投资符合国家供给侧结构性改革、符合国家战略和产业政策要求的非标资产领域,发挥非标产品的优势。

4. 严禁资金池运作,加强产品期限管理。巨量且内容复杂的资金池业务存量始终引起监管层的担忧。"资管新规"严禁资产管理机构开展或者参与具有滚动发行、集合运作、分离定价特征的资金池业务,要求每只资产管理产品的资金做到单独管理、单独建账、单独核算。同时对产品期限错配降低容忍度,可以允许适当的合理化期限错配,发挥金融中介的综合资金管理能力,但是严禁过度放大期限错配,以短搏长,放大金融产品久期风险,严禁以"资金池"养"资产池"的多对多错配,罔顾审慎经营宗旨的行为。

5. 强化投资者适当性管理和金融机构的勤勉尽责义务。此两条意在保护消费者权益,体现行为监管的意图。投资者适当性管理旨在将合适的产品中介给合适的投资者,统一合格投资者门槛,避免金融机构通过产品创新或包装,将超过投资者风险承受能力的产品销售给不特定公众投资者,从而导致这部分投资者承担了不能承受的风险损失。同时防止金融机构凭借优势地位损害投资者合法权益,要求金融机构从委托人的利益出发,切实履行诚实守信、勤勉尽责义务,不得利用自身的信息和资源优势侵害委托人权益。

6. 打破刚性兑付信仰,实现产品净值化管理。"资管新规"要求对预期收益产品尽快整改,打破刚兑信仰,实现真正的"卖者尽责,买者自负"。严禁资产管理产品违反真实公允确定净值原则对产品保本保收益,严禁金融机构对资产管理产品收益做隐性担保。同时要求使用公允价格计量会计原则生成资产管理产品净值,鼓励使用市值计量的公允价格,严格限制摊余成本法的使用场景。对使用摊余成本法计量净值的产品,首先要采用适当的风险控制手段,避免摊余成本计量成为隐藏风险的工具;其次要使用偏离浮动阀值方法管理产品净值,定期对资产净值的公允性进行评估。

7. 统一准入门槛,抑制嵌套和通道业务。嵌套和通道业务发生的原因无非是监管套利。"资管新规"拟从根本上消除此类套利的动机,要求有关部门对各类金融机构开展资产管理业务实行平等准入,给予公平待遇。对资产管理产品在账户开立、产权登记、法律诉讼等方面给予平等地位。对各资管主体实施一致的监管政策,将使嵌套和通道业务大大减少,由此带来的穿透不清、主体不明的风险也会相应减少。允许资产管理产品合理单层嵌套,但是受托机构应当切实履行主动管理职责,不得进行转委托,不得再投资公募证券投资资金以外的其他资管理产品。委托机构应当对受托机构开展尽职调查，同时委托机构不得因委托其他机构投资而免除自身应当承担的责任。

8. 加强资产管理业务综合统计制度建设。资管乱象很大限度上在于缺乏宏观层面的政策规制。各监管当局在各自领域各行其是，只见树木，不见森林，缺乏整体和宏观视角。有必要建立资产管理产品的大一统综合统计制度，做好原始数据储备工作，为资产管理业务的宏观审慎监管打下基础。"资管新规"明确人民银行负责统筹资管产品的数据编码和综合统计工作，会同金融监管部门拟定资产管理产品统计制度，建立资产管理产品信息系统，规范和统一产品标准、信息分类、代码、数据格式等。同时要求人民银行和金融监管部门加强资产管理产品的统计信息共享，避免数据分割现象。金融综合统计是金融监管的基础设施，只有做好基础数据统计工作，才能为功能监管、综合监管以及宏观审慎打好基础。

三、对资产管理行业监管思考以及对资产管理行业的发展展望

（一）资产管理行业监管的思考

1. 加强宏观审慎监管，防范系统性风险。宏观审慎监管以防范系统性金融风险为根本目的，将金融业视为一个有机整体，既防范金融体系内部关联可能导致的风险传递，又关注金融体系的跨周期稳健运行，从而有效管理整体风险。资产管理业务由于其特有的产品设计，其业务传染性、关联性带有明显的系统性风险特征，成为当前跨市场金融风险传染的典型载体。首先，跨市场嵌套严重，通道业务泛滥。由于监管标准不统一，金融机构有本能的寻求监管短板的冲动，嵌套和通道不可避免。伴随监管升级，嵌套链条变长，产品愈加复杂，底层资产很难穿透，一旦发生风险，将影响各参与机构，风险迅速传染放大，可能造成系统系风险。其次，分业监管体系难以适应大资管业务充分混业经营的事实，各分业监管当局尽管恪尽职守，努力确保各金融机构和细分行业的微观审慎，但是个体稳健不代表全局稳健，无法避免全局性的系统性风险的积累，这需要人民银行被授予充分的宏观审慎权威，从系统性风险的角度充分考量全局，协调货币政策和金融风险，确保金融系统的全局稳健。党的十九大报告明确提出，健全货币政策和宏观审慎政策"双支柱"调控框架成为今后指导我国金融工作的主要方略。同时，在第五次全国金融工作会议上提出并设立的国务院金融稳定发展委员会也将成为贯彻落实宏观审慎管理的主要执行机构。打破资产管理行业存在的"五龙治水"和"各管一段"的监管困境，急需构建具有宏观审慎管理视角的监管框架体系，"资管新规"走出了重要一步，这对防范系统性金融风险，维护金融市

场稳定，具有重要的现实意义。

2. 加强功能监管和机构监管的协调一致。功能监管强调跨机构、跨市场的监管，有利于缓和监管职能冲突，减少监管真空及监管重叠，消除监管套利，适应了混业经营趋势下防控交叉金融风险的需要，能够实现对资产管理业务的多维监管。现行的机构监管模式强调对金融机构和资产管理业务的纵向监管，对资产管理业务从市场准入、稳健经营、风险管控和风险处置到市场退出行为进行全方位纵向生命周期监管。在纵向细分领域可以做到可靠的微观审慎，但是机构监管的缺陷在于其缺乏横向的功能监管视角，无法穿透异业合作的复杂嵌套产品，对自己监管域外的机构和业务无能为力，从而造成了整体的监管不作为。同时，对不同类型金融机构开展的相同或类似业务缺乏统一的监管标准和监管逻辑，其结果必然是监管套利和监管重叠并存，重复监管和监管低效并存。机构监管与功能监管应该共同组成矩阵式监管方阵的横轴和纵轴，两者密切配合，才能做到监管矩阵疏而不漏，既防范纵向的细分领域内衍生的金融风险，又能及时发现横向的跨市场业务风险传染。我国现有的"一行两会"的监管模式是典型的机构监管格局，缺乏横向的功能监管机制。"资管新规"虽然着力要加强资产管理产品的功能监管，但是缺乏具体实现的手段和制度安排，机构监管的机制和理念短期内仍将占据主流，需要管理层以更大的魄力去施以制度层面的变革，进一步加强金融功能监管体系构建。

3. 加强行为监管，保护投资者权益。审慎监管与行为监管构成"双峰监管"的两大部分。与审慎监管关注金融体系和金融机构的稳健经营不同，行为监管致力于降低金融市场交易中的信息不对称，推动金融消费者保护及市场有序竞争目标的实现。行为监管意在对金融机构的经营活动及交易行为实施监督管理，包括禁止误导销售及欺诈行为、充分信息披露、个人金融信息保护、实现合同及交易公平、打击操纵市场及内幕交易行为。资产管理行业是典型的信息非对称行业。各种资产管理产品与服务日益呈现多样化、复杂化、混业化的特点，资产管理机构与金融消费者之间的信息不对称严重，大多数金融消费者并未掌握与其自身财富水平相匹配的专业金融知识，金融机构容易利用自身的专业和信息优势与消费者达成不公平交易。"资管新规"将消费者保护和合格投资者管理作为重要内容，强化投资者适当性管理，明确要求"将合适的产品卖给合适的人"，要求金融机构做好信息披露的同时强调金融机构的勤勉尽责义务，防止金融机构利用优势地位损害投资者合法收益。"卖者尽责"规范的就是金融机构此类行为的适格性。目前我国金融消费者保护建立在分业监管格局基础之上，"一行两会"分别在各自监管职责范围内开展金融消费者保护工作。四个消费者权益保护局完全是

"一行两会"的内设部门,并不具备行政上的相对独立性,缺乏统一的行为监管体系和标准。未来的发展思路可以考虑效仿英国等国家的"双峰"或"类双峰"监管模式,按监管目标划分监管权限,行为监管与审慎监管的监管目标不具有混同性,应将行为监管从审慎监管当局剥离出来成立单独的行为监管局,统一行使行为监管权。

4. 穿透式监管,实质重于形式。实践中,功能监管和行为监管都面临一个共同的难题,即当一种特定的金融业务或金融行为具有跨行业、跨市场交叉性特征时,特别是经过多个通道或多次嵌套时,无法判断其功能类型或行为类型,也就无法对其实施有效监管。穿透式监管原则为解决这些问题提供了基本框架。穿透式监管就是透过金融产品的表面形态,看清金融业务和行为的实质,将资金来源、中间环节与最终投向穿透连接起来,按照"实质重于形式"的原则甄别金融业务和行为的性质,根据产品功能、业务性质和法律属性明确监管主体和适用规则,对金融机构的业务和行为实施全流程监管。资产管理业务具备典型的穿透式监管的要素,面对通道泛滥和链条冗长的资产管理产品,监管者会觉得无从下手,单从产品的表面形态看,无法看清产品的业务实质,往往造成监管不力或者相互推诿,"资管新规"明确要求实施穿透式监管原则,向上穿透至原始投资者,向下穿透至底层投资资产,明晰资金走向和资产分布,并以穿透的最终结果来评判市场准入、投资范围、资本约束、杠杆限制、投资者适当性等监管要求。穿透式作为一种监管方法论,体现在功能监管和行为监管实践中,只有合理运用穿透式监管理念,才能更好地发挥功能监管和行为监管的效能。

5. 进一步加强微观审慎机制。强调宏观审慎的同时不应忽略微观审慎监管的持续建设,做好微观审慎监管是确保宏观审慎的根本基础,没有微观审慎的完善,也谈不上宏观审慎建设。目前我国金融基础监管领域仍然有大量悬而未决的问题亟待厘清和解决,大量的微观审慎细分领域存在监管空白,需要加大研究和实践力度细化细分领域的监管政策,逐步完善法律法规以及规章制度,消除监管盲区。对庞杂的资产管理行业而言,各分子行业的微观审慎远未臻完美,留存有大量的监管空白有待监管层和法律制定者去完善和补充。"资管新规"以及之后出台的各分业资管产品细则本着实用主义的精神在上位法概念缺失的情况下,先行快速制定和完善了行业规章,旨在快速规范市场,整顿秩序,避免风险的发生。但是从长远来看,类似信托法、证券投资基金法这样的系统性规范上位法规是不可或缺的。另外,大量分业领域的专业性规章制度也亟待明确。现阶段还是需要循序渐进,有条不紊地加强微观审慎领域的探索和建设。

6. 加强监管协调,避免监管竞争。无论是分业监管还是混业监管或是时兴的"双峰监管"模式,甚至就算是回到大一统的超级中央银行模式,监管职能分布在不同的职能部门都是不可避免的。由此,监管机构之间的协调机制就变得十分必要和重要。只有各监管机构目标统一、协调一致、精密合作,才能让现代金融体系这座复杂精密的巨大仪器稳健运转。2017 年,经党中央、国务院批准,国务院金融稳定发展委员会成立。作为国务院统筹协调金融稳定和改革发展重大问题的议事协调机构,金融委负责落实党中央、国务院关于金融工作的决策部署;审议金融业改革发展重大规划,协调货币政策和金融监管相关事宜;统筹协调金融监管重大事项,协调金融政策与相关财政政策、产业政策。"资管新规"实际上是金融委协调机制发挥作用后出台的第一部审慎监管制度,根本目的也就是要加强各监管当局的协调和共享,更好地促进资产管理金融事业的发展。

(二)资产管理行业发展展望

以"资管新规"的出台为标志,资产管理行业的统一监管时代到来了。在严监管的驱动下,中国的资产管理行业将逐渐回归本源,作为一种直接融资手段,资产管理产业的价值在于其高效的社会金融资源配置能力,可以有效地盘活媒介实体经济活动和金融资源。在统一有序的监管指导下,资产管理行业的发展将逐渐走上量消质增的良性发展道路。前一阶段狂飙猛进时期基于监管套利的各种业务模式将迅速削减。首先,各种通道业务将被资产管理机构主动压减,因为已经没有借用通道的必要,比如具备了资管主体资质的银行资产管理公司没有必要再绕道信托公司或者券商资管计划曲线投资,之前的基于通道目的银信、银证合作等业务规模会迅速下降。其次,"资管新规"要求资产管理产品嵌套不能超过一层,基于功能目的的嵌套业务也将逐渐失去市场。最后,各类不合规业务将被动压减,如大量非标产品即将面临"入表"还是"转标"以合规的问题。通道业务带来的规模和快感将成为过去式,资产管理机构要回归自己的本源和初心,做好主动管理,磨炼自己的核心竞争力,发挥专业价值,做好真正的"代人理财"。总体来说,机遇大于挑战,"资管新规"有破有立,破除旧有的不合理不审慎的体制是为了资产管理行业的持续稳健发展,为行业的大发展搭建新平台,资产管理业者需要走出之前大发展时期的舒适区,根据自身禀赋,发掘自身优势,在各细分领域加大投研能力建设,重塑资产管理行业新格局。

参考文献

[1] 中国人民银行、银监会、证监会、保监会、外汇局关于规范金融机构资产管理业务的指导意见,2018 - 04 - 27.

[2] 李招军,张捷. 转轨时期中国信托机构功能变迁的经济解析 [J]. 金融研究, 2005 (3): 120-132.

[3] 钱俊. 后新规时代资产管理行业发展展望同业交流会 [J]. 上海金融, 2018 (5).

[4] 巴曙松. 2017年中国资产管理行业发展报告 [M]. 杭州:浙江人民出版社, 2017.

[5] 刘鹤. 金融监管拒绝父爱主义 [J]. 领导决策信息, 2017 (5): 14-15.

[6] 中国银监会关于规范商业银行理财业务投资运作有关问题的通知, 2013-03-25.

[7] 中国人民银行金融稳定分析小组. 中国金融稳定报告2018 [M]. 北京:中国金融出版社, 2018.

[8] 2017年第三季度中国货币政策执行报告, 2017.

[9] 史炜,瞿亢,侯振博. 英国金融统一监管的经验以及对中国金融监管体制改革的建议 [J]. 国际金融, 2016 (7): 3-9.

支付机构大数据监管模式探究

中国人民银行上海总部金融服务一部课题组

课题组组长：季家友

课题组成员：王 瑾 高 巍 郭建军 汪 汀 李玲玲

摘 要

近年来，支付市场的高速发展满足公众对支付服务多样且个性化需求的同时，也暴露大量的支付风险。目前针对这些支付风险，传统监管方式已无法对其有效监控，另外，大数据技术已经在各行各业成为热门技术，为此，如何利用大数据有效监管支付机构成为当下刻不容缓的课题。

本文首先将支付行业依照支付牌照分为预付卡、收单及网络三类，对这三类支付机构所面临的，以及支付活动中产生的风险，包括客户备付金风险、洗钱风险、信息安全风险、技术安全风险四类进行详细解释。其次，重点分析目前在支付行业领域可通过科技手段解决的风险点，并通过实例演示运用人工智能技术通过"规则"建立"模型"提示风险并及时防范。进而探讨人工智能技术中的"决策树""机器学习""画像""行为"分析以及"数据清洗"技术如何分别运用于监管支付机构的日常支付行为。然而，科技日新月异，能够运用在支付机构监管中的技术，也会随着支付手段的创新而迭代，未来还面临着很多未完的课题，作者将持续探讨，逐步推进，最终实现利用大数据技术实现对支付机构的穿透式、智能化监管。随着信息技术的不断发展，近年来大数据技术已成为最热门的研究方向。传统监管方式效率低下，难以跟上时代的脚步，在此背景下，如何利用大数据进行监管已经成为摆在监管部门面前的重要课题。2015年，国务院印发《关于运用大数据加强对市场主体服务和监管的若干意见》(国办发〔2015〕51号)，对大数据监管提出了指导意见。近期，范一飞行长在讲话中指出，应积极推广大数据等技术完善金融监管。本文主要研究如何运用大数据技术，并结合最新的人工智能手段，实现对非银行支付机构（以下简称支付机构）的穿透式、智能化监管。

一、支付行业风险分析

（一）支付机构风险概述

近年来，支付市场快速发展，支付创新手段层出不穷，在满足社会居民多样化和个性化支付需求的同时，支付行业暴露出来的风险问题日益凸显，挪用客户备付金等风险事件不断发生，给支付市场的持续健康发展带来挑战。目前，支付机构存在的主要风险包括客户备付金风险、洗钱风险、信息安全风险、技术安全风险四类。

1. 客户备付金风险

客户备付金风险是指支付机构挪用、占用或借用客户备付金进而引发损失的风险，也是支付机构存在的主要内部风险，主要体现在以下方面：一是支付机构违规挪用客户备付金用于购买理财产品，甚至进行高风险投资。一旦投资失败，将导致资金链断裂，支付机构将面临破产、倒闭，甚至有些不法经营者携款潜逃，商户和消费者的合法权益将无法得到保障；二是支付机构通过"大商户"接入模式为"二清"机构提供支付通道，将商户的结算资金划转至"二清"机构拥有或实际控制的账户。一旦"二清"机构出现资金周转困难、债务纠纷，甚至卷款潜逃，商户资金将很难得到保障；三是支付机构通过虚构商户交易、串户记账、虚列开支等方式主观恶意挪用备付金。

2. 洗钱风险

洗钱风险是指将违法所得通过各种手段掩饰、隐瞒其来源和性质，使其在形式上合法化带来的风险。支付机构提供了资金划拨的功能，不法分子便利用支付机构的中介性质隐匿资金来源，使资金在形式上合法化。例如，网络支付具有交易隐蔽、迅速且无时空限制等特点，不法分子通过虚假身份或盗用身份来开立支付账户进行虚假交易，从而使异常资金的流动难以追踪、调查，加大了可疑交易分析识别的难度。

3. 信息安全风险

支付机构在交易过程中掌握了大量的客户资料，包括用户姓名、身份证号、银行卡卡号、电话号码、地址等用户信息，这些信息都应受到保护或安全处置。部分支付机构存在违规留存、泄露、转卖客户信息的行为，将会给用户带来信息泄露、财产损失甚至人身安全风险。

4. 技术安全风险

随着信息技术的发展，不法分子网络犯罪技术不断升级，特别是越来越多的黑客活动、木马病毒和钓鱼网站的频繁出现，不法分子通过对支付指令载体嵌入木马、病毒等手段，导致支付交易环节易发生数据丢失、破坏和盗取现象，同时对客户身份识别、数据保密性等方面存在安全隐患。

(二) 预付卡机构风险分析

多用途预付卡作为一种先付费后消费的支付工具，具有携带方便、使用便捷的特点，在方便公众支付、促进社会消费等方面发挥了一定的作用。但与此同时，预付卡机构在业务发展中也存在诸多问题和风险隐患，主要体现在以下方面。

1. 客户备付金管理和使用不规范

预付卡的商业模式使预付卡在销售和使用完毕之间存在一定的时间差，于是就形成了一定的在途资金，即客户备付金。2014年以来，预付卡机构挪用客户备付金事件时有发生，例如，浙江易士、广东益民以及上海畅购等预付卡机构风险事件，基本上都涉及客户备付金挪用，且资金额较大。目前，预付卡机构对客户备付金管理不规范主要表现在以下方面：

一是使用一般存款账户存放客户备付金。部分预付卡发卡机构未遵守发行销售属地化管理的规定，通过异地代理模式进行预付卡销售，通过异地销售获得的资金并未直接存入发卡机构的备付金账户，而是进入发卡机构的其他结算账户，存在资金被挪用的风险。例如，广东益民公司借用多用途预付卡名义，违规推出"加油金"业务，产品累计销售金额达22.2亿元，但销售资金并未存入客户备付金账户，并挪作他用，导致备付金账户余额严重不足，造成资金风险敞口达6亿元，引发兑付风险。

二是违规挪用客户备付金用于购买理财产品，甚至进行高风险投资。一旦投资失败，将导致资金链断裂，发卡机构破产、倒闭，甚至有些不法经营者卷款潜逃，商户和消费者的合法权益将无法得到保障。

三是通过虚构商户交易、串户记账、虚列开支，将备付金用于日常开支及股东分红等方式主观恶意挪用备付金。例如，上海畅购公司通过多种方式主观恶意挪用备付金，造成资金风险敞口达7.8亿元，涉及持卡人5.14万人，客户权益受到严重侵害。

2. 预付卡成为非法洗钱的工具

在实际业务开展过程中，一些预付卡机构并未严格执行预付卡实名制、非现金购卡的制度要求，不法分子便利用预付卡非实名（可通过分次、分批购买来规避实名登记）、流通领域广、现金替代性强等特性，将其作为转移资金的替代工具。卡片的转移，代表着资金所有者的改变，一步步地割断了出资者、购卡者、持卡者三者之间的关联，增加了隐蔽性，因此预付卡容易成为不法分子洗钱的工具。

3. 利用发卡行为非法吸纳资金

发卡机构为吸引客户，在客户购卡时根据购卡金额的多少给予一定比例的返现，购卡金额越大返现比例越大，实质上是以高息为诱导非法吸纳客户资金的行为。

(三) 收单类机构风险分析

1. "二清"机构带来的资金风险

支付机构通过外包商拓展业务时，对商户审核不规范，甚至直接委托外包商审核商户。实际业务中，经常出现层层代理的情况，链条中可能涉及"二清"机构，由此导致代理商销售的POS机具在结算流程上比通过正规渠道办理的POS机具更为复杂。在正规渠道办理的POS机具结账时只经过一次清算，客户刷卡后，由支付机构和商户直接进行结算；而业务中一旦涉及"二清"商户，当客户刷卡后，支付机构首先将资金打到"二清"机构账户，后者再将资金转给刷卡商户，资金在中间环节要经过一手甚至好几手才能结算至商户，增大了风险。"二清"机构为了拓展商户，往往采取低费率模式抢占市场，因此经常会遇到资金周转困难的情况，无法保证正常结算资金，甚至会主动挪用客户资金用以维系自身周转。一旦发生上述状况，支付机构本身也将面临现行垫付资金的风险。

2. 信用卡套现风险

信用卡套现风险是指在没有任何真实交易背景的情况下，通过虚构交易，将信用卡额度变现带来的风险。具体的表现形式为，不法分子通过向收单机构申请POS机、与有POS机的商家合作或者在网络购物平台虚构交易等手段，将信用卡额度内的资金以现金的方式套取。在通常情况下，商业银行通过高额的透支利息或取现费用来防范透支风险，但是，信用卡套现行为却规避了银行所设定的高额取现费用，越过了防范门槛，不仅使商业银行利益受损，更是带来了极大的风险隐患。

3. 违规使用银行卡受理终端

《中国人民银行关于加强银行卡业务管理的通知》明确规定，移动销售终端（POS机）原则上只能布放于航空、餐饮、交通罚款、上门收费、移动售货、物流配送等确有使用需求的行业商户。但在实际操作中，支付机构存在超范围布放移动销售终端的情况。通过互联网或者外包商销售的受理机具，基本都是移动终端，在手机上下载安装客户端即可使用。

（四）网络类机构风险分析

1. 支付机构对商户资质审核不严

支付机构审核商户不严格，甚至主动为违规商户提供支付服务。上海总部处理的日常投诉中，有相当大的比例是支付机构为欺诈类平台（包括贵金属交易平台、原油交易平台等）提供支付结算服务，致使投诉人资金受到损失。支付机构在审核资料时，未能及时发现商户存在的问题，后续运营中其风控系统也未能及时预警，造成了较为严重的后果。

2. 支付接口滥用问题

网络机构为特约商户提供支付服务时，经常出现商户将支付接口借给其他非法商户使用的情况，形成支付机构为违规商户提供支付服务的事实。日常投诉处理中，也经常出现相关投诉。尽管支付机构从技术手段上要完全杜绝此类事件发生存在一定的困难，但部分支付机构对特约商户交易行为监控和管理不力，是导致特约商户支付接口滥用的主要原因，客观上为违规交易资金提供了便利。

3. 代收代付业务管理不规范

代收业务一般用于水电煤、保费等小额定期支出，不能用于投资理财之类的大额划账。但是，近几年一些支付机构在与商户建立"代收业务"合作关系时，不履行尽职调查义务，对商户准入资格、资金交易的真实背景、被扣款主体的意愿及身份信息疏于审核验证，导致不法分子通过伪造客户签名和委托扣款协议成功扣划客户银行存款，将风险从支付机构向商业银行扩散转移。

二、科技手段可解决问题

上文我们重点分析了支付机构业务的风险点。传统上，非现场监管主要通过对支付机构提供的报表进行审核。尽管报表上的数据可以一定程度上反映支付机构的经营状况，但仍然无法发现支付机构实际交易中出现的问题。为提高非现场监管的强度，必须借助科技力量来实现。同时，非现场监管中发现的问题，可以为现场检查提供有力的依据和支持。

（一）可解决支付机构业务合规性问题

1. 备付金账户使用情况

可以通过备付金银行获取的支付机构备付金账户交易流水，根据相关制度办法制定规则对流水进行分析处理，发现支付机构在备付金使用方面存在的问题，包括支付机构备付金账户开立是否合规、备付金账户资金划转是否违规、备付金账户资金结算是否违规、利息手续费计提是否违规等。

2. 支付业务管理

对于支付机构开立的Ⅰ类、Ⅱ类、Ⅲ类账户，可以统计账户年交易金额是否超限。同时，对于评级未达到标准的支付机构，可检测其是否违规开展非同名账户转账等业务。

（二）可防范支付机构业务资金风险

支付机构的资金风险主要来源于备付金挪用。备付金挪用方式包括（但不限于）以下三类：一是支付机构不通过备付金账户结算资金，资金游离于备付金账户体系之外，主动逃避监管；二是支付机构通过伪造虚构交易将备付金结算至虚假商户的方式，主动挪用备付金；三是支付机构与"二清"机构开展业务合作，后者挪用或截留客户备付金。

后两种情况可以使用大数据技术对支付机构特约商户行为进行分析后及时发现。对商户的行为分析可以通过分析商户经营特征及统计历史交易情况，制定相应的规则，一旦商户交易或结算数据违反相关规则，及时核实数据真实性，尽早发现问题。一般来说，商户交易通常符合一定的规律，不同类型商户的交易金额、频率都应具有相应的特征。例如，"二清"机构作为收单机构的特约商户，通常符合高金额、高频率的交易特征，且往往同时与多个支付机构合作，其用于资金结算的账户会与多个支付机构备付金账户有资金往来。基于以上特征，可以快速筛选出支付机构特约商户中可能存在的"二清"机构，及时清理，避免资金风险。

（三）可通过穿透式监管防范洗钱风险

通过对支付机构交易数据的行为分析，得出相关交易完整的资金结算链，即交易资金来源和去向的明确指向，用以分析该资金的真实用途，避免不法分子通过支付机构洗钱。但由于洗钱行为往往通过一系列资金操作来完成，必须监测资金转移的每一步才能得出最后的结论，因此必须建立完整的数据统计、收集、分析口径才能实现。

（四）监测支付机构经营状况

通过对支付机构财务数据、业务数据等进行分析，可以发现支付机构经营状况是否存在困难。例如，若某家支付机构备付金规模迅速下降，其经营状况可能存在问题，应立即对其重点监测，甚至直接进场检查，避免风险事件发生；若某家预付卡机构预付卡受理量与发行量比例与行业平均比例出入较大，则该机构可能存在隐匿、瞒报数据的行为，应予以重点关注，必要时可立刻对其进行全面检查。

三、通过"规则"建立模型

通过设定规则对已有数据进行筛查,过滤出结果,或者通过规则触发预警,提示业务风险,是一种较为简单且实用的人工智能技术。它被广泛应用于人工智能的各个领域,也是支付机构的风控系统中重要的模块。规则可以是单一规则,也可以是一个组合。后者是将多条规则组合到一起,形成一个"模型"。模型类的规则可以有时间顺序串行判定,甚至可以根据规则匹配结果通过多条不同的路径判定,类似数据挖掘模型中的"决策树"模型。

(一)单一规则模型

单一规则模型是最简单、最基本的规则模型,却很高效、实用,在很短时间内即可投入使用。

1. 合规性规则

前文提到的合规性问题,可通过制定规则的方式来监测支付机构的备付金账户。规则制定应当参考《支付机构客户备付金存管办法》等法规,完成可通过制定好的规则对备付金账户数据进行自动监测,包括备付金账户开立、头寸调拨、资金结算、手续费计提等各类操作及存管集中度等重要指标。

表1 备付金账户使用合规性单一规则模型

	规则名称	设定目标
1	备付金账户无交易背景情况出金(唯一绑定自有资金账户除外)	监测资金挪用,保证备付金存管账户出入金规范
2	备付金收付账户跨行转账至非备付金存管账户	合规性指标,用于监测备付金收付账户合规情况
3	预付卡机构备付金收付账户向商户出金	监测资金挪用,保证备付金收付账户出入金规范
4	备付金汇缴账户跨行转账至非备付金存管账户	合规性指标,用于监测备付金汇缴账户合规情况
5	备付金汇缴账户转账至行内非备付金账户(原路退金除外)	合规性指标,用于监测备付金汇缴账户合规情况
6	备付金账户存管账户月余额未超过账户总额50%	监测机构是否按照规定存放备付金
7	预付卡出金管理	针对仅有预付卡发行与受理的支付机构,收付和汇缴户仅可出金至同户名的备付金专户,出现其他情形则预警(预付卡管理办法)

2. 风险性规则

风险性规则用于防范支付机构业务风险，保障客户备付金安全。规则可以从交易金额易频次、商户累计结算金额等几个维度对机构业务数据进行监测，筛选出异常的交易和结算。

具体设置规则时，可以通过以下几个方面进行：一是防范支付机构挪用备付金。通过规则发现支付机构向非知名商户结算大额资金（包括对同一商户日累计结算金额和月累计结算金额）或多笔连续出金，再根据商户特征判断。二是通过规则发现"二清"机构，保证支付业务合规、降低业务风险。

表2 风险性单一规则模型

	类别	规则名称	设定目标
1	预付卡机构业务风险规则	对同一商户交易日累计大幅超过前20日平均值（幅度为50%以上）	监测资金异常波动，单日交易异常预警
2		对同一商户出金月结算金额超交易金额5%	单日出金大幅超过交易金额，监测可疑的账户出金
3		对同一商户出金日结算金额超交易金额5%	月度出金大幅超过交易金额，监测可疑的账户出金
4		对同一商户频繁出金（同一结算周期内次数大于等于2）	同一结算周期内，预付卡机构一般对商户只结算一次，超过一次属于可疑
5		对同一商户出金日累计金额巨大，前一日累计出金金额超＊＊＊万元的商户	监测机构出金金额巨大的商户，对机构每月新增的大额特约商户及原为存量户，该月交易激增的商户进行预警，监测"二清"或自有商户挪用
6		对同一商户出金月累计金额巨大，前一月累计出金金额超＊＊＊万元的商户	监测机构出金金额巨大的商户，对机构每月新增的大额特约商户及原为存量户，该月交易激增的商户进行预警。监测"二清"及资金挪用
7		单卡日累计充值超过＊＊＊＊元	监测消费卡异常充值而导致的资金挪用
8		单卡月累计充值超过＊＊＊＊元	监测消费卡异常充值而导致的资金挪用

续表

	类别	规则名称	设定目标
9	互联网与收单机构业务风险规则	互联网支付机构及POS机收单机构单日出金超过＊＊＊万元的商户	从资金结算角度防范资金风险
10		＊＊＊＊卡账号在＊小时内于＊＊＊（商户号）在＊＊＊＊＊＊（POS机具号）消费大于等于＊次	从刷卡角度预防套现风险
11		＊＊＊＊卡账号在24小时内，大于等于＊＊＊＊元的交易超过＊＊＊＊笔	从刷卡角度预防套现风险
12		同一张卡片在某一时段内，频繁在不同地区商户使用	从交易角度防范套现风险
13		商户名称中包含信息、科技、企业服务等敏感字段（如能获得商户经营范围信息可对经营范围检索敏感字）	从商户名称关键字检索疑似"二清"商户
14		同一商户分属多个收单机构，疑似"二清"商户	从商户分布分析潜在疑似"二清"商户
15		同一张卡号在＊分钟内，在同一家商户，进行＊笔及以上的消费，且每笔金额在＊＊＊元以上	从刷卡角度防范卡片盗刷
16		8小时内，同一张卡号在同一个地区范围内的＊家及以上不同商户分别进行每笔金额在＊＊＊＊元以上的消费刷卡	从刷卡角度防范卡片盗刷
17		凌晨2点以后，发生1笔及以上的超＊万元的大额消费	从刷卡角度防范卡片盗刷
18	高频交易规则	特约商户周交易笔数超过＊＊＊次（＊＊＊见附件）	监测可疑商户"二清"
19		单卡日充值笔数超过＊次	监测单卡充值异常导致的资金挪用
20		单卡日交易笔数超过＊＊次	监测单卡交易异常导致的资金挪用

（二）组合规则模型

单一规则使用上较为简单，但有时候并不能做到精确触发。例如，上一节中设定的大额交易规则，若商户为大型百货公司，则该规则并不能起到作用。再如"二清"商户往往具有多个特征，仅用一条规则筛选出的"疑似""二清"商户数量较多且并不准确，无法真正起到作用。

组合规则模型是在单条规则模型的基础上，将多条规则组合到一起，形成更准确的模型。例如，判断"二清"商户时，可以制定以下组合规则，如图1所示。

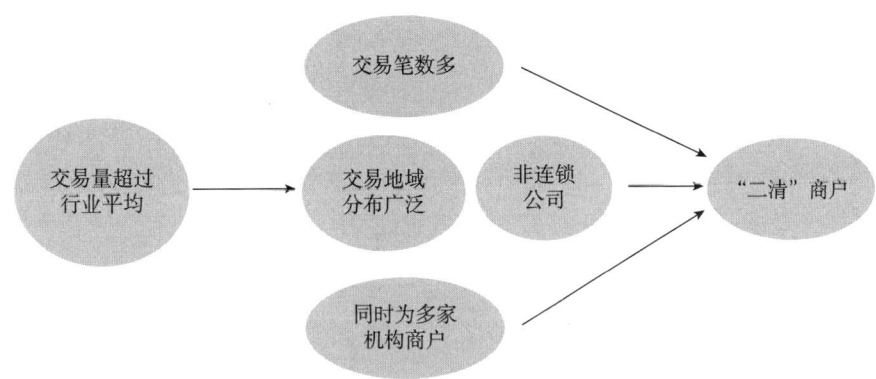

图1 "二清"商户组合规则模型

图1中，若一个商户交易量远超行业平均水准，且满足同时是多家收单机构的商户、交易笔数多、交易地域分布较广等特征，那么极有可能是"二清"商户。一般来说，设定的规则越多，规则的触发就越精确，但也会因此遗漏一些可疑商户，所以必须要在精确性和覆盖率中寻求一个平衡点。

同时，规则也可以嵌套。例如，如何判断一个收单机构的商户交易地域广便是一个实际的问题。一个较为直接的解决方法是根据该商户收单交易涉及的银行卡开卡行判断，如果该商户收单交易涉及的银行卡开卡行均匀分布于多个地区，则该商户有很大概率在多个地区均有收单交易发生。

四、深入使用人工智能技术

本部分，我们将继续讨论一些更高级的人工智能技术，将它们运用于对支付机构的监管。

（一）决策树模型

决策树是一种十分常用的分类方法。它是一种监管学习，所谓监管学习就是给定一堆样本，每个样本都有一组属性和一个类别，这些类别是事先确定的，通过学习得到一个分类器，这个分类器能够对新出现的对象给出正确的分类。例如，以下是一个能否在泰坦尼克沉船中生存下来的模型。

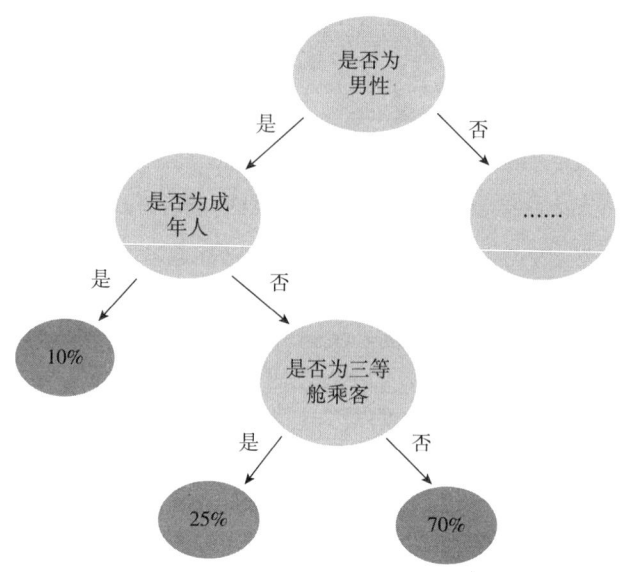

图 2 决策树模型（游客存活概率）

判定"二清"机构可以作为决策树的一个应用。"二清"机构通常具有一系列特征，每个特征会影响决策。例如，决策树第一层结点以交易量分类，根据交易规模（比较行业平均水平）分为 N 个结点，每个结点再判断下一个特征，最后综合得到该商户是否为"二清"商户的可能性。

决策树的建立，通常在有较大样本的情况下，可以通过学习自动完成。但如果样本较小，则需要一定的人工干预，或直接由人工完成，再通过实际数据不断修正，达到理想的效果。

（二）通过机器学习模型提升规则准确性

机器学习（Machine Learning，ML）是利用计算机来模拟和实现人类学习和解决问题的过程，计算机系统通过不断自我改进和学习，自动获取知识并作出相应的决策、判断或分析。根据是否从系统中获得反馈，可以把机器学习分为有监督、无监督和强化学习三大类。

人工智能围棋软件 alphaGo 战胜了众多围棋大师，其采取的技术就包括目前机器学习领域热门的深度增强学习技术（Deep Reinforcement Learning，DRL）。该技术已在视频、游戏、围棋、机器人等领域取得了突破性进展，同样可以运用于金融监管。它可以不断通过监督学习或非监督学习的方式，进行自我强化和提高。前文提到的规则模型，一般是通过人工制定完成，但人工制定的规则本身可能并不精确，且规则达到一定数量后管理效率将成几何倍数下降。利用深度增强学习技术，可以通过分别学习正常商户或虚假商户的交易情况，不断添加、修正、完善规则，不仅能提高规则制定效率，还可以提升规则精度、有效减少人工干预情况。

（三）智能分析商户特征

准确分析商户特征，有助于判断交易真实性以及商户从事违规业务的可能性。一种比较成熟的技术是对商户"画像"，即通过为商户贴上不同标签（每种标签代表一种商户行为）的方式，完成对商户交易的风险控制，该技术同样可以应用于监管。实际应用中，可根据商户名称、经营范围、历史交易状况等多个维度的数据，为商户贴上不同的标签。例如，若某个商户为早餐店或其历史交易金额一直较小，则可以为该商户贴上"小额"的标签，若该商户突然发生一定数量的大金额交易，则可以判断该交易存在一定的风险，应立刻责令支付机构予以核查。对于不同类型的商户，可以通过统计、分析得出一个行业平均水平，对于交易金额、笔数显著高于行业平均水平的商户，应予以重点关注，并结合其他特征判断其是否违规。

前文提到的各类学习模型均可以用于商户画像技术，通过实际数据不断对商户标签进行完善，从而进一步提升准确性。

（四）行为分析

通过对交易的行为分析，可以完整分析交易意图，从而判定交易真实性。例如，某用户在澳门连续大额交易（转账），则可能涉及赌博或洗钱；若位于边境的商户交易量较大，但并未正常报税，则可能涉及走私等业务。

行为分析需要涉及的数据源较广，精确的行为分析需要利用包括工商、税务、海关等其他政府部门和电商平台的数据。以上数据中央银行目前并未掌握，但仍然可以通过支付系统、清算组织、账户系统内的数据做一些简单的分析。例如，支付机构备付金结算资金经过若干次转账最终进入了实际控制人或高级管理人员的个人账户，则可以初步判断该机构存在备付金挪用风险。

（五）利用数据清洗技术，提高数据准确性

大数据处理中，数据质量一直是难以回避的问题。如果数据质量不高，将会极大地影响数据分析的准确性。

目前中央银行所掌握的数据，其来源相对可靠，但仍不可避免会存在一些细小的错误或残缺。可以通过对已有数据的分析，利用最新的数据清洗技术，完成对数据错误和残缺的清洗，提高数据准确性，提升监管效率。

五、智能监管的长期规划

从长期来看，大数据技术不仅局限于前文提到的应用，还可以更广泛地应用于对支付机构的日常监管。

（一）整合数据资源

一是整合人民银行系统内资源，包括与征信、反洗钱等部门合作，获取相关数据；二是可与其他政府部门（包括工商、税务、公安、海关等）合作，获取所需数据。例如，通过与工商系统对接，可以快速查询商户是否存在异常经营信息，同时获取商户法人资料。再通过税务或征信系统查询该法人的状况，进而更有效地判别商户真实性。

（二）实现对支付机构日常经营的智能监管

利用大数据技术，可以直接实现对支付机构的日常监管。目前人民银行总行已经建设了非银行支付机构非现场监管平台，在此基础上，可以通过对各方数据的整合，利用前文提到的技术，完成对支付机构日常经营的智能监管。相较于传统监管方式，时效性更高，发现问题更及时、更准确。

（三）实现对支付机构智能评级

若上节中提到日常智能监管可以实现，则可以将同样的技术应用于每年一度对支付机构的分类评级中。利用日常数据分析，可以对支付机构过去一年经营状况进行智能评级。除极少需要人工参与的项目外，大部分评分可由机器自动完成，极大地提升监管效率。

（四）建立支付机构数据共享机制

若支付机构发现异常商户，可以通过数据共享机制及时共享商户信息，使一些技术实力相对较弱的支付机构同样可以避免风险，规范行业发展。

（五）构建对支付机构交易的全方位监测系统，实现对支付机构业务的穿透式监管

建立对支付机构交易的全方位监测系统，完整监测支付机构所有交易的信息流、资金流，实现穿透式监管。该系统可能涉及包括支付系统、账户系统、清算系统在内的多个系统，实现难度较大。同时，由于支付机构存在内部账户，因此监测资金流向将非常困难。一种常用的方式是将交易涉及资金贴上标签以便于监

测，但实现难度较大。近期人民银行正在研究数字货币，若数字货币使用最新的区块链技术，则可以保留交易链上完整的交易信息，从而实现对资金的追踪。

六、总结

本文从分析支付机构业务风险入手，剖析了目前支付机构业务中存在的主要风险隐患。前文列举了可以用技术手段解决的问题，并提出了具体的技术手段，讨论了采用大数据及人工智能技术监管的未来规划，可以根据计划逐步推进，最终实现对支付机构的穿透式、智能化监管。

支付服务市场开放下的
支付行业发展与监管研究

中国人民银行上海总部金融服务一部课题组

课题组组长：季家友
课题组成员：王　瑾　高　巍　郭建军　丁　方　陈　辰
　　　　　　吴　双　上官建成

摘　要

党的十九大报告提出，"推动形成全面开放新格局"和"发展更高层次的开放型经济"，这是党中央对当前形势的准确判断和对全局工作的重要部署，着重推进金融服务领域对外开放、在全球范围内配置资源将成为金融行业发展的重要主线。在2017年中国支付清算论坛上，人民银行副行长范一飞提出我国支付产业要按照党中央和国务院的部署，全面推动对外开放。支付行业作为资金流动的"马车夫"，必将随着经济对外开放而主动参与到改革开放的新一轮浪潮中去。

经过多年的发展，我国支付产业已经具备了全面对外开放的良好条件和实力。中国支付服务市场发展迅速，其中移动支付发展尤为突出。另外，随着我国居民消费能力的提升，跨境电商、境外旅游以及留学等渐成风潮，跨境支付的重要风口也已形成。日益增长的服务需求和全方位的资源匹配，推动我国支付产业不断走出去，并逐渐形成具有中国特色的国家化路径。与此同时，随着我国对外开放的发展，支付产业的对外开放程度不断提高，"引进来"的顶层设计已经基本完成。

支付服务市场对外开放具有重要意义，其有利于促进法规制度建设，优化资源配置、降低支付风险，还有利于完善中国支付服务市场体系，引领开放型经济的发展。

本文从供求理论出发，对开放条件下的支付服务市场发展情况进行了供求分析，得出推动支付服务市场的开放对于满足消费者需求和支持金融服务行业的良好运行均具有重要意义的结论。在此基础上，本文进一步对支付服务市场开放面临的优势、劣势、机会、威胁等因素做SWOT分析，深入讨论开放背景下支付服务市场的发展趋势。在对于支付市场对外开放的案例分析中，本文选择了第一家获准在中国境内筹建银行卡人民币清算网络的外资公司美国运通和第一家向中国人民银行申请支付业务许可的世界第一公司为例,对外资机构进入中国支付服务市场为行业带来的发展机遇进行了分析讨论。

本文认为,我国支付行业对外开放既面临挑战也面临新的机遇。面临的挑战:(1)对外开放带来行业风险增加,管理难度加大;(2)监管环境更加复杂,合规要求日趋严格;(3)相关法规制度需要配合对外开放步伐做进一步完善。面临的机遇:(1)就"引进来"层面,良性竞合可提高服务与风控水平,从而使我国支付行业更加成熟先进;(2)就"走出去"层面,可进一步推动支付服务主体布局全球市场,增加国内支付行业的国际竞争力和生命力。

在此基础上,本文以美国、欧盟对支付机构的监管为例,对支付行业的国际监管经验作出总结梳理,并从四个方面提出开放背景下我国支付行业的监管建议:(1)提高立法层级,完善支付服务市场监管法律体系;(2)强化行业自律,建立协同动态监管体系;(3)由传统监管向差异化监管、功能监管模式转变;(4)完善退出机制,强化消费者权益保护,防范金融风险。

一、支付服务市场开放的背景及意义

(一)支付服务市场发展现状

1. 支付服务市场业务不断发展

根据《中国支付清算行业运行报告(2018)》,2017年,中国非现金支付业务办理笔数达到1608.78亿笔,同比增长28.59%,办理金额为3759.94万亿元,同比增长1.97%,笔数增长比例明显大于金额增长比例,表明非现金支付业务向高频小额化发展;银行卡交易业务办理笔数达到1494.31亿笔,同比增长29.41%,办理金额为761.65万亿元,同比增长2.67%,银行卡业务仍保持一定的增长趋势,在用发卡量增量保持稳定,银行卡渗透率逼近50%;2017年票据业务量持续下降,票据业务办理笔数和金额分别为2.56亿笔和172.37万亿元,同比分别下降12.79%和8.21%,同时电子商业汇票系统业务量快速增长,其业务办理笔数和金额分别为655.42万笔和12.68万亿元,同比增长分别为184.38%和52.02%;中国的新兴支付业务,尤其是移动支付业务,在2017年保持了高速发展,其中银行业金融机构办理的移动支付业务笔数和金额分别为375.52亿笔和202.93万亿元,同比分别增长46.06%和28.80%,而非银行支付机构办理的移动支付业务笔数和金额分别为2390多亿笔和105多万亿元,同比分别增长146.53%和106.06%。

此外，跨境支付业务仍具有广阔的发展前景，跨境电商、国际旅游以及出国留学等的发展对于跨境支付产生了较大的需求，而第三方支付平台由于应用场景广、更灵活、手续费率低等优势具有较好的发展优势。与此同时，中国人民银行于2015年正式启动人民币跨境支付系统（CIPS），2018年人民币跨境支付系统（CIPS）二期全面投产，截至2018年3月，人民币跨境支付系统（CIPS）共接入31家境内外直接参与者和695家境内外间接参与者，这在满足人民币跨境支付结算需求和提高跨境支付结算效率中发挥着重要作用，同时对于人民币国际化也具有重要意义。

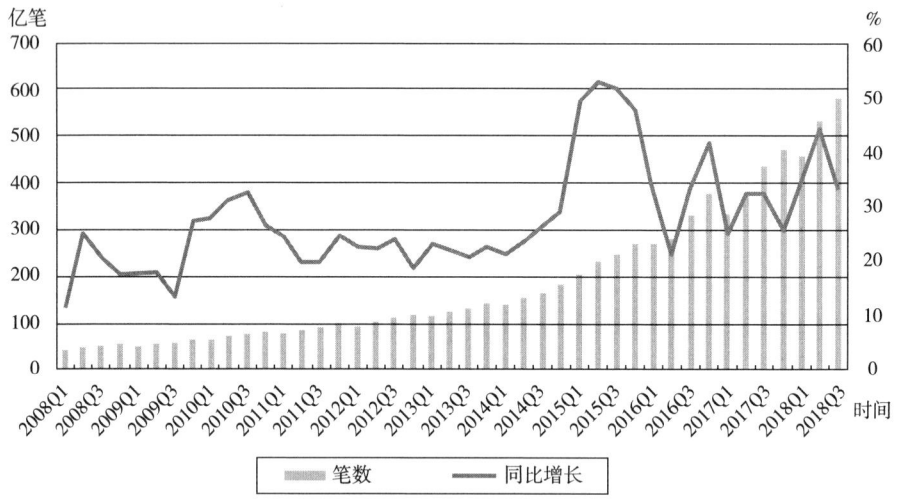

图1 非现金支付业务办理笔数及同比增长情况

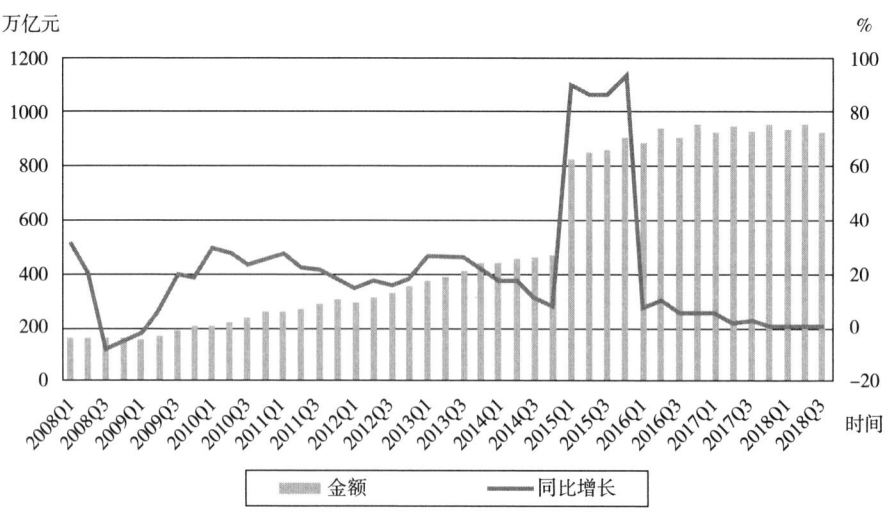

图2 非现金支付业务办理金额及同比增长情况

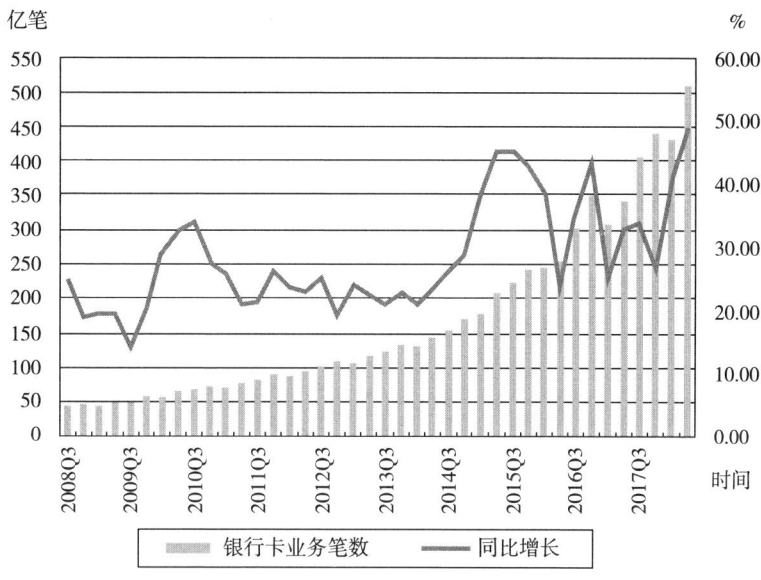

图3 银行卡业务办理笔数及同比增长情况

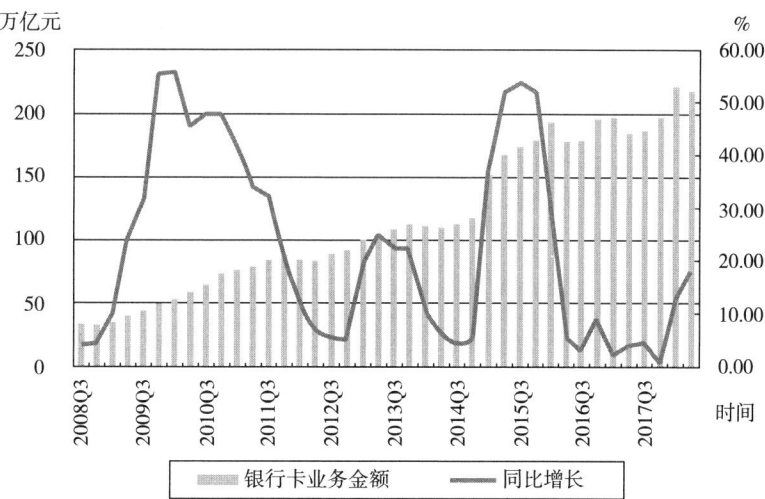

图4 银行卡业务办理金额及同比增长情况

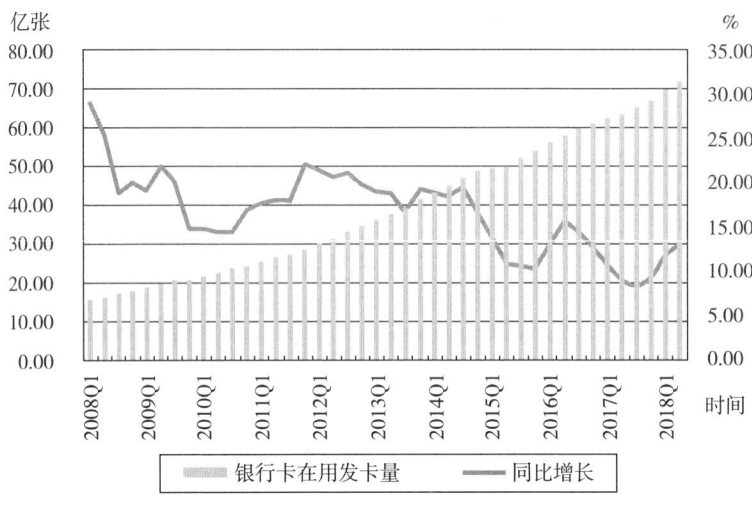

图 5 银行卡在用发卡量及同比增长情况

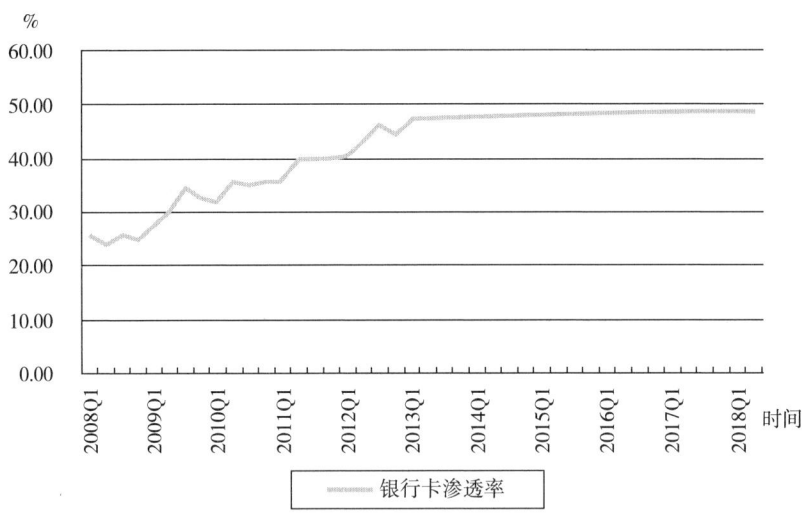

图 6 银行卡渗透率增长情况

2. 支付服务市场监管趋严

在促进经济平稳发展、防范金融风险的宏观背景下，支付体系的各项法律法规不断完善，监管也日益趋严。一方面，近年来中央银行等监管机构针对支付体系出现的各种问题颁布并完善了多项法律法规，既包括《中华人民共和国电子商务法》《支付结算办法》等较为综合的法律法规，又包括针对票据、银行卡等具体业务的法律法规，如《票据交易管理办法》《银行卡收单业务管理办法》《中国人民银行支付系统参与者监督管理办法》等法律法规。另一方面，各监管主体对于支付服务市场的监管更加严格。近年来各监管机构对于行业监管政策及相关法律法规的执行更加严格，而且监管主体对于法律法规执行情况的考核同时包括对于行业服务主体的外部审核和对于自身的内部审核；同时，行业自律方面也取得了一定的进展。

（二）支付服务市场开放的背景

经过多年的发展，中国支付产业已经具备了全面对外开放的良好条件和实力。首先，中国宏观经济的发展和开放为支付行业的对外开放打下了良好的基础，中国经济规模稳居世界第二位，2017 年中国经济总量达到 80 万亿元人民币，折合约 12 万亿美元，2016 年货物贸易进出口总值达到 3.68 万亿美元。与此同时，人民币国际化的进程也在加速，2016 年人民币被正式纳入 SDR（特别提款权）篮子，2018 年人民币跨境支付系统第二期正式上线，另外，根据彭博社报道，中国目前已经与从苏里南到新西兰在内的超过 30 个国家达成了货币互换协议，合计最高金额达到 3.33 万亿元人民币（约合 4900 亿美元）。随着我国对外开放程度不断提高，支付产业的对外开放程度不断提高，"引进来"的顶层设计已经基本完成。

2016 年，人民银行、银监会制定《银行卡清算机构管理办法》；2017 年，人民银行正式发布《银行卡清算机构准入服务指南》，对内外资机构设定同等的准入条件和程序，标志着银行卡清算机构准入管理步入实施阶段，人民币银行卡清算市场开放正在实现。2018 年 3 月 19 日，经国务院批准，中国人民银行发布了《中国人民银行公告〔2018〕第 7 号》，明确外商投资支付机构的准入和监管政策，自发布之日起实施。支付服务市场开放时间表下，中国支付体系有能力迎接外资"新人"。

（三）支付服务市场开放的意义

一是有利于促进法规制度建设。"双向开放"客观上要求支付产业遵从先进的国际规则，提高有关法规制度的法律层级，增强制度的确定性，帮助市场主体甄别支付风险，吸引境外主体参与我国的支付安排。

二是有利于优化资源配置。参与国际市场支付产业竞争是一种更高层次的经营历练，也是更大范围内市场资源的优化配置，要鼓励越来越多的国内支付产业，特别是非银行支付机构"走出去"参与国际竞争，获得可持续发展动力。

三是有利于降低支付风险。范一飞在第六届中国支付清算论坛的讲话中特别强调，我国的支付市场，尤其是非银行支付市场集中度过高。因此需要引入先进技术、理念和经验以提升竞争力，促进充分竞争，提高市场效率。

四是有利于完善中国支付服务市场体系。通过对内资、外资同等对待的方式，实现统一的准入标准和监管要求，有助于培育创新驱动的竞争新优势，进一步优化产业结构；有利于营造支付产业公平竞争的市场环境，提升支付机构的服务水平。

二、支付服务市场多元化分析

近年来支付服务市场随着宏观经济发展和科技进步不断发展，行业服务主体逐渐增加，行业业务种类更加丰富。支付服务市场需求方的规模也在持续扩大。推动支付服务市场的开放对于满足消费者需求和支持金融服务行业的良好运行均具有重要意义。

（一）支付服务市场的供求分析

首先，从供给侧来看，以中国人民银行为核心、银行业金融机构为基础、特许清算机构和非银行支付机构为补充的多元化支付服务组织不断丰富。[①] 一方面，银行业金融机构占据主要地位，由4500多家银行业金融机构所设立的22多万个营业网点为支付清算运行提供了基础支撑。另一方面，非银行支付机构在支付服务市场中发挥作用日益突出，截至2017年底，中国有218家法人支付机构共设有1541家分公司，为客户提供小额、快捷支付服务。

中国支付服务市场的清算机构包括中国银联股份有限公司、农信银资金清算中心、城商行资金清算中心等特许清算机构。2017年8月，网联清算有限公司经中国人民银行批准成立，作为对支付市场金融基础设施的重要补充。

其次，从需求端来看，随着支付场景化应用的不断扩充，支付服务需求主体不断壮大，小微企业和百姓个人等长尾客户在支付服务市场中的重要作用日益凸显，影响程度更加广泛。[②] 2013—2017年，支付机构处理的业务量从371亿笔增长到3193亿笔，金额从18万亿元增长到169万亿元，年复合增长率分别达71%和75%，支付服务市场需求方面具有巨大的发展潜力。另外，新兴技术在支付领域的应用，进一步推动了支付服务需求范围的扩大。近年来，跨境支付也成为一个新的需求增长点。

总体来说，从供给侧来看，支付服务主体仍然不够多元化，而从需求端来看，需求主体参与越来越广泛，对支付业务种类的需求也更加多元化；从供求分析来看，目前国内支付服务主体很难充分满足各类多元化需求。在此背景下，推

---

① 中国支付清算协会，《中国支付清算行业运行报告（2018）》。
② 中国支付清算协会，《中国支付清算行业运行报告（2018）》。

动支付服务市场开放,对于满足广泛的多元化需求也具有重要意义。

(二) 支付服务市场开放的 SWOT 分析

1. 优势分析(Strengths)

首先,中国支付服务市场发展已形成一定的规模,具备对外开放的能力。近年来,在经济金融不断发展和互联网等技术不断进步等背景下,中国支付服务市场的基础设施不断完善,服务主体也飞速发展,规模已经属于国际前列;同时,支付服务关系逐渐理顺,行业发展更加规范,监管机构不断完善监管手段和相关政策法规,这些均为支付市场对外开放打下了较好的基础。另外,各类需求主体参与越来越广泛,需求也更加多元化,这也进一步推动了支付业务的对外开放进程。

其次,中国近年来在支付行业对外开放中作出的尝试,构成了支付行业对外开放的顶层设计。一是在零售支付市场,维萨、万事达、运通等国际卡公司从20世纪80年代进入中国的外币银行卡支付市场,以跨境交付方式提供外币卡清算服务,并授权境内发卡机构发行双标双币卡和单标外币卡,共享中国电子支付市场快速发展的红利;二是如 PayPal、西联汇款等国外支付服务机构也通过与境内机构合作的方式拓展在中国的业务;三是在中国境内的外资银行按照中国的监管政策提供支付服务,截至 2016 年底,外资银行在中国 27 个省份的 70 个城市设立营业机构,营业网点达 1031 家,形成了具有一定覆盖面的服务网络。

2. 劣势分析(Weaknesses)

首先,近两年中国监管机构对于国内支付服务市场的监管趋严,银联和网联在接入非银行支付机构中如何合理分工等,都是目前支付服务市场清算方面的不确定因素,这对于支付市场对外开放的发展进程是一个挑战。

其次,在非银行支付机构的业务领域方面,目前主要是支付宝和财付通两家支付机构占据相关支付市场的绝对份额,形成了双寡头垄断的市场格局。而高度集中的支付市场对于促进支付服务市场的多元化发展和推动市场良性竞争均具有不利影响,不利于长远发展。

3. 机会分析(Opportunities)

首先,从供给侧来看,积极引进外商投资支付机构和推动国内支付机构走出去,能缓解国内支付市场的高集中度风险和优化支付行业的产业结构,可实现"鲇鱼效应",推动各类支付服务主体实现水平提升和业务创新。另外,还能推进内外资支付机构在技术方面的合作,实现技术强强联合,尤其是对于外资支付机构在跨境转接清算方面的技术和经验,可以有所借鉴。

其次,从需求侧来看,主体多元化不仅有利于满足国内越来越多的业务需求,而且还可以为消费者提供更多的服务选项。还有利于打破国内非银行支付市场双寡头垄断的局面,减少无谓的损失,提升整个支付服务市场的福利水平。

4. 威胁分析(Threats)

首先,从目前的发展情况来看,整个支付市场的分割已经比较成熟,同时国内支付服务主体在支付场景搭建、用户支付体验等方面已经走在前列,这对于外资支付机构是一个挑战;另外,外资支付机构可能会出现"水土不服"的局面。基于以上分析,中国支付服务市场开放以后,可能很难在短期内打破支付市场现有的竞争格局。

其次,支付服务市场的开放对支付信息安全也造成了新的挑战。外资机构可以利用自身系统接触到各类交易信息,这无疑对信息安全造成了极大威胁。

最后,支付服务市场的对外开放对于中国的支付市场监管提出了更高的要求。对于实现支付服务市场开放后可能出现的如"监管套利"等相关问题缺乏相关的监管细则,不利于中国支付服务开放后的良性发展。

表1　　　　　　　　　支付服务市场开放的SWOT分析

优势分析(Strengths)	劣势分析(Weaknesses)
(1) 中国支付行业发展对支付服务市场开放打下了较好的基础 (2) 中国已经完成支付服务市场对外开放的顶层设计	(1) 监管趋严下,支付机构接入清算系统关系未完全理顺 (2) 集中度较高的支付行业不利于支付服务市场开放后的良性发展
机会分析(Opportunities)	威胁分析(Threats)
(1) 支付服务市场开放引入外资有利于促进行业竞争,推动行业在技术和服务等方面良性发展 (2) 支付服务市场开放使行业服务主体增加有利于满足消费者多样化需求,提升消费者福利水平	(1) 国内支付机构在服务、费率等方面对外资服务机构进入市场形成了较高的壁垒,对支付服务市场开放后的产业协同发展形成较大的威胁 (2) 支付服务市场的开放对支付信息安全也造成了新的挑战 (3) 支付服务市场的对外开放对于中国的支付市场监管提出了更高的要求

(三) 支付市场对外开放的案例分析

2015年4月,国务院印发了《国务院关于实施银行卡清算机构准入管理的规定》,至2018年11月,美国运通正式成为第一家获准在中国境内筹建银行卡人民币清算网络的外资公司。2018年3月,中国人民银行正式公告了〔2018〕第7号文,明确了外商投资支付机构准入和监管政策。2018年5月2日,中国人民银行收到了世界第一公司（World First）关于申请支付业务许可的来函。本部分将以美国运通和世界第一公司为例，分析外资机构进入中国支付服务市场能够为行业带来的发展机遇。

1. 世界第一公司

世界第一公司主要为全球个人客户和企业客户提供跨境支付服务，并为跨境电商卖家解决跨境收款问题。主营业务主要分为三部分，包括国际汇款业务、外汇期权交易业务和国际电商平台收款及结汇业务。世界第一公司从2008年就开始进入中国市场，目前已有超过2万名中国跨境电商卖家在使用其服务，已协助超过5万家中国出口商从全国各地收款。

世界第一公司进入中国支付服务市场后，首先，作为国际上发展较为成熟的支付机构，其积累了比较广泛的客户服务网络和经验，这对于国内支付机构走出去具有借鉴价值。其次，世界第一公司在国际支付方面已经具备比较先进的技术，如果与国内支付机构进行合作交流，必然能够惠及内外资双方。

2. 美国运通

美国运通公司是一家综合性财务、金融投资及信息处理的环球公司，主要提供签账卡及信用卡、旅行支票、旅游、财务策划、投资产品、保险及国际银行服务等。作为全球最大的独立信用卡公司，运通公司旗下的运通卡知名度最高。此外，也维护运营专门的银行卡清算系统。

美国运通获得清算机构资质进入中国支付服务市场对于支付市场的客户和支付市场的长远发展均具有一定的有利影响。首先，相对来说美国运通着眼的客户群体较为高端，在客户的定制化服务、精细化管理方面有自己的比较优势，可以改善中国支付市场客户的消费体验，进一步提升消费者福利。

三、我国支付行业对外开放的新挑战和新展望

（一）我国支付行业对外开放面临的新挑战

随着外商投资非银行支付机构准入的放开，支付服务不断创新，消费者获得的支付服务越来越便捷、高效，然而非法转移资金和套现等行为发生的可能性也在上升，支付服务市场的持续创新和发展面临一系列问题和挑战。

1. 行业风险增加，风险管理难度加大

近年来，我国支付行业继续呈现蓬勃发展态势，但也应该清醒地认识到支付行业的风险因素在不断积累。在世贸组织专家组就电子支付案裁决之前，外资银行卡机构无法通过自身的清算通道为人民币业务提供清算服务，除非外资运营商遵循中国运营商的标准，采用合资企业的形式并最终通过我国的支付系统来提供

服务。而在开放市场之后，不仅外国银行卡组织可以在中国境内设立实体机构，也可以通过在境外的接转通道进行跨境交易的清算服务。信息安全风险，市场竞争风险以及跨境支付风险增加，管理难度较大。

2. 监管环境复杂，合规要求日趋严格

鉴于我国承担的国际义务，在涉及外资第三方支付企业的市场准入监管制度方面，我国采取模糊处理、空白放置的态度，无论从市场准入规制的法律逻辑或是国内外第三方支付市场的有序发展而言，目前的国内法律制度存在多处漏洞，无法发挥维护市场秩序的功效。为了弥补这一缺口，应对外资进入市场的相关规则进行明确，建立具体的准入审查机制，避免政府寻租而导致不公平的市场竞争出现；并且，考虑到外资的特殊性，应该加强与其母国的合作，共同对其进行全方位的有效监督，以真正实现促进第三方支付甚至是整个金融服务市场的有序发展。

3. 相关法规制度需要配合对外开放步伐进一步完善

目前，我国跨境支付业务监管协调有待进一步加强。作为支付服务市场主体，我国非银行支付机构由中国人民银行监管，非银行支付机构的跨境外汇支付业务试点资格需要获得国家外汇管理局（以下简称外汇局）的批复并接受外汇局监管，企业境外投资、在境外开立分公司还需要到发展改革委、商务部备案。非银行支付机构的跨境人民币支付业务实行属地管理，向各地中国人民银行分支机构进行备案。

（二）我国支付行业新展望

1. 引进来：良性竞合提升服务与风控水平

欢迎更多的境外机构以资金、技术和智力形式参与国内支付产业，共商共谋发展大计，形成利益共同体。国内机构要不断改善支付体验，以应对外资进入的持续性冲击，提升支付的一次成功率与透明化程度，提高跨境贸易资金的调度效率，进一步降低支付时间成本与费率，与外资支付建立战略合作伙伴关系，取长补短，互惠互利。

构建全球性风控系统，保障客户资金和信息安全。支付服务主体要不断完善风控规则，优化风险预警与处置机制，完善消费者权益保护体系。针对国际欺诈、不同国家地区间的套利以及追缴打击难度大等问题，要研究、分析并适应多样化风险的特点与规律，实现欺诈风险实时预警、实时处理。推动全球支付风险信息共享，加强与国际卡组织、反欺诈反洗钱专业机构的合作，利用金融科技成果，监测把控资金流向，甄别支付风险，树立良好国际形象。

2. 走出去：推动支付服务主体布局全球市场

支付行业的对外开放需要监管部门、自律组织和市场机构的共同努力、积极配合。我们提倡链条式转移和集群式发展，加强行业协同，抱团"走出去"，实现非银行支付机构、商业银行与清算机构的协作共赢，进一步扩大跨境支付市场，支持支付服务、技术、标准和网点的对外输出，抢占支付产业全球发展的更多"制高点"。我国支付服务主体将面临竞争加剧的局面，要着力推动非银行支付机构和商业银行在资源互通及信息共享的基础上加大合作力度，整合行业资源，增强竞争优势。推动解决国内机构在境外准入、合规与拓展等方面的问题，降低拓展新市场的成本和风险。梳理、翻译、研究国际经济金融环境、支付监管政策，开展多种业务培训，提高业务水平和风控能力。

四、对外开放持续深入背景下的监管政策建议

中国人民银行公告〔2018〕第7号明确了外商投资支付机构准入和监管政策。在对外开放的背景下，对于支付服务市场的监管面临新的挑战。下文将对国际上对于支付机构的监管进行分析，并提出对外开放持续深入背景下对于支付行业监管的可行性思路。

（一）支付机构监管的国际经验

1. 美国

就监管主体角度而言，在美国，对支付机构具有监管权力的部门分为联邦政府和州政府两个层级，实行"双重监管"机制。联邦政府层级主要负责设计和制定宏观的监管制度框架，州政府层级主要针对本州具体情况，履行微观的监管职能。总体而言，监管部门包括美联储银行、司法机构、财政部等。

就监管方式角度而言，美国根据1999年《金融服务现代化法》，将第三方支付机构界定为非银行金融机构，实施功能监管。监管机构向支付机构颁发牌照，根据业务种类不同，对其初始资本、营业场所、资金规模与投资范围、信息披露与报告、反洗钱义务等方面作出分类规定。

就监管内容角度而言，分为以下几点分别阐述：

（1）市场准入。在美国，支付机构由各州自行准入，准入条件根据各州具体政策不同而略有差别。根据《统一货币服务法案》，从事货币服务业务的机构必须登记注册，从而获得行政许可，并接受监督检查。申请许可证需要具备相应的资本净值，交纳一定的保证金，并在财务状况、从业经验、社会责任心、资金及业务活动状况等方面满足相应的准入要求。在获得许可证后，支付机构每年仍需进行年检登记。

（2）业务监管。美国监管部门禁止支付机构从事银行类的吸纳储蓄业务，不得以客户资金参与对外投资。同时要求支付机构将客户备付金和自有资金实行严格的分离管理。支付机构客户备付金存入银行，并由联邦存款保险公司提供存款延伸保险，禁止擅自挪用客户备付金。自有资金投向只能选择政策允许的低风险项目，如银行储蓄、高评级债券等，并持有一定数量的流动资产以防范出现流动性风险。支付机构的管理制度、业务开展、财务行为、风险控制需严格遵守监管政策的要求。

（3）消费者权益保护。《电子资金转移法》《金融服务现代化法》《隐私权法》等法律法规从交易安全、个人信息保护、知情权等方面对消费者权益进行保护。

（4）市场退出。根据《统一货币服务法案》，监管部门有权对违规经营、未通过年检登记的支付机构，采取暂停支付机构业务、终止或撤销支付机构业务许可牌照等措施。

（5）反洗钱监管。依据《银行保密法》和《爱国者法案》，支付机构须建立完善的反洗钱制度，包括内部控制制度、专岗人员培训制度、客户身份识别制度、交易报告制度等。须确保客户信息的真实性记录并保存交易信息，对于可疑交易须及时向监管部门提交报告。

2. 欧盟

从监管主体角度来看，欧盟对支付机构同样实行"双重"监管体制，第一层面是欧盟委员会以及欧洲中央银行层面，第二层面是各成员国相关监管机构层面。欧盟委员会以及欧洲中央银行主要负责宏观监管政策的制定及审慎监管，各成员国根据本国国情进行有针对性的监管制度。

从监管模式角度来看，欧盟第三方支付监管重点为机构监管。欧盟对支付机构的监管主要通过对电子货币的监管进行，从而监管重心落在对电子货币发行、交易清算、赎回等方面的监管上。《电子货币机构指令》废除后，第三方支付服务提供者被纳入《内部市场支付服务指令》监管范畴。

就监管内容角度而言，分为以下几点分别阐述：

（1）市场准入。《内部市场支付服务指令》等法律法规对最低准入标准进行确立，成员国结合本国具体情况，对于各国支付牌照的发放标准进行具体规定。欧盟的支付牌照适用范围较大，在成员国之一获得支付牌照的支付机构可以在整个欧盟范围内拓展、提供业务，即"一证通用"。

（2）业务监管。与美国相同，支付机构不得从事银行业吸储业务，不得擅自使用客户资金。支付机构应主动、及时向监管部门对风险事项进行报备，对于高风险业务的运营，监管部门可干涉股东的投票权，从而作出一定的限制。

(3) 消费者权益保护。《支付市场服务指令》等法律法规对交易安全、知情权、个人信息保护等方面作出详细规定，如欺诈事件发生时消费者和第三方支付机构的责任分配、支付机构需要披露的信息和条件、对消费者信息的保护义务等。

(4) 市场退出。《支付市场服务指令》中对于支付牌照撤销的相关条件作出了规定，且要求监管机构披露相关市场退出信息。

(5) 反洗钱监管。欧盟主要通过设定交易金额上限来防范洗钱行为，同时，根据监管要求，支付机构须建立一定的可疑交易检测、报告制度。

(二) 我国监管政策建议

在对外开放持续深入的背景下，支付服务市场中"走出去"和"引进来"的发展趋势将更加壮大。对此，监管政策也将进行相应的调整，以三大原则为导向，建立健全相关制度，完善宏观审慎管理框架。

1. 提高立法层级，完善支付服务市场监管法律体系

首先，需提高监管的立法层级。目前中国对于支付机构的监管主要依托于部门规章，法律层级较低，部门监管权限的范围和力度都受到较多限制。其次，对于现有的《非金融机构支付服务管理办法》《支付结算办法》等相关规章制度，应及时予以修订，调整行政处罚具体规定等相关条例，使其内容与力度与现有支付服务市场发展状况相适应。对于"走出去"的支付机构境外业务的发展，应从政策层面予以支持，从监管角度提供相应的导向服务。

2. 强化行业自律，建立协同动态监管体系

首先，充分发挥行业自律作用，建立行业内部的自律秩序，加强行业监督和行业培训，使各支付机构规范运作。可以以支付清算协会等行业自律组织为基础，建立信息搜集与分析平台，按一定指标、一定频率汇集相关数据并上报监管部门，从而对支付机构实现主动监测、实时监测，减少信息不对称问题和政策滞后性问题。

其次，积极构建国内、国际意义上的协同动态监管体系。在国内范围，可由中国人民银行牵头，建立以中国人民银行、银保监会、工信部、商务部、公安部、工商局、海关等行政部门共同合作的国内协同动态监管体系，构建国际协同动态监管体系。国内、国际范围的协同动态监管平台中各部门应实现信息资源共享，进行多边协同动态监管，多方联动、系统配套，加强政策协调配合，提高监管的主动性和监管效率，避免支付机构利用监管盲区进行套利。

3. 由传统监管向差异化监管、功能监管模式转变

中国现有监管模式建立在机构监管、业务监管上，但事实上随着支付机构新

型支付业务的不断推出，其涉及的监管类别容易出现交叉和重叠，导致监管效率降低。

差异化监管模式从评估体系入手，将支付机构按照资金实力、业务状况、风险水平等指标进行评估分级，合理分配监管资源，一方面提高监管效率，另一方面增强支付机构的改良动机，从而提高市场活力。

功能监管模式不以渠道、机构性质而实行监管区分，而以业务的本质和风险特点为核心，制定相关监管政策，可减少监管上的冲突和盲区，提高监管政策与被监管对象的贴合性。

4. 完善退出机制，强化消费者权益保护，防范金融风险

首先，应对现有的支付机构退出机制进行完善。中国现有的支付机构退出机制对于支付机构实现退出的具体条件、措施安排，缺乏相应的退出机制予以明确。完善支付机构退出机制，有利于支付服务市场稳健发展，同时合理地保护消费者权益，防范因支付机构业务停止而导致的系统性风险。

其次，监管部门应对于外商投资支付机构的日常运营进行合理引导，督促其运营管理持续合规，加强防范风险，保障信息安全。监管部门应要求支付机构具备安全、规范的支付业务系统，对于数据信息的收集和存储，应严格按照中华人民共和国法律予以管理，实现信息境内存储、境内使用。

参考文献

[1] 王祥峰. 我国跨行支付现状与发展对策研究 [J]. 区域金融研究，2018 (3).

[2] 高阳宗. 简析新发展理念视角下的支付体系发展 [J]. 金融会计，2018 (7).

[3] 牛娟娟，范一飞. 继续秉持支付服务市场开放态度和政策 [N]. 金融时报，2015-11-11.

[4] 董希淼. "双向开放"推动我国移动支付稳健发展 [J]. 中国信用卡，2018 (3).

[5] 李雪娇. 引进外资支付市场迎新人 [J]. 经济，2017 (23).

[6] 赵爱玲. 外资跨境支付公司加速布局中国 [J]. 中国对外贸易，2018 (7).

[7] 孟祥南，康珂. 经济新常态下银行卡清算市场开放研究 [J]. 新金融，2016 (1).

[8] 陆强华. 我国支付产业发展的若干共识和未来趋势 [J]. 中国信用卡，2017 (10).

[9] 交通银行营运管理部. 银行卡清算市场开放与支付服务市场的创新发展 [N]. 上海金融报, 2015-12-29.

[10] 蔡洪波, 等. 中国支付清算行业运行报告 (2018) [M]. 北京: 中国金融出版社, 2018.

[11] 张恒. 非金融支付机构监管的国际经验与启示 [J]. 青海金融, 2017 (3).

[12] 黄红, 吴爱兰, 林彧辰. 第三方支付机构监管的国际经验与启示 [J]. 福建金融, 2014 (12).

[13] 张恒. 非金融支付机构监管的国际经验与启示 [J]. 青海金融, 2017 (3).

[14] 刘澈, 蔡欣, 彭洪伟, 等. 第三方支付监管的国际经验比较及政策建议 [J]. 西南金融, 2018 (3).

[15] 李彩云. 外商投资第三方支付企业监管制度研究 [J]. 浙江财经大学, 2015.

[16] 徐忠. 正确看待金融业进一步对外开放 [J]. 人民周刊, 2018 (9).

[17] 马近朱. 中国支付业的"战国时代"(国内篇)[J]. 中国信用卡, 2015 (9).

[18] 李毅, 李卫刚. 试析我国第三方支付领域的外资准入问题 [J]. 国际经贸探索, 2013 (6).

[19] 杨涛, 董希淼. 开放外资入场, 这将如何改变国内清算市场? [EB/OL]. 第一财经《解码新金融》访谈, https://www.weiyangx.com/312381.html.

[20] 新京报. "全面开放"来了, 支付市场将有大变局? [EB/OL]. http://www.xinhuanet.com//fortune/2017-11/22/c1121991412.htm.

[21] 中国证券报. 中国第三方支付市场对外开放最新动态: 世界第一公司申请进入 [EB/OL]. https://www.thepaper.cn/newsDetailforward_2107477.

[22] 范一飞. 在第六届中国支付清算论坛上的讲话 [EB/OL]. http://www.pbc.gov.cn/goutongjiaoliu/113456/113469/3418764/index.html.

新形势下洗钱犯罪查处机制完善研究

中国人民银行金融服务二部课题组

课题组组长：姜 威
课题组成员：邓素霞 周 婧 肖 凯 陈 晨 叶 青
　　　　　　郭 涵 温家佳 曾天翔

摘 要

随着世界经济全球化进程的加快，洗钱犯罪日益受到国际社会的关注，是当今困扰许多国家的一种复杂的国际性金融犯罪，它助长了各类洗钱上游犯罪的无国界蔓延，已成为非传统性全球问题治理的主要内容。国际社会也已形成高度共识，需要在全球范围内予以严厉打击。中央全面深化改革领导小组2017年通过《关于完善反洗钱、反恐怖融资、反逃税监管体制机制的意见》（以下简称三反意见），其中对于优化洗钱犯罪查处机制作出了专门部署。反洗钱国际组织金融行动特别工作组（FATF）对成员国家（地区）开展的反洗钱有效性第四轮评估，其关注的焦点之一也是洗钱的调查、起诉、审判情况及没收犯罪所得的成果。因此，在我国金融改革和开放进一步深化的大背景下，如何完善我国的洗钱犯罪查处机制值得探讨。

本文主要探讨我国现有的反洗钱监管体制机制及犯罪查处机制所取得的成果和面临的挑战，结合FATF第四轮评估等国际反洗钱领域的最新进展，遵循我国推进国家治理体系和治理能力现代化的总体规划，围绕反洗钱以金融情报为纽带、以资金监测为手段、以数据信息共享为基础的特点，提出在新形势下全方位优化洗钱犯罪查处机制的政策建议。

本文的创新和应用价值在于：综合反洗钱部门和人民检察院的各自优势，运用金融监管、刑事司法等不同领域的分析方法和专业知识，结合国际标准和国内实践，从多角度来解析我国洗钱犯罪查处机制的问题，并提出进一步优化的政策建议。

一、我国反洗钱查处机制现状介绍

为了防范和遏制犯罪分子利用金融体系和特定非金融行业清洗犯罪收益或资助恐怖活动，我国将一切掩饰、隐瞒犯罪所得及其收益的行为规定为刑事犯罪[①]。我国现行反洗钱查处机制主要是洗钱线索的发现、调查和移送，案件侦办、起诉和审判。具体来说，我国反洗钱现行执法主要分为三部分：刑事执法、行政执法以及协调和合作机制。

（一）刑事执法

根据《中华人民共和国刑事诉讼法》等法律法规，由中国侦查机关、检察机关、审判机关共同履行刑事诉讼权。公安机关、海关、检察机关、国家安全机关行使侦查权。

公安部门对各类刑事犯罪（包括洗钱犯罪）进行侦查；监察委反贪污贿赂局对国家机关工作人员职务犯罪有侦查权和采取强制性措施的法定职权；海关缉私部门对跨境走私等犯罪活动有侦查权；国家安全部对涉嫌恐怖活动、恐怖融资、扩散融资等活动进行查办。除此之外，各部门在对各自管辖案件的侦办过程中，若发现有其他类型的犯罪线索的，也会相互通报、及时移送线索或者进行联合办案。对案件侦办结束后，侦查机关应将案件移送给公诉机关。

人民检察院是我国的公诉机关。人民法院作为审判机关，依法对案件进行判决。人民法院、公安机关以及监狱等执行机关，对已经发生法律效力的判决和裁定实施一定的刑事处罚。

（二）行政执法

根据有关行政法律，我国的人民银行、监察、税务、证监等行政部门对违法行为开展行政调查和处罚，并将发现的涉嫌犯罪的线索移送给侦查机关，以便做进一步的处理。

1. 反洗钱调查

中国人民银行是我国的反洗钱行政主管部门，对发现的可疑交易活动，可以向金融机构进行调查，若调查后仍不能排除有洗钱嫌疑的，中国人民银行应立即向侦查机关报案。

---

① 《刑法》第一百九十一条（洗钱罪）、第三百一十二条（掩饰、隐瞒犯罪所得、犯罪所得收益罪）和第三百四十九条（窝藏、转移、隐瞒毒赃罪）。

2. 行政监察

根据《行政监察法》，监察机关可以对各级政府及其公务人员以及政府任命的其他人员履行法律和行政纪律的情况实施监察。在调查过程中，监察机关若发现有涉嫌违反刑法的犯罪线索的，则应及时移交给检察机关或公安机关做进一步侦查。

3. 税务稽查

根据《税收征管法》等法律法规的规定，税务机关依法对纳税人、扣缴义务人和其他涉税当事人履行纳税义务、扣缴义务及其他税法遵从情况进行稽查。在税务稽查过程中，若发现有违法行为的，税务机关应给予相应的行政处罚，而情节严重、涉嫌犯罪的，则应依法移送给公安机关做进一步侦查取证。

4. 证券稽查

根据《证券法》，证券监管机关有权对违反证券市场监督管理法律、行政法规的行为进行查处。在证券稽查中，如有必要，对可能转移或隐匿违法资金、证券等涉案财产的，可冻结或者查封。

（三）协调和合作机制

除上述刑事和行政执法之外，我国还建立了多种形式的执法协调机制和合作机制。

1. 协调机制

2002年建立了国务院反洗钱工作部际联席会议制度，其主要负责的是指导全国的反洗钱工作，制定关于国家反洗钱的重要方针、政策以及国际合作的政策措施，协调各部门、动员全社会开展反洗钱工作。

除了国务院反洗钱工作部际联席会议，其他相关协调机制包括：国家禁毒委和其专门成立的由公安部、人民银行、最高人民法院、最高人民检察院等部门组成的涉毒反洗钱工作小组；国务院处置非法集资部际联席会议；国务院打击治理电信网络新型违法犯罪工作部际联席会议；全国打击走私综合治理部际联席会议；防范和打击出口骗税部际联席会议等。

2. 合作机制

（1）金融情报协查

对于涉嫌洗钱的犯罪，省级以上公安侦查机关、国家安全机关、检察机关、行政监察部门、海关缉私部门还可直接请求中国人民银行协助调查，由中国人民银行通过反洗钱监测分析中心或反洗钱调查手段将有关资料和分析结果反馈给以上各执法部门。

（2）执法数据共享

在大数据时代，利用互联网实现信息共享至关重要。近年来，我国执法部门和反洗钱部门、金融监管部门也都在不断地探索和完善利用数据平台实现金融情报高效使用的方式。具体包括如下三种：①公安部经济犯罪侦查局与中国人民银行反洗钱中心签订《电子化交换平台合作备忘录》，实现通过专线查询和在线反馈洗钱情报数据。②中国人民银行与公安部共同建立电信网络新型违法犯罪资金查控平台，实现对诈骗资金的紧急止付和快速冻结。③2014年银监会与最高人民检察院、公安部、国家安全部联合印发《银行业金融机构协助人民检察院公安机关国家安全机关查询冻结工作规定》，利用跨地区协作、大规模集中、银行内部协作查询等新方式，逐步建立两级资金查控平台，以此全面提升涉案资金的查控效率。

二、我国面临的洗钱威胁特征

一是非法集资、电信网络诈骗、传销等涉众型经济犯罪是我国目前面临的主要洗钱威胁。近年来，各类涉众型经济犯罪的案件数量快速上升，涉案人数众多、地区广泛、金额巨大，形势十分严峻，这类犯罪已经严重危害到广大人民群众的切身利益、影响我国社会经济的稳定发展。

二是中国的洗钱犯罪以业余性洗钱为主，具有明显的单独作案特征，且存在大量的自洗钱行为。也就是说，中国洗钱者往往并不以此作为主要的获利渠道。此外，中国的洗钱犯罪具有明显的单独作案特征。

三是受益于科技的快速发展，伴随着经济发展的全球化和网络化，支付手段也越来越多样化，在我国，洗钱犯罪的隐蔽性和专业性明显提升，查处难度显著增大。

三、我国洗钱犯罪查处机制完善的必要性

1. 反洗钱、反恐怖融资、反逃税被中央深改组列为深化改革重点任务。本文通过完善洗钱犯罪查处机制，加强对洗钱和恐怖融资犯罪的侦查、起诉和判决，可以有效传导顶层设计精神，提升公众反洗钱意识，普及反洗钱文化。

2. 我国日趋复杂的洗钱威胁对洗钱犯罪查处机制的运行有效性提出了更高的要求。目前非法集资等涉众型经济犯罪形势日益严峻，洗钱犯罪的跨境化、网络化也对传统查处机制提出了挑战，完善反洗钱执法手段可以为受害群众挽回损失，也为传统查处机制提升运行效率形成了倒逼机制。

3. 洗钱犯罪具有"负外部效应"的特征，即洗钱犯罪的具体侵害人有时是

缺位的，洗钱犯罪的危害（扰乱了国家关于金融活动的管理制度和司法机关查处犯罪的正常活动）是由社会共同承担的，所以当前打击洗钱犯罪仍缺乏推动。为了解决上述问题，需要建立以政府干预为主的查处机制，将打击洗钱犯罪作为一种公共产品予以提供。

4. 以完善洗钱犯罪查处机制为抓手，在我国进一步落实国际的反洗钱标准，也可以助力我国更加积极主动地参与国际金融新秩序重建，有效提高我国经济金融水平。

四、我国洗钱犯罪查处机制存在的问题

（一）存在的问题

自《反洗钱法》于2006年正式颁布以来，我国洗钱犯罪的查处机制不断发展完善，与国际标准逐渐接轨，并获得国际社会认可。但近年来洗钱风险威胁日趋复杂，新兴风险不断涌现，传统工作机制运行的有效性面临巨大挑战。鉴于此，FATF[①]在互评估中增加了有效性要求[②]，有效性的评估对洗钱犯罪的查处提出了更高的要求。

我国现行查处机制存在的核心问题是对洗钱犯罪的追诉有效性偏低，尤其体现在调查洗钱犯罪的单独成案率方面，对于潜在的洗钱犯罪无法起到应有的威慑、警示和遏制作用，这直接影响了关于有效性的评估。

（二）分析原因

1. 立法层面

（1）洗钱罪的主体—自洗钱相关问题

根据刑法规范，洗钱罪的犯罪主体为一般主体，自然人和单位均可构成本罪的主体，颇受质疑的是将上游犯罪的本犯排除在洗钱罪主体的范畴，即我国对于自洗钱犯罪行为不认可（self–laundering）。

---

① FATF成立于1989年，是由成员国（地区）部长发起设立的政府间组织。FATF的主要任务是制定反洗钱和反恐怖融资领域的国际准则，促进有关法律、监管、行政措施在成员国的有效实施。FATF对成员国反洗钱反恐怖融资工作开展情况定期进行互评估，确保符合准则要求。

② 根据《关于打击洗钱、恐怖融资、大规模杀伤性武器扩散融资的国际准则：FATF》（以下简称新40项建议）、《反洗钱和反恐怖融资互评估技术标准》等，查处机制领域的有效性评价涉及如下三个方面：(1) 主管部门能否适当地运用金融情报和其他相关信息开展洗钱和恐怖融资调查。(2) 主管部门能否有效调查洗钱犯罪及活动，起诉犯罪分子，并采用有效的、适当的和劝诫性的处罚措施。(3) 能否通过没收犯罪收益和犯罪工具，使犯罪无利可图，并减少上游犯罪和洗钱犯罪。

实际上，我国对自洗钱排斥的最根本原因还是事后不可罚的立法理论。所谓不可罚的事后行为，指犯罪完成后伴随该犯罪的违法状态继续的状态中所实施的行为，只要根据该犯罪构成要件已完全评价，不构成其他犯罪的情况。① 反观自洗钱行为，其相对于上游犯罪行为已经具有刑法评价上的独立性，自洗钱行为在刑法评价上具有区别于上游犯罪行为的独立性，从主观罪过、行为方式、侵害法益等方面来看，自洗钱行为本身可以作为一个独立的定罪情节进行评价，其无须依附于或者必须与上游犯罪行为相结合，即能发挥其定罪价值。②

本文认为，不能将上游犯罪的本犯一律排斥在洗钱罪主体之外，某些情况下上游犯罪的行为人实施洗钱行为，由于洗钱行为具有自身的独立性，因而可以构成洗钱罪。并且从司法管辖的角度来看，认定上游犯罪的行为人可以构成洗钱罪还是非常必要的。③

（2）对洗钱罪上游犯罪范围的讨论

洗钱罪是危害严重的金融犯罪，其"上游犯罪"是划定洗钱罪范围的关键所在，关于洗钱罪"上游犯罪"的规定，很多国家都经历了由少到多、由具体罪名向各类甚至所有犯罪发展的立法过程。④

目前，我国洗钱罪之"上游犯罪"的成立条件，一是应当属于法定的七类犯罪，二是还应当产生犯罪收益。立法对上游犯罪范围限定过窄也是不少学者诟病的问题。本文将分两个层面进行探讨，一是对洗钱罪上游犯罪是否需要扩容，二是如果需要扩容，应以何种方式扩容为宜。

首先对《刑法》第一百九十一条洗钱罪的上游犯罪是否应该扩容进行讨论。对此问题学术界和实务界讨论颇多，有肯定论⑤和否定论⑥。本文认为，对此问

---

① [日] 川端博. 刑法总论讲义 [M]. 东京：日本成文堂，1997。转引自马克昌. 比较刑法原理 [M]. 武汉：武汉大学出版社，2002.
② 详言之，从主观罪过上看，自洗钱行为人明知所清洗的犯罪所得及其收益来自上游犯罪行为而故意掩饰、隐瞒其性质和来源，显然，此种犯罪故意已不同于上游犯罪的犯罪故意，即其主观上在于积极追求将犯罪所得及其收益得以合法化；从行为方式来看，自洗钱行为人通过转账、转换、转移等行为对犯罪所得及收益进行清洗；从侵害法益来看，自洗钱行为侵害了司法机关的正常活动和国家的金融管理秩序，其已不同于上游犯罪所侵害的法益。可见，自洗钱行为在刑法评价上具有显而易见的独立性，已经完全齐备了洗钱罪的犯罪构成要件，不应将其仅作为上游犯罪行为的酌定量刑情节对待。龙在飞. 自洗钱行为独立定罪问题省察 [J]. 人民检察，2015（8）：63-64.
③ 刘伟丽. 互联网金融环境下我国洗钱犯罪的惩治与预防 [J]. 法学杂志，2017（8）：105.
④ 赵远. 洗钱罪之"上游犯罪"的犯罪 [J]. 法学，2017（11）：130.
⑤ 肯定论认为，洗钱罪的上游犯罪范围需要进一步扩展，强调鉴于洗钱罪所具有的严重的社会危害性，将洗钱罪之"上游犯罪"局限在现有的积累特定犯罪已经不能满足打击日益严重的洗钱犯罪活动的需要。
⑥ 否定论者认为，目前我国洗钱罪之"上游犯罪"的《刑法》规定是符合实际的，已经达到比较完善的地步，除了第一百九十一条的洗钱罪之外，《刑法》第三百一十二条可以作为兜底罪名涵盖所有掩饰、隐瞒犯罪所得行为。

题可做即期和远期的不同回答。从当下而言，洗钱犯罪三个罪名设置基本可以满足对犯罪的打击，狭义洗钱罪之"上游犯罪"的范围短期内无须急于扩充；若以发展的眼光来看待这一问题，在中长期的立法改革中，洗钱罪之"上游犯罪"的范围还有适当扩充的可能与必要，从司法实践中看，可逐步将偷逃税款、合同诈骗、诈骗、赌博、非法经营等严重犯罪纳入洗钱罪的范畴，并重新厘清洗钱罪体系中三个罪名之间的关系。

其次讨论扩容的方式。我国《刑法》学界存在无限扩容说或激进扩容说、有限扩容说、罪名易位改造说、空白罪状引入说等诸多意见分歧。① 有的学者还特别强调将税收、赌博、非法经营罪等类罪纳入洗钱罪的上游犯罪范围。②

本文并不倾向于"无限扩容说"。与多数英美国家不同，我国刑法典采取以第一百九十一条洗钱罪为核心，以其他赃物类罪名为补充的多层次立法模式，《刑法修正案（六）》与《刑法修正案（七）》都分别对《刑法》第三百一十二条隐瞒犯罪所得、犯罪所得收益罪进行了系统的改造，使之成为《刑法》第一百九十一罪的兜底条款。这实际上反映了我国立法者在洗钱罪之立法模式的选择上作出的决断与取舍。应当说，虽然两种立法模式截然不同，但在功效上却殊途同归，难谓孰优孰劣。《刑法》第一百九十一条与第三百一十二条还是存在区别，不能将第三百一十二条的上游犯罪全部扩展至第一百九十一条，否则就违背了设立第一百九十一条的初衷。③

（3）对于犯罪嫌疑人的主观要件

刑法通说认为，《刑法》第一百九十一条主观方面只能由故意构成。关于洗钱罪的主观要件，本文着重讨论三个问题。

①洗钱罪是否是目的犯

在讨论《刑法》第一百九十一条洗钱罪主观故意要素之前，首先应明确的是洗钱罪是否是目的犯？④ 本文认为，不能将《刑法》第一百九十一条"为了……"的表述理解为洗钱罪的目的，洗钱罪"为掩饰、隐瞒犯罪所得及其产生的收益的来源和性质"的规定，属于洗钱罪犯罪构成的重要内容，是对洗钱罪五种具体行为方式所加的限制，不同于刑法理论中的目的犯。

---

① 赵远. 洗钱罪之"上游犯罪"的犯罪 [J]. 法学, 2017 (11).
② 井晓龙, 张宝. 我国洗钱罪上游犯罪扩容的立法建议 [J]. 人民检察, 2017 (23): 34.
③ 丛华. 刍议我国反洗钱刑事立法的完善 [J]. 中国人民公安大学学报（社会科学版），2012 (6): 109.
④ 目的犯是指以特定目的作为主观要素的犯罪，但就基本内容而言，目的犯之目的是指直接故意认识因素和意志因素之外，对某种结果、利益、状态等的内在意向，其本身并不一定是观念上的危害结果。张明楷. 论缩短的二行为犯 [J]. 中国法学, 2004 (3): 147.

②间接故意和过失能否构成洗钱罪

对于间接故意可以构成洗钱罪应无太大争议,从经验逻辑来看,洗钱罪完全可以由间接故意构成,当行为人认为对方资金来路不明,可能属于上述其中犯罪所得,为不得罪客户、谋取私利或者其他原因,仍为其提供账户、转账等,进而放任侵害金融管理秩序时,其间接故意的心理事实上是可以被认定的。①

过失洗钱问题比较复杂,欧洲对过失是否构成洗钱犯罪的认识过程,德国和瑞士有不同的立法例②。我们可以参见德国的立法例,在《德国刑法典》第261条中,不仅规定了(故意)洗钱罪,也区分规定了轻率洗钱罪。在轻率洗钱罪的构成中,"轻率"所针对的对象是交易物品的来源,行为人无须认识到自己的行为对象可能与非法所得有关。

③行为人"明知"的认定和举证困难,导致多数洗钱犯罪行为无法以洗钱罪立案起诉的问题如何破解。

关于《刑法》第一百九十一条和第三百一十二条明知的认定,司法解释已经做了详细规定。③ 对于明知的内容,《刑法》第三百一十二条只要求行为人明知是犯罪所得及其产生的收益,对于上游犯罪的性质和范围则不作要求;而对于《刑法》第一百九十一条洗钱罪,则要求行为人必须明知是毒品犯罪等法定七类上游犯罪的所得及其产生的收益。

虽然司法解释对"明知"认定做了详细阐述,但理论界对行为人应当具备的明知的程度意见分歧较大,存在确定说、可能说、充分理由怀疑说、知道和应当知道说等不同观点。④

本文认为,此处"明知"应为知道和应当知道,"明知不意味着确实知道,确定性认识和可能性认识均应纳入明知范畴",⑤"知道"是指确定、明白知道之意,"应当知道"是指有充足的理由和根据怀疑是犯罪所得,即根据行为人的年龄、知识、智力、生理状况、生活经验、生理状况、常识、行为的时间、地点、特殊的交易方式等来分析、判断和评价行为人对事实是否知道。⑥ 因此,当前在洗钱罪"明知"的司法证明问题上,关键的问题应当是如何寻求科学界定"应

---

① 周道鸾,张军主编. 刑法罪名精释 [M]. 北京:人民法院出版社,2013.
② 王新. 国际视野中的我国反洗钱罪名体系研究 [J]. 中外法学,2009(3):385.
③ 根据2009年《最高人民法院关于审理洗钱等刑事案件具体应用法律若干问题的解释》第一条的规定,"明知"认定应当结合被告人的认知能力,接触他人犯罪所得及其收益的情况,犯罪所得及其收益的种类、数额,犯罪所得及其收益的转换、转移方式以及被告人的供述等主观、客观因素。
④ 赵新彬. 洗钱罪主观问题研究 [J]. 河南师范大学学报(哲学社会科学版),2007(7).
⑤ 刘为波. "关于审理洗钱等刑事案件具体应用法律若干问题的解释"的理解与适用 [J]. 人民司法,2009(3).
⑥ 张少林,刘源. 刑法中的"明知""应知"与"怀疑"探析 [J]. 政治与法律,2009(3).

当知道"的具体方法和路径,以确保在允许刑事推定的情形下,故意的范围不被任意扩大、无罪推定原则得以顺利贯彻、被告人人权得以切实保障。基于此,本文认为,需要重视构建洗钱罪中适用的刑事推定规则细化和完善。具体而言,在洗钱罪认定中适用刑事推定需要注意两个问题:一是要重视基础事实;二是要在认定"应当知道"的过程中,赋予被告人广泛的反驳空间。①

(4) 洗钱罪刑罚设置问题

我国《刑法》对第一百九十一条洗钱罪的法定刑有明确规定。② 但相对于日益猖獗的洗钱犯罪活动和巨额的洗钱收益而言,处罚仍显偏轻,我国刑罚设置仍有一些问题需要完善。

首先,对情节严重的追诉标准不够明确,司法实践中适用存在难题。其次,实践中洗钱犯罪的行为人反侦查意识往往较强,侦查机关和司法机关对非法所得及其收益的认定和证据难度较大。最后,虽然现有法律规定了罚金刑,但标准较低,难以对洗钱分子产生有效震慑。

2. 执法层面

就执法的角度而言,洗钱入罪存在的困难及原因主要有以下几个方面:

(1) 洗钱犯罪特质使公安侦查环节存在取证难和认定难,增加入罪难度。

与传统犯罪相比,洗钱行为具有很强的隐蔽性,取证存在难度。特别是随着电子手段的快速发展,洗钱活动充分利用了电子信息、网络等科技手段以及现代化的资金划拨方式和通道,资金反复融合,这大大增加了侦查难度。而《刑法》第一百九十一条犯罪主观明知要件证明标准较高,公诉机关就必须证明被告人明确地知道其所清洗的财产是来自七种特定类型的犯罪所得及其产生的收益,否则就不构成"明知"条件。

(2) 司法机关缺少主动追究洗钱罪的动力。

长期以来,司法机关相对受到不可罚的事后行为的刑法理论影响,在案件审查、审理中往往更关注上游犯罪的事实证据,再加上洗钱犯罪的取证难度大,证据标准高,因此在司法实践中,司法机关往往采用重罪吸收轻罪或者直接采用证据标准相对较低的《刑法》第三百一十二条对洗钱行为进行打击。

(3) 缺少充足的司法实践和案例积累。

由于洗钱罪名适用率较低,典型案例积累较少,在部分地区司法机关对于洗钱罪缺乏深入的认识,在案件的侦查、审判等方面还处于探索阶段。对洗钱罪认

---

① 张宝. 全球化背景下洗钱罪争议问题探析 [J]. 河北法学,2017 (4).

② 《刑法》第一百九十一条规定的法定刑:没收实施以上犯罪的所得及其产生的收益,处五年以下有期徒刑或者拘役,并处或者单处洗钱数额百分之五以上百分之二十以下罚金;情节严重的,处五年以上十年以下有期徒刑,并处洗钱数额百分之五以上百分之二十以下罚金。

识不充分，又缺少司法实践和案例的积累，反过来也造成法官往往会避免使用《刑法》第一百九十一条对案件进行审理。并且法院判决易受惯性思维的影响，法官倾向于选择使用较为熟悉的法律条文判决案件，这也是洗钱入罪判决少的原因之一。

3. 协作机制层面

（1）跨部门协作运行不畅，缺少顶层设计及长效机制。

面对越来越多元的手段和越来越复杂的洗钱情况，我国当前的洗钱犯罪查处机制显现出跨部门协作机制不顺畅的缺陷，打击洗钱犯罪效率不够高效。

（2）数据信息共享程度不高。

我国缺乏关于反洗钱数据共享的配套实施细则，使各部门反洗钱信息共享进程缓慢。[①] 概括起来，当前我国反洗钱数据平台存在的问题：一是信息来源单一、无效数据、重复数据多。二是信息共享程度低，未能充分发挥作用。三是缺乏反馈机制。

（3）侦查机关的内部协作机制有待完善。

①洗钱犯罪和其上游犯罪侦办权的分散影响了对洗钱罪刑事调查的效果。即使是上游犯罪和洗钱罪同时归属公安机关，毒品犯罪和洗钱罪分属不同的具体部门侦办，部门之间的信息共享和案件交流存在障碍，一定程度上影响了洗钱犯罪线索的查处效率。

②上游犯罪调查权的分立使执法力度和专业性有待提升。

当前，洗钱罪的七种上游犯罪由监察委、经侦、刑侦、缉毒、缉私等部门分别负责，各大类罪名具有比较强的专业性和独立性，各个部门在侦办的过程中只关注与本部门有关的部分罪名，即使发现洗钱行为也缺少查明案情的积极性和专业的反洗钱侦查手段。

（4）跨境合作中的协作机制问题。

由于国情以及国家利益的不同，在打击洗钱犯罪问题上的理念以及适用标准上出现差异，国际社会上也缺乏反洗钱的统一标准和一致行动。

五、国际经验借鉴

（一）美国

美国由洗钱上游犯罪所涉及的执法部门分别进行反洗钱案件侦办，即以上游

---

① 我国仅有《反洗钱法》规定，"国务院反洗钱行政主管部门为履行反洗钱资金监测职责，可以从国务院有关部门、机构获取所必需的信息。"

犯罪为标准确定管辖权。财政部负责金融机构的登记注册管理并协调其他政府监督工作,司法部负责洗钱案件的起诉,并执行相关的财产罚没。负责具体侦办洗钱案件的执法部门包括税务总署、海关总署、毒品管制局、联邦调查局等。这些具体侦办部门拥有自己专门的反洗钱执法队伍,依据职责分工和法律授权在各自管辖内分别负责涉及洗钱犯罪的调查、侦查、执行。

如果说上述执法队伍构成了美国的反洗钱执法"蜘蛛网",那么财政部所属的金融犯罪执法网络(FinCEN),作为美国金融情报中心,则被称为编织美国反洗钱网络的"蜘蛛",除了承担情报收集、分析和移送的基本职能外,其协调不同执法部门合力打击洗钱犯罪的枢纽作用处于世界领先水平。因此,此类模式被喻为"蛛网式"执法模式。

美国的做法给我国的借鉴与启示如下:

1. 通过庞大的情报网络最大限度地挖掘洗钱犯罪线索

鉴于洗钱线索可能分布在金融机构、司法、税务、工商等多个执法部门,FinCEN通过与多个执法部门签订背对背合作备忘录方式,创建了包含多个执法部门、金融机构数据库和商业信息库的庞大情报网络。这些数据经过整理和分析,就可以勾画出被调查对象所进行的金融和商业交易的清晰脉络,从而为调查提供线索。

2. 将洗钱案件的管辖权与上游犯罪捆绑

由侦办上游犯罪的执法部门开展平行的洗钱案件调查,不但可以发挥其相关领域专业优势,发挥效能最大化,也为反洗钱执法队伍引入大量新鲜血液。

3. 扩充金融情报中心(FIU)的"稽查工具军火库"

在目前多数国家,反洗钱金融情报中心(FIU)的职能主要为可疑交易情报的接受、分析及移送,即为执法部门提供辅助支持的部门。在此方面,美国通过扩大FinCEN的稽查权边界,推动其主动介入反洗钱执法,其做法值得借鉴。

(二)澳大利亚

与美国"多头执法"不同,澳大利亚由联邦警察和洲警察在联邦和州的层面统一侦办各类洗钱犯罪。联邦警察内设监控犯罪收益以及经济调查点经济犯罪处理部门(Financial Crimes Unit)和反恐工作处(Counter Terrorism Division)来提高洗钱和恐怖活动的侦办效率。同时,由联邦警察和洲警察牵头成立的犯罪情报中心国家犯罪委员会(ACC)也是该国反洗钱执法体系的重要一环。此外,澳大利亚在洗钱犯罪查处中引入财产没收特殊规则令人印象深刻。

在金融情报中心(FIU)方面,与美国FinCEN主要履行协调职能不同,澳大利亚金融情报中心(AUSTRAC)发挥了更为重要的作用,具有金融情报中心和反洗钱监管的双重身份，这种模式被称为"沙漏式"，AUSTRAC 正处于沙漏漏口的中心位置。

我国从澳大利亚的做法可借鉴的经验如下：

1. 洗钱犯罪查处引入财产没收特殊规则

澳大利亚非常重视洗钱犯罪资产和收益的追缴。针对洗钱犯罪中难以证明犯罪嫌疑人"明知"的主观故意等妨害洗钱犯罪查处情况，为确保洗钱犯罪收益被有效追溯，澳大利亚在其《2002 年犯罪收益追缴法》中引入特别刑事没收程序，不要求洗钱犯罪审判活动以被告人是否有罪为中心，而是要求法院单独地审查有关财物是否与犯罪活动相关，其来源、用途或者持有是否合法。

2. 金融情报中心与执法部门人员互派和联合办公

AUSTRAC 在悉尼设立总部，在其他主要城市指派联络员，专门负责与当地执法部门联络。双方专家共同组成专门的分析机构，分别提供给税务、海关、警察等机构参考使用。同时，AUSTRAC 与执法部门联合办公，甚至可以被授权代表执法部门直接参与执法活动。

3. 引入私营部门助力

2017 年 3 月，AUSTRAC 牵头成立了世界上第一个私营和公共部门联合打击恶性犯罪和恐怖融资的合作机制（Fintel 联盟）。该联盟旨在将业界和政府部门在信息、知识和能力方面各自拥有的优势加以整合，从而提高犯罪风险识别效率。该联盟被定位于具备智能监管能力，提供金融情报分析培训的操作分析中心和监管科技创新中心。

六、政策建议

（一）立法层面：移除洗钱入罪的政策障碍

1. 有计划地逐步扩大洗钱罪的上游犯罪。建议借鉴国外立法经验，结合我国国情，逐步、合理扩大洗钱罪的上游犯罪，不宜扩大到过于宽泛的范围，达到既有利于履行我国承担的国际条约义务，又有利于打击特定犯罪和维护金融管理秩序的目标。将我国洗钱犯罪的上游犯罪应扩大为那些能够产生巨额犯罪收益的特定严重犯罪，且针对这些特定犯罪收益的洗钱行为，具有侵害金融管理秩序和妨害司法机关打击犯罪活动的双重法益侵害。

2. 有条件地将上游犯罪的本犯纳入洗钱罪犯罪主体。为了实现对日益泛滥的洗钱犯罪的有效打击，进而实现对上游犯罪的有效防惩治，建议将上游犯罪的本犯作为洗钱罪的打击对象，这也是完全符合洗钱罪的立法宗旨的。

3. 进一步明确洗钱罪的主观要件，明确直接故意和间接故意均属于洗钱的故意犯罪，在此基础上进一步扩充了洗钱犯罪的主观心态，将过失洗钱纳入洗钱罪的罪过形式。在行为人"怀疑"或者"应当知道"财产是犯罪收益之情形时，将洗钱行为确定为刑事犯罪。① 可考虑将洗钱罪分解为故意洗钱罪与轻率洗钱罪，并且在法定刑的设置上，区别对待故意犯与过失犯之间不同的主观恶性和人身危险性，对故意洗钱罪规定更重的法定刑，严密我国反洗钱的刑事法网。

4. 完善洗钱罪的处罚规定②。一是明晰《刑法》第一百九十一条洗钱罪"情节严重"的适用标准，在充分调研的前提下考虑增设"情节特别严重或数额特别巨大"的量刑档次。二是加大罚金比例，建议将罚金比例修改为洗钱数额的1倍以上5倍以下，从而有效削弱甚至切断犯罪分子再次犯罪的能力。三是考虑增加没收财产刑的附加刑，并且引入"混合没收"的理论，③ 扩大没收财产的范围。

（二）执法层面：构建更加有效的洗钱犯罪侦查追诉体系

1. 在更高法律法规层面明确反洗钱的执法权限、执法程序和社会各有关主体在反洗钱方面承担的义务。建议在《反洗钱法》中明确相关部门的职责，可将国务院反洗钱部际联席会议成员单位已经明确的反洗钱职责上升到法律法规层面，从而达到依法治国和依法行政的目的。

2. 按照"风险为本"的原则，探索创新执法手段，助力执法能力提升。面对日趋复杂的反洗钱和反恐怖融资形势，按照"风险为本"的原则，探索创新与风险水平相匹配的执法手段，提升执法有效性是当前反洗钱的重要任务之一。借鉴国外先进经验，这些手段可以包括：为人民银行增设对涉嫌洗钱资产进行查冻扣的行政授权；对于涉及洗钱资产，引入特殊没收规则。

3. 强化上游犯罪和洗钱犯罪侦查机关的线索移送和侦查配合，在此基础上考虑进一步统合对洗钱犯罪的侦查权。一是完善侦查机关的内部协作机制。侦查机关在侦查上游犯罪时，如果发现存在洗钱犯罪的，应开展平行调查程序，即同时对上游犯罪和洗钱犯罪进行侦查，并明确洗钱犯罪的不同警种、不同地区间的管辖权归属规则。二是建立与反洗钱主管部门、金融情报中心更为紧密的合作机制，包括金融情报中心与执法部门人员互派和联合办公、执法；设置线索移送和反

---

① 参见《欧洲理事会关于清洗、搜查、扣押和没收犯罪收益以及恐怖融资的公约》第9条第3款。
② 汪恭政. 洗钱罪的案例考察与治理路径 [J]. 重庆社会科学, 2018 (6).
③ 所谓混合没收是指在犯罪所得及其收益与来源合法的财产相混合进行清洗的情况下，该合法财产也应属于没收的范围。这一规定的理论基础在于，与非法财产相混合的合法财产，因为具有了使黑钱其合法化和帮助逃避法律追究的非法目的，从而具有了犯罪工具的性质，当然要予以没收。从华. 刍议我国反洗钱刑事立法的完善 [J]. 中国人民公安大学学报（社会科学版），2012 (6)：115.

馈的双向制约机制，根据执法部门可疑交易线索的使用和反馈情况优化监测手段和调查方法；定期组织跨部门团队会商和交流，为执法部门提供反洗钱专业培训等。

（三）协作机制：形成打击合力，提高工作有效性

1. 以矩阵式管理补强反洗钱顶层协调机制

我国建立了反洗钱部际联席会议的协调机制，但从监管协调的国内外经验看，如果只限于实现单纯的顶层协调，无法有效发挥实效。由此，通过矩阵式管理补强上述缺陷，提升协调机制有效性。

矩阵式管理是在纵向组织管理结构上搭建横向组织管理系统，形成纵横交错、纵向为主、横向为辅、结构紧凑、问责有效的矩阵式管理体系，便于信息共享、统筹决策和协调落实。矩阵式管理在政府治理（包括金融治理）中得到广泛应用。

综上所述，充分借鉴国内外相关经验，初步考虑可如下构建矩阵式管理框架。一是保持部际联席会议机制不变。二是在联席会议下设立若干常设的专业委员会，负责主要政策横向信息共享、统筹决策和协调落实。

2. 搭建更加完善的信息共享平台

为实现洗钱线索及相关信息在执法体系内部横向和纵向移动，建议按照如下三个维度发展信息共享机制，一是"跨机构信息"共享机制，二是"跨部门信息"共享平台，三是"国际合作"信息共享机制。

在上述机制支撑下，我国金融情报中心可参照美国"门户计划"，搭建一个整合上述所有信息的洗钱信息综合查询平台，该平台应该是一个多层次、跨部门、包含多个应用系统，为经法律授权的执法机构提供直接、自助式的数据访问服务，并为开展洗钱类型、犯罪趋势分析，资金流向分析等提供依据。

3. 积极寻求和参加反洗钱国际合作

我国需要依照缔结或者参加的国际公约以及平等互惠的原则继续参与反洗钱国际合作，继续积极、认真地履行我国缔结、参加的国际公约、条约以及反洗钱国际组织有关规定确定的反洗钱义务。同时，需要积极寻求建立统一的国际反洗钱信息收集和监测处理机构，最大限度地拓宽全球、区域、国家和地区之间的反洗钱信息通报、信息交流、信息分析的渠道，提高信息交换的质量与效率，寻求信息与资源的共享，建立和完善反洗钱国际合作信息共享机制。

参考文献

[1] 反洗钱工作部际联席会议. 中国洗钱和恐怖融资风险评估报告, 2017.
[2] 中国人民银行. 中国反洗钱报告（2017）[M]. 北京：中国金融出版

社，2018.

[3] 李东荣主编. FATF 建议与相关国际公约 [M]. 北京：中国金融出版社，2012.

[4] 罗玉冰，李哲主编. 反洗钱监测：国际经验与中国实践 [M]. 北京：中国金融出版社，2017.

[5] 姜威主编. 反洗钱国际经验与借鉴 [M]. 北京：中国金融出版社，2010.

[6] 金融特别行动组. Anti – money laundering and counter – terrorist financing measures：Mutual Evaluation Report（United States），2016.

[7] 金融特别行动组. Anti – money laundering and counter – terrorist financing measures：Mutual Evaluation Report（Australia），2015.

[8] 肖凯. 我国反洗钱查处机制的优化 [J]. 检察风云，2018（5）.

[9] 程璞. FATF 第四轮评估标准对推进我国洗钱刑事定罪工作的启示 [J]. 金融理论与实践，2016（11）.

[10] 钱华. 推动洗钱定罪工作的探索与思考 [J]. 福建金融，2016（4）.

[11] 刘闽浙. 我国反洗钱、反恐怖融资刑事立法和司法实践问题研究 [J]. 上海金融，2017（12）.

[12] 赵秉志，袁彬. 中国洗钱犯罪的基本逻辑及其立法调整 [J]. 江海学刊，2018（1）.

[13] 夏卫东. 经济犯罪侦查视野下的反洗钱研究 [J]. 上海公安高等专科学校学报，2012（8）.

[14] 丛华. 刍议我国反洗钱刑事立法的完善 [J]. 中国人民公安大学学报（社会科学版），2012（6）.

[15] 汪恭政. 洗钱罪的案例考察与治理路径 [J]. 重庆社会科学，2018（6）.

[16] 张宝. 全球化背景下洗钱罪争议问题探析 [J]. 河北法学，2017（4）.

[17] 王新. 竞合抑或全异：辨析洗钱罪与掩饰、隐瞒犯罪所得、犯罪所得利益罪之关系 [J]. 政治与法律，2009（2）.

[18] 赵新彬. 洗钱罪主观问题研究 [J]. 河南师范大学学报（哲学社会科学版），2007（7）.

[19] 刘为波. 关于审理洗钱等刑事案件具体应用法律若干问题的解释 [J]. 人民司法，2009（3）.

[20] 张少林，刘源. 刑法中的"明知""应知"与"怀疑"探析 [J]. 政

治与法律，2009（3）．

［21］王新．德国反洗钱刑事立法述评与启示［J］．河南政法大学学报，2012（1）．

［22］张明楷．论缩短的二行为犯［J］．中国法学，2004（3）．

［23］周道鸾，张军主编．刑法罪名精释［M］．北京：人民法院出版社，2007．

［24］王新．国际视野中的我国反洗钱罪名体系研究［J］．中外法学，2009（3）．

［25］赵远．洗钱罪之"上游犯罪"的犯罪［J］．法学，2017（11）．

［26］井晓龙，张宝．我国洗钱罪上游犯罪扩容的立法建议［J］．人民检察，2017（23）．

［27］丛华．刍议我国反洗钱刑事立法的完善［J］．中国人民公安大学学报（社会科学版），2012（6）．

［28］徐汉明等．中国反洗钱立法研究［M］．北京：法律出版社，2005．

［29］欧阳博安．洗钱的定义和反洗钱法的义务主体［M］．北京：中国金融出版社，2006．

［30］龙在飞．自洗钱行为独立定罪问题省察［J］．人民检察，2015（8）．

［31］刘伟丽．互联网金融环境下我国洗钱犯罪的惩治与预防［J］．法学杂志，2017（8）．

［32］姚兵．我国自洗钱行为不独立成罪的原因分析［J］．河北法学，2012（6）．

［33］［日］川端博．刑法总论讲义［M］．东京：日本成文堂，1997．

违法违规金融广告典型特征实证分析与监管路径研究

中国人民银行上海总部金融消费权益保护部课题组

课题组组长：朱　红
课题组成员：孙崇昌　李　婧　原宇航　钟瑞仪　胡　朋

摘　要

金融广告是市场经营主体为了招徕客户而向不特定人群发布的，宣传金融产品或者金融服务的一种营销方式，而违法违规金融广告则是不法分子诱骗金融消费者的重要手段。要有效解决违法违规金融广告问题，需要对违法违规金融广告的典型特征有清晰准确的认识。本文对违法违规金融广告的典型特征进行归纳推理和实证分析，充分挖掘违法违规金融广告的典型特征，并基于研究发现给出针对性的政策建议。当前，学术界对什么是违法违规金融广告以及违法违规金融广告特征的理论研究和实证研究几乎空白。因此，本文通过对基于大数据挖掘获取的违法违规金融广告的线索进行实证研究，归纳分析违法违规金融广告呈现的特征，既填补研究空白，又为金融广告治理实践提供支持。

一、前言

（一）研究背景及意义

金融广告是市场经营主体为了招徕客户而向不特定人群发布的，宣传金融产品或者金融服务的一种重要营销手段。在当今互联网技术蓬勃发展、经济高速发展和全球化融合速度加快的社会大背景下，金融广告的发布渠道较以前更为丰富，传播速度更加快捷，对经济金融发展和社会公众的影响也更加广泛。金融广告作为市场经营主体营销宣传的重要手段，能为各个金融行业的广告主体带来经济收益，在一定程度上刺激了社会经济的高速运行。

但与此同时，违法违规金融广告问题随着我国经济发展日益显现出来。虚假宣传、误导性宣传、垃圾营销信息和电子邮件、新媒体和互联网虚假金融广告等越来越多地充斥在金融广告市场中。近些年如e租宝、"中晋系"、钱宝网、善林金融等非法集资案件的不断爆发，受害群体动辄数十万，涉案金额更是数以百亿元计。而此类非法金融活动在前期扩张阶段，往往以大量的具有极强诱惑性的金融广告或其他营销宣传形式吸引民众。e租宝从成立之初起，就打出"一元起投""普惠金融"等旗号，承诺9%~14.6%的年化收益率，并开始大规模的广告轰炸。而"中晋系"相关公司则将"信用背书"的套路玩得炉火纯青，牢牢把握"控股香港上市公司+知名媒体+名人背书"的模式，在金融圈中如鱼得水。如此手段，比比皆是。

作为非法金融活动误导欺诈普通民众的重要手段，这些内容虚假或引人误解的金融广告同时也是一种典型的不正当竞争行为，其负面影响至少有以下四个方面：一是破坏公平竞争的市场运行秩序。违法违规金融广告往往利用虚假、隐瞒或引人误解的宣传内容误导诱骗金融消费者，或非法利用消费者个人金融信息发送骚扰性营销信息。违法违规金融广告严重侵占了其他合法市场经营主体的市场空间，破坏了公平竞争的市场秩序，不利于金融市场持续健康发展。二是侵害金融消费者的合法权益。违法违规金融广告在内容真实性上往往存在巨大瑕疵，使金融消费者无法按照自己的真实需求合理地作出购买决策，这严重侵害了金融消费者的合法权益，并会给金融消费者的财产和心理带来极大损害，且极易激化社会矛盾，增加政府维稳压力。三是影响金融行业的整体公信力。长远来看，如果违法违规金融广告现象得不到有效遏制，必然会导致金融消费者对金融广告的信任日渐降低，使原本在市场中树立了良好形象的金融机构大受影响，从而导致整个金融行业在金融消费者心中失去公信力，那么金融行业势必难以取得长足发展。四是造成社会资源的浪费。违法违规金融广告将非法或劣质的金融产品或者服务以虚假欺诈、夸大收益、隐瞒事实等方式推荐给金融消费者，挤占了那些能够提供优质金融产品或服务的市场主体的生存空间，最后必然导致资源错配和市场失灵。同时，对违法违规广告的监管本身也需要投入大量的人力、物力，尤其是对互联网金融广告的监测和处置更是需要高额的设备经费和大量人力投入。这些都是因违法违规金融广告而导致的社会资源的巨大浪费。

综上所述，当前，我国金融领域风险点多面广，非法金融活动问题多发，而违法违规金融广告则起到推波助澜的作用，摆在我们面前的违法违规金融广告问题影响深远，必须找出有效手段，正本清源，遏制违法违规金融广告泛滥势头。一是要站在维护国家金融安全和人民群众切身利益的政治高度，重视金融广告治理工作。习近平总书记多次指出，金融安全是国家安全的重要组成部分，要坚决打好防范化解系统性风险攻坚战，要切实保护金融消费者的长远利益和根本利益。同时，治理违法违规金融广告，切实保护金融消费者的各项合法权益，也深刻符合我党践行以人民为中心的执政理念的根本需要，是把群众路线贯彻到治国理政全部活动之中，把群众路线融入经济社会发展全过程中的重要一环。二是要充分利用实证方法，抓准违法违规金融广告典型特征。用实证方法研究违法违规金融广告的典型特征，有助于金融管理部门在众多金融广告媒介和海量的金融广告中，及时识别、捕获违法违规金融广告。三是要对症下药，针对违法违规金融广告典型特征研究切实有效的监管策略。研究违法违规金融广告典型特征，也有利于金融管理部门制定相应的金融知识普及策略，有效帮助金融消费者提升自身金融素养和风险防范意识，准确辨析违法违规金融广告，抵制不法分子的误导诱骗。

（二）研究思路与主要内容

本文旨在研究违法违规金融广告的典型特征，首先需要明确违法违规金融广告的定义。参照学术研究领域和广告监管法律法规等方面关于广告的定义，本文对金融广告的定义为市场经营主体为了招徕客户而向不特定人群发布的，推介金融产品或者金融服务的一种重要营销宣传手段。对于违法违规金融广告，因其所触犯的法律法规及其广告主体的性质等因素而出现多种情形，本文将其简化理解为以下几类：一是广告主不具备开展金融业务的相应资质，即广告主未取得金融管理部门审批或备案的金融业务经营资质许可；二是广告主具有金融业务经营资质许可，但其显著超出其审批或备案经营范围开展金融业务并发布相应金融广告；三是广告主具有金融管理部门审批或备案的金融业务经营资质许可，但其发布的金融广告的内容或形式等方面违反了现行法律法规和监管要求。以上几种情形，均属于本文的研究范畴。

其次，要研究违法违规金融广告的典型特征，还需要掌握大量具有一定代表性的违法违规金融广告样本数据，再由研究人员对相关数据进行分析研究。中国人民银行自2017年底委托中国互联网金融协会（以下简称互金协会）监测违法违规互联网金融广告，通过合作，笔者可以互联网违法违规金融广告作为主要研究对象，分两类对其进行研究。一是收集汇总人民银行各分支行金融广告线索的甄别处置情况，并对互联网金融违法违规金融广告的典型特征进行分析，但考虑到人民银行各分支机构开展金融广告监测处置工作尚处于探索阶段，各分支机构甄别处置的标准不尽统一，因而此批数据不宜用作数量化分析。二是从金融广告线索数据库中随机抓取一批样本数据，再由笔者及团队依据相对统一的标准对其进行甄别及数量化处理，随即对数量化数据进行相关性分析，挖掘互联网违法违规金融广告的典型特征。

本文的主要研究内容是违法违规金融广告的典型特征，具体为内容形式特征和主体特征。违法违规金融广告内容特征包括广告用语特征、涉及业务、违法违规性质等，违法违规金融广告主体特征包括广告主体基本属性、所属行业、所在地区、经营性质等。本文将在后续的特征分析部分，对上述特征进行详细的研究。

二、文献综述

通过对相关文献的检索和研究发现，国内外学者对金融广告相关问题的研究相对较少，2018年有关学者和实务专家开始对金融广告治理工作的缘起、域外实践及行业自律等问题进行研究和探讨，但研究成果仍然较少，研究也不够深入。相关成果更多地体现在其上位概念"广告"的研究中，现梳理如下：

（一）关于广告及相关概念的研究

学者对什么是广告以及金融广告这一问题的研究，尚未形成一致的观点。如高萍（1998）认为，广告是由可确认的广告主，对其观念、商品或服务所做的任何方式付款的非人员性的陈述和推广。崔银河（2007）提出，广告是通过各种媒介向用户或消费者宣传商品或劳务，以促进销售或扩大服务的手段。刘林清（2009）认为，广告是指处于某种特定的目的，并且以一定的媒介或载体，广泛地向受众公开传递信息的宣传手段。随着互联网技术的发展，部分学者在对广告认识的基础上，立足媒介提出了一些专门性概念，如徐爽（2015）提出，微博广告是Web2.0技术下诞生的新的传播媒介——微博与传统广告结合的产物，具体来说，微博广告是指广告主通过微博平台，运用文字、图片、视频、链接等形式宣传自己的商品或服务的信息传播行为。涂伟和白雪（2010）指出，网络广告应当是用国际网络这种媒介，通过文字、图形或者多媒体等方式展现的具有商业性质的广告，可以认为是通过网络传播有偿信息。这些专门领域广告概念的提出，对丰富广告概念自身的内涵起着重要的促进作用。从专业细分领域来看，学者对金融广告概念的研究几近空白，但学界对广告及其相关概念的研究，为金融广告概念的厘定提供了理论基础。

（二）关于特定媒介广告的研究

近年来，随着网络技术的迅猛发展和自媒体社交平台的崛起，网络广告、互联网广告、自媒体广告等广告新业态逐渐引起学者的高度关注，并形成有关研究成果。程莹琦（2009）、赵歌（2011）、梁绍华（2014）、席琳（2017）等围绕网络广告的行政规制、法律制度、政策评估等进行深入研究，分析了网络广告的基本特征，概括总结了网络广告监管发展历史的五大时期：失控期—探索期—雏形期—成长期—强化期，并梳理了我国网络广告监管的法律制度。徐爽（2015）对微博广告进行探索研究指出，微博广告依托微博平台进行裂变式传播，受众多，传播速度快且范围广，改变了传统广告由点到面的单向传播模式，利用微博平台的关注机制和转发功能进行由面到面的互动式传播，具有高开放性和互动性。白卡娟（2014）通过研究自媒体广告发现，其具有丰富的平台形式、低廉的成本、裂变式的传播和更为隐蔽的传播方式等特性，给广告监管带来诸多挑战。

（三）关于广告内容与语言相关问题的研究

广告语言作为广告的重要组成部分，是承载广告信息的基本媒介，可以起到传递信息、美化商品、树立形象的重要作用，逐渐成为学者的重要研究课题。黄武双（2017）通过对不正当比较广告的研究，结合经典案例总结归纳虚假或误导陈述的判定方法与技巧。江韵（2017）认为，目前广告语言使用混乱的现象日益严重，极大地妨碍了语言文字规范化、标准化的推广工作，不断引起各类广告纠纷，在未成年人中也造成严重不良影响，引起社会各界强烈不满。也有学者围绕广告语言与受众心理之间的关系进行研究，如钱永红（2015）立足广告模糊语误导的社会心理机制展开研究，并指出电视直销广告商往往善于掌握消费者的迷信科技与权威心理、求廉、求奇心理和从众心理等相关心理因素，利用模糊话语的模糊属性来对相关心理进行负面的顺应，从而顺利地达到误导消费者的目的。吴守仁和罗晓倩（2017）揭示商业广告语篇内部的言语行为表达模式，了解商业广告如何构建语篇以达到说服的目的。

（四）关于广告监管相关问题研究

相比其他方面，无论是学者还是实务专家，从广告伦理自律、行政规制和行业自律等维度对广告监管的研究比较多见。如王斯班（2017）认为，广告作为一种经济行为，对国民的日常生活乃至国家的建设与发展有着深远的影响，任何经济行为都离不开伦理规范的制约和监督。王瑞娟（2012）针对网络非法广告的表现形式，从立法、行政、司法三个维度提出了网络广告不正当竞争行为的规制策略。卢智睿（2018）通过研究主要发达国家金融广告立法和监管手段，探析当前我国金融广告行业存在的问题，并提出建立负面清单、成立金融广告行业自律组织等建议。田晓宏（2018）通过对金融广告现状的分析认为，监管机构应指导行业自律组织制定高标准的自律规范以及灵活的自律惩戒措施，逐步构建行业自律与行政监管优势互补、层次鲜明、差异处置、刚柔并济的金融广告治理体系，形成"行政监管推动行业自律，行业自律促进行政监管"良性互动的工作格局。

也有学者对广告监管的技术模型进行探索研究,如刘凡(2006)对公众利益理论进行了研究归纳,提出公众利益理论对于我国广告监管的适用性,并据此提出了基于公众利益的广告监管模型,丰富了国内在此方面的理论基础研究。

(五)关于金融广告治理域外经验比较研究

金融广告在国外兴起较早,针对金融广告监管的研究成果相对来说还是比较丰富的。近年来,部分学者引介全球主要经济体金融广告治理相关做法经验,并对我国金融广告治理提出启示借鉴。范志国(2010)分析了欧盟广告立法进程及监管特征,同时也分析了欧盟法与欧盟各成员国的国内法之间的关系,为我国广告监管体制变革提供借鉴。李彬(2013)对英国广告治理的相关制度、管理模式及工作流程等进行了详细介绍。侯佳(2014)以澳大利亚广告行业的自我监管制度作为研究对象,对监管制度的架构体系、运作方式、主要机构等进行了系统性的研究梳理,并通过一般行业与特殊行业自我监管的具体案例分析澳大利亚监管制度的具体投诉流程与效果,揭示澳大利亚广告行业自我监管制度的优点与不足。毛泽强(2018)通过对美国、英国、日本等金融广告监管体制的介绍和比较,提出完善我国金融广告治理机制的相关工作措施。

综观国内专家学者对广告及其相关问题的研究,由于金融自身的专业性和复杂性,长期以来未引起理论界足够的重视,实务界出于监管职责和法律适用等考量,也未产生监管业务需求,更多地注重对金融营销宣传行为的规范。因此,专家学者对于金融广告治理的理论研究和实践探索相对匮乏。从研究数量上看,由于2018年金融广告监管实践的深入推进,当前对金融广告的研究逐渐增多,遗憾的是,对什么是违法违规金融广告以及违法违规金融广告特征的理论研究和实证研究几乎空白。因此,本文通过对大量违法违规金融广告数据的进行实证研究,归纳分析违法违规金融广告呈现的特征,既填补研究空白,又为金融广告治理实践提供支持。

三、违法违规金融广告典型特征与问题剖析

(一)违法违规金融广告的基本特征

笔者及团队汇总了人民银行各分支机构对违法违规金融广告甄别处置的相关信息,通过系统性地梳理分析,总结出违法违规金融广告的基本特征。

1. 发布主体多为无金融业务资质机构。从前期监测处置情况来看,违法违规金融广告的广告主大部分为未取得金融业务经营资质许可或备案的市场经营主体。如某非融资性担保有限公司,该公司未取得地方性贷款业务经营资质备案,

其经营范围理应限制在诉讼保全担保、财产保全担保、工程履约担保等中介业务，但其在多家网站平台发布的广告均为发放贷款的内容，其经营活动明显超出法定经营范围。

2. 涉及贷款类业务和投资理财类业务的违法违规金融广告在当前违法违规金融广告中占据极大比重。广告主主要是贷款公司、P2P民间借贷机构等，其他类别广告占比虽相对较低，但这部分金融广告中同样隐含着一些可能侵害金融消费者合法权益，甚至引发区域性、系统性风险的非法金融活动和机构，如涉及人民币、纪念币投资、个人征信数据违规查询和使用、虚拟货币投融资等活动的违法违规金融广告，特别是已经引起监管部门关注的涉及区块链、虚拟货币概念的违法违规金融广告。

3. 违法违规金融广告呈现多发和集中趋势。违法违规互联网金融广告存在局部集中的现象，主要发布在些流量较低的网站，这些网站的违法广告不至于诱骗大量的金融消费者和引发大范围的风险事件，但是这些网站每日访问量也有几百万，大量集聚违法违规金融广告也存在明显的风险隐患。传统媒体户外媒介如地方性报纸、银行网点、贷款机构门店、小卡片等也属问题多发，这类广告主要出现在三四线城市、城镇及农村，传播范围有限，社会危害性相对较低，不良影响较易控制，但也给人民群众的生活带来一定的困扰，尤其是金融知识相对匮乏、风险防范意识相对较差的老年人和在校学生，容易遭受诱骗导致权益受损。

4. 广告宣传方式误导诱骗意图明显。一是内容严重虚假夸大，误导诱骗金融消费者意图明显。如某商务咨询有限公司（无金融业务资质）虚假宣传产品最高收益可达20%，刻意诱骗金融消费者。二是刻意掩饰潜在风险，刻意隐瞒重要信息。如某投资咨询公司（无金融业务资质机构）发布广告宣扬国际炒汇活动的高收益性，但对潜在风险只字不提。三是冒用公信力较高的机构乃至国家机关及其工作人员的名义或者形象，为广告主体粉饰门面、加强公信力。如某保险公司在其营业厅电子屏幕播放内容为"……隶属于国家建设部，服务好，理赔快……"的广告，但经查该公司与国家建设部并无隶属关系。四是采取不正当竞争方式，恶意贬低同业或挤占同业广告传播空间。如某公司将自行发售的理财产品与银行理财产品、房地产股票等进行显失客观的比较。五是对民众日常生活的骚扰性极强。如不法分子通过电话、短信、微信朋友圈等媒介进行狂轰滥炸式的推介，各种小广告在城市的公交站牌上、电梯内、马路上、共享物品上随处可见。

（二）违法违规金融广告特征相关性分析

在前文中阐述的违法违规金融广告的基本特征，是基于对违法违规金融广告的相关表现进行直观地统计分析后总结得出的。此类特征，往往与违法违规金融广告的违法性质具有紧密的联系，各相关特征之间也可能存在较大的关联性。笔者从监测获取的互联网金融广告信息中随机抽取了1150条广告信息，并依据统一标准对每条广告信息的合法合规情况进行甄别，最后将这些广告信息进行数量化处理。笔者运用Stata软件，采用Probit、Logit等模型对以上数据进行多元回归分析，旨在研究互联网金融广告的各类属性特征与其违法违规性质之间的关联性，以优化中国互联网金融协会对互联网金融广告的监测抓取算法，并对监管部门及时捕获违法违规互联网金融广告提供更有力的技术依据。

1. 数据来源及特征描述

本研究所使用互联网金融广告数据由互金协会提供。此批数据共包含1150条互联网金融广告，每条广告信息的属性包括广告内容、广告主名称、发布媒介名称、广告主所在地、监测关键词类别、广告正文字数等。变量数值化详情见表1。

表1　　　　　　　　　　　　变量解释

变量属性	变量名称	代码	含义
被解释变量	广告违法违规情况	ILLEGAL	二值变量。经甄别，该广告是否违法相关法律法规，是则取值为1，否则为0
广告数量属性	监测关键词类别	KW	数值变量。该广告所包含的关键词类别数量
	广告正文字数	WC	数值变量。该广告正文的总字数
广告内容属性	是否包含"无须抵押"字眼	MTG	二值变量。该广告是否包含"无须抵押"字眼，是则取值为1，否则为0
	是否包含"当天下款"字眼	LSD	二值变量。该广告是否包含"当天下款"字眼，是则取值为1，否则为0
	是否包含"不涉征信"字眼	NCR	二值变量。该广告是否包含"不涉征信"字眼，是则取值为1，否则为0
广告主地区属性	广告主所在地是否为上海	SH	二值变量。广告主所在地是否为上海，是则取值为1，否则为0
广告主经营属性	广告主是否为担保公司	GUA	二值变量。广告主是否为担保公司，是则取值为1，否则为0
	广告主是否为典当公司	PAWN	二值变量。广告主是否为典当公司，是则取值为1，否则为0
	广告主是否为科技公司	TECH	二值变量。广告主是否为科技公司，是则取值为1，否则为0
	广告主是否为咨询公司	CONS	二值变量。广告主是否为咨询公司，是则取值为1，否则为0

在此批互联网金融广告数据中,广告正文字数最多为3510字,最少为25字,平均字数897字,从对广告数据的主体内容来看,互联网金融广告普遍字数较多,且内容重复性较强,即同样的内容反复出现(病毒式重复);广告中包含关键词种类最多为四种,关键词出现频率最高为44次,平均出现频率为8次;459条包含"无须抵押"字眼,142条包含"当天下款"字眼,300包含"不上征信"字眼,经甄别,1121条广告被判断为违法违规,29条未违法违规。

2. 广告违法违规情况对广告各类属性的回归结果

这一步回归分析主要关注的是广告违法违规情况与广告各类属性的相关关系。笔者采用多元线性回归模型(OLS)、Probit模型和Logit模型进行回归分析(已做相关稳健性检验,受字数限制不再列示),结果见表2,具体分析见后文。

表2　　　　　　广告违法违规情况的主要相关因素回归结果

VARIABLES	(1) OLS ILLEGAL	(2) Probit ILLEGAL	(3) Logit ILLEGAL
KW	0.0442***	0.539***	1.063***
	(0.00968)	(0.166)	(0.350)
WC	0.0371***	0.237***	0.402***
	(0.0125)	(0.0770)	(0.132)
MTG	0.0252	0.101	0.218
	(0.0232)	(0.139)	(0.263)
LSD	0.0353	0.301	0.547
	(0.0309)	(0.239)	(0.469)
SH	-1.047***	—	—
	(0.00959)		
GUA	0.129***	—	—
	(0.0193)		
PAWN	0.0543	0.311	0.548
	(0.118)	(0.570)	(1.069)
TECH	0.0745***	—	—
	(0.0181)		
CONS	0.101***	0.637***	1.214***
	(0.0219)	(0.147)	(0.297)
Constant	0.554***	-1.093**	-2.063**
	(0.0839)	(0.487)	(0.853)
Observations	1150	776	776
R-squared	0.640	—	—

Robust standard errors in parentheses。

注: *** $p<0.01$, ** $p<0.05$, * $p<0.1$。

3. 广告内容属性对其他属性的回归结果

这一步回归分析主要关注的是广告内容属性与其他属性的相关关系。笔者采用多元线性回归模型（OLS）进行回归分析（已做相关稳健性检验，受字数限制不再列示），结果见表3，具体分析见后文。

表3　　　　　　　　广告内容属性对其他属性的回归结果

VARIABLES	(1) KW	(2) WC
GUA	-0.235***	0.372***
	(0.0404)	(0.0636)
PAWN	-0.301***	-0.202
	(0.0309)	(0.129)
TECH	1.494***	1.256***
	(0.0464)	(0.0453)
CONS	-0.138***	-0.324***
	(0.0381)	(0.0551)
Constant	1.301***	6.189***
	(0.0309)	(0.0326)
Observations	1150	1150
R-squared	0.589	0.446

Robust standard errors in parentheses

注：*** $p<0.01$，** $p<0.05$，* $p<0.1$。

（三）违法违规金融广告特征总结与问题剖析

1. 违法违规金融广告特征总结

笔者及团队通过分析人民银行各分支机构对违法违规金融广告甄别处置的相关信息，梳理出违法违规金融广告的基本特征，并通过计量经济学模型对随机抓取的互联网金融广告数据进行分析，得出了金融广告的各类属性特征与其违法违规性质之间的相关性特征。

（1）违法违规金融广告基本特征

①发布主体多为无金融业务资质机构，基本属于超经营范围发布金融广告。

②涉及贷款类业务和投资理财类业务的违法违规金融广告在当前违法违规金融广告中占据极大比重。

③违法违规互联网金融广告存在局部集中的现象，主要发布在一些流量较低的网站，三四线以下城市传统媒体户外媒介，如地方性报纸、银行网点、贷款机

构门店、小卡片等也属问题多发。

④广告宣传内容严重虚假夸大,误导诱骗金融消费者意图明显,刻意掩饰潜在风险,隐瞒重要信息,冒用公信力较高的机构乃至国家机关及其工作人员的名义或者形象,采取不正当竞争方式,恶意贬低同业或挤占同业广告传播空间,且对民众日常生活的骚扰性极强。

(2) 违法违规金融广告属性相关性特征

①违法违规金融广告倾向于使用更多的敏感关键词组,这可能表明违法违规金融广告主体希望通过更多的敏感关键字词使该广告信息能够在搜索引擎中更可能被搜索,从而捕获更多的金融消费者点击量。

②违法违规金融广告倾向于使用更多的广告内容,可能的解释是违法违规金融广告主体希望通过更多的广告信息误导诱骗金融消费者,或采取多次重复广告信息的方式占据更多的广告版面,这一解释在笔者浏览此批金融广告信息时得到一定的直观性确证。

③公司性质为金融科技类的企业,其发布违法违规金融广告的行为相对典型,金融科技公司发布广告违反相关法律规定的概率相较于其他公司更高,且金融科技公司发布广告倾向于使用更多的关键词组和广告内容。

2. 违法违规金融广告问题分析

通过对违法违规金融广告问题的深入分析,笔者认为,导致违法违规金融广告屡禁不止的原因主要有以下几点:

(1) 对无金融业务资质机构的监管职责有待明确

《广告法》第二十五条对金融产品和服务的规定较为笼统,无法全面规制品类繁多、创新迅速的金融产品相关广告。现行银行业、证券业和保险业法律法规则缺乏对无金融业务资质机构开展金融活动及发布金融广告的规制条款。而1998年出台的《非法金融机构和非法金融业务活动取缔办法》早已因监管体制改革和金融行业迅猛发展而难以适用。以小额贷款公司监管为例,地方金融监管部门负责对小额贷款公司进行备案管理,但并无法律法规明确地方金融监管部门对小额贷款公司经营行为的监管权限,这使地方金融监管部门"只能批,无力管",而许多小额贷款公司则抓住这一漏洞大肆发布违法违规金融广告,其他无金融业务资质机构的情况大抵如此。

(2) 基层金融广告监管协作机制尚不健全

近年来,地方工商局等有关部门通过整治虚假违法广告联席会议等机制强化了对违法违规金融广告行为的联合监管,但总体而言,基层地区尤其是县域金融广告监管的体制机制尚不完善,部分监管部门并未加入协作机制,加之相关机制缺乏统筹协调,内容也多为原则性规定。在金融行业分业监管、工商部门监管权与金融部门专业性相对错位的背景下，极易出现监管协调不畅、合作落不到实处等问题，由此导致一些人所共知的违法违规金融广告问题却迟迟未有相关监管部门着手处置的情况。

（3）当前监测技术尚未有效覆盖新型媒体

受目前监测技术的限制，移动互联网媒介、影视视频植入类违法违规金融广告尚未得到有效的监测，尤其是人们日常高频率使用的微信、微博等自媒体、智能手机应用商店、电视剧植入类广告。而在此类媒介上发布的违法违规金融广告却日益增多，并对人民群众的日常生活造成了困扰，但短期内监管部门还难以进行有效监测。这阻碍了相关监管部门及时掌握违法违规金融广告的总体情况，并且在一定程度上助推了在互联网媒介尤其是移动互联网媒介中违法违规金融广告大量繁殖却屡禁不止的问题。

（4）社会民众主动防范风险的能力相对不足

许多社会民众尤其是在校青年学生、老年人、农村居民等群体金融知识相对匮乏，缺乏相应的风险防范意识，对各种违法违规金融广告辨识能力较低，受诱惑后难以作出适合自己风险偏好的合理选择。这一现状在一定程度上给了违法违规金融广告以某种"生存空间"，使其始终可以在市场中存活且占据相当的比例，助长了不法分子不断开展此类活动的嚣张气焰。

（5）市场主体缺失守法合规、诚信经营意识

一方面，金融机构总部金融广告发布审核流程相对严谨完善，但相关广告内容到达三四线以下城市分支机构营业网点后便开始衍生出一些违法违规金融广告，表明金融机构未让金融消费者保护部门在金融广告发布工作中发挥全流程的规范作用；另一方面，国内市场尚未牢固建立守法合规、诚信经营的行业精神和文化，部分机构"利欲熏心，罔顾法纪"，开展非法金融活动和发布违法违规金融广告，诱骗、欺诈普通民众，严重破坏金融业发展生态。

四、政策建议

（一）推动完善金融广告监管协作机制

从广告监管的角度看，我国目前的金融广告监管协作机制仍不够健全，应当构建联动配合、协同一致金融广告监管协作机制。而从营销宣传行为的角度看，金融广告只是市场主体推销金融产品与服务的营销宣传方式之一，诸如电话营销、短信营销和实地推广等营销宣传形式也都被广泛使用。此外，清理排查涉及非法集资广告资讯是处置非法集资工作的重要工作内容，同时也是治理违法违规金融广告的有力推手，监管部门可以将两项工作有机结合，提高治理效果。在这

个基础上,相关监管部门应以联合发文、合作备忘录等形式推动中央层面金融广告监管协作机制下沉到基层,保障相关工作落到实处。

(二)加快制定金融广告行为规范和审查标准

在我国的司法实践中,对金融广告进行监管主要适用《广告法》《消费者权益保护法》《反不正当竞争法》和国务院制定的其他广告管理规定,这些法律法规虽或多或少涉及金融广告,但都是原则性和间接性的规定,相对笼统,可操作性不强。相关监管部门应着手制定规制金融广告的专门法律法规,尤其是针对金融产品与服务无形性、专业性等特点,制定金融广告发布审查标准以便于金融机构和媒体机构在制作发布金融广告时可以依照参考,促进金融广告行业的良性健康可持续发展。

(三)探索建立金融监管部门的广告监测体系

目前,各中央金融管理部门普遍未对违法违规金融广告开展针对性的监测工作,只有市场监管总局在全国范围内有全国广告监测平台和全国互联网广告监测中心。对此,中央金融管理部门应加强金融广告监测工作。中央金融管理部门一方面可与市场监管部门和广电部门加强合作,充分利用现有的广告监测体系和监测力量,加大对违法违规金融广告的监测力度;另一方面可以尝试建立本系统的金融广告监测体系,并由中央金融管理部门派驻地方机构按照属地监管原则甄别处置违法违规金融广告。

(四)助推金融广告相关的金融知识教育普及

目前,我国民众金融知识普遍匮乏,导致其辨别违法违规金融广告与识别非法金融产品与服务的能力较低,这为违法违规金融广告滋生泛滥搭建了温床。监管部门应充分利用多种形式向社会公众提供金融广告的基本知识、违法违规金融广告的识别方法和被违法违规金融广告误导的救济途径。结合典型案例开展有针对性的金融知识普及和风险提示,提高金融消费者对金融广告的认知和风险防范意识,提升金融消费者识别违法违规金融广告的能力,帮助金融消费者"走正路、拒邪门"。

(五)持续构建守法合规、诚信经营的行业精神和文化

违法违规金融广告问题是典型的结构性问题,一方面正规金融机构的消费者保护观念较强,因此问题相对较少;另一方面无金融业务资质机构整体守法合规、诚信经营意识淡薄故而问题相对多发。鉴于此,相关监管部门一方面应当引

导正规金融机构落实主体责任，将保护金融消费者的理念纳入公司法人治理框架中，使保护金融消费者的观念深入员工内心并对其工作行为产生由内而外、长期有效的积极影响；另一方面推动各类市场主体共同培育建立起守法合规、诚信经营的行业精神和文化，尤其是加大对尚在起步阶段的互联网金融机构的宣传引导，使金融创新在蕴含守法合规、诚信经营的行业精神和文化的土壤中健康可持续发展。

基于典型案例的电信诈骗洗钱风险类型研究

中国人民银行上海总部反洗钱监测分析中心课题组

课题组组长：刘　锐
课题组成员：方　明　奚志宏　郑晶晶　李培东　伍伊欣
　　　　　　周衍也　孟令阔　李莹珠

摘　要

为深入贯彻落实党的十九大精神，加快法治强国步伐，切实防范洗钱风险，约束违法犯罪行为，近年来国家加大对电信诈骗犯罪的打击力度，犯罪活动总体得到有效控制。但随着信息技术的发展，利用通信工具、互联网等手段实施电信网络诈骗犯罪案件呈高发态势，且随之延伸的跨境洗钱案件频发，严重影响了社会稳定、侵犯了社会公众利益，社会危害性极大。

本文第一部分对电信诈骗犯罪进行了概述。简要介绍了电信诈骗的概念与危害，并依据诈骗媒介与犯罪地域分别对其加以分类，同时对我国电信诈骗犯罪日渐泛滥的现状进行了介绍，近年来我国电信诈骗犯罪案件与受害人数量、损失金额均大幅增加，给人民群众生命财产安全造成了极大危害，降低了社会信任感与群众安全感，已成为影响社会稳定的突出问题。

第二部分通过对电信诈骗犯罪的现状进行分析，课题组研究发现，当前电信诈骗犯罪愈加呈现作案地域跨国跨境化、犯罪组织形式集团化以及诈骗手段多样化、智能化、隐蔽化等特点。

第三部分着重分析电信诈骗组织网络及洗钱手法。从组织策划、实施、诈骗资金流动及清洗、提供不法技术支持四个网络节点的角度，通过国内外典型案例的展示，研究分析新型电信诈骗手段及洗钱方式。再结合近年来电信诈骗犯罪发展的新趋势，进一步分析电信诈骗的作案过程以及涉案资金流动特点，并着重研究了跨境化趋势下电信诈骗犯罪的新型组织模式。

第四部分以涉电信诈骗资金流向为核心，结合日常监测，总结每个交易环节所涉账户的可疑特征，提高可疑交易监测有效性，有效防范电信诈骗违法犯罪。

第五部分研究了电信诈骗犯罪的治理。首先简述了我国的电信诈骗犯罪治理现状，从立法、司法、监管、观念等多方面构建电信诈骗综合治理体系，通过国家重拳出击、多部门协同合作，电信诈骗防治初见成效。

第六部分根据前述部分的研究分析，从反洗钱工作角度，提出了几项政策建议：一是关注新趋势，实现诈骗资金流动指标的模型化；二是加强跨境金融情报交流，更好地识别跨境的电信诈骗犯罪；三是充分发挥金融机构主体作用，从资金流动源头降低洗钱风险；四是构建有效警金协作机制，尽可能地降低电信诈骗损失。

一、电信诈骗概述

（一）电信诈骗概念

电信诈骗一般指以非法占有为目的，采用虚构事实或者隐瞒真相的手段，借助电信网络系统，如电话、短信、网络等媒介，骗取他人财物数额较大或者多次诈骗的犯罪活动。作为一种非接触式的非传统犯罪，电信诈骗融入了较多的高科技元素，且不需要犯罪团伙与受害者直接接触即可完成，犯罪形式多样、手段隐蔽。近年来，电信诈骗呈高发状态，严重影响了社会稳定，侵害了社会公众利益，危害性极大。

（二）电信诈骗分类

根据依托媒介的不同，电信诈骗可分为电话诈骗、短信诈骗及网络诈骗。电话诈骗是指犯罪分子通过固定电话和移动电话的途径实施诈骗，如利用网络改号技术冒充公安、医院、通信运营等机构以办案需要、虚构手术、电话欠费等借口进行诈骗。短信诈骗指利用非实名登记的电话卡或"伪基站"大量发送诈骗短信。网络诈骗多为犯罪分子利用QQ、微信、网页、论坛等网络工具，冒充好友熟人、公司领导或伪造购物、中奖、银行等信息，诱导受害人回复或点击含有木马病毒的网址链接，进而实施诈骗。

按照诈骗活动实施地域的不同，电信诈骗可分为境内电信诈骗及境外电信诈骗。境内电信诈骗指犯罪分子在境内实施诈骗，根据公安部统计，此类案件约占全部电信诈骗的80%，经济损失占全部案件损失金额约40%。而境外电信诈骗指犯罪分子在境外如东南亚、太平洋岛国等地区，通过拨打电话、网络刷单等方式实施电信诈骗。此类案件约占全部电信诈骗案件的20%，经济损失约占全部案件损失金额的60%。

(三) 电信诈骗危害

电信诈骗严重危害人民生命和财产安全。2015年,全国电信网络诈骗发案59万余起,受骗金额222亿元。因电信诈骗受害群体广,对人民群众的财产安全造成了极大的威胁。更有甚者,导致受害者倾家荡产甚至家破人亡。徐玉玉案等更是引起了社会各界的高度关注。

二、电信诈骗犯罪分析

(一) 我国电信诈骗情况

近年来,电信诈骗犯罪在我国迅速蔓延,案件数量和受害人数快速上升,给人民群众财产安全造成极大危害,个别案件还造成受害人死亡。公安部数据显示,2011—2015年,全国电信诈骗案件数量快速增长,从10万件上升至59万件,年均增长率高达70%以上。同时,人均损失也出现大幅增长,360猎网统计数据显示,2013—2017年,电信诈骗人均损失从1149元增长到14413元。2016年全国公安机关破获电信网络诈骗案件8.3万起,查处违法犯罪人员3.4万人,其中,电话诈骗案件占比最大,占全部电信网络诈骗的63.3%;网络诈骗和短信诈骗分别占19.6%和14.8%。电信网络诈骗已成为影响社会稳定和群众安全感的突出犯罪问题。

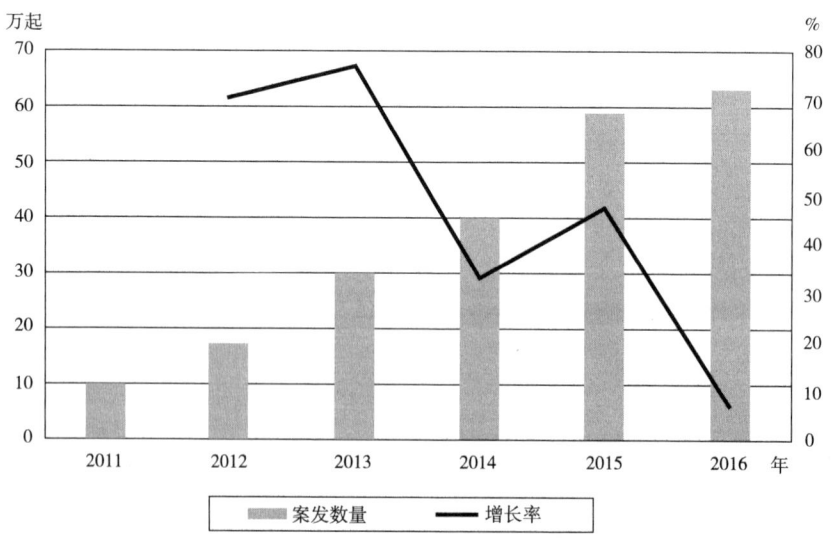

资料来源:公安部发布数据。

图1　2011—2016年全国电信网络诈骗案发数量及增长率

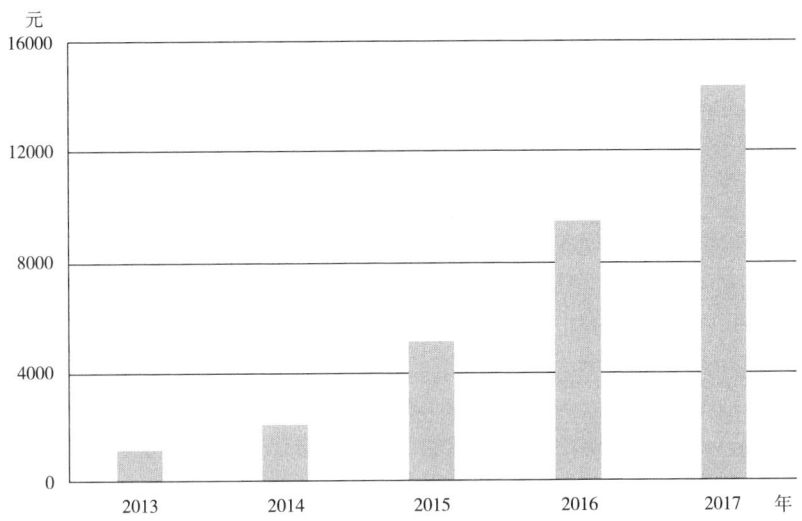

资料来源：360 猎网平台《2017 年网络诈骗趋势研究报告》。

图 2　2013—2017 年电信诈骗人均损失

（二）电信诈骗犯罪特征

相较于普通诈骗通过"人—人对话"进行，电信诈骗更多通过"人—机对话"的方式达到犯罪目的。犯罪方式的不同，导致电信诈骗相较普通诈骗具有其自身的特点。

1. 电信诈骗地域性分布明显

发达地区因为经济活跃、人口稠密、流动性大依旧是电信网络诈骗影响的重点区域。广东被影响人数最多，四川、浙江、江苏、上海占比较大。电信诈骗作案源头地、输出地具有相对集中性，福建、湖北、广西、海南、广东的部分县市是电信诈骗重点地区，辽宁、河南、湖南、四川、河北、江西、安徽也有个别县市电信网络诈骗犯罪情况突出。

2. 电信诈骗作案手段更新快，传播迅速

随着互联网技术、通信技术的发展，电信网络诈骗作案手法和形式不断更新变化，诈骗名目屡屡花样翻新、层出不穷。从电脑群发软件、手机短信群发器、自动语音呼叫系统、"400"捆绑电话、一号通，逐步发展到任意显号、任意改号软件、木马软件或"黑客"手段盗窃用户信息等。此外，互联网刷单类诈骗、网购退款诈骗、冒充熟人类诈骗等新骗局表现突出。

3. 电信诈骗采取非接触性的远程诈骗方式

不同于传统的面对面诈骗方式，电信诈骗具有不可见性和远程操作性，整个过程完全通过虚拟网络实现,具有高隐蔽性。

4. 电信诈骗犯罪成本低,风险小,受害面广

犯罪分子利用电信网络系统实施诈骗,投入的财力、物力、人力较少,跨地区、跨境作案比例高,广撒网式的行骗方式使电信诈骗受害者分布广泛,能在短时间内造成较为广泛的影响。

三、电信诈骗网络研究

随着近年来电信诈骗手法的进化,电信诈骗运作模式日益向"组织化""网络化"发展,并逐步具有明显的"地域化"特征,各流程、环节、角色分工相对较为明确,基本互不交叉,各层级之间极少联系。这给电信诈骗的治理带来了一定的困难,为了更好地防治电信诈骗,有必要对其组织网络的流程、分工与发展趋势进行分析。

(一)基础组织网络研究

一般而言,电信诈骗网络主要由以下四个部分组成。

1. 组织、策划电信诈骗

该部分为电信诈骗网络的主谋,是整个网络的组织者、谋划者、人员招录者以及诈骗手法创制者。该部分不法分子往往深藏幕后,账户及资金较少出现在诈骗网络,但能控制网络各环节,操纵网络的运行,较难在初期直接抓获。根据破获的多起案件,电信诈骗主谋往往具有一定的地域特征,同乡抱团诈骗居多。

2015年3月14日,福建省尤溪县发生一起冒充"尤溪县残联"实施电信诈骗案件,事主李某被骗6500元。福建省尤溪县公安机关先后抓获吴某、黄某2名负责取款的犯罪嫌疑人。公安机关循线侦查,发现邓某平为吴某、黄某背后的组织者,其涉案金额高达1400万元。犯罪嫌疑人邓某平畏罪潜逃。2016年9月28日,邓某平在福建省漳平市投案自首。

2. 实施电信诈骗

实施诈骗是电信诈骗犯罪过程中的关键环节,与公众直接接触且为公众深恶痛绝,不法分子冒充公检法、熟人、领导、客服、社保、邮局、银行、医院、计生、电视节目工作人员的身份,假借涉嫌洗钱、信用卡透支、邮件查收、车辆违章等各种理由实施有针对性的诈骗。该环节类型多样,难以枚举。

(1)购物诈骗案例[①]

2015年3月至案发,被告人符某明等人设立数家公司,共享被害人资源,先

---

① 符某明、杨某等诈骗罪二审刑事裁定书(2017)浙刑终248号。

后成立了行政部、回访部、热线部等部门，陆续招募刘某等百余人，采用岗前统一培训、上岗后以老带新等方式对话务员进行话术培训，以电话销售等模式诈骗被害人财物。符某等自称是上海邮购中心、上海欢乐购物中心的工作人员，虚构被害人被选为幸运中奖客户，要求被害人缴纳活动保证金、补差价或收取税费、运输费、过户费、保险费、领奖费、保证金、拍卖报名费等各种费用，先后骗取钱款共计人民币3023万余元。

（2）收藏品诈骗案例①

2014年4月至2015年9月，刘某以"国韵天下"公司名义，先打电话谎称能帮助被害人评估藏品价格并回收销售，故意提高被害人的藏品价格；再由他人冒充老板谎称可以较高价格购买被害人藏品，骗取被害人的信任后表示还愿意出较高的价格购买其他藏品，需要被害人帮忙购买后一并收购；再由该团伙其他成员冒充推销藏品人员给被害人打电话谎称有符合被害人要求的藏品出售，并为被害人留下较大的利润空间，诱骗被害人上当购买，待被害人按照指定的银行账户付款后，完成诈骗。

（3）冒充公检法诈骗案例②

2015年3月初，被告人张某华组织团伙到印度尼西亚巴厘岛，通过在境外服务器设置VOS话务平台，使用软件模拟国内银行和司法机关办公电话，拨打国内居民电话号码实行诈骗。团伙分为冒充医保局或银行客服的一线人员、冒充公安民警的二线人员、冒充检察官的三线人员，组织严密，编造被害人医保卡或银行卡被他人冒用进行犯罪活动，司法机关须清查被害人银行卡内资金的事由，逐级诱使被害人将银行卡内钱款转入诈骗团伙提供的银行账户。部分案件在诈骗过程中，第三线的诈骗人员会让被害人登录虚假的"最高人民检察院"网站，查看所谓"刑事拘捕令"或"取保候审决定书"，诱导被害人上当受骗。

（4）冒充中国驻外人员电信诈骗案例

据报道，中国驻悉尼、奥克兰总领馆接获多起中国留学生遭遇诈骗案件报告，称犯罪分子利用技术手段将来电号码修改为中国驻外使领馆的电号码，冒充使领馆工作人员拨打受害人电话，通知受害人护照到期需要更新、银行卡被盗刷、护照被盗用、涉嫌邮寄非法物品、涉嫌洗钱、有重要文件未领取等，进行诈骗。

3. 诈骗资金流动及清洗

对诈骗所得赃款进行洗钱是电信诈骗网络的重中之重，关系诈骗最终成功与否，可谓网络核心。参与诈骗资金流转的不法分子有可能是电信诈骗团伙的组成

---

① 刘某飞、刘某阳诈骗二审刑事判决书（2018）晋07刑终83号。
② 杨某、王某诈骗二审刑事裁定书（2018）津刑终15号；杨某祥、杨某发诈骗、掩饰、隐瞒犯罪所得、犯罪所得收益二审刑事判决书（2017）闽05刑终1296号。

部分,也有可能仅仅是为诈骗团伙提供银行卡、取现等服务的非团伙成员。诈骗资金一旦进入该网络,在极短时间内便会通过便利的金融环境层层转移、化整为零,之后通过取款或者刷卡消费等形式实现资金到手。为了在公安机关冻结资金前尽快取出诈骗资金,诈骗网络将赃款转移到多层多个账户,一般拆解为单笔2万元以下以方便在 ATM 中取出,最终汇总返至诈骗团伙。

(1) 利用 ATM 提取诈骗资金

案例1①:朴某自2011年起,组织团伙采取向韩国拨打电话的方式对韩国人实施诈骗。由李某等人冒充韩国警察打电话给被害人,以对方涉嫌洗钱为由,诱骗被害人登录钓鱼网站输入银行卡号和密码,诈骗团伙通过技术手段从后台窃取到被害人的银行账号和密码后,立即将被害人账户内的存款转入朴某等人事先购买的韩国银行卡内,然后通过他人将款项取出,经地下钱庄转移至国内分赃。

案例2②:被骗者称2012年10月25—26日分四次将共计20.8万元汇给了冒充上海市静安公安局的电信诈骗团伙成员账户。经监测分析,章某、韦某等主体资金交易特征与电信诈骗交易模式十分相似,故怀疑这些主体涉嫌电信诈骗。

主要疑点如下:

①章某、韦某等17个主体在多家银行大量开立个人账户,资金交易金额较大,资金交易笔数较多,且部分账户疑被他人控制。

②该团伙的各层级账户分工明确,资金流向呈网络结构分布,由专门负责接收被骗者资金的账户、中间过渡账户、台湾支取现金的账户组成。该团伙的资金交易关系如图3所示。

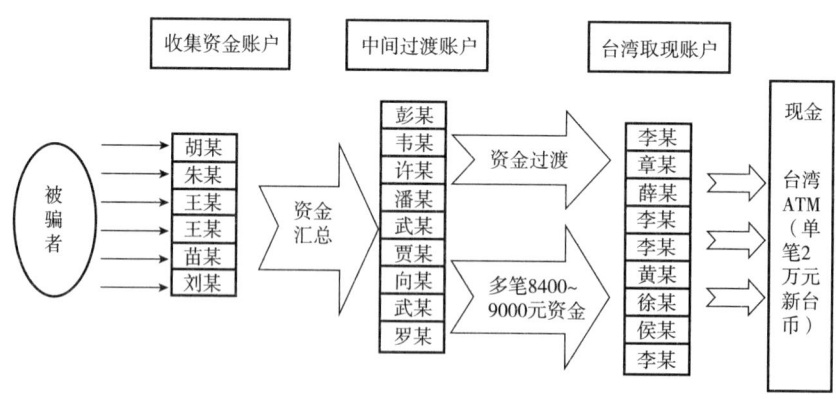

资料来源:内部资料。

图3 电信诈骗团伙资金交易关系

---

① 朴某龙、李某哲等诈骗罪二审刑事裁定书,(2014) 威刑二终字第31号。
② 内部资料。

被骗者将被骗资金转入胡某等收集资金的账户,该层级的账户将资金汇总后转入李某等中间过渡账户,资金经 2~3 次过渡后,转入彭某等台湾取现账户,最终资金以新台币的现金形式被支取。

资金由过渡账户向取现账户流转时主要被拆分成单笔金额在 8400~9000 元的资金,为规避中国银联每卡每日在境外取现 1 万元人民币的限额。

③资金在该团伙账户中快进快出,流转速度极快。

经监测分析,该团伙账户收到被骗者的资金后,迅速流转至台湾提取环节。例如:2013 年 4 月 3 日 15 时 20 分 18 秒被骗事主通过跨行转出一笔资金 65000 元到朱某账户,朱某于 15 时 26 分 54 秒通过网转转入徐某个人账户 65200 元,徐某于当日 15 时 29 分 34 秒至 15 时 40 分 56 秒将资金拆分成 8 笔,每笔资金金额 8500 元,网转转出给潘某、武某等 8 个账户,潘某、武某等人接收资金后立即在台湾地区进行 ATM 取款,资金流转时间仅为 20 余分钟。

(2) 诈骗资金流动拆解

薛某欣伙同他人一起在菲律宾从事电信诈骗活动,主要工作是帮助客户接收诈骗得来的资金,把钱从一张卡分至几张卡中,即"装大车";再向下分至 1 万元人民币一张卡,即"装小车",直至可以在台湾通过 ATM 取现。具体如图 4 所示。

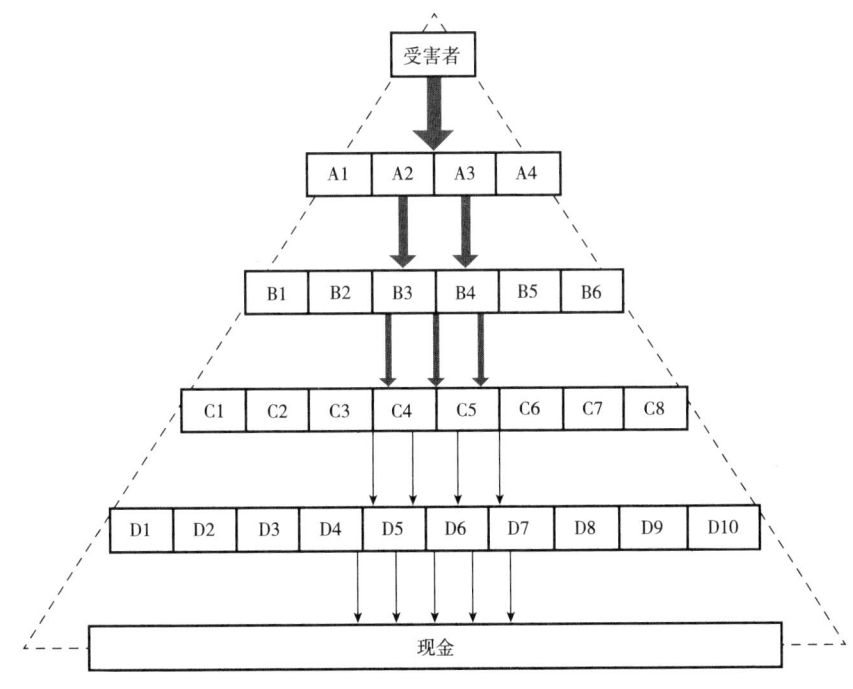

资料来源:内部资料。

图 4 电信诈骗资金流动拆解

(3) 利用POS机刷卡套取诈骗资金①

2015年5月至7月，文某某利用周某为中间人，通过余某利用POS机为网络诈骗资金进行刷卡套现。余某和周某从所取的钱中抽成15%，其中8%给POS机老板8%的手续费，剩余两人平分。部分资金流动路线如图5所示。

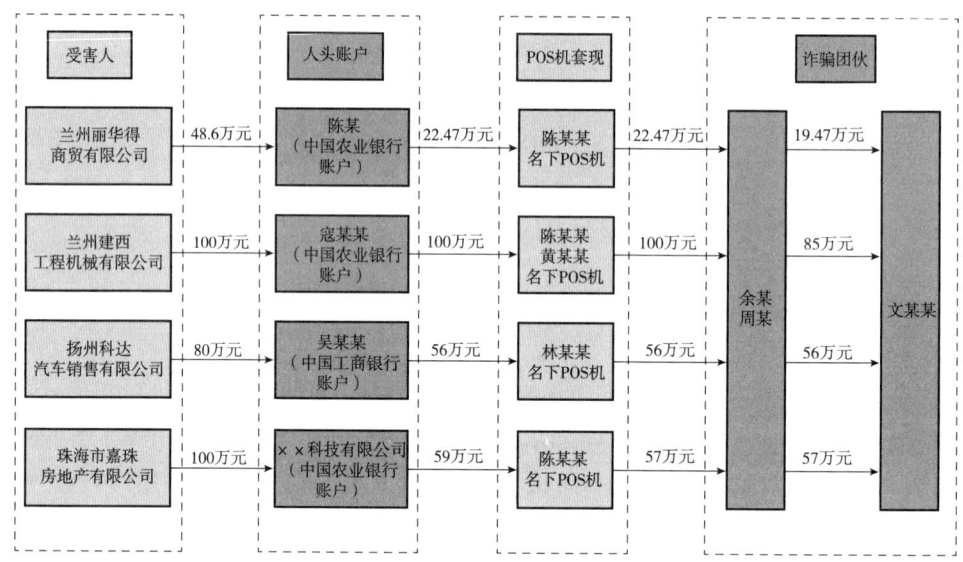

资料来源：内部资料。

图5 电信诈骗资金流动路线

(4) 多种方式有组织化并用②

2016年6月至8月，王某伟等8案犯在"杨某被诈骗案"中通过第三方支付平台申办的POS机刷卡共555笔，涉及金额共计15129107.64元，先后组织霍某平等人提取诈骗所得赃款，为防止取款人携款逃跑，在王某伟的指使下，康某威对霍某平、周某兵、张某等人取款过程进行监视。取款完成后，涉案人员银行卡账户余额如表1所示。

---

① 周某、余某诈骗罪二审刑事判决书，(2016) 甘01刑终227号。
② 周某兵、王某伟诈骗二审刑事裁定书，(2018) 冀刑终107号。

表1　　　　　　　各案犯在涉案银行开户及资金流水情况

开户行	户名	卡号	余额（元）
民生银行	王某伟	62××××44	12.97
	霍某平	62××××07	928
	张某坤	62××××12	0.03
	韩某	62××××36	92.8
	周某兵	62××××47	90.71
	张某行	62××××92	0
	张某	62××××85	77.78
郑州银行	韩某	62××××61	45.48
	张某坤	62××××00	82.65
	张某	62××××09	2775.82
	周某兵	62××××73	69.2
浦发银行	韩某	62××××21	3.78
	张某行	62××××96	0
	霍某平	62××××48	21.2
光大银行	韩某	62××××79	134465.7
	霍某平	62××××53	4.04
招商银行	王某贺	62××××15	0
交通银行	周某兵	62××××80	50.21
工商银行	周某兵	62××××55	10
	霍某平	62××××93	0

资料来源：内部资料。

4. 提供不法技术支持

电信诈骗犯罪活动的成功离不开一系列不法技术支持人员。一是信息泄露和信息买卖人员。这些人员利用信息技术获取和批发销售公众的消费信息、职业信息、信用报告等个人信息，为电信诈骗提供精准对象。二是卡证贩卖人员，具体包含银行卡贩子、电话卡贩子、身份证贩子等。不以团伙成员真实身份注册、与犯罪团伙毫无身份关联的银行卡，是每个电信诈骗团伙必备的犯罪工具。三是电信技术支撑人员，具体负责钓鱼编辑、木马开发、盗库黑客、远程为诈骗团伙安装并维护VOIP（网络电话）软件，电话改号、伪基站、使用软件模拟国内银行和司法机关电话等。

利用个人信息诈骗致徐某某死亡案[①]

2016年4月初,被告人杜某禹使用WEBLOGIC反序列化漏洞工具,通过植入木马的方式,取得山东省2016年普通高等学校招生考试信息平台网站管理权限,非法获取2016年山东省高考考生个人信息64万余条,并向陈某等人出售上述信息10万余条。后陈某等人使用所购买的上述信息实施电信诈骗,冒充教育局工作人员,以发放贫困学生助学金为名诈骗,拨打诈骗电话累计2.3万余次,骗取他人钱款共计人民币56万余元,其中致徐某某死亡。

(二) 电信诈骗新趋势

随着网络技术的发展,电信诈骗作案手法的不断更新,呈现一些新趋势。

1. 诈骗目标定位更加精确化

同时随着诈骗手法的升级,电信诈骗犯罪分子在获取个人信息的基础上,原利用伪基站无目标式广撒网式诈骗逐步向目标更为精准演化。诈骗环节和角色进一步细分,陆续出现教学培训者、骗术研发和编辑者、业务漏洞钻研者甚至诈骗心理学分析者,专门针对各个群体的不同诉求来设计骗局。

2. 诈骗手段更加科技化、隐蔽化

随着通信习惯和支付方式的不断变化,跨境电信诈骗犯罪的手段也随之涉及了更尖端的技术领域。具体来看,跨境电信诈骗手段从最初的普通电话卡和银行卡上升到境外服务器,植入木马病毒,利用网络电话或者使用任意改号软件等,既降低了作案成本又增加了侦查取证难度。而且犯罪分子在进行诈骗时不与受害人接触,一个犯罪人往往使用多个手机号,而此手机号会与自己在和团伙成员联系以及生活中使用的手机号区别开。此外,犯罪分子使用的银行卡大多数也是使用非法身份证办理的,在这种情形下,即使查到了手机号码和银行账户信息,但由于是虚假身份信息所办理的也不能很简单地确定犯罪分子真实身份。

3. 利用"无卡无折存款"骗取资金

为规避ATM转账延时到账政策,不法分子开始利用ATM无卡无折存款功能,电话指导受骗人员在ATM上输入犯罪分子卡号从而实现存款,资金实时到账,无法撤销,诱骗将资金直接存入犯罪分子指定账户。

4. 利用非银行支付机构完成赃款转移

据报道,除通过非银行支付机构发行的POS收款机虚构交易套现外。诈骗资金转移到非银行支付机构呈多发态势。诈骗资金进入非银行支付账户后,通过在

[①] 杜某禹侵犯公民个人信息一审刑事判决书,(2017)鲁1311刑初332号。
陈某辉等人诈骗、侵犯公民个人信息一审刑事判决书,(2017)鲁13刑初26号。

线购买游戏点卡、比特币等虚拟商品，之后在其他平台或线下转卖套现；或者在银行账户和非银行支付账户之间多次转移切换，刻意实现资金链条的复杂化。

5. 诈骗分子跨区分布或向境外转移

随着我国打击电信诈骗的力度加大，打击手段的多样化，犯罪分子将电信诈骗策划地、实施地、分赃地分别安排在不同的地区以给公安机关侦查破案制造困难。与此同时，诈骗团伙中的成员也分布在不同的地区，彼此之间不需要见面，只通过电话、微信等工具进行信息沟通，一个团伙成员被抓获后，即使他招供提供了其他团伙成员的隐匿藏身地点，在公安机关侦查人员去实施抓捕前也有足够的时间转移逃跑。更有诈骗分子为规避国内政府部门的直接打击，纷纷向东南亚和非洲等对电信诈骗打击能力较薄弱的国家转移，加大了追查主犯及追回赃款的难度。

四、电信诈骗反洗钱识别点及涉案资金账户可疑特征

经梳理案例，同时结合反洗钱监测分析日常实际，经梳理案例，结合日常监测，我们总结出电信诈骗的相关特征。

（一）涉案资金呈集中转入、层层分散转出特征

诈骗资金集中或分散转入涉案账户后，分散转出至不同银行账户，资金呈金字塔状自上而下流动。例如，前述通过"大车""小车"之间的转换实现资金的化整为零。

（二）涉案账户呈集中开户特征

涉案账户开户时间、开户行、开户网点相对集中。开户时一般会有他人指导或由他人代开户，留存手机联系方式等相近或相同。例如，2016年3月最高人民法院发布的9起电信网络诈骗犯罪典型案例中，上官某某与诈骗团伙共谋后，纠集、雇佣人员，办理使用700余张银行卡，专门为诈骗团伙转取赃款。

（三）涉案账户开户信息虚假，刻意回避身份识别

不填写个人信息或开户资料信息虚假，如联系地址为公共场所、电话号码停机或为空号。开户时或办理业务过程中，回避客户身份调查或掩饰面貌。

（四）涉案账户开户后即发生大额交易，与客户身份不符

涉案账户开户后即发生大额交易或部分进入沉睡期、发生小额试探性交易后出现频繁或大额交易，且与客户身份及交易习惯不相符。

（五）涉案资金转移迅速，且以非柜面交易为主

涉案账户一般同时开通网银、U 盾等非柜面支付方式，资金流转操作以网银居多，且网银登录 IP 地址或 MAC 地址相同，为境内外诈骗多发区域。从涉案资金的流转时间上看，涉案资金到账后立即取现或转账，往往整个转移过程仅需几分钟到十几分钟。账户资金快进快出、过渡性质明显，上述案例均有所体现。

五、电信诈骗治理

（一）电信诈骗应对措施

面对日益猖獗的电信诈骗，中国政府构建电信诈骗综合治理体系，全力打击，多次专门部署打击电信诈骗专项工作。2015 年 6 月，国务院批准建立由公安部牵头、工业和信息化部、中宣部、人民银行等 23 个部门和单位参加的打击治理电信网络新型违法犯罪工作部际联席会议制度，加强对全国打击治理工作的组织领导和统筹协调。

2016 年 9 月 23 日，公安部、中国人民银行等六部委发布了《防范和打击电信网络诈骗犯罪的通告》，要求电信企业实现电话实名率 100%，要求每个客户在同一商业银行开立借记卡原则上不得超过 4 张。此外，自 2016 年 12 月 1 日起，个人通过银行自助柜员机向非同名账户转账的，资金 24 小时后到账。公安机关也建立了紧急止付、快速冻结渠道。随后，中国人民银行发布《关于加强支付结算管理防范电信网络新型违法犯罪有关事项的通知》等多项规定，切实切断电信诈骗账户渠道（见表 2）。

表 2　　　　　　　　　　打击电信诈骗相关文件

时间	文件	内容
2015-11-04	《打击治理典型网络新型违法犯罪专项行动工作方案》	明确十二类需重点打击治理的违法犯罪人员，七类需重点规范治理的违规行为
2015-11-13	《关于银行业打击治理电信网络新型违法犯罪有关工作事项的通知》	要求各银行进一步强化银行卡业务的规范管理，坚决遏制违规代开卡、乱开卡、批量开卡等电信网络新型违法犯罪活动
2016-03-24	《关于建立电信网络新型违法犯罪涉案账户紧急止付和快速冻结机制的通知》	要求银行机构连接电信网络新型违法犯罪交易风险事件管理平台，实现对涉案账户的紧急止付、快速冻结、信息共享和快速查询

续表

时间	文件	内容
2016-09-18	《电信网络新型违法犯罪案件冻结资金返还若干规定》	着重解决电信网络新型违法犯罪案件冻结资金及时返还的基本原则与实施程序等问题
2016-09-23	《防范和打击电信网络诈骗犯罪的通告》	首次公开明确将电信网络诈骗案件立为刑事案件，并进一步明确电信企业、金融机构的主体责任
2016-09-30	《关于加强支付结算管理防范电信网络新型违法犯罪有关事项的通知》	要求加强账户实名制、转账、银行卡业务管理，强化可疑交易监测，健全紧急支付和快速冻结和责任追究机制
2016-12-19	《关于办理电信网络诈骗等刑事案件适用法律若干问题的意见》	进一步明确了法律标准，统一了执法尺度

资料来源：课题组整理所得。

除各部门联合出台多项规定共同打击电信诈骗外，多省市均成立反电信网络诈骗中心，实现有关部门的合署办公，不仅打击电信诈骗能力和效率大幅提升，更是将打击电信诈骗从事后封堵侦查转向事前预警拦截与事中发现劝阻，实现从被动接受到主动发现，最大限度地减少或避免人民群众的财产损失。

以上海市为例，2016年3月，上海市反电信网络诈骗中心平台由上海市公安局牵头，会同市通信管理局、人民银行上海总部等通信、金融监管部门共同成立，商业银行、通信运营商、第三方支付机构、清算机构联合入驻，实现了对电信诈骗的受理、查询、封堵、查处"一条龙"处理。该平台功能定位包括接收举报、及时查处、研判分析、实施拦截等。其中，查处环节一方面是商业银行、第三方支付机构对涉案账户的冻结和止付，另外是电信运营商即时对涉案手机信息、网络信息开展核查，及时清理虚假有害信息，封堵非法网站等。研判分析环节指的是该平台利用大数据分析等技术手段，充分依托自身资源优势，建立相关监测模型，实现事中监测与主动监测。实施拦截环节主要指在疑似诈骗案件触发报警系统时，关停相关通信账户，对被害人进行及时劝阻。自2016年3月试运行开始至8月底，不到半年时间，上海市反电信网络诈骗中心平台已成功劝阻2700余名用户，冻结被骗资金折合人民币超过8000万元。

（二）我国电信诈骗防治成效

2016年后，随着国家重拳打击电信网络诈骗，公安刑侦局、港澳台办、国际合作局、出入境管理局等13个警种分工合作，依法立案侦破；银行及支付机构负责涉案资金拦截，配合资金流侦查；电信企业负责关停涉案电话号码，配合开展信息流侦查，外部聚合外交部、驻外使领馆、民航及其他相关部门、多部门协同合作，"信息共享、合成作战、快速反应、整体联动"的打击治理电信诈骗架构已初步形成。2016年，实现在线紧急止付共冻结止付涉案资金111.4亿元，实现实时检测封堵诈骗电话共处置涉嫌诈骗电话号码1184万个。

根据公安部最新数据，2016—2017年，全国公安机关共破获电信诈骗案件11.9万起，抓获犯罪嫌疑人8.8万名，打掉犯罪团伙7531人，捣毁犯罪窝点1.1万个，缴获涉案银行卡18.4万张、手机卡19.2万张，关停涉案违法电话号码80.4万个。

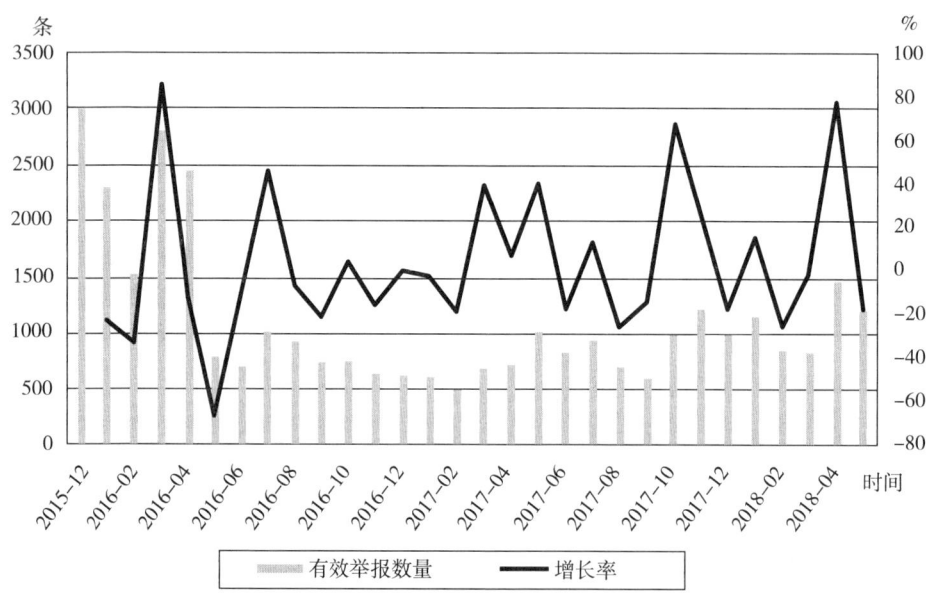

资料来源：网络违法犯罪举报中心。

图6 电信诈骗有效举报数量及环比趋势

六、政策建议

（一）监测识别电信诈骗新趋势

电信诈骗技术含量高，趋势变化快，金融情报机构应通过监测系统，不断识别电信诈骗新形式，监测资金流向新路径。当前应重点关注利用非银行支付机构进行诈骗资金收集、流转等切断资金链条的新业态，并重点关注利用伪金融创新业务开展电信诈骗的行为。

为充分利用反洗钱大数据优势，更好地防治电信诈骗，金融情报机构应建立并不断优化电信诈骗模型，将特征指标化、指标模型化，尽早识别电信诈骗资金流动，为公安机关打击堵截电信诈骗资金提供情报支持，最大限度地挽回诈骗损失，减少电信诈骗犯罪的恶劣影响。

（二）进一步加强跨境金融情报交流

当前各主要国家均已建立起了覆盖其国境，较为完善的金融情报监测体系，对各国境内的异常资金流动均能起到较好的监测分析作用。但当前不法分子在境外对境内公民实施电信诈骗现象日益多发，尽管部分跨境电信诈骗的赃款洗钱活动也能得到有效的识别分析，但是作为一类隐蔽复杂的犯罪活动，跨境电信诈骗的犯罪团伙成员地处境外，相应的洗钱过程往往也涉及资金的跨境流动，在这类跨境的资金流动中，仅仅凭借境内的资金流动信息，反洗钱监测分析系统可能仅识别为可疑情况，而不会将其判定为异常。

为应对电信诈骗跨境化、分散化犯罪的新形势，有必要加强各国的金融情报交流，协查通报、互通有无，对本国金融情报部门识别为可疑状况的资金流动，寻求其资金流入国的金融情报部门支持，获取跨境后的资金流动信息，以完成完整的洗钱行为识别过程，以期更好地打击跨国跨地区电信诈骗犯罪。

（三）充分发挥金融机构主体作用

电信诈骗的资金转移主要是通过银行转账的方式，并最终通过取现的方式实现赃款的洗白，主管部门应督促金融机构利用其渠道地位，发挥重要作用。对境内的金融机构，应当明确其反洗钱主体责任，要求其对银行卡施行实名制审核，并对开户、存取款、转账的制度设计与执行加强监管；要求金融机构严格把控开户环节，当出现异常开户申请，或涉及曾经买卖银行账户或者虚假开户的单位和个人，需及时拒绝并上报有关信息；督促并指导金融机构对异常资金流动予以重点关注，要求其及时报送可疑交易报告，降低境内利用银行卡体系漏洞进行洗钱的风险。

（四）构建有效多方协作机制

在我国境内，出于保护客户秘密、维护客户权益的目的，以银行为代表的金融机构在紧急止付、交易数据查询等手段的采用方面施加了较大的限制，这些限制制约了公安机关的电信诈骗案件侦破速度。

跨境电信诈骗由于犯罪过程隐蔽、证据链条长，一国警方在侦查案件时，赃款可能已经转移到境外，对保全受害人财产造成了更大的困难，这对警方与金融机构的有效协作提出了更高的要求。因此有必要督促金融机构简化紧急止付、快速冻结等挽回受害人经济损失的审批制度规定,并构建起跨境警银查询机制,加快查询速度,以缩短跨境电信诈骗的侦破时间,最大限度地挽回损失。

参考文献

[1] 葛磊. 电信诈骗罪立法问题研究 [J]. 河北法学, 2012 (2).

[2] 罗玉冰, 李哲. 反洗钱监测: 国际经验与中国实践 [M]. 北京: 中国金融出版社, 2017.

[3] 罗荔丹. 我国跨国跨境电信诈骗犯罪的现状及对策 [J]. 重庆科技学院学报 (社会科学版), 2017.

[4] 翟家圣. 信息化背景下我国电信诈骗的发展特点及防控对策 [J]. 黑龙江省政法管理干部学院学报, 2018 (5).

[5] 杨加宇. 跨境电信诈骗犯罪的发展历程与发展趋势研究 [J]. 法制与社会, 2018 (1).

[6] 曾贞. 商业银行应对新型电信网络诈骗的警务合作模式与路径 [J]. 商业经济研究, 2017 (11).

[7] 张育勤. 中国—东盟合作打击跨境电信诈骗犯罪的探讨 [J]. 犯罪研究, 2017 (1).

[8] 张雪洋. 论沿资金流向进行电信诈骗犯罪侦查 [J]. 北京警察学院学报, 2017 (5).

[9] 张建, 俞小海. 电信诈骗犯罪中帮助取款人的刑事责任分析 [J]. 检查理论与实践, 2016 (6).

[10] 中国信通院. 2018 年信息通信行业防范打击通讯信息诈骗白皮书.

[11] 中国洗钱和恐怖融资风险评估报告 (2017), 反洗钱工作部际联席会议.

[12] 360 猎网平台. 2017 年网络诈骗趋势研究报告.

[13] 网络违法犯罪举报网站: http://www.cyberpolice.cn/wfjb/.

货币政策与金融市场篇

投资者结构改善对债券市场定价效率的影响

——基于银行间市场企业债券数据的实证研究

中国人民银行上海总部调查统计研究部课题组

课题组组长：叶 芳

课题组成员：马 克 昝剑飞 阳 勇 王 瑶 向 坚

摘 要

近年来，随着我国银行间债券市场的发展，投资者主体趋于多元，其中银行类金融机构配置型特征明显，而证券公司、基金公司等交易性动机更强。在当前信用债违约趋于增加的背景下，研究债券市场投资者微观结构与债券市场定价效率的关系，对促进债券市场稳定发展具有重要意义。

本文以银行间企业债券市场为研究对象，从实证上检验了投资者微观结构变动对企业债券信用利差（债券到期收益率风险利差）和估值波动性的影响。实证结果显示：（1）提高投资者间的异质性能够改善债券市场流动性，提升市场定价效率，有助于企业降低融资成本；（2）交易型投资者上升，一定程度上推升了市场交易频率，同时可能强化债券市场的顺周期性，需完善监管加以引导。

基于上述研究结论，本文认为可从以下方面，提升信用债市场定价效率，改善市场交易环境。

一是继续完善投资者结构。多元的投资主体有助于提升市场价格发现功能，优化资源配置。目前，交易所和银行间市场投资者范围存在差异，应加强协调，允许银行业金融机构进入交易所债券市场，并进一步加大对离岸机构投资者的开放程度。同时，可加快培育高收益债券的投资主体，进一步丰富投资者构成。

二是平滑由交易型投资者增加引起的价格波动，进一步完善投资者保护和债券违约处置等基础制度建设，避免因投资者行为趋同，影响债券市场稳定性。此外，应加强监管协调，避免监管叠加对市场造成过大冲击。

一、引言

债券作为我国资本市场重要的直接融资工具,在优化公司内部融资结构、传导货币政策等方面起着重要的作用。我国债券市场自 20 世纪 80 年代恢复以来,经过几十年的发展,成就显著,目前已形成一定规模,截至 2017 年底,债券市场余额 74.69 万亿元,占 GDP 的 90.3%。随着债券市场的发展以及近几年信贷规模收紧等影响,企业通过发债进行直接融资占企业融资规模的比重逐年增加,其融资成本的高低直接影响企业融资能力、盈利能力。另外,过高的债券融资成本会传导至信贷市场,从而进一步导致企业出现"融资难、融资贵"现象。因此,对债券融资成本的研究显得尤为重要。

从债券市场投资者的角度来看,近年来我国信用债券市场迅速壮大,债券市场投资主体不断丰富,证券公司、基金公司等交易性投资者投资占比不断上升,投资者整体投资习惯也随之变动。基于此,本文认为交易型投资者占比提升将对市场投资风格产生影响,从而改变债券估值。本文采用 2010—2017 年中国银行间市场企业债数据,从实证上检验了投资者微观结构摆动对债券市场交易估值水平和波动性的影响。

下文包括以下内容:(1)文献综述部分,对债券估值情况(债券风险利差)影响因素的相关研究进行了梳理;(2)银行间企业债券交易情况,研究了近年来银行间债券市场交易主体结构及交易风格变动;(3)实证研究部分,检验交易型投资者占比提升对企业债风险利差、企业债价格波动率的影响;(4)结论与政策建议。

二、文献综述

企业债券作为一种金融资产,其价值的波动与其所处的宏观环境必然密不可分。因此宏观因素的变动会对信用利差产生影响,这种影响分别通过流动性因素、税收因素、破产因素等方面体现出来。此外,具体到每只债券,信用利差反映了企业所面临的风险状况,与发债企业经营状况、偿债能力及信用评级等因素密切相关。如 Davies(2004)和 Christensen(2008)通过研究证明,相比于公司微观个体因素,宏观因素对信用利差的影响更显著。而 Cavallo 和 Valenzuela(2007)通过对新兴市场经济体中的公司债券利差数据进行研究,发现公司债券利差由公司个体变量、债券特征、宏观经济情况、特定国家主权风险和全球因素决定。本节对债券信用利差相关研究进行了梳理,从宏观、微观两个层面,厘清企业债券信用利差的影响因素。

(一) 影响债券信用利差的宏观因素

货币政策对债券信用利差的影响。货币政策可以通过以下三种渠道影响信用利差：(1) 宽松的货币政策会刺激宏观经济，基本面向好的同时改善公司的现金流水平，投资者预期违约风险降低，但通货膨胀预期的增加也会降低债券的投资价值；(2) 投资者的风险偏好会随着经济发展的变化而变化，当货币政策宽松带动经济发展时，投资者的风险承受能力增加；(3) 宽松的货币政策会降低债券的流动性风险溢价。以上的基本原理揭示了宽松的货币政策会降低债券信用利差。Cenesizoglu 和 Essidy (2012) 利用联邦基金利率的期货数据区分了货币政策的预期变化和非预期变化，据此研究货币政策对不同信用评级公司债券的信用利差的影响，发现非预期的联邦基金利率的变化对信用利差的变化无显著影响。然后，文章还划分了三个不同的经济周期：商业周期、信贷周期和货币政策周期，研究发现信用利差会在商业和信贷市场低迷时货币政策非预期紧缩的情况下扩大，相反，其也会在商业和信贷市场繁荣时货币政策非预期紧缩时收窄。

货币政策中最主要的核心变量就是利率，利率的变动会影响宏观经济中的投资、消费等多个方面。Merton (1974) 认为，利率的变化会引起信用利差的反向变化。Litterman 和 Cheinkman (1991) 认为，收益率水平、斜率和曲率是影响固定收益证券收益率变化的三大重要因素，研究发现国债收益率曲线斜率的增加会提高投资者对未来短期利率的预期，从而使信用利差收窄。Longstaff 和 Schwartz (1995) 采用了穆迪的公司债券收益率数据，研究发现利率的变化会引起信用利差相反方向的变化，且对于期限较短的债券来说，这一相关性并不显著。但也有相关研究得出了相反的结论，如 Duffie (1997)、Madan 和 Unal (2000) 都通过实证研究，发现了期限较短债券的信用利差与利率也存在负相关关系。关于货币政策对债券信用利差的影响。郭晔、黄振和王蕴 (2016) 创造性地利用固定利率债券和浮动利率债券之间的利差区分了货币政策的预期部分和非预期部分，在此基础上进一步研究货币政策的非预期变化对公司债券信用利差的非对称动态影响。实证结果表明，非预期货币政策对债券信用利差的影响关于经济周期、债券期限存在不对称性，其在经济处于繁荣时期且债券期限较长时对债券信用利差的影响更为显著。

国债收益率对债券信用利差的影响。刘国光和王慧敏 (2005) 筛选了 6 只债券作为研究样本，先后进行了收益率序列的平稳性检验、Granger 检验、协整检验，实证结果表明，国债收益率和债券信用价差之间存在长期协整关系。李岚和扬长志 (2010) 实证研究认为，影响债券信用利差的三大影响因素分别为：10 年期国债收益率的变化值、国债收益率曲线的斜率以及债券的供给量，但其他指标比如流动性指标、通胀指标对债券信用利差的影响较微弱。关于通胀指标对债券信用利差的影响。孙克（2010）、周宏等（2011）、魏伟（2012）、王宇（2013）均对信用利差与通胀之间的关系进行了研究，其结论一致，均认为CPI与债券信用利差呈正相关关系，当通货膨胀严重时信用利差也会走扩。

经济增长对债券信用利差的影响。Dragon和Hong（2006）认为，经济增长率的波动越剧烈，信用价差越大，James（2000）采用了1946—1996年美国公司债券信用利差的数据，研究经济周期对债券信用价差的影响，发现经济衰退时期公司债券的信用利差会走扩，而在经济繁荣时期公司债券的信用利差会收窄。

（二）影响债券信用利差的微观因素

影响债券信用利差的微观因素主要有债券收益率、债券剩余期限、债券信用评级、信用风险、发行人财务状况、税收等，自20世纪90年代开始，越来越多的学者都在该领域进行了多方面的深入研究。

信用风险情况对债券信用利差的影响。Pedrosa和Roll（1998）采用1987—1997年投资级别和非投资级别的债券作为样本，研究表明债券剩余期限、债券特定的信用风险与信用利差有显著的相关关系。Cornell和Green（1991）通过研究债券的信用评级，发现具有较低久期的低评级债券相比高评级债券来说，其到期收益率对国债收益率的变化更不敏感。Huang和Huang（2002）通过研究信用风险、剩余期限以及债券信用等级这三者对信用利差的影响，结果表明债券期限和债券信用等级均具有显著影响。对于投资级别的债券，信用风险不是影响信用利差的重要因素，具有代表性的只有20%，对于Baa等级10年期债券则在30%，并且对于期限较短的债券的解释程度更低，但特别对于投资级别的垃圾债券，信用风险对信用利差的影响非常显著。Madan和Unal（2000）发现对于剩余期限较短的债券来说，损失率和平均损失水平为信用利差的两个重要影响因子，而对于剩余期限较长的债券来说，久期和现金资产的波动率为信用利差的两个重要影响因子，且具有扩散性和滞后性。

资产价值变化对信用利差的影响。资产价值波动情况对债券信用利差的影响也是学者们的研究对象。在结构化模型中，资产价值的波动率越高，违约的可能性也就越大。Anthony和Lederman（1998）利用公司股票的波动率来衡量资产的波动率进行研究，发现资产价值波动性对信用利差的影响程度与公司的负债比率相关，当负债比例较高时，影响较为显著。Campbell和Taksler（2003）研究发现，股市的波动率越高，信用利差会随之走扩，但笔者认为预测市场波动对信用利差的量化影响是无法实现的。相反，通过研究澳大利亚的债券市场和股票市场，Ronald（2004）认为股市的波动率与信用利差呈负相关关系，股市波动率越高，债券信用利差反而会收窄。

三、债券市场发展现状

近年来，我国银行间债券市场稳步发展，机构投资者数量持续增加，其中基金等非法人金融机构数量和交易规模不断上升，市场主体交易风格不断分化，商业银行等配置型投资者的交易意愿继续减弱，基金、券商等交易型投资者倾向于交易高信用等级和高流动性的债券品种。

2017 年，银行间债券市场投资者数量继续增加，类型更加丰富。截至 2017 年末，银行间债券市场各类参与主体共计 18989 家，当年新增 4862 家。其中，境内法人机构 2665 家，较上年末增加 336 家；非法人类机构 15458 家，较上年增加 4067 家；境外参与机构共计 866 家，较上年末增加 459 家。在境内法人机构中，存款类金融机构增加 185 家，其他银行业金融机构增加 36 家，证券类金融机构增加 6 家，保险类金融机构增加 9 家，其他类机构减少 1 家。在非法人机构中，证券投资基金增加 782 家，企业年金增加 97 家，社保基金增加 57 家，保险产品增加 335 家，信托产品增加 185 家，基金公司特定客户资管组合增加 364 家，证券公司资管计划增加 843 家，银行理财产品增加 234 家，其他非法人机构增加 102 家。境外参与机构中，通过"3 号公告"通道进入的境外机构增加 210 家，通过"债券通"通道进入银行间市场的境外机构增加 249 家。

2017 年，银行间债券市场各类机构中，除保险机构的债券持仓量有所下降外，其余机构均有所增长，存量整体增长 9.09 万亿元。其中，基金等非法人机构占比继续稳步上升。非法人机构投资者持债总规模为 18.54 万亿元，占市场托管总量的比重为 28.3%，比上年上升了 2.6 个百分点。其中，证券投资基金持有 4.12 万亿元，占比为 22.2%，比上年上升了 1.1 个百分点；证券公司资产管理计划持有 3.11 万亿元，占比为 16.8%，比上年下降 4.3 个百分点；银行理财产品持有 2.99 万亿元，占比为 16.1%，比上年增长 0.4 个百分点。2017 年非金融机构增持债券的幅度为 98.8%。基金等非法人机构持有债券余额为 18.54 万亿元，同比增加额为 3.1 万亿元，增量在各机构中排名第一，占同期债券净增量比重为 34.1%。

表 1　　　　2016 年末和 2017 年末各类机构投资者债券托管量

机构类别	2017 年末余额（亿元）	净增量占比（%）	同比（%）
国开和政策性银行	24845.4	7.17	35.60
全国性商业银行	264003.4	30.75	11.85
外资银行	5192.3	1.43	33.31

续表

机构类别	2017年末余额（亿元）	净增量占比（%）	同比（%）
城商行、农商行及农合社	95325.4	20.48	24.28
村镇银行	110.5	0.05	64.93
其他银行业金融机构	5701	1.00	19.07
信用社	13243.8	1.96	15.52
非银行金融机构	40.6	0.01	26.88
证券公司	6870.7	1.91	33.88
保险机构	18506.5	-3.94	-16.22
非法人机构	185376.3	34.09	20.08
非金融机构	180.9	0.10	98.79
境外机构	11486.9	3.83	43.55
个人投资者	7210.8	0.43	5.75
其他	16080.2	0.73	4.34
合计	654174.7	100.00	16.15

资料来源：中国债券信息网、上海清算所。

银行类机构交易集中于低风险品种。境内法人机构投资者的交易仍主要集中于同业存单、政策性金融债券和国债，交易量占比超过80%。其中，大型商业银行有41.8%的交易集中于同业存单，同比大幅上升了10个百分点，政策性金融债券的交易占比由2016年的35.8%下降到2017年的30.3%，国债的交易占比由2016年的13.42%上升到2017年的15.21%；政策性银行有62.2%的交易集中于同业存单，同比大幅上升了14.25个百分点，政策性金融债和国债占比分别下降3.42个和1.99个百分点到14.3%和8.81%；股份制商业银行有43.7%的交易集中于同业存单，同比大幅上升了20.21个百分点，政策性金融债占比下降10.51个百分点到28.1%，国债交易占比上升了5.12个百分点到16.92%；城市商业银行有42.7%的交易集中于同业存单，同比大幅上升了24个百分点，政策性金融债占比下降15.5个百分点到36.4%，国债交易占比上升了1.92个百分点到12.42%；农村商业银行和合作银行交易规模结构与城市商业银行类似，同业存单占比上升27.5个百分点到40.4%，政策性金融债占比下降17.16个百分点到36.3%，国债交易量占比上升4.03个百分点到11.99%。相较而言，非法人机构交易总体偏好信用类债券。基金等非法人机构2017年的交易结构与非银行金融机构类似，中期票据、超短期融资券和企业债的占比为21.9%。

此外，目前我国交易所和银行间市场投资者范围存在差异，市场监管主体、存管机构、交易方法、交易品种，甚至主要交易者结构、投资者准入要求都存在比较大的差异，如表2所示。

表2　　　　　　　　　　债券市场现状

	银行间市场	交易所市场	中金所
正式监管机构	人民银行	证监会	证监会
前端监管机构	NAFMII	交易所及中国证券业协会	交易所
存管机构	中央结算公司、银行间市场清算所股份有限公司	中国证券登记结算有限公司	中金所
交易方法	场外	竞价、协议	竞价
主要投资者	主要是银行，有一些非银金融机构	主要是非银金融机构	非银金融机构
最受欢迎的产品	债券、中期票据、短期融资券、同业存单、金融债	公司债、企业债	5年期、10年期的国债期货
准入限制	所有合格的专业投资者	银行受到限制	银行和保险公司不能参与
对境外投资者开放	对离岸投资者基本开放，与香港通过"债券通"连接	QFII和RQFII	无

四、实证研究

（一）数据来源

如前文所述，本文意在采用实证研究的方法，检验交易型投资者占比上升对企业债市场定价的影响，主要包括对企业债风险利差的影响以及对债券估值波动的影响。因此，我们收集了2010—2017年中国上市发行的企业债券相关数据作为研究样本，建立面板数据模型进行分析。本文所采用的数据均来自Wind金融数据库，采用插值法对存在的缺漏值进行了补充，并采用Winsor方法对债券利差变量进行了1%水平上的缩尾处理。

（二）模型设置与变量选择

1. 模型设置

我们参考Campbell和Taksler（2003）的研究方法，以债券利差作为被解释变量，检验投资者差异化程度、交易型投资者占比等因素对企业债券利差的影响。

$$CreditSpread = \alpha_0 + \alpha_1 Structure + \cdots + \alpha_i ControlVar \quad (1)$$
$$Volatility = \alpha_0 + \alpha_1 Structure + \cdots + \alpha_i ControlVar \quad (2)$$

其中，模型（1）中的被解释变量 CreditSpread 表示企业债券融资利率的利差，我们参考了韩鹏飞（2016）的研究方法，以季度最后一个交易日该债券的到期收益率与当日该债券同等期限的银行间国债到期收益率的差值作为债券融资收益率利差，其中与债券期限匹配的银行间国债到期收益率我们采用线性插值法计算得到。模型（2）中的被解释变量为债券估值波动情况，我们采用一个自然年内所有交易日债券收盘价的方差计算得到。

2. 变量选择

交易型投资者占比：据公开数据显示，公司债券投资结构及投资数量的具体数据不可获得，本文选取不同机构投资者的企业债券托管量度量不同投资者市场的参与程度，衡量各类机构对企业债券的投资规模，以证券公司、基金公司的债券托管规模占比衡量交易型投资者对企业债市场的参与程度。

企业性质：从政府担保的角度来讲，我们认为政府作为国有企业的出资人和直接管理者，对国有企业的债券起到了隐性担保的作用，因而国有企业发行债券的风险，通常情况下会低于非国有企业债券。鉴于此，我们在模型中加入了企业性质变量 SOE，当一只债券的发行企业为国有企业时，该变量为 1，反之则为 0。债券剩余期限：为债券到期日与样本观测年份之间的差值。参考债券期限结构理论的分析，债券剩余期限越长，意味着债券偿付的不确定性越高，从而债券的融资利差越大。从这个角度讲，债券剩余期限与债券融资利差之间应存在负相关关系。债券已存续期限：为当期年份与债券发行年份的差值。通常来说，债券存续期限越长，投资者信息不对称越小，债券利差也越小，故 Age 预期符号为负。债券票面利率：按照 Elton 等（2004）的研究，较高的票面利率会引起投资者的税负增加，债券利差越大，故 Coupon 预期回归系数应为正数。债券发行规模：按照 Campbell 和 Taksler（2003）的观点，债券规模越大，流动性越强，债券利差会越小，故预期 ln（Issuance）的符号为负。债务人长期负债情况：发行人长期债务与资产总额之比计入了模型。按照 Campbell 和 Taksler（2003）的研究，长期负债越高，债券利差越大，因此预期符号为正。债务人盈利能力：加入债务人 ROE（净资产收益率）变量，即发行人净利润与股东权益之比。根据 Campbell 和 Taksler（2003）的观点，发行人净资产收益率越高，说明盈利能力越强，企业违约风险就越低，债券利差也就越小。因此，ROE 预期符号为负。

债券违约距离：为发行人债务总额/（债务总额+股权市值）。Campbell 和 Taksler（2003）认为，发行人违约距离越大，企业违约风险越高，债券利差将越大。对于样本中的非上市公司，计算股权市值比较困难，故全部赋值为 0。因此，其预期符号为正。货币政策环境：模型还对当前的货币政策环境进行了控制，在模型中分别介入了当前基准利率水平和长期利率结构变量。其中，1year Treasury Rate 为 "基准利率"，即银行间 1 年到期国债收益率。Longstaf 和 Schwarz（1995）认为，基准利率越高，企业违约风险越低，债券利差越小。因此，1year Treasury Rate 预期符号为负。10y – 20y Treasury Rate 为 "基准利率期限结构"，为银行间 10 年期国债收益率与 2 年到期国债收益率之差。Collin-Dufresne 等（2001）认为，基准利率期限结构衡量了未来经济的不稳定性，基准利率期限结构和债券利差负相关。因此，10y – 2y Treasury Rate 的符号预期为负。

（三）实证研究结果分析

1. 基础模型结果

在表 3 的回归中，我们采用 OLS 回归的研究方法，分别检验了交易型投资者占比变化对企业债信用利差和债券估值波动率的影响。在回归（1）和回归（2）中，我们以债券信用利差为被解释变量，加入交易型投资者对企业债券投资占比变量和相应的控制变量作为解释变量。回归（2）中，我们进一步加入了企业上市情况变量（是否是上市公司），回归（3）和回归（4）中，我们以债券信用利差为被解释变量，加入交易型投资者占比变量作为被解释变量，区别在于回归（4）中对企业是否是上市公司进行了控制，而回归（3）并没有。从表 3 的四个回归中，我们可以看到相关回归的 R2 都在 20% 以上，这在公司金融的研究中，已经是一个比较大的 R2，说明我们的回归模型设计较为合适。

分析回归结果可以看出，回归（1）和回归（2）中，交易型投资者占比的回归系数为负，说明交易型投资者占比提升，可以提升债券的估值，相应的信用利差则降低，这可以理解为，交易型投资者不仅从持有债券获得利息收益中获益，也可以从交易债券，获得买卖利差获取收益，从而降低了整个市场对企业债券的投资收益要求。回归（3）和回归（4）中，交易型投资者占比的回归系数为正，说明企业债券市场上，交易型投资者占比的提升，会提升企业债券估值的波动率。

表 3　　　　　　　　　　　　OLS 回归结果

	（1）	（2）	（3）	（4）
index3	-2.086***	-2.077***	18.43***	18.43***
	(0.375)	(0.373)	(2.177)	(2.180)
nlist_a		-0.662**		0.0730
		(0.304)		(1.774)

续表

	(1)	(2)	(3)	(4)
maturity_a	-0.0269 (0.0247)	-0.0232 (0.0246)	-0.229 (0.143)	-0.230 (0.144)
age_a	-0.0401 (0.0344)	-0.0385 (0.0343)	0.580*** (0.200)	0.580*** (0.200)
coupon_a	0.185** (0.0753)	0.202*** (0.0753)	0.828* (0.437)	0.826* (0.440)
grossamount_a	-0.00822** (0.00381)	-0.00888** (0.00380)	0.0229 (0.0221)	0.0230 (0.0222)
longdebt_a	-0.00584** (0.00248)	-0.00613** (0.00247)	-0.00656 (0.0144)	-0.00652 (0.0144)
roe_a	0.000139* (8.05e-05)	0.000139* (8.01e-05)	0.00106** (0.000468)	0.00106** (0.000468)
treasuryrate_1y	-0.820*** (0.144)	-0.823*** (0.143)	11.68*** (0.836)	11.68*** (0.838)
treasuryrate_10y_2y	-0.215 (0.762)	-0.236 (0.758)	39.10*** (4.426)	39.11*** (4.433)
Constant	4.527***	4.463***	-55.33***	-55.32***
R-squared	0.270	0.270	0.269	0.269

注：括号内为标准误差，*** 表示 $p<0.01$，** 表示 $p<0.05$，* 表示 $p<0.1$。

此外，回归结果中各控制变量的估计也比较合理。Maturity 的系数显著为负，表明到期期限越长，投资者风险越小债券信用利差越小。这一点与"到期期限越长，债券信用利差越大"的预测不一致，这主要是由于债券利率调节空间受现行利率政策限制，债券利差"倒挂"现象（周宏等，2012）。Age 的系数显著为负，表明存续期限越长，投资者对债券越了解，投资者风险越小，债券利差越小。Coupon 的系数显著为正，表明票面利率越高，投资者缴纳的税收越多，债券利差越大。债券发行规模的回归系数在回归（1）~回归（4）中均显著为负，这同样与理论假设一致，即债券规模上升意味着企业融资能力的提升，从而债券融资成本更低。Long Debt 和 Default Distance 的系数均显著为负，与理论分析不一致，这与朱松（2013）的结论类似，难以解释。Nlist 的系数显著为正，表明因非上市公司融资渠道少于上市公司，违约风险较高，故债券利差较大。此外，1year Treasury Rate 和 10y - 20y Treasury Rate 的估计系数均显著为负，与理论预测一致。

2. 稳健性检验

在基础模型的回归分析中，我们采用了 OLS 回归对实证模型进行估计。实证研究中通常难以避免遗漏变量的问题，忽视了观测样本的个体特征，如某家发行企业的社会资源等因素通常难以考察。这部分因素被忽视后，就会对模型的干扰项产生影响，导致回归结果出现偏误。因此，我们进一步使用面板数据回归的方法，对实证模型进行估计，分别对债券个体特征和债券发行年份的特征进行控制，以降低遗漏变量可能带来的估计偏误。

表 4　　　　　　　　面板固定效应模型回归结果

	（1）	（2）	（3）	（4）
index3	-1.912***	-1.907***	18.43***	18.43***
	(0.375)	(0.374)	(2.177)	(2.180)
nlist_a	—	-0.704	—	0.0730
		(0.502)		(1.774)
maturity_a	-0.00548	-0.00208	-0.229	-0.230
	(0.0382)	(0.0381)	(0.143)	(0.144)
age_a	-0.0743	-0.0719	0.580***	0.580***
	(0.0510)	(0.0507)	(0.200)	(0.200)
coupon_a	0.225**	0.239**	0.828*	0.826*
	(0.113)	(0.113)	(0.437)	(0.440)
grossamount_a	-0.00985*	-0.0104*	0.0229	0.0230
	(0.00593)	(0.00591)	(0.0221)	(0.0222)
longdebt_a	-0.00733**	-0.00755**	-0.00656	-0.00652
	(0.00356)	(0.00354)	(0.0144)	(0.0144)
roe_a	0.000172**	0.000173**	0.00106**	0.00106**
	(7.58e-05)	(7.57e-05)	(0.000468)	(0.000468)
treasuryrate_1y	-0.931***	-0.932***	11.68***	11.68***
	(0.167)	(0.166)	(0.836)	(0.838)
treasuryrate_10y_2y	-0.961	-0.970	39.10***	39.11***
	(0.989)	(0.984)	(4.426)	(4.433)
Constant	5.059***	4.993***	-55.33***	-55.32***
	(1.288)	(1.283)	(5.645)	(5.656)
Number of Code	5640	5640	5640	5640

注：括号内为标准误差，*** 表示 $p<0.01$，** 表示 $p<0.05$，* 表示 $p<0.1$。

表 4 为面板固定效应模型的回归结果。我们在对模型估计时分别采用了随机效应模型和固定效应模型进行估计，并采用 hausman 检验对模型进行选择，hausman 检验结果显示以面板固定效应模型对回归结果进行解释更为合适（实际上固定效应模型与随机效应模型的回归结果区别较小，其研究结论没有区别）。

从表 4 的回归结果可以看出，采用面板固定效应模型的估计结果与 OLS 估计的结果存在一定的差异。与表 3 的回归一致，分析回归结果可以看出，回归（1）和回归（2）中，交易型投资者占比的回归系数为负，说明交易型投资者占比提升，可以提升债券的估值，相应的信用利差则降低。回归（3）和回归（4）中，交易型投资者占比的回归系数为正，说明企业债券市场上，交易型投资者占比的提升，会提升企业债券估值的波动率。

同样地，面板固定效应模型的回归结果中，控制变量的回归系数仍然比较合理。Maturity 的系数显著为负，表明到期期限越长，投资者风险越小，债券信用利差越小。Coupon 的系数显著为正，表明票面利率越高，投资者缴纳的税收越多，债券利差越大。债券发行规模的回归系数显著为负，说明债券规模上升意味着企业融资能力的提升，从而债券融资成本更低。Nlist 的系数显著为正，表明因非上市公司融资渠道少于上市公司，违约风险较高，故债券利差较大。此外，1year Treasury Rate 和 10y – 20y Treasury Rate 的估计系数均显著为负，与理论预测一致。

五、结论与政策建议

随着我国银行间债券市场的发展，投资者主体趋于多元化，机构投资者数量不断增加。其中，银行类金融机构配置型投资者特征更明显，而证券公司、基金等的交易性动机更强。证券公司、基金等交易型投资者占比不断上升，交易风格不断分化，可能改变市场对企业债券风险溢价的要求，并影响企业债券市场估值的波动性。从实证结果来看，交易型投资者占比的提升，对企业债券的估也产生了影响。一方面，交易型投资者提升，从平均意义上降低了企业债券的信用利差，从而有利于企业降低企业融资的成本。另一方面交易型投资者上升，推升了市场的交易频率，提升了企业债的流动性，企业债券估值的波动则相应上升。

基于上述研究结论，本文认为可从以下方面改善债券市场交易环境、提升信用债券市场定价效率。

继续完善投资者结构。市场投资主体的多元化有助于改善银行市场流动性，提升市场价格发现作用，减少信用风险错误定价。交易所和银行间市场投资者范围存在差异，应加强配合协调，继续拓宽交易所市场参与主体，允许银行业金融机构进入交易所市场，并进一步加大对离岸机构投资者的开放程度。同时，积极培育高收益债券的投资主体,进一步丰富投资者结构,提升证券公司、基金以及个人等交易型投资者的交易积极性,为高收益债券市场提供流动性。

平滑由交易型投资者增加引起的价格波动,完善投资者保护和债券违约基础制度的建设。交易型投资者比例提升,一定程度上增加了债券市场的顺周期性,可能造成债券市场价格波动上升等负面影响,要加强引导,平滑由交易型投资者增加所引起的债券价格波动。要进一步加强监管协调,避免由于监管叠加对市场造成过大的冲击。建议加强投资者适当性管理和投资者保护,监管机构在投资者准入、发行过程、市场行为、信息披露和做市规则应进行统一规范。违约处置应以市场规则为基础,监管部门需要规范破产流程,以提高信用违约处置的效率。此外,监管机构的批准流程、监管政策出台实施过程中还应进一步加强沟通协调,避免由于监管叠加对市场造成过大的冲击。

参考文献

［1］陈超,李镕伊. 债券融资成本与债券契约条款设计［J］. 金融研究,2014(1):44-57.

［2］成学真,张海安. 我国区域融资能力差异的比较［J］. 价格理论与实践,2015(4):83-85.

［3］李广子,刘力. 债务融资成本与民营信贷歧视［J］. 金融研究,2009(12):137-150.

［4］罗荣华,刘劲劲. 地方政府的隐性担保真的有效吗?——基于城投债发行定价的检验［J］. 金融研究,2016(4):83-98.

［5］莫亚琳,李珊珊,余海铭. 关系型借贷对中小企业融资成本的影响——基于广西中小企业调查的实证研究［J］. 区域金融研究,2014(11):76-81.

［6］徐忠. 中国债券市场发展中热点问题及其认识［J］. 金融研究,2015(2):29-35.

［7］张婷. 信用评级对债券融资成本的影响［J］. 浙江金融,2015(4):48-53.

［8］钟宁桦,唐逸舟,王姝晶,等. 散户投资者如何影响债券价格?——基于交易所同一只信用债的价格差分析［J］. 金融研究,2018(1).

［9］Campbell J. Y., Taksler G. B. Equity Volatility and Corporate Bond Yields［J］. Journal of Finance,2003,58(6):2321-2349.

中国货币政策的区域非对称效应研究

中国人民银行上海总部调查统计研究部课题组

课题组组长：刘 斌
课题组成员：杜文洁 张挽虹 李冀申 邹丽华 王 晟
　　　　　　陆 亮 陈 锐

摘 要

近年来，统一的货币政策在不同区域的非对称影响引起了学术界的广泛关注。货币政策的区域非对称效应就是指货币当局制定和实施的统一货币政策，对不同区域产生了不同的影响和效果。我国幅员广阔，各地区发展水平不均，货币政策在不同地区的实施效果也会存在差异，这将影响货币政策的传导和宏观调控的有效性，增加中央银行制定和实施货币政策的难度，甚至加剧地方经济的非均衡发展。当前，我国经济已由高速增长阶段转向高质量发展阶段，货币政策调控正处于从数量型工具向价格型工具转变时期，如何充分发挥货币政策宏观调控作用，促进中国经济平稳健康增长是当前亟待解决的重要问题，研究和分析货币政策区域非对称效应，对我国制定有效的货币政策具有重要的理论价值和现实意义。国内外关于货币政策区域非对称效应的研究较为广泛，尽管国内外研究均检验出了货币政策区域非对称效应，但都是基于单独各省的角度来考察政策的实施效果，忽视了每个省对其他省的政策溢出效应，没有考虑到省与省之间的跨区域经济内在联系。溢出效应的存在意味着货币政策不仅通过货币传导渠道直接影响某个省的经济，而且还将通过贸易、要素流动等跨区域联系间接影响临近省份的经济。忽略溢出效应，可能会低估各省短期内受货币政策影响的敏感程度。为提高我国货币政策的有效性，就有必要重视并在检验时考虑溢出效应。本文创新性地将溢出效应纳入考虑来检验我国的货币政策区域非对称效应，采用SVAR模型，基于31省（区、市）1978—2016年的数据，在考虑省际溢出效应情况下，实证检验了不同时期各省（区、市）对统一货币政策冲击的反应。本文结果表明：我国货币政策存在省际溢出效应，在短期内，溢出效应发挥非常重要的作用，但在长期，溢出效应作用并不明显。同时，我国货币政策的区域非对称效应是显著存在的，且东部地区敏感度最大，其次分别是中部、西部地区。

一、引言

理论和实践表明,在货币政策有效的情况下,扩张性货币政策能促进经济增长,紧缩性货币政策能减缓经济增长。但是,相同幅度的货币政策扩张和收缩,会使经济增速产生不同幅度的波动,并最终导致不同的政策影响和效果。通常,在经济扩张时期采取紧缩性货币政策的减速作用大于在经济收缩时期实施扩张性货币政策的加速作用。货币政策作用于经济增长的效果,不仅取决于货币政策的强度和方向,同时还依赖经济周期的具体阶段,这种货币政策对真实经济产生不同程度的影响及其机制被称为货币政策作用的非对称性。同样地,货币政策的非对称性还可以作用于不同区域或不同产业。货币政策的区域非对称效应就是指货币当局制定和实施的统一的货币政策,对不同区域产生了不同的影响和效果。我国幅员广阔,各地区发展水平不均,货币政策在不同地区的实施效果也会存在差异,这将影响货币政策的传导和宏观调控的有效性,增加中央银行制定和实施货币政策的难度,甚至加剧地方经济的非均衡发展。当前,我国货币政策调控正处于从数量型工具向价格型工具转变时期,研究和分析货币政策区域非对称效应,对我国制定有效的货币政策具有重要的理论价值和现实意义。

二、文献综述

国外关于货币政策区域非对称性效应的研究起步较早,总体可以分为三个阶段:第一阶段(1950—1990年)。研究最早可以追溯到20世纪50年代,Scott(1955)分析了公开市场操作在美国各地区的实施效果,认为纽约联邦储备区的影响最大,其次是亚特兰大和堪萨斯城地区。Toal(1977)发现,货币区域非对称效应普遍存在于美国各地区,其中新英格兰地区、中东、东南部地区对货币政策反应不太敏感,大湖地区则对货币政策反应显著。Garri Sion 和 Chang(1979)对美国8个经济区的货币政策影响进行分析,认为货币政策作用于不同地区制造业收入影响的差异性较大,其对五大湖地区的效果最明显,而对洛基山地区则较不显著。第二阶段(1990—2000年)。伴随着欧元和欧洲货币同盟的诞生,许多学者围绕最优货币区理论,展开了对欧盟货币政策实施效果的探讨。Kashyap 和 Guiso(1999)研究了统一的货币政策在欧盟各国之间的实施效果,指出各国经济结构的不同是造成差异的主要原因。Dornbusch(1998)分析由于欧盟各国对外贸易开放和依赖程度不同,货币政策调整致使汇率波动,引起进出口规模变化进而影响经济产出,导致了欧盟各国货币政策影响程度不同。Kashyap 和 Stein(1997)研究了货币政策对欧洲货币联盟各国的影响,提出金融结构差异导致了不同国家的实施效果不同。第三阶段（2000年以来）。对货币政策区域非对称效应的研究进入实证阶段。Carlino 和 DeFina（2001）首次将 VAR 方法应用于测度美国 45 个州的货币政策区域非对称效应，并解释了这种效应可以通过利率渠道和银行信贷渠道传导，公司规模、利率敏感产业、银行规模结构是导致差异存在的原因。Nachane 等（2001）定量考察了印度各州的情况，指出企业集中度较高或者金融发展较好的地区，对货币政策的影响更敏感。其后，De Lucio 和 Izquierdo（1999）、Weber（2006）、Georgopoulos（2009）、Ridhwan（2014）也分别用模型各自检验了西班牙、加拿大、澳大利亚、印度尼西亚的货币政策区域非对称效应。

国内学者对我国货币政策区域非对称效应的研究起步较晚，最初主要是从最优货币区理论框架入手，近年来，研究更加聚焦在货币政策对国内银行、企业、产业等金融行为的影响分析。柯冬梅（2001）、贾卓鹏和贺向明（2003）用最优货币区理论对我国进行单一货币区最优性检验，结果表明，我国未达到最优货币区标准，单一的货币政策将进一步加剧地区经济的不平衡发展。孙天琦（2004）从货币中介目标、传导机制等方面提出在坚持统一货币政策的前提下，探索部分指标内容的差别化制定。张晶（2006）用区域简约化模型对我国东部、中西部经济地带进行实证分析，指出货币政策和财政政策对不同区域的影响均不同，东部地区受到的影响远大于中西部。徐峻（2013）选择江西和浙江两个中东部典型大省进行对比，考察统一的货币政策在两个地区间产生不同的影响，并提出相关建议。葛腾飞和张成燕（2014）、祁永忠（2015）、王国松（2016）分别对 GDP 与 M_2 进行了实证检验，发现我国存在货币政策区域非对称效应，且东部受到影响最大，中部次之，西部地区则不明显。李鹏飞等（2016）进一步分析了产生差异的原因，认为区域经济发展水平差异、金融结构差异、产业结构差异和企业结构差异等是造成货币政策区域非对称效应的原因。李雅丽（2007）、韩蓓（2009）、胡晓群等（2014）、徐云松（2017）则分别从信贷、汇率、利率等信用传导渠道对货币政策的区域非对称效应进行分析，从信贷供给、影子银行、外源融资、银行风控能力等角度解释了差异显著的原因和作用机制。

国内外关于货币政策区域非对称效应的研究较为广泛，尽管上述研究均检验出了货币政策区域非对称效应，但都是基于单独各省的角度来考察政策的实施效果，忽视了每个省对其他省的政策溢出效应，没有考虑到省与省之间的跨区域经济内在联系。溢出效应的存在意味着货币政策不仅通过货币传导渠道直接影响某个省的经济，而且还将通过贸易、要素流动等跨区域联系间接影响临近省份的经济。忽略溢出效应，可能会低估各省短期内受货币政策影响的敏感程度。为提高我国货币政策的有效性，就有必要重视并在检验时考虑溢出效应。一般来说，一个地区产出的溢出效应可以由 FDI、固定资产投资、技术转移、政府支出等因素引起，本文中的溢出效应仅指由货币政策引起，即地区经济增长是由货币供应量或信贷增加导致。国内学者在研究我国货币政策对不同地区产出影响时，都忽视了溢出效应，与以往的研究成果相比，本文创新性地将溢出效应纳入考虑来检验我国的货币政策区域非对称效应，验证其存在性并分析其重要性，重新测算不同时期各省（区、市）受货币政策影响的敏感程度，探究其形成的原因，最后提出相应的对策建议，为我国制定有效的货币政策提供参考借鉴。文章结构如下：第一部分为引言；第二部分为文献综述；第三部分为模型的建立；第四部分为实证分析；第五部分为总结。

三、理论模型与变量定义

（一）模型的选择

本文以 Carlino 和 De Fina（2001）建立的模型为基础，引入时变的货币政策规则，结合货币政策与经济以增长结构化关联，构建一个 SVAR 模型来考察我国货币政策对各省（区、市）经济的影响。建立模型如下：

$$C_0 MP_t = \alpha_0 + \sum_{i=0}^{k} \alpha_{1i} Price_{t-i} + \sum_{i=0}^{k} \alpha_{2i} MP_{t-i} + \sum_{i=0}^{k} \alpha_{3i} P_j GDP_{t-i} + \sum_{i=0}^{k} \alpha_{4i} R_{1-pj} GDP_{t-1} +$$
$$\sum_{i=0}^{k} \alpha_{5i} R_2 GDP_{t-i} + \sum_{i=0}^{k} \alpha_{6i} R_3 GDP_{t-i} + \alpha_7 WDGDP_t + u_{1t} \quad (1)$$

$$C_1 P_j GDP_t = \beta_0 + \sum_{i=0}^{k} \beta_{1i} Price_{t-i} + \sum_{i=0}^{k} \beta_{2i} MP_{t-i} + \sum_{i=0}^{k} \beta_{3i} P_j GDP_{t-i} + \sum_{i=0}^{k} \beta_{4i} R_{1-pj} GDP_{t-i} +$$
$$\sum_{i=0}^{k} \beta_{5i} R_2 GDP_{t-i} + \sum_{i=0}^{k} \beta_{6i} R_3 GDP_{t-i} + \beta_7 WDGDP_t + u_{2t} \quad (2)$$

$$C_2 R_{1-pj} GDP = \gamma_0 + \sum_{i=0}^{k} \gamma_{1i} Price_{t-i} + \sum_{i=0}^{k} \gamma_{2i} MP_{t-i} + \sum_{i=0}^{k} \gamma_{3i} P_j GDP_{t-i} + \sum_{i=0}^{k} \gamma_{4i} R_{1-pj} GDP_{t-i} +$$
$$\sum_{i=0}^{k} \gamma_{5i} R_2 GDP_{t-i} + \sum_{i=0}^{k} \gamma_{6i} R_3 GDP_{t-i} + \gamma_7 WDGDP_t + u_{3t} \quad (3)$$

$$C_3 R_2 GDP_t = \delta_0 + \sum_{i=0}^{k} \delta_{1i} Price_{t-i} + \sum_{i=0}^{k} \delta_{2i} MP_{t-i} + \sum_{i=0}^{k} \delta_{3i} P_j GDP_{t-i} + \sum_{i=0}^{k} \delta_{4i} R_{1-pj} GDP_{t-i} +$$
$$\sum_{i=0}^{k} \delta_{5i} R_2 GDP_{t-i} + \sum_{i=0}^{k} \delta_{6i} R_3 GDP_{t-i} + \delta_7 WDGDP_t + u_{4t} \quad (4)$$

$$C_4 R_3 GDP_t = \alpha_0 + \sum_{i=0}^{k} \alpha_{1i} Price_{t-i} + \sum_{i=0}^{k} \alpha_{2i} MP_{t-i} + \sum_{i=0}^{k} \alpha_{3i} P_j GDP_{t-i} + \sum_{i=0}^{k} \alpha_{4i} R_{1-pj} GDP_{t-i} +$$
$$\sum_{i=0}^{k} \alpha_{5i} R_2 GDP_{t-i} + \sum_{i=0}^{k} \alpha_{6i} R_3 GDP_{t-i} + \alpha_7 WDGDP_t + u_{5t} \quad (5)$$

$$C_5 Price_t = b_0 + \sum_{i=0}^{k} b_{1i} Price_{t-i} + \sum_{i=0}^{k} b_{2i} MP_{t-i} + \sum_{i=0}^{k} b_{3i} P_j GDP_{t-i} + \sum_{i=0}^{k} b_{4i} R_{1-pj} GDP_{t-i} +$$
$$\sum_{i=0}^{k} b_{5i} R_2 GDP_{t-i} + \sum_{i=0}^{k} b_{6i} R_3 GDP_{t-i} + b_7 WDGDP_t + u_{6t} \quad (6)$$

MP 是代表货币政策的变量，由于我国利率尚未完全市场化，因此本文以广义货币供应量 M_2 作为货币政策的代理变量①；新引入变量 $Price$ 代表物价水平指数；P_j 是 R_1 区域中的一个省份，R_1、R_2、R_3 分别代表东部、中部、西部三个区域②；$P_j GDP$ 是 p_j 省的实际 GDP，$R_{1-pj} GDP$ 是 R_1 区域内除 p_j 省外的实际 GDP，$R_2 GDP$、$R_3 GDP$ 分别为 R_2、R_3 区域的实际 GDP。中国的 GDP 越来越容易受到世界经济的影响，因此引入外生变量 $WDGDP$ 代表全世界的实际 GDP，u_{it} 是扰动项，所有变量均选取 1978—2016 年的数据。式（1）～式（6）也可以表达为如下向量形式：

$$CY_t = A(L) Y_{t-1} + H(L) WDGDP_t + u_t \quad (7)$$

C 是一个描述变量同期相关性的 6×6 阶系数矩阵，$A(L)$ 和 $H(L)$ 是 6×6 阶滞后算子多项式矩阵，u_t 是 6×1 阶的结构化随机扰动项向量。

为更清晰地表达，将式（6）写成缩减式 VAR 模型：

$$Y_t = Z(L) Y_{t-1} + G(L) WDGDP_t + e_t \quad (8)$$

其中，$Z(L) = C^{-1} A(L)$ 和 $G(L) = C^{-1} H(L)$ 是滞后算子多项式的向量表现形式，$e_t = C^{-1} u_t$ 和 $u_t = C e_t$ 分别描述了简化式扰动项和结构化扰动项。将 $u_t = C e_t$ 转化成 SVAR 模型的"AB 模型"：$A e_t = B u_t$。

(二) 模型的识别

SVAR 模型的关键是对模型的识别，要估计出 SVAR 模型的结构性系数，首先考虑待估计量个数的"排序问题"。假定我国货币政策符合 Taylor 规则和 McCallum 规则，并在同一年内对三个区域的产出及物价产生影响，假设东部区域经济最发达的 7 个省（市）北京、天津、上海、江苏、浙江、山东和广东的经济增长能通过溢出效应影响到东部其他省份及中部、西部地区，那么对于东部发达地区，模型内生变量的排序如下：MP、$P_j GDP$、$E_{1-pj} GDP$、$MGDP$、$WGDP$、$Price$。

---

① 因为内生性问题，尽管 M_2 并不是一个能很好代表货币供应量的指标，但目前已经没有比 M_2 更好的指标了。

② 根据我国经济区域划分，东部区域包括 11 个省（直辖市）：北京、天津、河北、上海、江苏、浙江、福建、山东、广东、辽宁和海南。中部区域包括 8 个省：吉林、黑龙江、山西、安徽、河南、江西、湖南和湖北。西部包括 12 个省（自治区、直辖市）：内蒙古、广西、重庆、四川、贵州、云南、西藏、陕西、甘肃、青海、宁夏和新疆。

而对于东部其余省份，假定同一年内 $R_{1-pj}GDP$ 将会影响 P_jGDP，那么模型内生变量的排序如下：MP、$R_{1-pj}GDP$、P_jGDP、$MGDP$、$WGDP$、$Price$。对于中部地区，模型内生变量的排序为：MP、$EGDP$、$M_{1-pj}GDP$、P_jGDP、$WGDP$、$Price$。对于西部地区，模型内生变量的排序为：MP、$EGDP$、$MGDP$、$W_{1-pj}GDP$、P_jGDP、$Price$。对于 SVAR 的 AB 模型 $Ae_t = Bu_t$，识别矩阵 A、B 如下：

$$A = \begin{bmatrix} 1 & 0 & 0 & 0 & 0 & 0 \\ a_{21} & 1 & 0 & 0 & 0 & 0 \\ a_{31} & a_{32} & 1 & 0 & 0 & 0 \\ a_{41} & a_{42} & a_{43} & 1 & 0 & 0 \\ a_{51} & a_{52} & a_{53} & a_{54} & 1 & 0 \\ a_{61} & a_{62} & a_{63} & a_{64} & a_{65} & 1 \end{bmatrix} \quad (9)$$

$$B = \begin{bmatrix} b_{11} & 0 & 0 & 0 & 0 & 0 \\ 0 & b_{22} & 0 & 0 & 0 & 0 \\ 0 & 0 & b_{33} & 0 & 0 & 0 \\ 0 & 0 & 0 & b_{44} & 0 & 0 \\ 0 & 0 & 0 & 0 & b_{55} & 0 \\ 0 & 0 & 0 & 0 & 0 & b_{66} \end{bmatrix} \quad (10)$$

矩阵 A 反映了系统内 6 个内生变量的当期结构关系。假定结构扰动项有单位方差，那么矩阵 B 为对角矩阵，在主对角线上的元素就可以简单地被估计为结构性冲击的标准差。为了识别 AB 模型，需要对 A 和 B 施加约束条件。

四、实证分析

（一）单位根检验

变量只有在平稳的情况下，才能对模型进行有效的估计。本文采用 ADF 单位根检验来检测变量的平稳性。所有变量均取对数形式，结果见表 1。结果显示，各变量初始阶段不是平稳序列，一阶差分后均变平稳，所有时间序列都是一阶单整，因此可以进行模型估计。

表1　　　　　　　　　　单位根检验结果

Variable	Level		First Difference		Variable	Level		First Difference	
	C	C&T	C	C&T		C	C&T	C	C&T
EGDP	0.62	-2.56	3.28**	3.28**	Gansu	5.21	1.3	-4.89**	-6.87***
MGDP	4.65	1.14	-2.11	-5.69***	Qinghai	2.99	-0.65	-7.68***	-2.48
WGDP	2.01	3.07	-2.11*	-3.30**	Ningxia	2.29	0.22	-1.49	-3.19*
WDGDP	-0.43	-3.21*	-4.27***	-4.19***	Xinjiang	-0.22	-2.12	-3.18*	-3.08
CPI	-1.09	-1.02	-3.06**	-3.14*	Ebeijing	0.66	-2.88	-3.43**	-3.43**
M₂	-2.22	-0.62	-3.28**	-1.87	Etianjin	0.52	-2.91	-3.76**	-3.57**
Beijing	1.01	-2.95	-4.14***	-4.27***	Eheibei	0.65	-2.85	-3.62**	-3.76**
Tianjin	2.27	0.13	-0.01	-3.15*	Eliaoning	0.49	-2.95	-3.70**	-3.34*
Hebei	1.14	-5.72***	-2.87*	-2.43	Eshanghai	0.45	-3.09	-3.54**	-3.39*
Liaoning	1.25	-0.01	-3.48**	-2.57	Ejiangsu	1.87	-2.03	-3.22**	-3.29*
Shanghai	0.36	-2.19	-2.96**	-3.01	Ezhejiang	0.86	-2.50	-3.79**	-3.87**
Zhejiang	-0.72	-2.15	-4.19***	-4.27**	Efujian	0.73	-2.65	-3.48**	-3.49**
Fujian	-0.93	-2.14	-4.19***	-4.07**	Eshandong	0.65	-2.85	-3.76**	-3.89**
Shandong	0.24	-2.11	-3.58**	-3.69**	Eguangdong	0.95	-2.34	-3.38**	-3.48**
Guangdong	-1.19	-1.58	-2.76*	-2.18	Ehainan	0.68	-2.75	-3.49**	-3.49**
Hainan	-0.18	-2.96	-4.01***	-3.86**	Mshanxi	4.10	1.15	-3.09**	-5.06**
Shanxi	1.10	-2.01	-3.67**	-4.55**	Mjilin	5.43	1.16	-0.80	-6.24***
Jilin	1.38	-0.01	-3.24**	-4.68**	Mheilongjiang	3.78	0.75	-3.58**	-5.02**
Heilongjiang	6.17	0.27	-3.35**	-2.86	Manhui	5.27	1.66	1.04	-6.14***
Anhui	2.22	-2.17	-3.79**	-3.83**	Mjiangxi	4.89	1.20	-2.18	-6.01***
Jiangxi	1.60	-0.27	-2.16	-2.71	Mhenan	5.01	2.19	-2.49	-4.91***
Henan	2.01	-0.18	-5.48***	-5.90***	Mhubei	4.59	1.18	-2.27	-5.12***
Hubei	4.89	0.17	-4.00***	-6.62***	Mhunan	4.89	1.12	-2.24	-6.06***
Hunan	3.18	1.24	-2.58	-3.51**	Wneimenggu	1.95	2.29	-3.12**	-3.34*
Neimenggu	1.69	-0.59	2.83*	-3.50*	Wguangxi	1.25	4.67	0.94	-3.46**
Guangxi	1.68	-1.42	-2.20	-3.17*	Wchongqing	2.02	3.17	-3.11**	-3.80**
Chongqing	2.07	-0.08	-2.19	-2.68	Wsichuan	1.78	2.29	-3.01**	-3.68**
Sichuan	2.28	-0.17	-2.77*	-3.76**	Wguizhou	2.07	2.50	-2.92**	-3.70**
Guizhou	1.57	0.08	-3.49**	-3.07	Wyunnan	2.02	3.01	-2.97**	-3.11*
Yunnan	1.00	-1.76	-5.58***	-5.49***	Wxizang	2.01	3.01	-2.70*	-3.57**
Xizang	1.46	-3.32	-3.08**	-3.08	Wshaanxi	1.82	2.10	-2.72*	-3.40**
Shaanxi	2.69	-0.38	-3.89***	-4.62**	Wgansu	2.13	2.772	-2.70*	-3.29**
Wxinjiang	2.09	3.15	-2.87*	-3.78**	Wqinghai	2.02	2.86	-2.68*	-3.76**
					Wningxia	2.01	2.75	-2.82*	-3.61**

注：① *、**、*** 分别表示显著水平为 10%、5% 和 1%。C 表示常数项，T 表示趋势项，用 AIC 和 SC 最小来确定。② EGDP、MGDP、WGDP 和 WDGDP 分别代表东部、中部、西部和世界（1978 = 100）的实际 GDP。CPI 是名义的消费价格指数（1978 = 100）。M₂ 是货币供应量。每个省份的名字代表了每个省份的实际 GDP。"E + 省份 i"、"M + 省份 i" 和 "W + 省份 i" 分别代表东部、中部、西部的实际 GDP 减去 i 省的实际 GDP。

一般来说，如果变量是平稳序列，接下来需要做 Johansen 协整检验，如果检验通过，意味着这些变量之间存在一个长期的经济关系。但是本文并不做 Johansen 协整检验，而是直接估计 SVAR 模型。主要原因有三：一是本文的样本规模较小，仅包含 39 年的数据，且是低频（年度）数据，不能完全充分识别长期的关系。同时，Johansen、Juselius（1990）也指出协整检验并不决定变量之间存在必然的协整关系。二是本文的主要目的是检验货币政策的区域非对称效应，脉冲响应函数才是检验地区受到货币政策冲击时发生变化的主要工具。此外，SVAR 模型的优势在于其是来自经济理论对经济结构的建模，因此能够在一定程度上传递出变量之间经济关系的信息。三是中国是一个一直处于变革当中的经济体，本文估计的时间区间正好是中国改革开放，从计划经济向市场经济过渡时期，价格机制、中央政府发展战略、区域经济发展不均衡、货币政策工具转型等都发生在这段时期，对于一个成熟的市场经济体，通过数据是可以估计出一个长期的协整关系，但是中国在这 39 年发生了众多变革，本文也并不希望通过数据得出变量间存在这样一个长期稳定的关系。因此，本文将直接通过一阶差分变量估计 SVAR 模型来检验货币政策的区域非对称效应。

(二) 脉冲响应

1. 省际间的 SVAR 模型结果

首先对存在溢出效应情况时的 SVAR 模型进行估计。在估计过程中，需要先确定滞后阶数。一般确定滞后阶数的方法有 LR、FPR、AIC、SC 和 HQ 等，本文采取 AIC、SC 准则来确定最优阶数。中国有 31 个省（区、市），因此有 31 个省际 SVAR 模型要估计。基于上述提到的滞后阶数选择标准，根据 Stata14 运行结果，所有省际 SVAR 模型的滞后阶数均为 1。在 31 个 SVAR 模型中，所有的特征值均在单位圆中，被估计的 SVAR 模型是稳定的。通过对矩阵 A、B 结构化分解，所有的模型都恰好被识别。本文通过 SVAR 模型的脉冲响应来考察货币政策冲击带来的动态影响，脉冲响应函数显示了内生变量受到货币政策冲击时是如何反应的，累积脉冲响应是长期内脉冲响应函数的加总，最大脉冲响应是指当发生货币政策冲击时，短期内（1~2 年）各省（区、市）实际 GDP 的最大增速。长期累积脉冲响应是指当发生货币政策冲击时，长期（6 年、10 年）内各省（区、市）实际 GDP 的累积增速。相关结果见表 2 及图 2。

表2　　　　　　　　各省（区、市）脉冲响应结果

	Long Run (10 years) Imp. Res	Long Run (6 years) Imp. Res	Max. Cumul. Imp. Res.	Timing	Max. Imp. Res.	Timing
Zhejiang	0.052882	0.050509	0.053229	3	0.02892	2
Fujian	0.041899	0.043222	0.042788	4	0.025528	2
Tianjin	0.042119	0.041122	0.042118	4	0.021676	1
Guangdong	0.050200	0.044813	—	—	0.020173	2
Jiangsu	0.028774	0.030729	0.040987	3	0.017793	2
Hainan	0.014913	0.008725	0.031660	2	0.017841	1
Shanghai	0.040908	0.031151	0.032332	4	0.015760	2
Liaoning	-0.003229	0.001079	0.024854	2	0.014789	1
Anhui	0.017674	0.023223	0.034520	4	0.014236	2
Beijing	-0.004014	0.00480	0.013120	3	0.014253	1
Hubei	0.001061	0.11908	0.022824	3	0.014157	2
Xizang	0.022349	0.032287	0.036258	4	0.012984	1
Chongqing	-0.009085	0.005674	0.020989	3	0.013784	1
Shandong	0.014781	0.017271	0.029657	3	0.012095	1
Gansu	-0.000107	0.004989	0.011098	1	0.012108	1
Shanxi	-0.019184	-0.008821	0.011317	1	0.011097	1
Henan	0.013334	0.020149	0.021109	3	0.010631	2
Guangxi	0.011082	0.013222	0.017781	3	0.010582	2
Hebei	0.016785	0.011901	0.015421	3	0.008778	2
Guizhou	-0.021091	-0.012093	0.007904	1	0.007904	1
Yunnan	0.013963	0.015574	0.015574	6	0.007652	2
Jilin	-0.019084	-0.008775	0.012986	2	0.007840	1
Jiangxi	-0.002987	0.001031	0.014949	3	0.007986	2
Sichuan	-0.001502	0.004984	0.011558	1	0.005972	1
Xinjiang	0.006882	0.003012	0.010877	2	0.004981	2
Hunan	-0.010584	-0.000982	0.006661	3	0.004083	2
Ningxia	-0.011092	-0.005987	0.006810	2	0.004981	2
Qinghai	-0.032227	-0.017686	0.002907	2	0.004016	1
Heilongjiang	-0.010682	-0.004661	0.001985	1	0.001895	1
Shaanxi	-0.032104	-0.021900	0.001091	1	0.001071	1
Neimenggu	-0.039088	-0.024870	—	—	-0.003666	1

表2显示了结构标准差为5%时,当货币政策发生了非预期性变化,31个省(区、市)的脉冲响应,所有数据都按最大脉冲响应值进行排序分类。从表2可以看出,当面对一个正向的货币政策冲击时,各省(区、市)在2年内都存在各自的最大脉冲响应函数。在31个省(区、市)中,浙江省的最大脉冲响应值最大(0.02892),意味着当M_2增长5%,浙江省第二年的实际GDP最高将增长2.89%,在更长时期(6年)实际GDP将累积增长5.05%,而内蒙古的最大脉冲响应值和累积脉冲响应值在中国所有省份中都处于底部水平。在最大脉冲响应值前十的省份中,有9个省(区、市)来自东部,唯有安徽省位于中部,尽管东部地区的山东省和河北省不在其中,但这两个省位列长期累积脉冲响应值前十的省份中。在最大脉冲响应值排最后十个的省份中,中部有4个省,西部有6个省。显然,相同的货币政策冲击给各个省(区、市)带来的影响都不同(见图1),其中东部省份受影响最大,其次是中部,最后为西部,这也加剧了我国区域经济发展的不均衡。

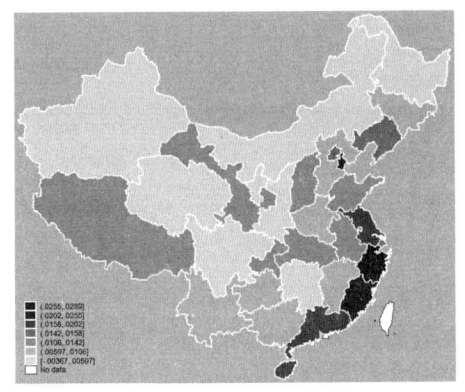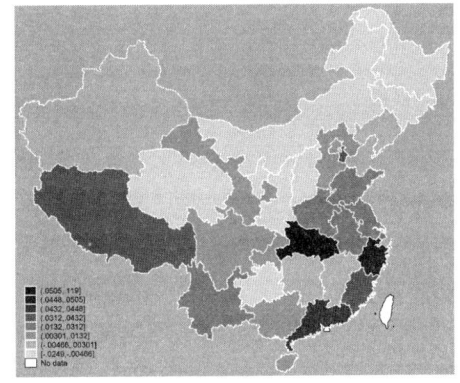

图1　短期(左)、长期(右)各省(区、市)受货币政策冲击的影响

图2显示了31个省(区、市)相对应的最大脉冲响应。实线和虚线分别代表变量的脉冲反应和正负标准误差带。从图2可以看出,在东部地区,一个正向的货币政策冲击使各省(区、市)GDP均有不同程度的增长,冲击在一年至两年后达到最大,接着逐渐消失。在大部分中西部地区,影响会变得更小。

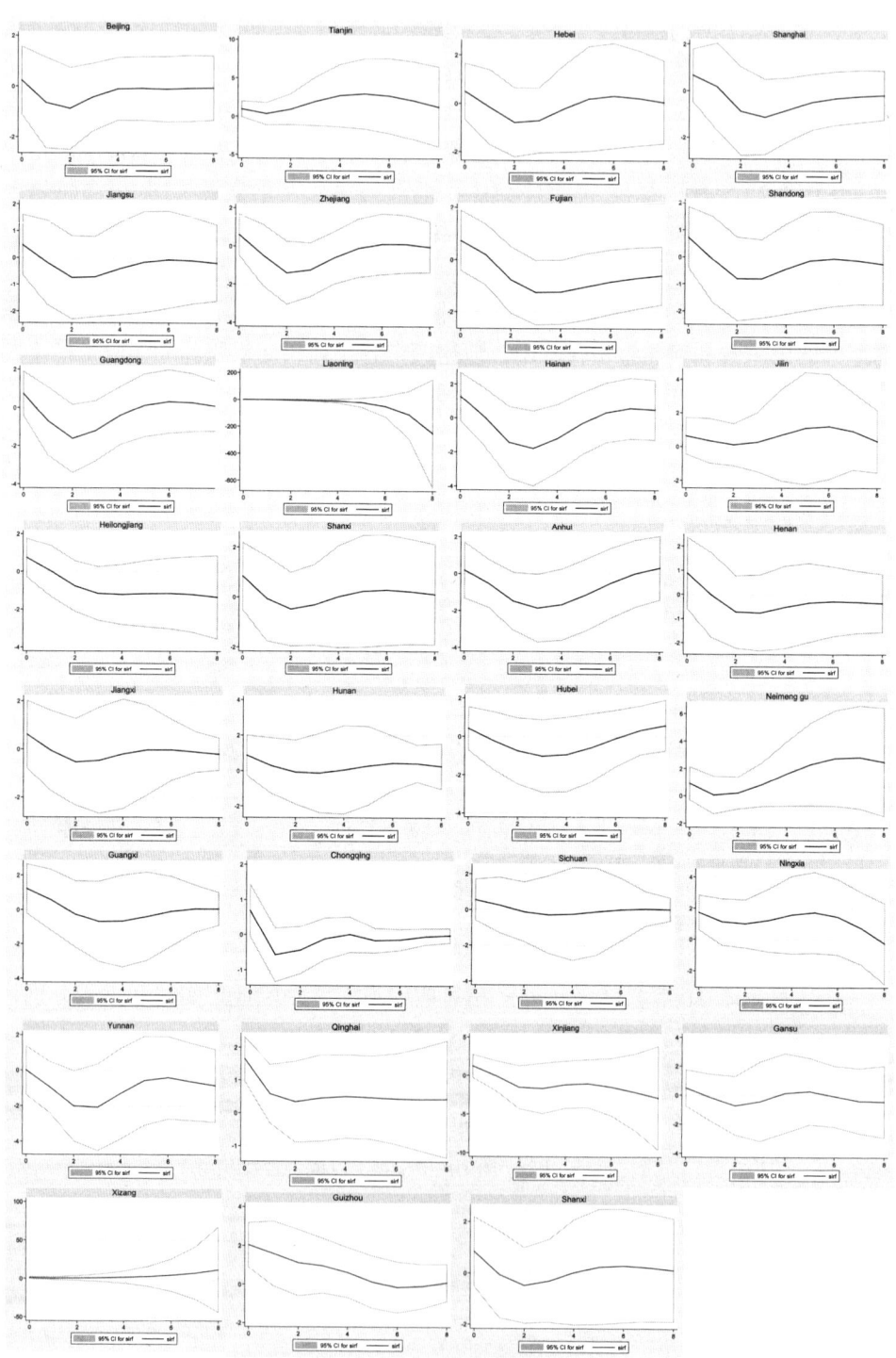

图2 各省(区、市)最大脉冲响应

2. 基于各省的 SVAR 模型结果

为了凸显溢出效应的重要性，本文基于各省（区、市）的数据，对不考虑溢出效应情况下的 SVAR 模型进行估计，通过前后两个模型结果的对比来考察溢出效应的规模和影响。为了保持模型的一致性，SVAR 模型包括如下变量：$Province_i MP$、$Province_i GDP$ 和 $Province_i CPI$，$Province_i MP$ 代表各省的货币政策指标，本文选取各省（区、市）的金融机构人民币存款作为 MP 替代①，$Province_i GDP$ 是各省（区、市）的实际 GDP，$Province_i CPI$ 是各省（区、市）的物价水平（1978 = 100）。WDGDP 作为外生变量代表世界经济，所有变量均选取 1978—2016 年的数据。此外，该模型暗含了一个前提假设，各省（区、市）的存款资金只用于支持本省（区、市）的经济发展，不存在跨省转移的现象。

同样地，中国有 31 个省份，因此有 31 个省份的 SVAR 模型要估计。按照上文提及的最优滞后阶数选择标准，根据 Stata14 运行结果，9 个省份（河南、湖北、湖南、内蒙古、重庆、贵州、云南、西藏和甘肃）的 SVAR 模型滞后阶数为 2，剩余 22 个省份 SVAR 模型滞后阶数为 1。在 31 个 SVAR 模型中，所有的特征值均在单位圆中，被估计的 SVAR 模型是稳定的并恰好被识别。模型估计过程与上文类似，结果见表 3。

表 3 显示了结构标准差为 5% 时，当货币政策发生了非预期性变化，31 个省（区、市）的脉冲响应，所有数据都按最大脉冲响应值进行排序分类。从表 3 可以看出，尽管各省份对货币政策冲击的反应不同，但与存在溢出效应时的结果相比，各省份反应敏感程度的结果差别非常大。最大脉冲响应值前十的省份中，只有 4 个省份来自东部，西部地区有 4 个省份，中部地区有 2 个省份。最大脉冲响应值最后 10 个省份中，东部地区有 3 个省份，中部和西部分别有 3 个省份和 4 个省份。当受到一个正向的货币政策冲击时，大部分省份的反应时效都变短了。可以看出，如果没有溢出效应，即各省份所有的存款只用于支持本省份的经济发展，那么东部地区在经济增长方面就不存在任何优势，东部、中部、西部地区经济发展也将相对较为均衡。但实际情况却是，由于国内商业银行在全国各地均有分支机构，其运营资金会根据成本收益法则进行内部转移调配，一般来说，金融机构在中西部地区用较低的成本吸收存款，再转移至资金回报率较高的东部沿海地区，从而促进东部地区的经济增长，并加剧了中国区域经济发展的不均衡。

---

① 社会融资规模指标也可以作为 MP 变量，但考虑到社会融资规模从 2012 年才开始统计，数据样本较少，因此本文选择金融机构人民币存款作为 MP 变量。

表3　　各省份脉冲响应结果

	Long Run (10 years) Imp. Res	Long Run (6 years) Imp. Res	Max. Cumul. Imp. Res.	Timing	Max. Imp. Res.	Timing
Zhejiang	0.067888	0.062282			0.025242	2
Qinghai	0.039831	0.040989			0.018966	2
Fujian	0.021090	0.023892	0.025118	2	0.013091	1
Hubei	0.021864	0.020975			0.011082	2
Yunnan	0.025875	0.024687			0.011989	1
Shanxi	0.015673	0.015988			0.011327	1
Xizang	0.016878	0.012101			0.011224	2
Tianjin	0.036784	0.035884	0.016566	3	0.011091	2
Chongqing	0.026683	0.024891			0.010229	1
Jiangsu	0.011090	0.013023	0.015178	3	0.009890	2
Guangxi	0.017903	0.018875	0.020514	4	0.009093	2
Ningxia	0.010986	0.011908	0.012892	5	0.008556	2
Gansu	0.014988	0.013096	0.016381	3	0.008215	2
Shandong	0.003462	0.005904	0.009664	2	0.00894	1
Hainan	0.006901	0.008090	0.010202	2	0.007222	1
Hebei	0.014783	0.013895			0.007281	2
Jilin	0.011091	0.012985			0.007209	1
Anhui	0.015773	0.015772	0.013096	3	0.006895	2
Heilongjiang	0.013880	0.012099			0.006780	1
Beijing	0.007637	0.007622			0.006897	2
Xinjiang	0.006874	0.006660	0.012449	3	0.005684	1
Liaoning	-0.029386	-0.024674	0.005463	1	0.005473	1
Shaanxi	0.003858	0.004586	0.006278	3	0.004680	2
Guangdong	0.007883	0.007661	0.009141	3	0.004894	2
Shanghai	0.010203	0.008071	0.001022	1	0.004156	2
Guizhou	-0.019567	-0.014012	0.003564	1	0.003374	1
Sichuan	0.002782	0.003383	0.004248	3	0.002582	2
Neimenggu	-0.017685	-0.014223	0.004175	2	0.002257	1
Henan	-0.002226	-0.002096	-0.003451	1	0.001296	2
Jiangxi	-0.007387	-0.006383	0.002293	2	0.001199	2
Hunan	-0.006082	-0.004575	0.000595	1	0.000485	1

3. 溢出效应

通过上述两个模型的对比，可以看出溢出效应在中国是存在的，并且对各省份经济发展起到重要的作用，表4显示了对比结果和溢出效应规模。由于某些省份没有最大累积脉冲响应值，本文仅对两个SVAR模型的最大脉冲响应和长期（6年、10年）累积脉冲响应的前后差值进行对比，用增幅来衡量溢出效应规模。

表4　　　　　　　　　　　对比结果和溢出效应规模

		Long Run (10 years) Imp. Res	Long Run (6 years) Imp. Res	Max. Imp. Res.		Long Run (10 years) Imp. Res	Long Run (6 years) Imp. Res	Max. Imp. Res.
East					West			
Beijing	Comparison	-0.013271	-0.007512	0.008466	Neimenggu	-0.019873	-0.011217	-0.007233
	Increase	-161.10%	-92.95%	126.26%		112.84%	77.64%	-293.49%
Tianjin	Comparison	0.006406	0.006779	0.012146	Guangxi	-0.005611	-0.004363	0.001479
	Increase	17.34%	18.76%	108.62%		-31.01%	-21.72%	16.28%
Hebei	Comparison	0.001482	-0.002315	0.002328	Chongqing	-0.036468	-0.017867	0.004274
	Increase	9.43%	-15.06%	31.79%		-131.34%	-70.17%	41.14%
Liaoning	Comparison	0.024316	0.027423	0.010146	Sichuan	-0.003864	0.001982	0.004219
	Increase	-82.77%	-106.01%	185.80%		-154.09%	57.58%	160.56%
Shanghai	Comparison	0.031415	0.022539	0.013143	Guizhou	-0.003174	0.000329	0.005160
	Increase	309.50%	229.73%	315.59%		16.20%	-2.12%	144.07%
Jiangsu	Comparison	0.015764	0.016825	0.009973	Yunnan	-0.012782	-0.008803	-0.003310
	Increase	113.72%	119.78%	100.23%		-47.66%	-34.41%	-29.03%
Zhejiang	Comparison	-0.015116	-0.013200	0.002381	Xizang	0.007550	0.018426	0.003400
	Increase	-22.10%	-20.83%	9.01%		43.36%	139.35%	30.07%
Fujian	Comparison	0.017178	0.019670	0.012367	Shaanxi	-0.037302	-0.027226	-0.003509
	Increase	67.28%	77.1%	87.33%		-1021.46%	-580.36%	-75.72%
Shandong	Comparison	0.011699	0.012087	0.006471	Gansu	-0.015766	-0.008177	0.004813
	Increase	196.21%	189.10%	85.58%		-101.79%	-57.15%	57.62%
Guangdong	Comparison	0.043717	0.037822	0.015859	Qinghai	-0.073048	-0.059435	-0.015820
	Increase	546.27%	468.05%	339.32%		-174.21%	-144.79%	-82.24%
Hainan	Comparison	0.008752	0.001935	0.012209	Ningxia	-0.024428	-0.020348	-0.003435
	Increase	120.04%	25.84%	164.29%		-207.79%	-158.54%	-39.63%
					Xinjiang	-0.000062	-0.004268	-0.000082
						-0.85%	-48.07%	-1.44%
Middle					Middle			
Shanxi	Comparison	-0.034817	-0.025869	0.001040	Jiangxi	0.003529	0.008494	0.006877
	Increase	-211.62%	-159.90%	9.05%		-47.52%	-131.23%	554.88%

续表

		Long Run (10 years) Imp. Res	Long Run (6 years) Imp. Res	Max. Imp. Res.		Long Run (10 years) Imp. Res	Long Run (6 years) Imp. Res	Max. Imp. Res.
Jilin	Comparison	-0.031045	-0.021170	0.001091	Henan	0.017700	0.022236	0.009886
	Increase	-278.90%	-182%	14.98%		-824.84%	-1102.75%	521.52%
Heilongjiang	Comparison	-0.025372	-0.018190	-0.004115	Hubei	-0.020914	-0.007747	0.002704
	Increase	-173.42%	-137.92%	-60.51%		-89.05%	-36.83%	21.81%
Anhui	Comparison	0.005321	0.011201	0.008531	Hunan	-0.004592	0.003313	0.004998
	Increase	36.51%	77%	123.03%		75.26%	-71.17%	839.71%

注：Comparison＝存在溢出效应模型的脉冲响应－不存在溢出效应模型的脉冲响应。Increase＝Comparison/不存在溢出效应模型的脉冲响应。本文用"Increase"来衡量溢出效应。

从表4可以看出，当考虑了溢出效应后，大部分省份的最大脉冲响应值变得更大，有的省份溢出效应甚至超过了100%，由此可见溢出效应的重要性。此外，值得关注的是，通过数据对比发现，在考虑溢出效应后，东部地区11个省份中有7个省份的长期累积脉冲响应值较高，而中西部地区加总起来仅为5个省份。这主要是由于在短期内，存款资金还未发生跨地区转移，此时溢出效应占据主导地位，因此大部分省份有更大的最大脉冲响应值，然而在长期，存款资金可以在各省之间转移调配，此时存款转移的影响更大①，并超过了溢出效应，资金流从欠发达的中西部流向发达的东部地区，从而促进了东部地区的经济发展，因此东部大多数省份的长期累积脉冲响应值较高，而中西部地区省份的长期累积脉冲响应值则相对较低或者为负。

五、结论与对策建议

本文从溢出效应角度出发，采取SVAR模型估计方法，选取我国31个省份1978—2016年的数据，研究分析了货币政策的区域非对称效应。结果表明：当货币政策发生变化时，各地区经济增长的反应是不同的，东部地区受到的影响最大，其次是中部地区，最后是西部地区。同时，本文构建两组SVAR模型，通过对比发现我国货币政策存在省际溢出效应，在短期内，溢出效应发挥非常重要的作用，但在长期，存款转移产生的影响超过了溢出效应，溢出效应作用并不明显。

当然，造成我国货币政策区域非对称效应的原因是多样复杂的，如前文所述，许多学者也实证分析了由于区域经济发展水平、区域金融结构、区域产业结

---

① 对于中西部地区来说，存款转移带来的影响是负向的。

构、区域企业结构、地区开放度、居民消费和投资倾向等不同,使人民银行统一的货币政策因传递环节的不同而导致最终实施结果和影响不同,也造成了区域经济发展表现出非同步性。

鉴于此,在人民银行货币政策统一性的大前提下,为减少地区经济间的差异,建议如下:一是加强货币政策与财政政策相机抉择。运用财政政策弥补货币政策的不足,如加大中西部地区转移支付和投资力度等。同时,由于地方经济发展更依赖于地方财政政策,地方政府应根据地区特点,采取货币政策与财政政策结合使用,充分发挥政策优势互补,促进区域经济发展。二是进一步提高货币政策的灵活性和协调性。加强对区域金融的信贷分析监测,结合各地实际,在再贷款、MLF等方面探索实施差异化的定向创新信贷政策,避免统一的货币政策加剧地区经济失衡。三是加快区域经济协调发展。加大对中西部地区基础设施投资力度,推动东部地区与中西部地区产业合作,加快调整落后地区产业布局步伐,稳步推进中西部产业转型升级。推进区域金融协调发展,提高地区金融效率,促进金融资源充分利用。

参考文献

[1] 贾卓鹏,贺向明. 最优货币区理论与我国区域货币政策选择 [J]. 上海金融学院学报,2004 (3): 12 - 15.

[2] 韩蓓. 货币政策区域效应的微观分析:信用传导机制视角 [J]. 首都经济贸易大学学报,2009 (2): 31 - 36.

[3] 胡晓群,沈琦,郑志国. 我国货币政策信用传导的区域视角研究 [J]. 江淮论坛,2014 (1): 96 - 100.

[4] 柯冬梅. 最优货币区理论及其对中国货币政策的借鉴 [J]. 中央财经大学学报,2001 (1): 28 - 32.

[5] 李鹏飞,黄丽君. 我国货币政策的区域非对称效应研究 [J]. 学术探索,2016 (3): 66 - 71.

[6] 李雅丽. 基于信贷渠道视角的我国货币政策区域效应探析 [J]. 经济经纬,2007 (6): 23 - 26.

[7] 祁永忠. 我国货币政策区域非对称效应研究——基于省级面板数据模型的检验 [J]. 宁夏大学学报,2015 (11): 153 - 159.

[8] 孙天琦. 货币政策:统一性前提下部分内容的区域差别化研究 [J]. 金融研究,2004 (5): 1 - 19.

[9] 徐云松. 货币政策对影子银行和银行信贷影响的非对称效应研究 [J]. 新金融,2017 (12): 17 - 25.

[10] 张晶. 我国货币财政政策存在区域效应的实证分析 [J]. 数量经济技术经济研究, 2006 (7): 39-46.

[11] Carlino, Defina. Do states respond differently to change in monetary policy? [J]. Business reviews, 2001, 7.

[12] De Lucio. J. J., Izquierdo, M. Local responses to a global monetary policy—the regional structure of financial system [J]. Fundaci'on de Estudios de Econom'ia Aplicada, FEDEA-D. T. 1999, 99-14, pp. 1-24.

[13] Dornbusch. R. Immediate challenges for the ECB [J]. Economic Policy, 1998, April.

[14] Garrison C. B., H. S. Chang. The effect of monetary and fiscal policies on regional business cycles [J]. Int. Regional Science Review, 1979, 4 (2): 167-180.

[15] Georgopoulos. G. Measuring regional effects of monetary policy in Canada [J]. Applied Economics, 2009, 41: 2093~2113.

[16] Kashyap A. K, Guiso L. Will a common European monetary policy have asymmetric effects [J]. Economic Perspectives, Federal Reserve Bank of Chicago. 1999, 23 (4).

[17] Kashyap A., Stein J. The role of banks in monetary policy: a survey with implications for the European Monetary Union [J]. Federal Bank of Chicago, Economic Perspectives. 1997, (9~10): 2-18.

[18] Nachane, D. M., Ray, P., Ghosh, S. Does monetary policy have differential state-level effects? An empirical evaluation, MPRA Paper 2001 Nov, No. 2708.

[19] Ridhwan, M. M., de Groot, H. L. F., Rietveld, P. The regional impact of monetary policy in Indonesia [J]. Growth and Change, 2014, 45: 240-262.

[20] Scott I. O. The regional impact of monetary policy [J]. Quarterly Journal of Economics, 1955, 69 (2): 269-284.

[21] Toal. W. D. Regional impacts of monetary and fiscal policies in the postwar period: some initial tests [J]. Federal Reserve Bank of Atlanta, 1977.

[22] Weber, E. J. Monetary policy in a heterogeneous monetary union: the Australian experience [J]. Applied Economics, 2006, 38: 2487-2495.

美国货币政策操作演变及对中国的启示

中国人民银行上海总部调查统计研究部课题组

课题组组长：蒋一乐
课题组成员：万阿俊　王　晴

摘　要

"十三五"规划中指出，完善货币政策操作目标、调控框架和传导机制，构建目标利率和利率走廊机制，推动货币政策由数量型为主向价格型为主转变。这也正是党的十九大报告中提出的"健全货币政策和宏观审慎政策双支柱调控框架，深化利率和汇率市场化改革"的方向所在。那么在货币政策操作转型期间，我国人民银行应该如何加强对短期利率的调控和对金融市场利率的影响？为了对这一问题进行初步探析，本文从国际金融危机后美国货币政策操作的演变出发，分析和吸取国际经验，从而为我国利率调控转型提供一些基础信息。

危机后，美国银行业持有巨量准备金，这使传统公开市场操作已无法达到调控短期利率的目的。在货币政策正常化的过程中，美联储创新使用了两个主要工具——准备金利率和逆回购操作，通过三个机制——鼓励货币市场套利、扩大政策工具在货币市场的影响范围、收紧准备金供给，来引导联邦基金利率的运行，加强了对短期利率的调控，从而解决了危机后美联储"数量型"工具和"价格型"工具发生的冲突。实际操作不仅展现了不同于传统理论的发现，更体现了货币市场交易者结构对政策工具效果的影响。

近年来，中国人民银行较关注银行流动性的稳定，以存款类金融机构间质押回购利率来衡量。但2017年市场走势显示，这一利率与金融市场利率走势不断分化，传导机制出现了较大摩擦。这些利率走势的分化凸显了当下我国货币政策转型期短期利率调控的难点：一是操作目标不确定；二是特殊时期政策利率对金融市场利率的影响有限；三是流动性传导存在明显分层；四是市场利率波动对商业银行流动性和资金成本的影响不断加大；五是金融监管不断加强。这些对货币政策操作转型带来了很大的挑战。

基于美联储经验以及我国现实情况，本文认为，一方面监管当局宜在充分了解我国货币市场交易结构的情况下，理顺不同政策工具的作用机制，了解不同交易者的交易机会和动机,这对我国加强短期利率调控以及利率传导机制有一定意义。另一方面,当下我国处在"利率市场化+金融创新+严监管"的复杂环境中,并且具有"中央银行—大型银行—小型银行—非银金融机构"特殊的流动性传导模式,仅仅关注银行体系流动性是不够的,而应该关注货币市场流动性以及货币市场利率的稳定,这不仅可以为金融机构流动性管理提供一个有效和稳定的市场,还有利于人民银行对短期利率的调控和政策利率的传导。

一、研究背景和研究问题

"十三五"规划中指出,完善货币政策操作目标、调控框架和传导机制,构建目标利率和利率走廊机制,推动货币政策由数量型为主向价格型为主转变。这也正是党的十九大报告中提出的"健全货币政策和宏观审慎政策双支柱调控框架,深化利率和汇率市场化改革"的方向所在。

当下我国已不断放开对存贷款基准利率的约束,中央银行双轨制利率调控逐渐转向对短期利率的调控,后者也是主要经济体较成熟的货币政策操作方式。那么在货币政策操作转型期间,中国人民银行应该如何加强对短期利率的调控和对金融市场利率的影响?

本文的研究属于货币政策操作(monetary policy implementation)范畴,具体包括三个方面,分别是选择操作目标(operation target)、建立操作框架影响操作目标(包括设立货币政策工具、选择对手方和规定一系列担保品),以及每日使用工具来影响操作目标。这与货币政策策略(monetary policy strategy)不同,后者主要指货币政策传导机制的宏观模型,以及中央银行根据不同情形调整操作目标并与公众沟通,从而达到影响最终目标的过程,属于货币与宏观经济学的范畴(Bindseil,2004)。无论中央银行采取何种货币政策策略、选择何种最终目标,构建一个有效的货币政策操作框架也是非常重要的,尤其对于货币政策转型时期的我国来说。

为了对这一问题进行初步探析,本文从国际金融危机后美国货币政策操作的演变出发,分析和汲取国际经验,从而为我国利率调控转型提供一些基础信息。

二、危机前后美联储货币政策操作的演变和对比

在经历了长期低利率以及大规模资产购买之后,美联储于2015年12月开始加息,2017年10月开始缩表,并计划在2018年持续加息并加快缩表进度。与以往利率调控背景不同,当下美国银行业持有巨量准备金,这使美联储需要使用与

危机前不一样的货币政策工具,来加强对短期利率的影响。

(一)危机后美联储准备金剧增,传统公开市场操作已无法达到调控利率的目的

在国际金融危机前,美联储的货币政策操作是设置一个联邦基金利率目标(federal funds rate target),并通过在公开市场操作(OMOs)买卖少量的国债来影响联邦基金利率。具体来讲,美联储公开市场操作买卖国债可以分为两种,永久性(permanent OMOs)和暂时性(temporary OMOs)。如果预期未来准备金需求将有一个持久性的上升,美联储将会在公开市场上购买债券,永久地增加准备金供给;若准备金需求只是短暂的上升,美联储则会利用回购操作(repurchase agreement,RP),买入债券并约定在短期内卖回给对手方,从而短期地调节准备金供给。2006年美联储共进行了247次短期RP(203次为隔夜,44次为其他短期),平均规模为68亿美元;每周四进行一次长期14天RP操作,平均规模是85亿美元。RP操作接受三种抵押品,国债、联邦机构债券以及抵押贷款支持证券,2006年78%的RP操作是以国债为抵押品。此外,2006年美联储增加了342亿美元国债,年底共持有7750亿美元国债。

传统公开市场操作能对联邦基金利率产生影响是因为银行通常在美联储持有非常少的准备金(total reserves),除了满足法定准备金(required reserves)的要求,银行还持有超额准备金(excess reserves)用来满足清算和流动性波动的需求。危机前准备金总量维持在150亿美元左右,其中超额准备金只有不到20亿美元,美联储只需要对准备金供给作出非常小的影响,联邦基金利率将会变化。从图1可以看出,危机前准备金需求和供给曲线相交在需求曲线向下倾斜的部分,供给小幅变化便可以影响利率水平。

在国际金融危机初期,美联储为金融机构提供了多种流动性工具,用来稳定信贷市场,这增加了银行准备金,从而给联邦基金利率带来了下行压力。为了防止联邦基金利率低于目标区间,美联储通过卖出国债来冲抵准备金带来的基础货币以及货币供应量的增加,从而保证准备金供给大抵不变。但是这样的冲抵操作快速消耗了美联储的大量国债,仅用了一年时间美联储国债持有量便下降了近40%,从2007年7月的7900亿美元下降至2008年6月的不足4800亿美元。从图2可以看出,2007年底至2009年初,美联储国债持有量明显下降。

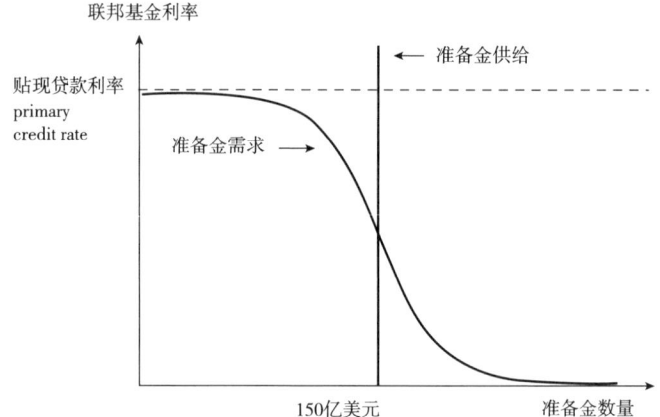

注：①银行持有准备金具有机会成本，成本为联邦基金利率。因此利率越高，银行对准备金的需求越小，需求曲线便向下倾斜。

②贴现贷款利率（primary credit rate）为银行向美联储隔夜借款的利率，为贴现窗口的一部分，该利率较联邦基金利率高，因为银行不会以高于该利率在联邦基金市场上拆借。

③联邦基金利率为 0 意味着银行可以零成本从市场上进行隔夜拆借，从而投资于其他高利率金融产品，此时银行对准备金的需求将可能为无限大，因此需求曲线在 0 时为平线。

④因为美联储是准备金的唯一供给者，所以供给曲线是垂直的。当美联储进行 OMOs 时，供给曲线便会左右移动。

图 1　金融危机前准备金供求曲线

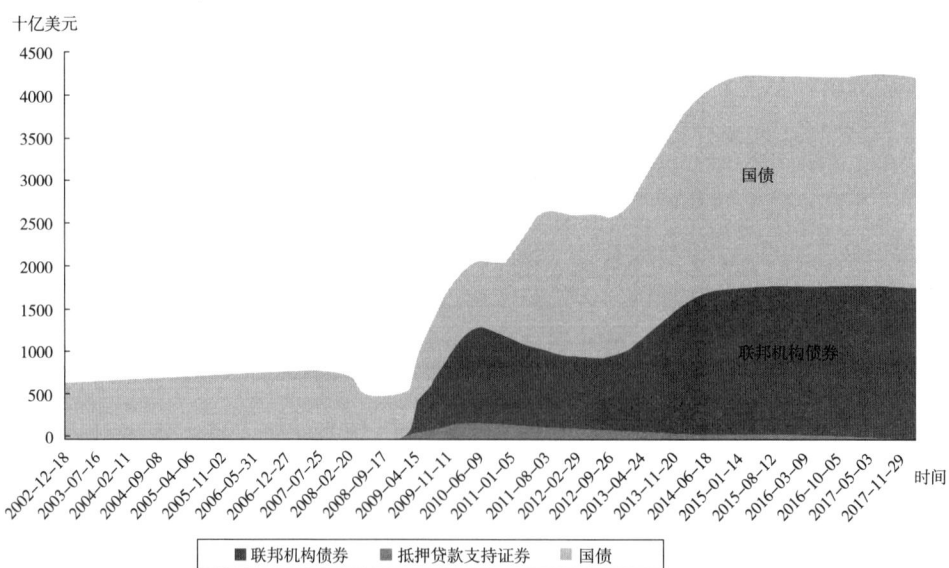

资料来源：美联储。

图 2　2002 年以来美联储债券持有量和结构的走势变化

然而在 2008 年 9 月雷曼兄弟倒闭以及美联储救助 AIG 后，为了缓解金融市场和信贷市场的负面冲击，美联储在公开市场上购买了大量的债券（Large Scale Asset Purchases，LSAP），并创造了多种提供借贷和流动性的工具（Lending and Liquidity Facility）。这导致银行准备金剧增，联邦基金利率被进一步压低，美联储持有的国债已经不能进行冲销操作了。2014 年 12 月，银行准备金总额高达 2.6 万亿美元（危机前仅为 150 亿美元），其中 97% 为超额准备金（见图 3）。在银行持有巨额准备金的背景下，银行对准备金的边际需求已接近 0，美联储已无法通过传统买卖少量国债将利率水平调整至目标位置。我们可以认为供给曲线已经移至非常右方，小幅的移动对利率几乎没有影响（见图 4）。

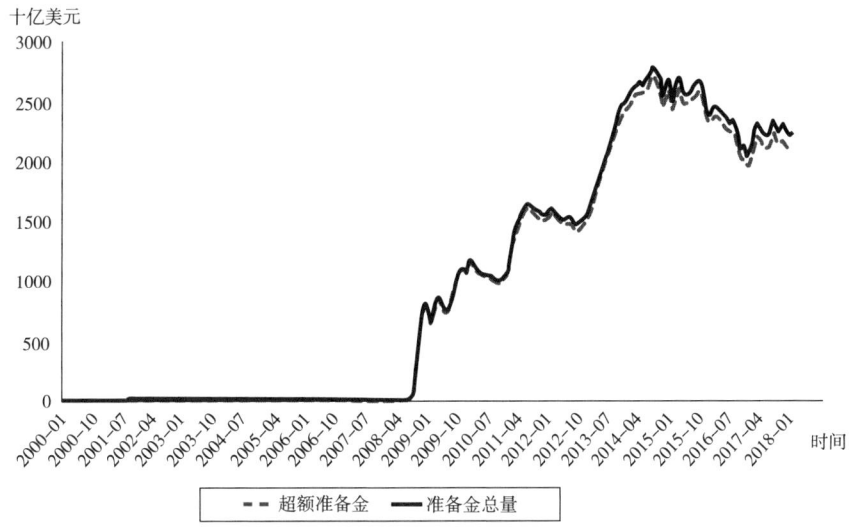

资料来源：美联储。

图 3 2000 年以来美联储准备金走势

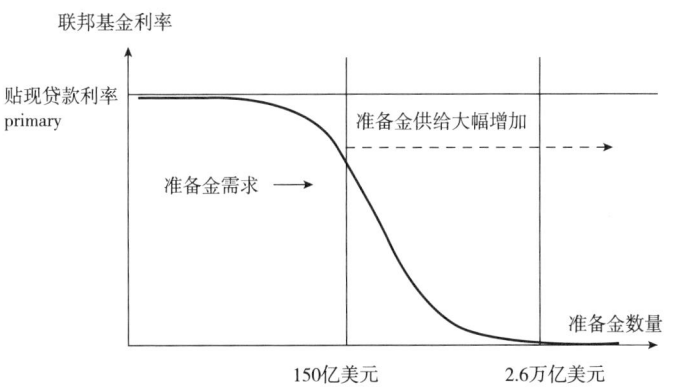

图 4 金融危机后准备金供求曲线：准备金供给大幅增加

（二）危机后美联储主要通过对准备金付息和逆回购操作来引导利率达到目标区间

面临巨额准备金供给水平，美联储通过一系列政策工具来加强对短期利率的调控能力。从危机后的经验看，美联储主要通过对准备金支付利息（Interest On Reserves，IOR）以及进行逆回购操作并扩大交易对手方（Reverse Repurchase Purchase Agreement，RRP）这两个工具来引导联邦基金利率达到目标区间。从实际操作看，IOR 成为联邦基金利率的上限，RRP 利率成为下限，区间为 25bp，这一区间不仅可以有效调控联邦基金利率，也可以为金融机构带来可以接受的利差收益。所以当美联储升息时，会同时提高联邦基金利率目标区间以及 IOR 和 RRP 的利率，其他短期货币市场利率便随之上升。

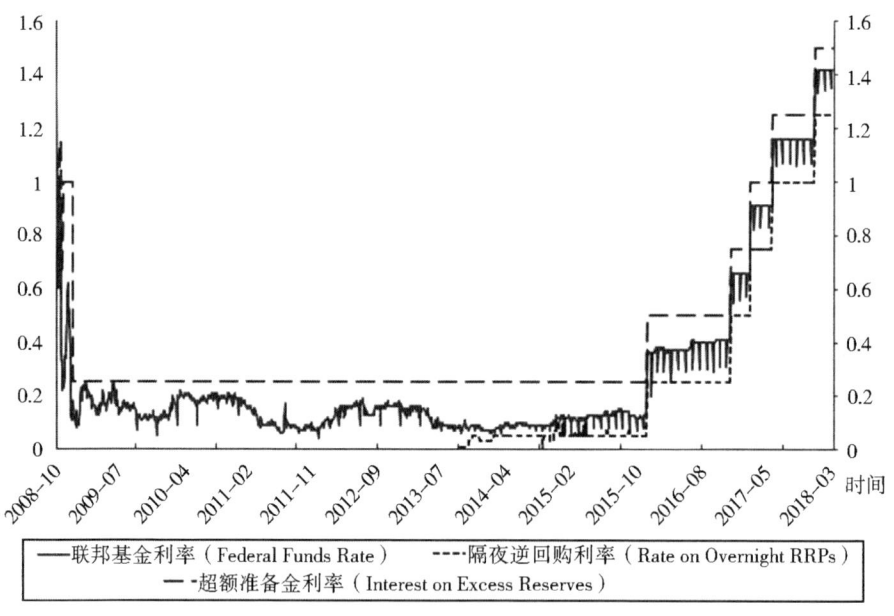

资料来源：美联储。

图 5　金融危机后美联储政策利率的变化

1. 准备金利率：理论的下限，实际的上限

（1）准备金利率如何调节联邦基金利率

在国际金融危机初期，美联储试图通过卖出国债来调节准备金供给，从而防止联邦基金利率下行至目标区间以下。但美联储的债券持有量已大幅下降，无法再继续进行这一操作。这就导致了美联储于 2008 年 10 月提前实施原本在 2011

年才落地的为准备金付息的政策,并于 2009 年 6 月的公开市场操作声明中指出将准备金利率作为提高利率和退出宽松的主要工具。

从经济理论来讲,早在 60 年前,弗里德曼(1959)认为如果银行持有准备金的收益为 0,就相当于政府对银行收取税收,因此倡议中央银行为银行准备金付息,从而消除准备金税收带来的市场扭曲。除了减少准备金税收带来的市场扭曲,IOR 也为中央银行调控市场利率提供了工具,尤其是在美联储为金融市场提供大量流动性的时期。IOR 减少了银行持有准备金的成本,银行不会以低于 IOR 将资金融出,IOR 便成为市场利率的理论下限。

但美联储没有预期到的是,IOR 在实际操作中并没有成为联邦基金利率的下限,反而成为上限。这源于美国联邦基金市场参与者的特殊结构,非存款类机构,例如房地美、房贷美和联邦住房贷款银行等政府支持企业(Government-Sponsored Enterprises,GSE),在美联储持有准备金,但是不能获得准备金利息,持有准备金的收益为 0,这是一种市场分割的表现(market segmentation)。因此这些机构就有动力将准备金出借给银行,银行再存入美联储获得准备金利息,进行利率套利,可简称为 IOR 套利。

IOR 套利是国际金融危机后联邦基金市场最主要的借贷行为,因此联邦基金利率略低于 IOR。不过即使存在明显的套利机会,联邦基金利率还是略低于 IOR,这是因为有部分因素削弱了银行借入准备金并进行套利能力,例如银行要满足更高的资本要求、杠杆率和流动性要求,以及银行业缺乏竞争等。

在这一机制下,银行准备金需求曲线将发生变化。如图 6 所示,理论的需求曲线在 IOR 上方相切,而实际的需求曲线在超额准备金利率"下方附近"的位置变成水平,这意味着在套利机制下,银行对低于 IOR 利率借入的联邦基金的需求无限大。

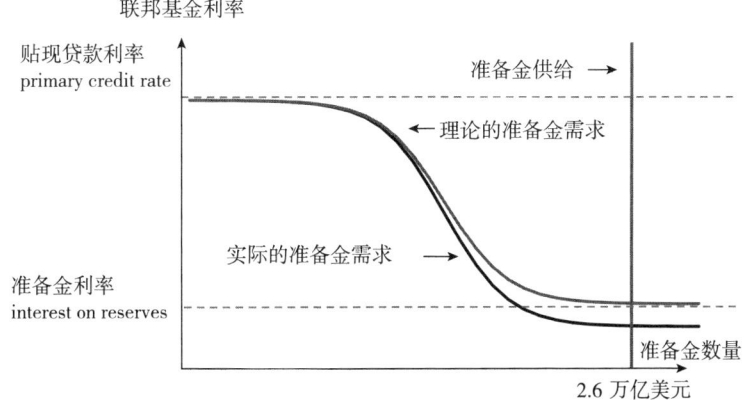

图 6 当下准备金供求曲线:准备金付息的理论与实践

(2) 为准备金付息后联邦基金市场交易量和结构的变化

联邦基金市场的每日交易量由危机前的 2500 亿美元缩减至危机后不到 800 亿美元（NY fed，2018），交易结构在美联储扩大资产负债表和为准备金付息后发生了巨大的变化。据测算，从联邦基金市场资金融出方看，危机前（2006 年底）存款类机构占融出量的 60%，但危机后（2012 年底）只占 26.3%。危机后资金主要融出方为联邦住房贷款银行（Federal Home Loan Banks，FHLBs），它属于政府支持企业（GSEs），提供了 75% 的融出资金。从联邦基金市场资金融入方看，危机后银行是主要融入方，尤其是外资银行，后者融入量占市场的 42% [Gara Afonso、Alex Entz 和 Eric LeSueur（2013a，b）]。

Thomas Keating 和 Marco Macchiavelli（2017）利用非公开数据发现，外资银行积极在货币市场上融资，将从欧洲美元市场（Eurodollar）借入的 99%、从联邦基金市场借入的 80% 存入美联储准备金账户，这一 IOR 套利并没有信用风险和利率风险。虽然本土大型银行 IOR 套利的规模较小，但会将从欧洲美元市场和联邦基金市场融入的资金全部存入准备金账户，而本土小型银行来并没有积极进行 IOR 套利操作。

为何外资银行大量融入准备金但本土银行并不积极呢？一方面，外资银行无须支付 FDIC 保费。2011 年 FDIC 扩大了保险费用的计算基数，由原来的存款扩大至总资产减去总股本，因此本土银行借入准备金的成本有所增加。另一方面，外资银行更少受到《巴塞尔协议Ⅲ》杠杆率要求的约束。这意味着外资银行进行 IOR 套利成本更低（Thomas Keating 和 Marco Macchiavelli，2017）。不过即便如此，由于受到《巴塞尔协议Ⅲ》中杠杆率的限制，外资银行会在报送时点附近会减少联邦基金借贷（Ayelen Banegas 和 Manjola Tase，2016）。

2. 逆回购操作：扩大规模和交易对手，成为实际的下限

(1) 危机后美联储如何进行逆回购操作

2008 年以来，准备金利率成为联邦基金利率的上限，能够直接影响银行的投融资选择，但对非银行（GSE、货币市场基金等）的影响却非常有限。为了进一步提高对短期货币市场利率的调控能力，尤其是在加息过程中，美联储自 2013 年中开始通过进行隔夜逆回购交易（overnight reverse repurchase agreement，ON RRP）来收紧准备金，卖出债券并约定日后从对手方赎回，使包括非存款类机构以及货币市场基金等可以获得较准备金利率略低的回购收益。在危机前，美联储只是偶尔进行小规模的逆回购交易，对手方也仅限于国债一级交易商。

美联储自 2009 年下半年开始进行小规模 RRP 的实验操作，设定不同规模、不同利率以及不同招标方式。经过多种实验，美联储最终于 2013 年 9 月开始进

行有规律、较大规模的固定利率、总量有限的 RRP 操作。利率为联邦基金利率目标区间的下限，总量设为 3000 亿美元。在 2015 年 12 月开始的货币政策正常化中，美联储将用（ON RRPs）调控联邦基金利率，使其在目标区间内运行。最新的美联储资产负债表显示，2018 年 2 月 21 日，美联储负债端持有的 RRP 达 2802 亿美元。

自 2013 年 9 月开始正式进行 RRP 操作至今，美联储共进行了 1134 次 RRP 操作，其中 1113 次为隔夜操作，并于 2014—2017 年每天规律进行 ON RRP 操作。从每笔交易量看，平均交易量达 1098 亿美元，2014—2017 年平均交易量维持在 1000 亿美元以上，而 2018 年平均交易量大幅缩减，已不足 400 亿美元（见图 7、表 1）。

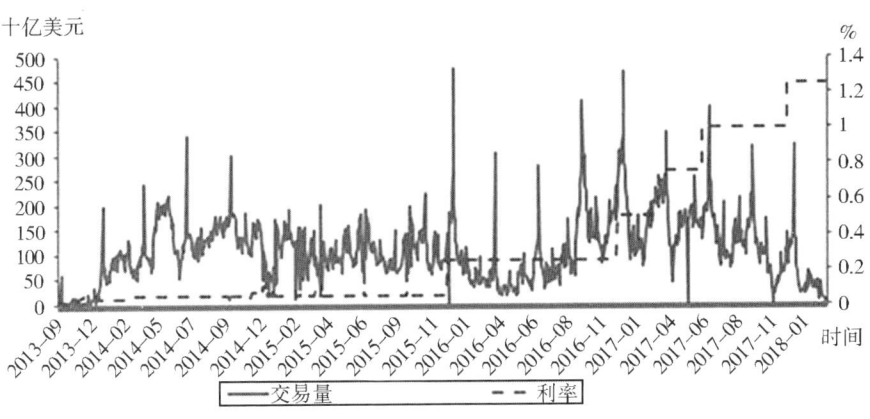

资料来源：美联储。

图 7　2013 年 9 月后 RRP 利率规模

表 1　　　　　　　　2013 年 9 月后 RRP 次数以及平均交易量

时间	交易次数	平均交易量（十亿美元）	隔夜交易次数	其他期限交易次数
2013.09.12	68	15.0	68	0
2014	254	122.5	249	5
2015	261	110.0	249	12
2016	250	103.4	249	1
2017	252	143.0	249	3
2018.01.03	49	35.7	49	0
总计	1134	109.8	1113	21

资料来源：美联储。

（2）危机后逆回购操作的创新

与危机前相比，首先，美联储现在每日进行 ON RRP 交易来回收流动性，利率由美联储公布，该利率为美联储愿意支付的最高利息，并且鼓励金融机构利用 ON RRP 交易进行货币市场的套利。如果美联储公布的 RRP 利率高于其他货币市场利率，金融机构会更积极参与美联储的 RRP 交易，其他货币市场利率将随之提高。通过测试，金融机构的 RRP 交易需求对利率波动较为敏感。

其次，美联储 RRP 交易的对手方扩大至更多的机构种类，除了一级交易商外，还有包括货币市场基金（Money Market Funds，MMFs）和政府支持企业（GSE）在内的非存款类机构，这些机构不能获得准备金利息。在 RRP 操作中，这些机构便不会以低于 RRP 利率的价格融出资金。这样一来，RRP 利率便成为联邦基金利率的下限。

最后，经过多次测试，美联储现在进行固定利率、总量有限的 ON RRP 操作。单次操作最高量为 3000 亿美元，对手方对交易量和利率进行投标。如果对手方投标总量小于 3000 亿美元，成交利率为美联储公布的固定利率；若投标总量大于 3000 亿美元，成交量便按照投标利率由低到高来分配，成交利率为满额的投标利率（stop-out rate），此时成交利率不高于美联储公布的固定利率。实践证明，RRP 利率成为联邦基金利率和其他短期货币市场利率的下限，并且可以满足市场的交易需求量。

从政策效果来看，RRP 的主要作用是为市场提供套利交易机会，从而将市场利率引导至目标区间。一方面，RRP 不会改变美联储资产负债表规模，但是会改变其负债结构。如果美联储进行 RRP 操作，其负债端 RRP 增加，准备金减少。另一方面，由于 RRP 操作主要是隔夜的，当日回收的流动性会在隔夜释放给市场，因此对回收准备金的长期影响并不大。

不过，美联储表示将在合适时机退出 RRP 交易。因为美联储在不断扩大这一工具的使用过程中，对货币市场短期信贷分配的影响不断加大，这与中央银行要对金融市场产生最小化影响的目的产生冲突。

3. 这两个利率工具使美联储可以同时实施不同的货币政策和信贷政策

第一，IOR 可以让美联储在缓解信贷市场紧缩的同时，也根据宏观经济条件来实施货币政策，使美联储分别实施不同的货币政策和信贷政策。例如，美联储在经济强劲时提高 IOR、RRP 和联邦基金利率目标区间，同时继续使用借贷和流动性工具来缓解借贷市场的紧缩。如果无法为准备金付息，当准备金供给上升时，美联储将无法阻止联邦基金利率不断下跌至低位。此外，RRP 也为美联储调控利率的重要工具。研究表明，一方面，RRP 为非银机构提供了投资机会，RRP 利率会通过居民的资产配置传导至存款利率。另一方面，当资产负债表成本以及银行间市场摩擦非常大的时候，同时使用 RRP 与定期存款便利（Term Deposit Faciltiy，TDF）可以使短期利率紧随着 IOR 变动（Antoine Martin、James McAndrews、Ali Palida 和 David Skeie，2013）。

第二，IOR 可以使美联储更好地协调数量目标和价格目标。由于联邦基金利率与联邦基金供给存在相互影响的关系，美联储便需要在两个有冲突的目标之间作出平衡。假设美联储设定了一个联邦基金利率目标区间，在国际金融危机时期，为了稳定信贷市场和金融市场，美联储需要通过向金融体系和实体部门直接提供贷款，这将增加准备金供给，从而将联邦基金利率压低至目标区间以下。美联储将如何引导利率会升值区间呢？按照以往的经验，美联储通过传统公开市场操作，卖出国债回收准备金，这只在美联储少量使用借贷和流动性工具少量的情况下才有效，而且这种冲销操作还受到美联储持有国债数量的限制。所以通过为准备金付息，美联储可以在提供借贷和流动性工具的同时提高联邦基金利率，使美联储对利率的调控独立于准备金的调整。

4. 为何美联储并没有将缩表作为主要政策工具

也许有人会建议，与购买资产相反，美联储可以大量卖出债券，使供给曲线大幅左移至危机前的水平。但这不现实，也不是美联储的选择。一方面，美联储花费多年购买债券，无法一时间将所有债券都卖出，这样操作会对金融市场带来巨大冲击；另一方面，为了减少对金融市场的冲击，美联储可以缓慢卖出债券，但这远不能满足美联储对于加息的进度。所以，减少债券投资并不是美联储退出宽松的主要手段，而主要通过这一政策工具来减少准备金供给，并与其他政策工具合并使用引导短期利率上行至目标区间。（Jane Ihrig、Ellen Meade 和 Gretchen Weinbach，2015）

此外，也会有人提出疑问，如果美联储提高准备金利率，银行会将更多的资金存入准备金账户，这将与美联储缩表操作的效果相反。但实际上提高准备金利息并不会带来美联储准备金的大幅增加。在当下，银行借入准备金的需求取决于准备金利率和联邦基金利率的利差，虽然准备金利率不断提高，但这一利差却保持稳定，因此银行准备金受准备金利率的影响并不大。从实际看，银行准备金的变动受美联储流动性工具以及资产购买操作的影响更加直接和明显（Todd Keister 和 James McAndrews，2009）。

5. 有关巨量超额准备金的三个问题

（1）巨量准备金说明银行并没有将资金出借给实体经济，货币政策无效？其实并不是

有评论认为，银行并没有将资金用于实体经济，而是囤积在准备金账户，这说明美联储的政策工具失效。但实际上，银行增加的超额准备金仅仅是美联储使

用借贷工具和购买资产的产物，只反映了准备金的供给水平的变化，并不能显示银行对实体经济贷款的变动。

第一，美联储利用贴现窗口以及短期拍卖便利（Term Auction Facility，TAF）给银行贷款，从而缓解国际金融危机时期银行间借贷市场的缩减，这同比例增加了借款银行的准备金。如果任由银行间借贷市场萎缩，存款流动性要求将不能得到保证，实体经济贷款也将受到影响。美联储利用这些工具来维持银行对实体经济贷款的供给。

第二，除了对银行贷款，美联储还向企业和非银行贷款，并从其他部门购买特定的债券。在这些交易中，银行只是作为中央银行与其他部门交易的中间商，在资产负债表上显示这些交易，具体表现为准备金的增加。但实际上，银行并没有直接参与这些交易。我们看到的准备金，尤其是超额准备金，只是这些政策工具操作的结果，并不能反映银行对实体部门贷款的变化。

第三，如果银行对实体经济增加贷款，按照准备金的要求，银行将增加法定准备金。但与巨额超额准备金相比，增加的法定准备金非常之小。因此我们所看到的准备金增加主要反映了超额准备金的增加，即美联储货币政策操作的结果，并不是银行对实体经济贷款发放的结果（Todd Keister 和 James McAndrews，2009）。

（2）经济转好时，巨量超额准备金会带来通胀压力？其实并不是

在传统的货币政策框架中，美联储不向准备金支付利息。那么为了防止在经济好转时银行将准备金积极用于放贷，美联储只有通过传统政策工具大幅缩减超额准备金，从而提高联邦基金利率。

而在新的货币政策框架中，美联储向准备金支付利息。这就打破了传统联邦基金利率与供给的关系，即使在巨额准备金的背景下，美联储可以提高准备金利息，联邦基金利率也将被提高。

（3）在新的货币政策框架下，未来联邦基金市场将如何运行？

当经济进一步复苏，实体经济投资项目的盈利不断增加，银行会更有动力将闲置的准备金转化为实体贷款，银行对准备金的需求将下降。而且美联储也在逐步缩减借贷和流动性工具的使用，减少债券再投资，准备金供给也开始下降。这样一来，联邦基金市场将逐渐回归至危机前的规模，联邦基金利率将上升至准备金利率以上。

最新的研究发现（Gara Afonso、Roc Armenter 和 Benjamin Lester，2018），在新的货币政策框架下，即为准备金付息并且进行逆回购操作，当大银行的准备金下降至9000亿美元时，它们会重新在联邦基金市场上出借资金；当准备金下降至8000亿~8500亿美元时，联邦基金利率将快速上升。如果相关监管规定促使

大银行持有更多包括准备金在内的流动性资产时,准备金就会进一步向大银行集中,那么更多相对小的银行会出现准备金短缺,这样一来大银行会更有动力将准备金出借给其他小银行,联邦基金利率将会比基准模型上升得更快。

三、美联储通过三个机制来加强对联邦基金利率的调控能力

在货币政策工具的创新和设计上,美联储会从三个机制来考虑和评价政策工具对联邦基金利率的调控能力。

第一,鼓励货币市场套利。当一个货币政策工具能够给金融机构提供投资机会,并且其利率为金融机构可以接受的最低利率,那么金融机构进行资产配置时会将政策利率考虑在内。因此,金融机构投资的其他金融产品的利率便会受到政策利率的影响。例如,金融机构愿意从货币市场上以低利率融资,从而再投资于政策工具从而赚取息差。当政策利率提高时,套利行为便可以使货币市场利率有所上升。这样的套利行为会使政策利率的变化传导至货币市场利率。

第二,扩大政策工具在货币市场的影响范围。如果政策工具可以为更多金融机构提供投资机会,那么该工具就对货币市场有更大的影响。因此,货币市场上无法参与政策工具交易的金融机构便少了,这意味着市场上可以以低于政策利率出借的资金便少了,从而对货币市场利率带来上行压力。

第三,收紧准备金供给。美联储可以利用多种政策工具来收紧准备金供给,使准备金供给曲线左移至危机前的水平,银行会重新在联邦基金市场上进行资金借贷活动,这样一来也对传统公开市场操作便可以有效引导和影响市场利率。

综合来看,美联储利用这三个机制来选择政策工具,从而加强对短期利率调控和影响,尤其是在当下银行持有巨量准备金情况下。美联储货币政策正常化中加强利率调控的政策工具可以见表2。

表2　　　　　　　美联储货币政策正常化中提高利率的政策工具

美联储可选择的政策工具	鼓励货币市场套利	扩大政策工具在货币市场的影响范围	收紧准备金供给
提高对准备金的利息支付	*		
进行逆回购操作并扩大交易对手方(隔夜;长期)	*	*	*
提供定期存款	*		*
减少债券持有量			*
提高存款准备金率			*

资料来源：Jane Ihrig、Ellen Meade 和 Gretchen Weinbach,2015。

四、我国货币政策利率调控的难点

近年来,中国人民银行关注银行流动性的稳定,并可能将DR007(全称为7天存款类机构质押式回购加权利率)作为人民银行的操作利率。但2017年市场走势显示DR007与政策利率和其他市场利率走势不断分化,传导机制出现了较大摩擦。从图8和表3可以看出,首先,DR007一直比7天公开市场操作逆回购利率高,平均高出40个基点;其次,R007与DR007走势明显分化,银行体系的流动性水平与其他金融机构的流动性水平差异不断加大;最后,2017下半年DR007保持稳定,但国债利率和同业存单利率不断上行,可见DR007与其他长期利率之间也出现了较大的分歧。

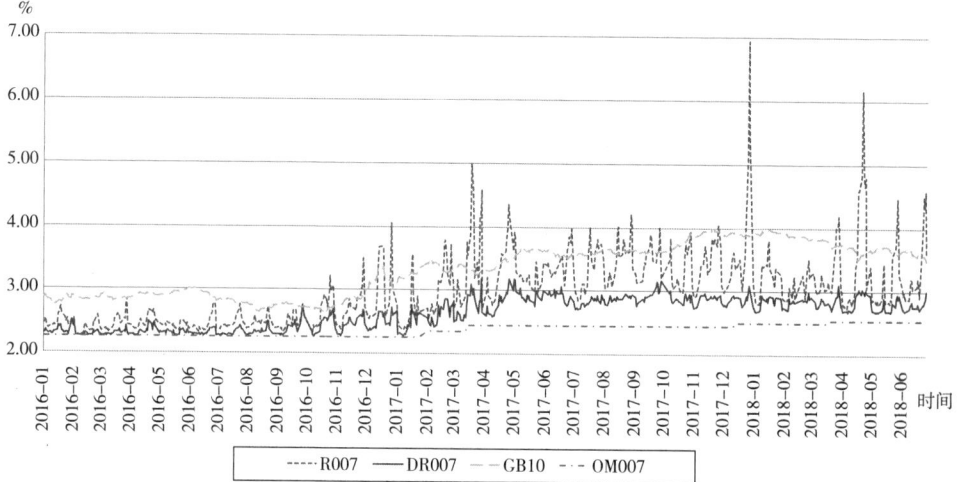

注:OM007为7天逆回购操作利率,DR007为存款类机构质押式回购加权利率,R007为银行间质押式回购加权利率,GB10为10年期国债到期收益率。

资料来源:Wind资讯,中国人民银行。

图8 政策利率与金融市场利率

表3　　　　　　　　　　政策利率与金融市场利率

	OM007		DR007		R007		GB10		DR007 -OM007	R007 -DR007	GB10 -DR007
	mean	sd	mean	sd	mean	sd	mean	sd	mean	mean	mean
2016.01.06	2.25	0.00	2.32	0.05	2.46	0.11	2.89	0.06	0.07	0.14	0.56
2016.07.12	2.25	0.00	2.41	0.12	2.65	0.32	2.83	0.17	0.16	0.23	0.42

续表

	OM007		DR007		R007		GB10		DR007 −OM007	R007 −DR007	GB10 −DR007
	mean	sd	mean	sd	mean	sd	mean	sd	mean	mean	mean
2017.01.06	2.39	0.07	2.76	0.22	3.22	0.50	3.42	0.15	0.36	0.46	0.66
2017.07.12	2.45	0.01	2.88	0.08	3.48	0.51	3.73	0.14	0.42	0.60	0.85
2018.01.06	2.53	0.02	2.82	0.10	3.30	0.57	3.75	0.13	0.29	0.48	0.93
min	2.25		2.25		2.27		2.64		0.00	0.00	−0.02
max	2.55		3.18		6.94		3.99		0.73	3.96	1.24

注：OM007为7天逆回购操作利率，DR007为存款类机构质押式回购加权利率，R007为银行间质押式回购加权利率，GB10为10年期国债到期收益率。

资料来源：Wind资讯，中国人民银行。

这些利率走势的分化凸显了当下我国货币政策转型期短期利率调控的难点，分别如下：

第一，操作目标不确定。我国货币政策现还未有一个官方、明确的操作目标，无论是一个具体的利率目标（类似于美联储），还是一个对操作目标的描述（类似于欧洲中央银行）。这与我国中央银行存在多重最终目标、依赖数量调控的历史背景相关。

第二，公开市场操作对手方并不能涵盖金融市场主要交易者，特殊时期政策利率对金融市场利率的影响有限。2017年我国公开市场操作对手方（一级交易商）共48家，绝大多数为银行，证券公司只有4家，其他类型金融机构尚没有资格进入一级交易商队伍。① 而在国债二级市场上，证券公司交易活跃度远高于商业银行。这意味着，在短期内，国债收益率更多地反映了证券公司（以及基金公司）资金成本、流动性水平以及资产配置要求。在整体流动性平稳时期，政策利率与国债利率都较平稳。但当证券公司（以及基金公司）出现流动性紧张而无法从商业银行获得流动性时，国债收益率将出现波动，而中央银行并不能直接影响它们的流动性和资金成本，利率调控效果将下降。相比之下，美联储一级交易商中绝大多数是证券公司和投资银行，其他对手方包括多家货币市场基金和政

---

① 2017年我国公开市场操作对手方（一级交易商）共有48家，包括6家大型国有银行、2家政策性银行、11家全国性股份制银行、22家地方性银行、3家外资银行和4家证券公司。

府支持企业。①

第三，我国流动性传导存在明显分层，商业银行流动性管理对其他金融机构融资成本有直接影响。在我国货币市场的回购交易和拆借交易中，中资中大型银行是净融出方，中资小型银行和证券业机构（证券和基金）、其他金融机构和产品（信托、资产和理财产品等）都是净融入方。② 这表明我国短期流动性供给有着"中央银行—大型银行—小型银行—非银金融机构"这样的传导模式，越是靠后的机构越处在流动性紧张的边缘，融资成本越高、波动越大。如果商业银行为证券公司提供资金出现较大摩擦，即使银行间流动性平稳，其他金融机构也将调整自身资产配置，从而增加金融市场利率的波动，这会影响到人民银行利率调控的效果。

第四，市场利率波动对商业银行流动性和资金成本的影响不断加大。2013年同业存单市场迅速发展，成为股份制银行和中小银行主要的市场化融资工具。同时，居民对利率市场化的产品需求不断旺盛，例如理财产品和货币市场基金，这些产品再投向实体部门或者金融市场（货币市场与债券市场）。在2017年金融市场利率不断攀升的过程中，居民存款不断流向高收益产品，这对银行流动性带来了不小的冲击。这意味着银行流动性与市场利率、其他金融机构流动性的关系不断紧密，非银金融机构流动性波动也会带来货币市场和债券市场利率的抬升和波动，这将反过来对银行资产配置和流动性管理带来负面影响。从另一个角度讲，如果中央银行无法调节金融市场利率，则难以有效预判和稳定商业银行流动性和资金成本的波动。

第五，金融监管不断加强，阻碍了流动性传导。在金融监管不断加强的情况下③，商业银行的资金融出受到了一定限制，非银金融机构时常发生流动性紧张，这对金融市场利率带来了明显的波动和抬升，最终影响了实体经济融资规模和成本。这一现象在2017年下半年越发明显，对货币政策操作转型带来了很大

---

① 目前纽联储公开市场操作一级交易商共有23家，包括11家证券公司、11家投资银行（或称资本市场集团）和1家商业银行。从机构性质来看，多数为证券公司、投资银行等经纪交易商，只有1家为商业银行。从机构来源来看，18家为美国本土，5家为外资金融机构。2013年9月，美联储开始进行常规的逆回购操作，除了一级交易商，还将100家货币市场基金、14家政府支持企业和16家银行纳入了操作对手方。

② 《中国货币政策执行报告》。

③ 2016年下半年开始，我国监管当局实施了一系列金融去杠杆监管措施，旨在减少银行与非银金融机构之间的交叉投资和监管套利。2017年1月将表外理财纳入MPA的广义考核，3月部署了"三三四"专项治理工作，12月规范银信类业务；2018年1月规范商业银行委托贷款，将同业存单纳入MPA考核并继续深化整治影子银行风险，4月发布资管新规并要求银行进行大额风险暴露，5月发布银行流动性风险管理要求，7月进一步明确了资管新规相关规定。

的挑战（蒋一乐、盛松成和王红林，2018）。

在这些因素的背景下，银行的流动性不一定能平稳传递至其他金融机构，银行融资成本与其他机构融资成本以及金融市场利率将出现分化。所以为了减少金融市场利率波动、加强对金融市场利率的影响，中央银行仅满足银行体系的流动性、稳定DR007是远不够的。

五、总结和建议

总体来看，危机后美国银行业持有巨量准备金，这使传统公开市场操作已无法达到调控短期利率的目的。近年来的货币政策正常化过程中，美联储创新使用了三个机制和两个工具（准备金利率和逆回购操作）来引导联邦基金利率的运行，初步解决了危机后"数量型"和"价格型"政策工具的冲突。实际操作不仅展现了不同于传统理论的发现，更体现了货币市场交易者结构对政策工具效果的影响。在我国货币政策操作中，中央银行拥有多种政策工具，可以对不同机构和不同市场产生影响。在充分了解我国货币市场交易结构的情况下，借鉴美联储经验，理顺不同政策工具的作用机制，了解不同交易者的交易机会和动机，对我国加强短期利率调控以及利率传导机制有一定意义（蒋一乐和盛松成，2018）。

与美国和欧元区相比，我国进行货币市场流动性管理尤为重要。美国的货币市场和金融市场非常成熟（流动性好、不同市场间套利成本低），以直接融资为主。美联储可以盯住一个非常小的市场，并通过鼓励金融机构在货币市场的套利，从而较好地影响其他货币市场利率。而欧元区的银行体系非常成熟，以间接融资为主。所以欧洲中央银行着重于满足银行体系流动性需求，并且减小货币市场利率波动。

虽然我国金融体系也是以银行为主，但我国有自身的特殊性。当下我国处在"利率市场化+金融创新+严监管"的复杂环境中，并且具有"中央银行—大型银行—小型银行—非银机构"特殊的流动性传导模式，仅仅关注银行体系流动性是不够的，而应该关注货币市场流动性以及货币市场利率的稳定，这不仅可以为金融机构流动性管理提供一个有效和稳定的市场，还有利于中央银行对短期利率的调控和政策利率的传导。

参考文献

[1] 蒋一乐，盛松成. 美联储利率调控新工具[J]. 中国金融，2018（9）.

[2] 蒋一乐，盛松成，王红林. 金融去杠杆下的影子银行、利率分化与货币政策操作[C]. 工作论文，2018.

[3] Afonso, Gara, Roc Armenter and Benjamin Lester. A Model of the Federal Funds Market: Yesterday, Today, and Tomorrow [R]. Federal Reserve Bank of New York Staff Reports, 2018, 840.

[4] Afonso, Gara, Alex Entz, Eric LeSueur. Who's Borrowing in the Fed Funds Market? [J]. Liberty Street Economics, Federal Reserve Bank of New York, 2013.

[5] Banegas, Ayelen, Manjola Tase. Reserve Balances, the Federal Funds Market and Arbitrage in the New Regulatory Framework [J]. *Finance and Economics Discussion Series*, *Federal Reserve Board*, No. 79, 2016.

[6] Bindseil Ulrich. *Monetary Policy Implementation: Theory, Past, and Present* [M]. Oxford University Press, 2004.

[7] Federal Reserve Bank of New York Markets Group. Domestic open market operation during 2006, 2006.

[8] Friedman, Milton. *A Program for Monetary Stability* [M]. New York: Fordham University Press, 1959.

[9] Ihrig, Jane, Ellen Meade, Gretchen Weinbach. Rewriting Monetary Policy 101: What's the Fed's Preferred Post-Crisis Approach to Raising Interest Rate [J]. *Journal of Economic Perspectives*, 2015, 29 (4): 177 – 198.

[10] Keating, Thomas, Marco Macchiavelli. Interest on Reserves and Arbitrage in Post-Crisis Money Markets [J]. *Finance and Economics Discussion Series*, *Federal Reserve Board*, No. 124, 2017.

[11] Keister, Todd, James McAndrews. Why Are Banks Holding So Many Excess Reserves? [J]. *Current Issues in Economics and Finance*, 2009, 15 (8).

[12] Martin, Antoine, James McAndrews, Ali Palida, and David Skeie. Federal Reserve Tools for Managing Rates and Reserves [R]. Federal Reserve Bank of New York Staff Reports, No. 642, 2013.

金融开放篇

货币国际化的国际经验实证比较

中国人民银行上海总部国际部课题组

课题组组长：冯润祥
课题组成员：童小军　陆　屹　郑朝亮　刘　薇

摘　要

在宏观经济学分析中，向量自回归模型是一个基本的计量工具。Primiceri（2005）在研究美国的失业率和通胀数据时，针对这些变量在部分时期表现出更高的波动性，首次提出了带随机波动率的时变参数结构向量自回归模型（以下简称 TVP-VAR 模型），并给出了贝叶斯分析。Chinn 和 Frankel（2008）使用中央银行的外汇储备份额作为测量一种货币国际化程度的度量。本文首先分析了主要国家货币国际化的路径以及经验教训，随后收集美元、欧元、英镑和日元的中央银行的外汇储备份额数据并采用带随机波动率的时变参数结构向量自回归模型，重点研究了各货币中央银行的外汇储备的变动冲击对其他货币的影响。

一、引言

习近平总书记在党的十九大报告中指出，中国经济已从追求高速增长阶段转向高质量发展阶段，中国将积极促进"一带一路"国际合作，健全货币政策和宏观审慎政策双支柱调控框架，深化利率和汇率市场化改革，管控金融风险。人民币国际化获得新的驱动力。在当前我国金融业进一步开放的背景下，研究货币国际化及其影响因素，对协调好人民币国际化和其他金融要素的开放，控制系统性金融风险具有现实的意义。

目前文献中关于货币国际化程度的度量并非一致，根据国际货币的三大职能，有选取单一代理变量衡量的，也有选用多个代理变量衡量的，也有构造货币国际化指数来衡量的；而对影响货币国际化的候选影响因素基本一致，但对某些影响因素的代理变量并不一致。在宏观经济学分析中，向量自回归模型是一个基本的计量工具。Primiceri（2005）在研究美国的失业率和通胀数据时，针对这些变量在部分时期表现出更高的波动性，首次提出了带随机波动率的时变参数结构向量自回归模型（以下简称 TVP – VAR 模型），并给出了贝叶斯分析。在该模型中，所有的参数被假设为随时间变化的，并且服从随机游走过程，这使模型能够捕捉经济模型中变量之间时变特性的潜在结构。同时，该模型还假设误差项的协方差矩阵是随时间变化的，否则，如果假设随机项是同方差的，这可能导致系数估计是有偏的，因为随机项方差的时变性被忽略了。

Chinn 和 Frankel（2008）使用中央银行的外汇储备份额作为测量一种货币国际化程度的度量，并列举了欧元挑战美元国际霸主地位的两个主要原因：第一，欧元是比日元和马克更强大的竞争对手；第二，截至 2008 年，美国经常账户有25 年的赤字历史，以及美元有 35 年贬值的历史趋势。它们选择外汇储备份额左右美元国际化程度测度的原因有两个：一是年度数据的可得性；二是其与美国是否有能力为其经常账户赤字融资最相关。本文收集了美元、欧元、英镑和日元的中央银行的外汇储备份额并采用带随机波动率的时变参数结构向量自回归模型，重点研究了各货币中央银行的外汇储备的变动冲击对其他货币的影响。

本文余下的部分结构如下：第二部分概述了主要国家货币国际化的路径以及经验教训；第三部分展示了带时变波动率的时变参数向量自回归模型的构建以及实证分析结果；第四部分总结了本文的相关结论。

二、主要国家货币国际化的路径以及经验教训

（一）美元

19 世纪末，美国的经济总量超越英国，并在第一次世界大战结束后一跃成为债权国，拥有巨额的黄金储备，但基于几个世纪以来的财富、经验和制度，英镑仍旧维持着其主导地位。第二次世界大战的爆发彻底扭转了国际货币的主导权，英国领导下的国际经济体系几乎被摧毁，布雷顿森林体系最终在制度上确立了美元完全的国际化。布雷顿森林体系解体后，美元的发行不再受限制。

美元成为世界货币主要依赖全球性汇率制度安排，即布雷顿森林体系这个世界政治、经济实力失衡的产物。美国经济在两次世界大战中飞速发展，第二次世界大战后美国是世界上最强大的国家，对外贸易总量和黄金储备都位居世界第一，此时作为美国金融中心的华尔街也是全球规模最大、效率最高、技术最先进的金融中心，美国抓住第二次世界大战世界格局变化的机会，成就了美元的世界货币地位。美元取代英镑成为中心国际货币，正是美国强大的经济实力作后盾。1937 年，美国工业生产占世界的 42%，英国仅为 12.5%；在出口贸易方面，美国占世界的 14.2%，而英国则为 11.3%；在黄金储备方面，美国占世界的50.5%，而英国仅占 16.4%。1973 年，布雷顿森林体系崩溃后，美国经历了六

次经济衰退，但美国仍然是全球最大的经济体，美元在相当长时间内仍然主导国际货币体系。

2008年国际金融危机之后，美元的国际地位一度呈现下滑走势，美元的信誉受到了极大挑战，造成国际社会持有美元的信心不足。但在随后的经济复苏中，美国经济复苏在发达国家中是最快的，经济实力强劲，再加上欧元区经济体面临的债务困境，再次凸显了美元在国际货币中不可撼动的主导地位。

（二）英镑

英镑的国际化历程可以追溯至18世纪，是现代世界最先实现国际化的货币。其国际化历程可以分为三个阶段：17世纪末至18世纪末为快速发展阶段，19世纪初至第一次世界大战前作为主要国际货币行使职能，两次世界大战后进入衰退阶段。

17世纪中后期，英国经历了"金融革命"，信贷工具、国债制度、银行网络相继产生，英国近代金融体系初步形成，苏格兰银行也开始行使中央银行的职能。接踵而来的第一次工业革命又极大地促进了英国工业发展。国内产品供过于求，英国推行自由贸易政策，积极开拓海外市场，并逐渐成为当时世界最大的工业品输出国。与此同时，工业革命进一步推动了英国金融业发展，18世纪后半期，伦敦成为全球最大的金融中心，英国政府发行的债券在世界范围内广受欢迎。英镑随着海外贸易、对外投资和殖民活动源源不断地输出，在国际化道路上飞速前进。

1816年，英国通过《金本位制度法案》，率先推行金本位制，规定1英镑含金量为7.32238克。其他欧洲国家也相继效仿，19世纪70年代，国际金本位制形成。鉴于英国在经济和政治方面无可匹敌的国际地位，金本位制实际上就是英镑本位制。通过金本位的确立，英国主导了世界金融体系。19世纪后半期，英镑成为当时世界最重要的国际货币。利用伦敦世界金融中心的地位和英镑国际货币的优势，英国在20世纪初金本位制崩溃之前一直稳居世界金融霸主的地位。截至第一次世界大战前，英镑一直是最重要的贸易结算货币和储备货币。

第一次世界大战后，以美国为代表的新兴资本主义国家迅速崛起，英国在经济和其他方面的优势都逐渐削弱，黄金储备也因战争大量流失，1931年，英格兰银行宣布不再承担英镑与黄金兑换的责任，放弃金本位制，标志着"英镑时代"的结束。1939年，英国组建"英镑区"，英镑在小范围行使区域货币的职能。在美元主导的布雷顿森林体系中，英镑作为国际货币的地位逐渐衰落。1972年，"英镑区"宣告解散。

回顾英镑国际化历程可以看出，英镑的国际化是伴随着英国经济实力和对国际金融业的控制力日益强大而逐步展开的。作为现代世界首先完成货币国际化的货币，英镑的崛起有其历史必然性，是英国利益最大化的选择，也是当时国际经济发展的自然选择。其最终走向衰落证明，货币的地位总是大体上与一个国家的国际政治经济地位相匹配的。离开了强大国家实力的支撑，货币本身是无法维持强势的。

（三）欧元

欧元是典型的区域一体化货币产物，其诞生经过了欧洲各国数十年经济、政治合作的铺垫。以欧元区整体贸易经济实力为依托，从而迅速实现了货币区域化到国际化的发展。20世纪60年代末，以美元为中心的布雷顿森林体系出现严重危机，欧共体于1969年的海牙会议中初步提出了建立欧洲货币联盟的构想。20世纪80年代，德国马克平稳推进国际化，1989年，以马克计价的贸易量在世界贸易中占比达到13%，为欧元国际化奠定了良好的基础。1991年12月，欧共体在马斯特里赫特召开首脑会议，更名为欧盟。会议通过了《马斯特里赫特条约》草案，目标是统一货币并制定统一的货币兑换率，建立欧洲中央银行体系。1993年《马斯特里赫特条约》正式生效。1999年1月1日，欧元正式启动。随后欧元在国际化道路上取得了很大的成功。

欧元成为世界货币是欧盟各国让渡货币主权而进行的区域性制度安排的结果。在欧元出现前，德国马克是硬通货币，但以货币国际化指标衡量，其国际使用程度远低于美元。欧元的诞生不仅为"最优货币区"理论提供了实证支持，而且在美元主导的国际货币体系中提供了一个很好的经验模式。当欧盟上升为货币联盟时，其经济总量、对外贸易总量等都可以与美国相媲美，欧元自然成为美元在国际上最强劲的对手，但由于货币惯性，美元仍占很大优势。2001年，欧元占全球外汇储备中所占比例仅为19.2%，2008年这一比例上升至26.7%。在2008年国际金融危机之前，欧元通过整合欧元区的地域优势，本已成为抗衡美元的主要国际货币，但欧债危机的爆发，严重削弱了欧元在国际金融市场中的地位和市场信心，也是自欧元诞生以来最大的信任危机。欧元国际化进程甚至欧元本身走势要看这次危机处理情况和区域内各国协调结果。

（四）日元

一般来讲，日元国际化可分为以下三个阶段。

第一，消极被动阶段（第二次世界大战后到20世纪70年代）。1964年，日本成为IMF第八条款国，开始承担日元自由兑换的义务，在国际商品和外汇交易中，使用日元成为可能。但当时日本政府的政策核心是避免日元升值、扩大对外贸易规模，日元是否国际化并不是亟须解决的问题。

第二，快速发展阶段（20 世纪 80 年代到东亚金融危机）。1980 年 12 月，日本大藏省颁布了新的《外汇法》，把过去对资本交易的"原则上禁止"改为"原则上自由"，取消了本国居民向国外提供日元贷款和外汇不能自由兑换成日元的限制，翻开了日元国际化的新篇章。1984 年 5 月，"日元—美元委员会"发表了《日元—美元委员会报告书》，日本大藏省也同期发表了《关于金融自由化、日元国际化的现状与展望》的公告。在这两个报告中，对外汇交易的两个规则作了修订：第一个修订的是外币期货交易中的"实际需求原则"，即任何人都可以进行外汇期货交易，不受任何实体贸易的限制；第二个修订的是"外币换为日元原则"，即企业可以自由将外币换成日元，也可以将在欧洲日元市场上筹集的资本全部带回日本。此后，日本政府又在东京创设离岸金融市场，宣布开放境外金融市场，取消外资流出的限制，同时提高对外资流入的限额。这些改革举措为日元在国际市场上的自由流通创造了条件，有力地推动了日元的国际化。

第三，以区域金融合作为基础的日元国际化新战略（东亚金融危机后至今）。欧元的成功启动，使日本政府产生了强烈的危机感。1999 年 9 月，大藏省设立了专门研讨日元国际化政策的"日元国际化推进研究会"。该研究会于 2000 年 6 月提出了《中间论点整理》，翌年 6 月提出了《日元国际化推进研究会报告书》。该报告书明确提出应将东亚自由贸易区的建设和日元国际化问题紧密结合，推进与亚洲各国之间货币、金融领域的协作。同时，日本政府利用亚洲金融危机后各国亟须大量资本的机会，推动东亚金融合作。1998 年 10 月，日本政府发表了向危机国家和地区提供 300 亿美元资金援助的"新宫泽构想"。2000 年 5 月，东盟 10 国与中国、日本、韩国 3 国财政部部长在泰国清迈举行会议，就东亚地区的货币金融合作，特别是在东盟 10 国与中国、日本、韩国 3 国合作（10+3）的机制下建立双边货币互换机制达成了共识。至此，"日元亚洲化战略"已然形成。

三、实证分析

（一）变量说明、数据来源和处理

根据对文献的梳理（Chinn 和 Frankel，2008；李京晔，2013；潘英丽，2014）以及数据的可获得性，我们选取了如下的变量和数据。储备货币比例：一国储备货币在全球中央银行储备货币体系中所占比例。对于数据来源，1999 年第一季度至 2008 年第二季度美元、欧元、英镑和日元的中央银行外汇储备额度来自路透 Datastream。

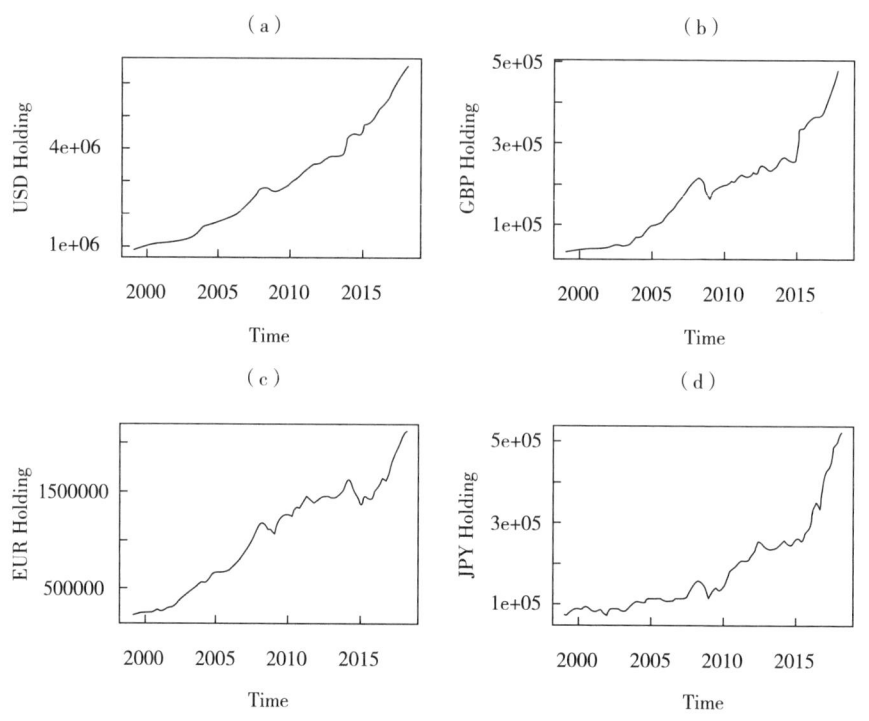

资料来源：Datastream。

图1　1999年第一季度至2008年第二季度美元、欧元、英镑和日元的中央银行外汇储备额度

从图1可以看出，四种货币的份额随时间呈增长趋势，它们之间显现出很强的相关性，相关系数都在0.89以上。对于份额，美元在四种货币的中央银行外汇储备份额从1999年第一季度的72.58%一直下降到2009年第三季度的63.43%，十年下降了超过9%；随后又开始缓慢回升，截至2018年第二季度，达到67.70%。而同期，欧元从1999年第一季度的18.48%一度上升到2009年第三季度的28.87%，十年上升了逾10%；随后又开始缓慢下降，截至2018年第二季度，达到22.03%。英镑则从1999年第一季度的2.80%一直缓慢上升，截至2018年第二季度，达到4.87%。而这一时期，日元从1999年第一季度的6.15%一直下降到2009年第一季度的2.85%，十年下降了3.7%；随后又开始缓慢回升，截至2018年第二季度，达到5.40%。

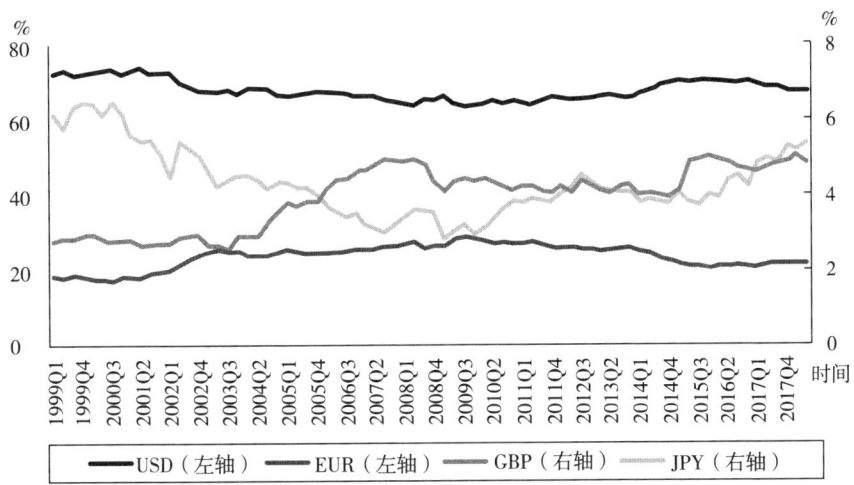

图2 1999年第一季度至2008年第二季度美元、欧元、英镑和日元的中央银行外汇储备份额

以下我们将运用 TVP - VAR 模型对四种主要储备货币份额进行建模。在使用模型估计前,首先对原始数据进行如下处理:对 1999 年第一季度至 2008 年第二季度美元、欧元、英镑和日元的中央银行外汇储备额度取对数并做一阶差分,再乘以 100 后经 X12 - ARIMA 做季节调整。

(二) 模型构建

向量自回归模型是用于刻画宏观经济变量之间关系常用的模型,但一般的向量自回归模型要求系数恒定,这一般不太现实。这里,我们采用 Primiceri (2005) 中介绍的带随机波动率的时变参数结构向量自回归模型。首先引入基本的结构向量自回归模型如下:

$$Ay_t = F_1 y_{t-1} + \cdots + F_p y_{t-p} + u_t, t = p+1, \cdots, T \quad (1)$$

其中, y_t 是包含 n 个时间序列变量的向量, $A, F_1, \cdots, F_p$ 是 $p \times p$ 的系数矩阵, u_t 是随机项,也就是结构冲击。结构性冲击同步关系的递归形式使矩阵 A 可以写成如下三角形式:

$$A = \begin{pmatrix} 1 & 0 & \cdots & 0 \\ \alpha_{21} & 1 & \cdots & 0 \\ \vdots & \vdots & \vdots & \vdots \\ \alpha_{n1} & \cdots & \alpha_{n,n-1} & 1 \end{pmatrix}$$

式 (1) 可以改写为如下的简约形式:

$$y_t = B_1 y_{t-1} + \cdots + B_p y_{t-p} + A^{-1} \sum \varepsilon_t, \varepsilon_t : N(0, I_n)$$

其中，$B_i = A^{-1}F_i, i = 1, \cdots, p$，以及

$$\Sigma = \begin{pmatrix} \sigma_1 & 0 & \cdots & 0 \\ 0 & \sigma_2 & \cdots & 0 \\ \vdots & \vdots & \vdots & \vdots \\ 0 & \cdots & 0 & \sigma_n \end{pmatrix}$$

下面我们定义 $\mathbf{X}_t = I_n \otimes [y_{t-1}, \cdots, y_{t-p}]$，$\mathbf{B} = (B_1, \cdots, B_p)$ 和 $\beta = vec(\mathbf{B})$ 为 n^2p 维列向量，我们有

$$y_t = \mathbf{X}'_t \beta + A^{-1} \Sigma \varepsilon_t \tag{2}$$

到目前为止，式（1）或式（2）中所有的参数均是固定的，即非时变的。下面介绍 Primiceri（2005）提出的带随机波动率的 TVP – VAR 模型：

$$y_t = \mathbf{X}'_t \beta_t + A_t^{-1} \Sigma_t \varepsilon_t$$

这里所有的待估计参数 β_t, A_t, Σ_t 均随时间变化，并且服从式（3）中的随机游走过程，对于 $t = p + 2, \cdots, T$

$$\begin{aligned} \beta_t &= \beta_{t-1} + \nu_t \\ \alpha_t &= \alpha_{t-1} + \zeta_t \\ \log \sigma_t &= \log \sigma_{t-1} + \eta_t \end{aligned} \tag{3}$$

其中，$\alpha_t = vec(A_t), \sigma_t = diag(\Sigma_t)$，而 $\mathbf{u}_t = (\varepsilon'_t, \nu'_t, \zeta'_t, \eta'_t)'$ 服从均值为 0，协方差矩阵如下的多元正态分布：

$$V = \mathrm{var}[\mathbf{u}_t] = \begin{pmatrix} I_n & 0 & 0 & 0 \\ 0 & Q & 0 & 0 \\ 0 & 0 & S & 0 \\ 0 & 0 & 0 & W \end{pmatrix}$$

其中，$\beta_{p+1} : N(\mu_{\beta_0}, \Sigma_{\beta_0}), \alpha_{p+1} : N(\mu_{\alpha_0}, \Sigma_{\alpha_0}), \log \sigma_{p+1} : N(\mu_{\sigma_0}, \Sigma_{\sigma_0})$。

为进行贝叶斯估计，首先要给出先验。这里我们使用 Primiceri（2005）提出的先验分布，并且设定时变参数的初始状态为 $\mu_{\beta_0} = \hat{\beta}_0, \mu_{\alpha_0} = \hat{\alpha}_0, \mu_{\sigma_0} = \log \hat{\sigma}_0$，$\Sigma_{\beta_0} = 4\hat{V}(\hat{\beta}_0), \Sigma_{\alpha_0} = 4\hat{V}(\hat{\alpha}_0), \Sigma_{\sigma_0} = I_n$；然后，对于方差协方差矩阵 Q, S, W 的先验分布如下：

$$Q : IW[\kappa_Q^2 \times p^Q \times \hat{V}(\hat{\beta}_0), p^Q] \quad \kappa_Q = 0.01, p^Q = 40$$

$$S_j : IW[\kappa_S^2 \times p^{S_j} \times \hat{V}(\hat{\alpha}_0), p^{S_j}] \quad \kappa_S = 0.01, p^{S_j} = j + 1, j = 1, \cdots, n - 1$$

$$W : IW(\kappa_W^2 \times p^W \times I_n, p^W) \quad \kappa_Q = 0.01, p^Q = n + 1$$

其中，$\hat{\beta}_0, \hat{\alpha}_0, \hat{\sigma}_0, \hat{V}(\hat{\beta}_0), \hat{V}(\hat{\alpha}_0)$ 是用预先指定的训练样本在参数固定的向量自回归模型下通过最小二乘估计得到的，$IW(A,b)$ 表示均值为 $\dfrac{A}{b-d-1}$ 的 Inverse Wishart 分布，d 是 A 的列（或行）的维数。

本文使用 Primiceri（2005）中提出、在 Del Negro 和 Primiceri（2015）中修正的 MCMC 算法"Algorithm 2"进行后验分布抽样。

（三）实证分析结果

根据实际拟合效果，我们对响应变量向量中元素的顺序安排为美元、欧元、英镑和日元的中央银行外汇储备额度。模型的估计采用 Primiceri（2005）和 Del Negro 和 Primiceri（2015）中的贝叶斯估计方法，运用 MCMC 算法进行 55000 次抽样，并丢弃头 5000 次，对剩下的 50000 个马尔科夫链，每隔 10 个取一个保留用作贝叶斯推断。

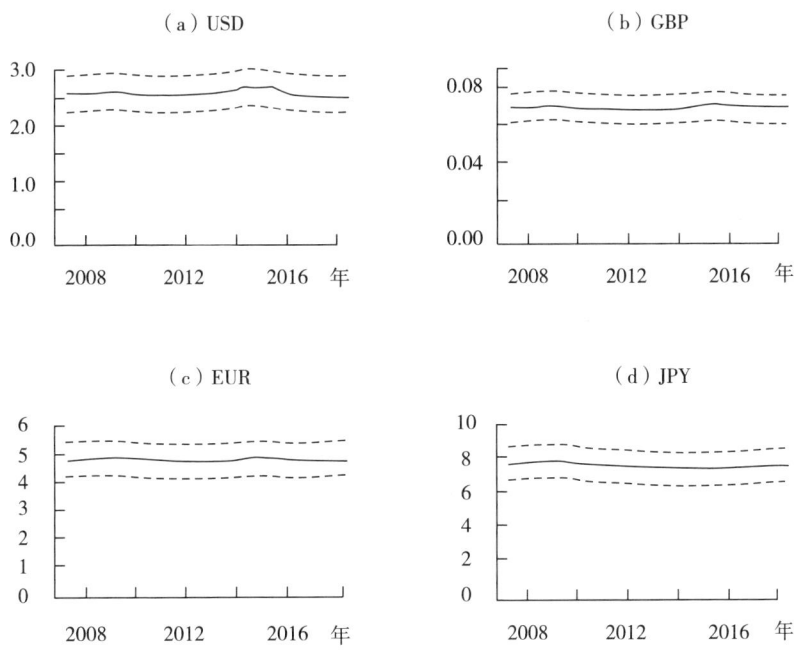

图 3　结构性冲击随机波动率的后验估计

（实线是后验均值，虚线分别是 16% 和 84% 分位数）

图 3 展示了四个变量波动率明显的时变特征。从图中可以看出，在观察期内，四种主要国际货币中央银行外汇储备额度在 2008—2010 年和 2014—2016 年展现了相对最高的波动性，前者是受 2008 年前后爆发的全球金融危机导致的"经济萧条"影响，主要是美元份额的下降和欧元份额的上升；而第二个时期，人民币获批进入 SDR。

对于时变参数的 VAR 模型，脉冲响应是在每个时间点计算的，因此也是时变的。对于每一个时点的脉冲响应，对冲击量取的是观察期内随机波动率时间序列的平均值，而不是该时点结构变量冲击的大小。我们选取了四个不同时期的脉冲响应，分别对应 2008 年国际金融危机时期、2012 年和 2014 年稳定发展时期、2016 年人民币加入 SDR 时期。

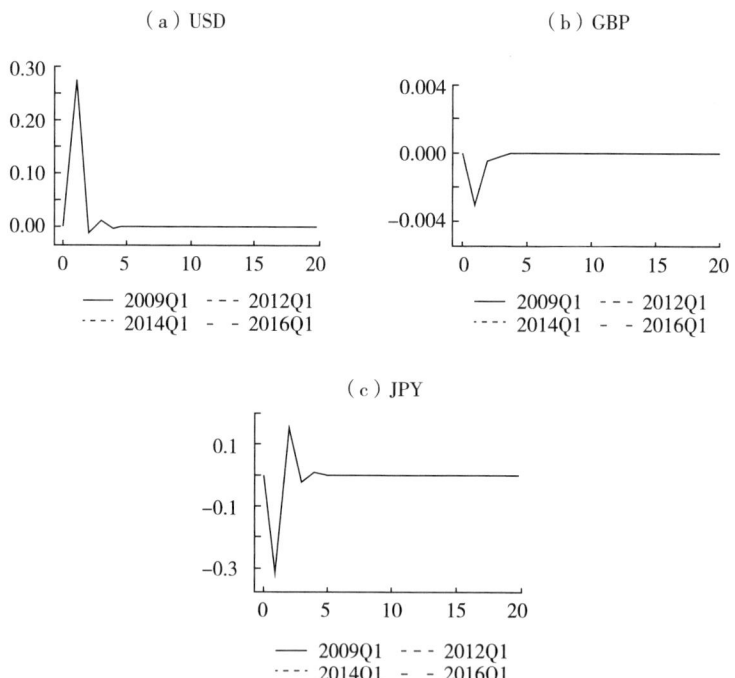

图 4　美元、英镑和日元中央银行外汇储备在四个不同时期对欧元中央银行外汇储备冲击的脉冲响应

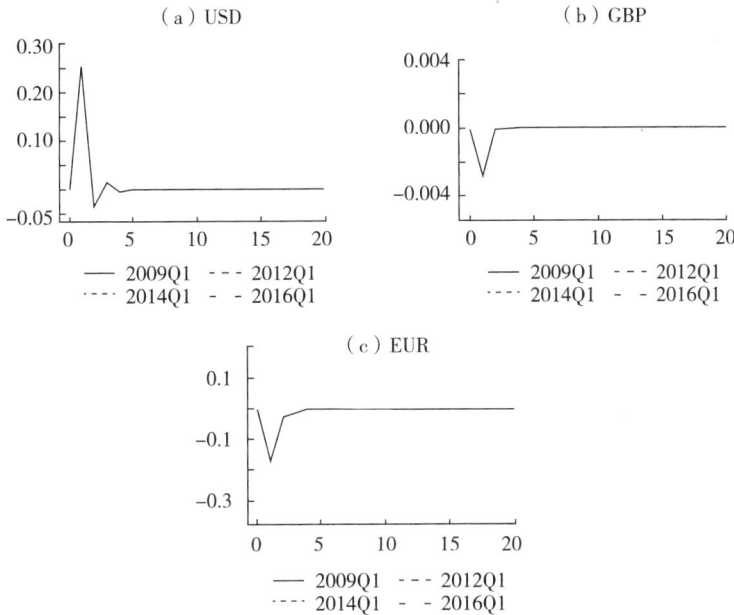

图5 美元、英镑和欧元中央银行外汇储备在四个不同时期
对日元中央银行外汇储备冲击的脉冲响应

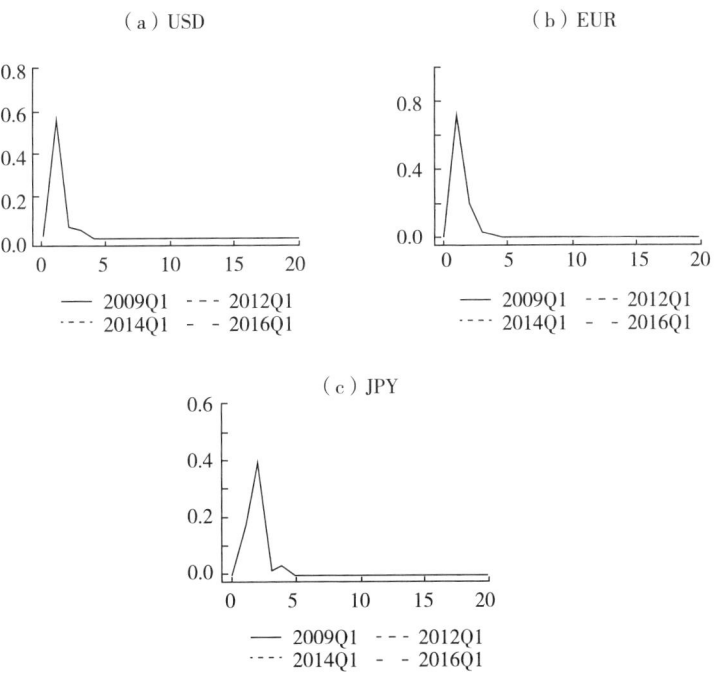

图6 美元、欧元和日元中央银行外汇储备在四个不同时期
对英镑中央银行外汇储备冲击的脉冲响应

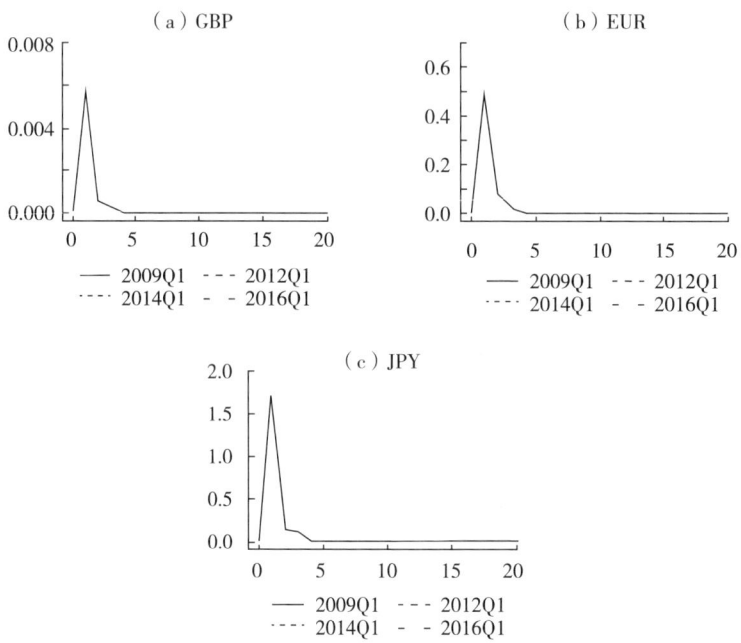

图7 英镑、欧元和日元中央银行外汇储备在四个不同时期
对美元中央银行外汇储备冲击的脉冲响应

图4至图7分别展示了四种货币中的三种货币中央银行外汇储备在不同时期对另一种货币中央银行外汇储备冲击的脉冲响应。可以看出,一种货币中央银行外汇储备对其他货币中央银行外汇储备份额的冲击在不同时期差别并不十分明显,但对来自一种货币的冲击的反应并不相同。如美元对欧元的正向冲击反应是正向的,而英镑对欧元的正向冲击反应是负向的,日元对欧元的正向冲击反应则短期是负向的,长期是正向的。美元、欧元和英镑对日元的正向冲击都出现了短暂的负向反应。比较有趣的是,其他货币则对美元和英镑的正向冲击出现的都是正向反应。

四、相关结论

本文通过带随机波动率的时变参数向量自回归模型对美元、欧元、英镑和日元中央银行货币储备份额进行了分析。在对模型进行贝叶斯估计前,我们对主要变量进行变换并利用X12-ARIMA程序进行季节调整。通过分析时变波动率和时变脉冲响应函数,我们得出的主要结论如下:一种货币中央银行外汇储备对其他货币中央银行外汇储备份额的冲击在不同时期差别并不十分明显,但对来自一种货币的冲击的反应并不相同。如美元对欧元的正向冲击反应是正向的,而英镑对欧元的正向冲击反应是负向的，日元对欧元的正向冲击反应则短期是负向的，长期是正向的。美元、欧元和英镑对日元的正向冲击都出现了短暂的负向反应。比较有趣的是，其他货币则对美元和英镑的正向冲击出现的都是正向反应。

参考文献

［1］白晓燕，邓明明．货币国际化影响因素与作用机制的实证分析［J］．数量经济技术经济研究，2013（12）．

［2］李海峰，王林．货币国际化影响因素实证研究［J］．金融与经济，2011（12）．

［3］潘英丽，等．国际货币体系未来变革与人民币国际化［M］．上海：上海人民出版社，2014．

［4］于永臻，李明慧．美元、日元、欧元和英镑国际化历程及对人民币国际化的启示［J］．经济研究参考，2013（54）．

［5］Hyoung-kyu Chey. The Concepts, Consequences, and Determinants of Currency Internationalization [R]. NGIPS Discussion Paper, 2013.

［6］Jonathan A. Batten and Peter G. Szilagyi. The Internationalization of the RMB: New Starts, Jumps and Tipping Points [J]. Emerging Markets Review, 2016, 28: 221 - 238.

［7］Menzie D. Chinn. Emerging Market Economies and the Next Reserve Currencies [J]. Open Economic Review, 2015, 26: 155 - 174.

［8］Menzie Chinn, Jeffrey Frankel. Why the Euro will rival the dollar [J]. International Finance, 2008, 11 (1): 49 - 73.

［9］Giorgio E. Primiceri. Time Varying Structural Vector Autoregressions and Monetary Policy [J]. The Review of Economic Studies, 2005, 72: 821 - 852.

［10］Macro Del Negro, Giorgio E. Primiceri. Time Varying Structural Vector Autoregressions and Monetary Policy: A Corrigendum [J]. The Review of Economic Studies, 2015, 82: 1342 - 1345.

人民币对日元汇率决定因素影响分析

——基于宏观经济模型和高频数据的分析

中国人民银行上海总部国际部课题组

课题组组长：冯润祥

课题组成员：李良松　潘琼琦　张　勤　蔡　筠　章　曦
　　　　　　胡芸嘉

摘　要

在人民币汇率形成机制市场化程度越来越深且人民币国际化取得显著进展的情况下，研究人民币汇率对经济的影响显然不能只关注人民币对美元单一汇率，必须要重视中国与主要贸易伙伴国之间的双边汇率变动。日本是中国重要的贸易和投资伙伴国，人民币对日元汇率变动，必定会对双边贸易和投资活动产生重要影响。

本文建立了人民币对日元汇率决定的宏观经济模型，估计结果表明，中国和日本两国10年期国债收益率利差与人民币对日元汇率负相关，即中国利率上升，利差扩大，将带来人民币对日元汇率升值。中国和日本两国通胀差异与人民币对日元汇率正相关，即中国通胀水平相对日本上升（下降），将带来人民币对日元汇率贬值（升值）。中国和日本两国货币发行量增速差异与人民币对日元汇率正相关，即中国货币供应量增速相对日本上升（下降），将带来人民币对日元汇率贬值（升值）。2012年以来，中国M_2增速下降，而日本银行推出大规模量化和质化宽松货币政策，促使货币基础翻倍增长，中国和日本两国货币供应增速差异快速缩小，是人民币对日元汇率升值的重要原因。此外，本文研究还表明，作为衡量国际金融市场风险的波动率指数上升，将凸显日元作为避险资产的属性，从而带动人民币对日元汇率贬值。

本文研究还发现，2010年以来，长期利差和波动率指数对人民币对日元汇率影响不再显著，主要有两个原因：一是日本银行采取了控制收益率曲线的货币政策措施。2016年12月，日本银行开始实施大规模量化和质化宽松加收益率曲线控制的货币政策，在隔夜利率失去调控效力以后，将10年期国债利率作为操作目标,并将其控制在零附近,从而导致中日利差转变为中国10年期国债的收益率,自然不再会对人民币对日元汇率产生显著的影响。二是大规模量化宽松货币政策导致市场主体丧失风险敏感度。

本文建立的高频数据模型还发现,在9:30—16:30交易时段,人民币对美元汇率与日元对美元汇率互为格兰杰因果关系,两种货币汇率走势主要受美元指数波动影响。欧元和英镑汇率波动均能显著影响到人民币对日元的汇率走势,且欧元影响更大。在16:31—23:30交易时段,日元对美元汇率变动是引起人民币对美元汇率变动的格兰杰因,欧元和英镑汇率波动依然会引起人民币对日元汇率变动。

一、引言

中国经济发展脉络在很大程度上与日本类似,在经济管理尤其是金融体制等方面,中国也借鉴了很多日本的经验,在货币汇率管理方面,也可以学习借鉴日本的很多经验教训。我们发现,虽然日元汇率自由浮动,但每当日元升值过快时,日本政府难免会进行一定的口头或其他形式的干扰,从而确保日元汇率变动不至于严重影响日本对外经济的发展。中国在汇率市场化改革和管理人民币国际使用过程中,可借鉴日本的经验。

在美元完全主导的情况下,汇率变动可能只要更多地注重日元对美元汇率、人民币对美元汇率变动即可,但在人民币国际化取得显著进展的情况下,研究人民币汇率显然不能只关注人民币对美元的单一汇率,必须要重视中国与主要贸易伙伴国之间的双边汇率变动。日本是中国重要的贸易和投资伙伴国,人民币对日元汇率变动,必定会对双边贸易(包括旅游等服务贸易)和投资活动产生重要影响。通过考察双边汇率的变动,能够更好地理解中日贸易和投资活动的变化。

二、文献综述

有关汇率决定的研究很多,一直以来,主流的汇率决定理论是宏观汇率决定模型。20世纪90年代兴起的外汇市场微观结构理论是对宏观汇率决定模型的重要补充。Lyons(1995)首次在马克兑美元的外汇市场上使用了微观结构模型进行实证研究,分别检验了指令流影响价格的存货机制和信息机制,实证结果非常显著,从而开创了外汇市场微观结构研究的先河。Lyons(1997)提出了著名的"烫手山芋"模型,他认为交易商为了抵销新增加交易头寸的存货风险,会通过寻找合适的报价将这一部分头寸转移给其他交易商。通过这种"烫手山芋"效应，新增的交易头寸会不断地被传递给下一个交易商，从而最终的交易量要远远大于起初的交易。这种交易量放大现象依于市场微观结构的两个主要方面，即外汇市场的交易商结构和交易披露的透明度。Evans 和 Lyons（2002a，2002b）创造性地将市场微观结构理论引入汇率决定的宏观模型中，提出了一个包括宏观变量（利率）和微观结构变量（指令流）的资产组合变动模型（Portfolio Shifts Model，PSM）。他们认为投资者具有不同的预期，信息通过指令流被市场消化，指令流是汇率决定的微观基础。实证结果也进一步支持了市场微观结构变量能够很大程度上解释短期（日内）汇率走势的结论。

针对人民币汇率的决定机制，学者分别从不同角度对人民币汇率的形成和波动进行了理论和实证研究。易纲和范敏（1997）从购买力平价理论、利率平价理论、国际收支和中央银行货币政策四个角度对人民币汇率的决定机制进行了分析。孙茂辉（2006）根据自然均衡汇率理论利用全息极大似然法用中国投资、消费、利率和贸易收支组成结构方程进行估计，计算出中期、长期人民币自然均衡实际汇率。黄昌利（2010）基于行为均衡汇率模型（BEER），从巴拉萨—萨缪尔森效应（Balassa-Samuelson Effect）和货币主义汇率理论的视角分析了人民币长期实际有效汇率的决定机制，并采用中美可贸易部门劳动生产率之比、中国对外贸易（出口/进口）、中国政府支出（政府支出/GDP）、中美货币供给比（M_2/GDP）四个变量对人民币汇率进行协整分析，结果显示中美可贸易部门劳动生产率的相对增长、中国对外贸易、中国政府支出增加有助于人民币升值，中美货币供给比增加会导致人民币贬值。李晓峰和陈华（2010）在以购买力平价理论为基础的宏观汇率决定理论模型的基础上，引入交易者异质性预期作为人民币汇率的影响因素来解释人民币汇率理论预期与实际汇率。采用中美货币供应量之差、GDP 之差、短期利差、长期利差和通货膨胀率之差对汇率进行协整回归，结果显示中美货币供应量之差、GDP 之差和短期利差增加会引起人民币升值，预期通货膨胀率之差和通货膨胀率之差增加将导致人民币贬值。刘威和吴宏（2010）在抛补利率平价模型的基础上对中美利率与人民币汇率的关系进行了实证研究。结果显示，人民币汇率变动主要由其自身的变动所导致，中美利率对人民币汇率的影响十分有限。

汇率变动具有收入分配效应，国内不同经济主体基于各自的利益诉求与决策者进行积极的政策博弈，凸显了国内政治势力及其汇率偏好在汇率决定中的重要性。Frieden（1991，1994）开创性地构建了汇率偏好矩阵以考察国内利益主体的汇率偏好，研究指出，那些面向国内市场的生产者更愿意采用浮动汇率制度，面向国际市场的生产者更倾向固定汇率制度；贸易部门的生产者期望本币贬值，而非贸易部门和海外投资者则希望货币强势。Campa 和 Oldberg（1997）利用行业出口比例和中间品进口投入比例构建了行业净外部导向指标，以考察美国、英国、日本和加拿大四国制造业汇率偏好变化。

国内学者刘涛（2013）基于投入产出表，运用行业净外部导向分析考察了国内不同行业的汇率偏好，研究发现，农业和制造业偏好本币贬值，服务业偏好本币升值，而银行业的汇率偏好相对中性；笔者进一步利用熵权法评估了四部门对人民币汇率政策的影响力，研究认为2005—2010年制造业部门对人民币汇率政策的影响力压过了其他部门。曹翰和苏应蓉（2016）同样采用行业净外部导向法对投入产出表进行计算，测度了制造业各部门的长期汇率偏好，研究认为，行业净外部导向法基于一些宽泛的结论和假定条件，没有考虑行业不同特点，从而影响了该单一指标的测度准确性。

少量研究基于问卷调研方法直接考察微观企业的汇率偏好。Broz、Frieden和Weymouth（2008）则基于世界银行的问卷调研数据来测度微观主体的汇率偏好，进而实证研究了汇率偏好的影响因素，即贸易品生产商更偏好汇率稳定和本币贬值，且生产率高的企业因为拥有更强的市场竞争力和抗冲击能力，对汇率变动的敏感度较低。多数研究则基于计量回归方法，通过检验利益主体的政治势力对汇率决定的影响，来间接测度汇率偏好。Ghezzi和Pasco-Font（2000）、Frieden等（2000）等将利益集团政治势力引入汇率决定的回归模型，实证考察了拉丁美洲国家汇率政策选择的影响因素，研究发现，制造业占比大的经济体更倾向于汇率贬值，且贸易自由化时期制造业部门对汇率政策的影响更显著，而金融部门则明显偏好汇率升值。汇率偏好并非一成不变，Frieden等（2000）研究还指出，当国内制造业部门受到有效的关税保护和政府补贴时，其对汇率制度的选择并不在意，但当关税保护和补贴力度减弱后，制造业部门会偏好本币汇率贬值。Steinberg和Shih（2012）研究认为，中国出口商对本币贬值的偏好随政府政策而起伏，当政府削减出口补贴或收缩扩张性宏观经济政策时，出口商的本币贬值偏好会更强烈，而且在众多的政策保护中，本币贬值是出口商集团最后的利益诉求，因为贬值虽然提高了企业在国际市场的出口竞争力，但增加了中间品进口成本。

经济开放也会影响汇率偏好。Kinderman（2008）考察了1960—2008年德国不同行业的汇率偏好和政策游说活动，并将近年来企业汇率偏好的下降归因于国际化经营，研究认为，国际化程度较低的行业对本币低估有更强的偏好。Steinberg（2010）分析比较了封闭经济和开放经济下汇率变动的收入分配机制与效果，研究发现，封闭经济下代表工人利益的左派政党更倾向实施汇率高估政策，而开放经济下代表资本家利益的右派政党更偏好汇率高估政策，这主要是因为经济开放背景下一国对进口中间投入品的依赖程度提升，高估的货币有助于企业降低进口成本和提升利润。

目前文献多数集中在研究人民币对美元汇率的决定因素，鲜有文献专门研究人民币与主要贸易伙伴国货币之间的双边汇率。本文的主要贡献在于研究了中国和日本双边汇率的决定因素，并将宏观经济和货币理论等相关模型纳入其中。同时，使用1分钟高频数据从微观市场结构的角度更深入地研究人民币对日元汇率的影响因素。

三、研究设计及样本数据

根据货币理论和汇率决定理论，我们认为，人民币对日元汇率受两国利率、货币供应量、通胀率、GDP等因素变动影响。另外，考虑到日元作为国际金融市场避险资产的特点，我们将衡量国际金融市场避险情绪的芝加哥商品交易所波动率指数（VIX）也纳入模型。在具体数据选择中，考虑到中国隔夜利率波动过大且中国未有明确的操作目标利率，故选择两国10年期国债收益率计算利率差异（CJ10）；货币供应量主要考察两国货币增速差异，由于两国金融市场和货币供应量层次划分不同，中国中央银行选择M_2作为货币政策中介目标，实施量化和质化货币政策（QQE）以来，日本银行实际上也将基础货币作为操作目标，制定了明确的基础货币增长目标，故选取中国M_2增速与日本基础货币增速的差异（CJMB）来考察货币供应量增速变动差异。通胀率差异（CJINF）则选择两国CPI指数同比增速差异。由于我们采用的月度数据进行建模，而GDP数据为季度数据，因此，以零售消费品（CJRET）和工业增加值（CJIND）作为替代变量，考察两国经济增速的差异。

最终构建的模型如下：

$$CNYJPY = C + \beta_1 \times CJ10 + \beta_2 \times CJMB + \beta_3 \times CJINF + \beta_4 \times CJIRET + \beta_5 \times CJIND + \beta_6 \times VIX + \epsilon$$

此外，为进一步探讨人民币对日元汇率的变动情况，我们还通过1分钟高频数据分析，日元对美元汇率与人民币对美元汇率之间的变动关系，以及其他货币汇率变动对人民币对日元汇率的影响。

根据理论分析，我们作出如下研究假设：

理论假设1：人民币对日元汇率与中日利差以及经济增长差异负相关。

中国利率升高或中国经济增速快，宏观经济稳定，有助于吸引国外资本流入，从而导致人民币升值，即人民币对日元汇率值变小。

理论假设2：人民币对日元汇率与通胀和货币供应量差异正相关。

中国通胀率升高或中国货币供应量增速扩大，理论上都将导致人民币贬值，即人民币对日元汇率值变大；同样地，日本货币供应量大幅增长，也会导致日元贬值，即人民币对日元汇率值变小。

理论假设3：人民币对日元汇率与波动率指数正相关。

在国际金融市场，日元的避险资产属性较强，一旦国际金融市场风险上升，即VIX指数上升，则日元很可能升值，从而使人民币对日元汇率值升高。

理论假设4：人民币对日元汇率走势与其他货币走势无关。

人民币在岸外汇市场交易时段为9：30—23：30，其中9：30—16：30为交易活跃时段。临近交易结束时，欧洲市场交易刚刚开始，而美国市场交易尚未开始。因此，我们假设这段时间的交易可能与其他主要国际货币走势关系不大。

样本数据说明。本文使用的宏观经济数据主要包括人民币对美元汇率、日元对美元汇率、中日10年期国债收益率、中国M_2增速、日本基础货币供应量、中、日两国社会零售商品总额与工业增加值增速，以及VIX指数。2005年7月，人民币汇率改革以后，人民币汇率波动更加明显，市场化程度更高。因此，样本期间为2005年7月至2018年10月，共160条记录，数据来源于路透Datastream。限于数据可得性，人民币、日元、欧元以及英镑对美元高频数据为2017年10月25日至2018年7月7日的1分钟数据，共129928条记录，数据来源于Bloomberg。主要宏观经济指标的描述性统计结果见表1。

表1 主要经济指标的描述性统计结果 单位:%，指数

	CNYJPY	CJ10	CJINF	CJMB	CJRET	CJIND	VIX
均值	6.68	2.71	2.30	2.31	13.54	11.12	18.76
中位数	6.56	2.78	2.00	1.78	13.37	9.86	16.17
最大值	8.32	3.92	7.70	38.76	25.38	45.76	62.25
最小值	5.01	1.13	-1.60	-42.64	-1.50	-16.34	10.13
标准差	0.87	0.70	2.11	19.46	4.54	9.45	8.85
观测值	160	160	160	160	160	147	160

2015年7月以来，人民币对日元月度均值汇率走势见图1。

2005年7月至2008年国际金融危机前，人民币对日元汇率一度升值较多。但受国际金融危机冲击，中国出口受到严重影响，而日元作为避险货币大幅升值，人民币对日元汇率出现贬值，并在2011年8月达到8.3元兑100日元。2010年人民币汇率改革重启以后，人民币开启新一轮大幅升值，而在此期间，日本银行推出史上最大规模的量化和质化宽松货币政策，日元兑美元汇率贬值超过30%；2015年6月，人民币兑日元汇率达到最高点5.01，较2011年8月水平升值高达66%。2015年下半年以来，国际金融市场风险上升，日元有所升值，而中国经济下行压力依然较大，人民币贬值压力显现。2018年10月，人民币兑日元汇率为6.14，较最高点贬值为18%。

图 1 人民币对日元汇率走势

四、实证分析

(一) 人民币对日元汇率决定的宏观经济分析

经检验，人民币对日元汇率（CNYJPY）、中日10年期国债收益率利差（CHJP10）、中日通胀率差异（CHJPINF）、中日货币供应量增速差异（CHJPMB）、中日零售消费品增速差异（CHJPRET）、中日工业增加值增速差异（CHJPIND），以及波动率指数（VIX）均为一阶非平稳时间序列，且存在协整关系。建立人民币对日元汇率与其他被解释变量之间的回归模型，见表2。

表 2　　　　　　　　人民币对日元汇率影响因素分析

	模型1	模型2	模型3（子样本）
CHJP10	-0.230*	-0.260**	-0.209
CHJPINF	0.159***	0.159***	0.244***
CHJPMB	0.009*	0.009**	0.024***
CHJPRET	-0.003		
CHJPIND	0.007		
VIX	0.017**	0.019***	0.023
常数项	6.573***	6.655***	6.544
拟合优度	0.46	0.45	0.71

我们构建了人民币对日元汇率影响因素分析的三个计量模型，模型1包含所

有解释变量，模型2是去除不显著的两个变量以后得到的计量结果。2005年人民币汇率市场化改革以后，受2008年国际金融危机影响，人民币汇率改革一度停滞；2010年6月19日，人民银行宣布重启汇率改革，因此，我们利用2010年7月以来的子样本，考察了人民币对日元汇率的影响因素，作为模型3。

表2中模型1显示，2005年7月至2018年10月，在10%的置信水平下，利差与人民币对日元汇率负相关，理论假设1成立，但经济增长替代变量与汇率之间的关系不明显。在1%置信水平下，通胀差异与人民币对日元汇率正相关，在10%置信水平下，货币发行量差异与人民币对日元汇率正相关，理论假设2成立。这说明，中国通胀率下降是人民币对日元汇率升值的重要原因，而中国M_2增速下降，日本银行推出大规模量化和质化宽松货币政策，促使货币基础翻倍增长，导致中日货币供应增速差异快速缩小，也是人民币对日元汇率升值的重要原因。在5%置信水平下，波动率指数与人民币对日元汇率正相关，理论假设3成立。国际金融市场风险上升，日元作为避险资产的属性凸显，日元显著升值，带动人民币对日元汇率贬值；2008年国际金融危机以后，全球中央银行推出大规模量化宽松货币政策，全球金融市场市场风险下降，也是人民币对日元汇率升值的重要影响因素。上述关于几个变量与人民币对日元汇率关系的风险在模型2中表现更为明显。总体来看，虽然去除了两个变量，但模型的系数总体变化不大，说明模型总体比较稳定，而且相关被解释变量的系数进一步显著。

在子样本模型3中，我们发现，人民币对日元汇率主要受通胀差异和货币供应量增速差异影响，理论假设2成立，但理论假设1和理论假设3均不成立，而模型拟合优度大幅提升。2010年6月人民币汇率市场化改革重启以来，人民币汇率市场化程度明显提升，理论上人民币对日元汇率与另外两个变量之间的关系应该会更加明显。模型3的估计结果看似令人费解，但实际上正好捕捉了国际金融市场的体制性变化。

首先，长期利差的影响不再显著主要是由于日本银行采取了控制性的货币政策措施。2016年12月，日本银行开始采取QQE加收益率曲线控制的货币政策措施，在隔夜利率失去调控效力以后，将10年期国债利率作为操作目标，并将其控制在零附近，从而导致中日利差转变为中国10年期国债的收益率，自然不再会对人民币对日元汇率产生显著的影响。

其次，波动率指数影响不显著主要在于大规模量化宽松货币政策导致市场主体风险敏感度失灵。2012—2017年，由于主要中央银行普遍采取大规模量化宽松货币政策，国际金融市场流动性过于充裕，这段时间内，风险溢价很低，衡量金融市场风险的波动率指数变化很小，一度低于10，远低于危机前的平均水平，被称为"波动率之谜"，这引发了国际金融市场高度关注。我们认为，各家中央银行推出的大规模量化宽松货币政策的一个重要副作用是弱化了市场参与者的风险敏感性，导致了一定程度的资源错配，主要发达经济体在实体经济复苏乏力的情况下，股市却屡创历史新高，这可能就是一定程度的金融失衡。而一旦美联储开始收紧货币政策，市场参与主体过度惊慌，导致波动率指数瞬间高企，反应过度。这可能是波动率指数对人民币对日元汇率影响不再显著的主要原因。

最后，模型3表明，2010年7月以来，人民币对日元汇率主要受通胀差异变化以及货币供应量增速差异变动影响，这与日本银行启动大规模量化和质化宽松货币政策以后，又采取收益率曲线控制以及负利率等一系列政策措施的时间节点相吻合，模型解释力也明显上升。

（二）人民币对日元汇率走势的高频数据分析

我们收集了2017年10月25日至2018年7月7日人民币（CNY）、日元（JPY）、欧元（EUR）以及英镑（GBP）对美元1分钟汇率数据，共129928条记录，将人民币在岸外汇市场交易时段9：30—23：30分为9：30—16：30以及16：31—23：30两个时段，分别为67203条和62725条记录。

经检验，人民币、日元、欧元以及英镑对美元汇率均为不平稳时间序列，故利用其收益率数据进行分析。检验表明，四组汇率收益率数据为平稳序列，两个时段的格兰杰因果关系检验结果分别见表3、表4。

表3　9：30—16：30交易时段不同汇率之间的格兰杰因果关系检验结果

	F-统计值	P值
Y_JPY 不是 Y_CNY 的格兰杰因	151.554	2.E−66
Y_CNY 不是 Y_JPY 的格兰杰因	4.10095	0.0166
Y_EUR 不是 Y_CNYJPY 的格兰杰因	25.9091	6.E−12
Y_CNYJPY 不是 Y_EUR 的格兰杰因	0.61831	0.5389
Y_GBP 不是 Y_CNYJPY 的格兰杰因	22.8436	1.E−10
Y_CNYJPY 不是 Y_GBP 的格兰杰因	1.94400	0.1431

表3显示，在9：30—16：30交易时段，人民币对美元汇率与日元对美元汇率之间互为格兰杰因果关系，说明两种货币汇率走势可能受到其他共同因素的影响，可能主要是受美元指数波动影响。在美元指数构成中，欧元、英镑和日元权重最大，为考察人民币对日元汇率走势影响因素，有必要进一步考察欧元对美元汇率、英镑对美元汇率的影响。表3检验结果表明，欧元汇率波动和英镑汇率波动均能显著影响到人民币对日元的汇率走势，且欧元影响更大，这主要是因为欧元代表的经济体量更大，且在美元指数中占比更高。

表4 16：31—23：30 交易时段不同汇率之间的格兰杰因果关系检验结果

	F-统计值	P 值
Y_JPY 不是 Y_CNY 的格兰杰因	10.3525	3.E-05
Y_CNY 不是 Y_JPY 的格兰杰因	0.08693	0.9167
Y_EUR 不是 Y_CNYJPY 的格兰杰因	24.2637	3.E-11
Y_CNYJPY 不是 Y_EUR 的格兰杰因	1.39048	0.2490
Y_GBP 不是 Y_CNYJPY 的格兰杰因	16.0513	1.E-07
Y_CNYJPY 不是 Y_GBP 的格兰杰因	1.00317	0.3667

在16：31—23：30 交易时段，在岸人民币交易相对不太活跃，人民币对美元汇率、日元对美元汇率由之前的双向格兰杰因果关系转变为单向格兰杰因果关系，即日元对美元汇率变动是引起人民币对美元汇率变动的格兰杰因。与表3结果一致，欧元和英镑汇率波动依然会引起人民币对日元汇率变动。

五、主要结论及评述

本文研究表明，人民币对日元汇率主要受中日两国通胀差异变化和货币供应量增速变化影响，中国通胀下降和日本通胀上升都将导致人民币对美元汇率升值，而中国通胀上升和日本通胀下降会导致人民币对日元汇率贬值。此外，中国 M_2 增速下降和日本基础货币增速大幅上升是人民币对日元汇率升值的重要原因。长期来看，中日利差变动，中国长期利率下降和日本长期利率上升，会引起人民币对日元汇率贬值；而国际金融市场风险上升，波动率指数上升，将导致人民币对日元汇率贬值，日本作为国际避险货币的特性更加明显。高频数据研究表明，人民币对日元汇率走势主要受到欧元和英镑汇率的影响。

伴随人民币汇率形成机制市场化逐步加深，人民币与主要贸易伙伴国货币的双边汇率也需要高度关注，而非仅仅关注人民币对美元汇率的走势情况。实际上，2010年6月，人民币汇率改革重启以来，人民币汇率市场化程度明显加深，尤其是2013年日本银行实施大规模量化和质化宽松货币政策以来，日元汇率显著贬值，而与此同时，人民币对美元则经历一轮较为明显的升值过程，带来人民币对日元汇率显著升值，大幅刺激日本对中国出口，并对日本对华直接投资产生不利影响。李良松（2017）研究表明，人民币对日元汇率贬值有利于吸引日本对华直接投资，这可能有两个机制：一是日元升值使日本企业享受更多的货币兑换收益，日本企业更有动力加大对华投资。二是人民币相对日元贬值，日本在华企业出口更具优势，也有助于扩大日本在华投资。而如果人民币对日元汇率升值则不利于日本对华直接投资的增长。人民币对日元汇率变动是近年来日本对华出口和直接投资变动的重要影响因素。

参考文献

[1] 曹瀚, 苏应蓉. 制造业汇率偏好测算及其经济影响因素的考察 [J]. 经济视角, 2016 (2).

[2] 黄昌利. 人民币实际有效汇率的长期决定: 1994—2009 [J]. 金融研究, 2016 (6).

[3] 刘涛. 汇率偏好、游说竞争及中国主要产业汇率政策的影响力评估 [J]. 金融研究, 2013 (2).

[4] 李良松. 日本对华直接投资及汇率影响分析 [C]. 工作论文.

[5] 李晓峰, 陈华. 交易者预期异质性、央行干预效力与人民币汇率变动——汇改后人民币汇率的形成机理研究 [J]. 金融研究, 2010 (8).

[6] 刘威, 吴宏. 中美两国利率与汇率相互影响效应的评估研究——基于抛补利率平价理论的实证检验 [J]. 世界经济研究, 2010 (2).

[7] 孙茂辉. 人民币自然均衡实际汇率: 1978—2004 [J]. 经济研究, 2016 (11).

[8] 易纲, 范敏. 人民币汇率的决定因素及走势分析 [J]. 经济研究, 1997 (10).

[9] Campa J. M., L. S. Goldberg. The Evolving External Orientation of Manufacturing: A Profile of Four Countries [J]. Reserve Bank of New York Economic Policy Review, 1977 (3): 53 – 81.

[10] Daniel Kinderman. The Political Economy of Sectoral Exchange Rate Preferences and Lobbying: Germany from 1960—2008, and Beyond [J]. Review of International Political Economy, 2008, 15 (5): 849 – 877.

[11] Evans, M., R. Lyons. Time Varying Liquidity in Foreign Exchange [J]. Journal of Monetary Economics, 2002a, 49 (5): 1025 – 1051.

[12] Evans, M., R. Lyons. Order Flow and Exchange Rate Dynamics [J]. Journal of Political Economy, 2002b, 110 (1): 170 – 180.

[13] Frieden, J. Invested interests: The Politics of National Economic Policies in a World of Global Finance [J]. International Organization, 1991, 45: 425 – 451.

[14] Frieden, J. Exchange Rate Politics: Contemporary Lessons from American History" [J]. Review of International Political Economy, 1994, Vol., 1 (1): 81 – 103.

[15] Frieden J., Ghezzi P., Stein E. The Political Economy of Exchange Rate Policy in Latin America: An Analytical Overview [D]. Inter American Development

Bank Research Network Working Paper, 2000, No. 136: 1 –24.

[16] Ghezzi, Pasco-Font. Exchange Rates and Interest Groups in Pero: 1950—1996 [D]. Inter-American Development Bank Research Network Working Paper, 2000, No. 422.

[17] J. Lawrence Broz, Jeffry Frieden, Stephen Weymouth. Exchange Rate Policy Attitudes: Direct Evidence from Survey Date [J]. IMF Staff Papers, 2008, 55 (3): 417 –444.

[18] Lyons, R. Tests of Microstructural Hypotheses in the Foreign Exchange Market [J]. Journal of Financial Economics, 1995, 39 (2): 321 –351.

[19] Lyons, R. A Simultaneous Trade Model of the Foreign Exchange Hot Potato [J]. Journal of International Economics, 1997, 42 (3): 275 –298.

[20] Steinberg D. A., V. C. Shih. Interest Group Influence in Authoritarian States: The Political Determinants of Chinese Exchange Rate Policy [J]. Comparative Political Studies, 2012, 45 (11): 1405 –1434.

[21] Steinberg D. A. The Reversal of Political Parties' Support for Overvalued Exchange Rates [C]. Annual Meeting of the American Political Science Association, 2010.

跨境资本宏观审慎管理理论研究与实践探索

中国人民银行上海总部外汇管理部课题组

课题组组长：何念如

课题组成员：周　鹏　陆　斌　杨　永　郭颖妍　王红燕

摘　要

跨境资本流动日益成为影响全球经济新的不稳定因素。资本流动的顺周期性和杠杆放大作用增加了宏观经济风险管理的复杂性，并对汇率和金融稳定产生了重大影响。改革开放推动我国经济全面融入世界经济体系，作为全球最大贸易国和第二大净债权国，进出我国的跨境货物、资金和人员规模巨大且高度融合，跨境资本流动频繁。近年来，我国数度面临高强度的跨境资本流动风险冲击。对此，被动政策措施的政策效果十分有限。

本文在对跨境资本和宏观审慎含义理解的基础上，论述了对跨境资本流动进行宏观审慎管理的内在逻辑，并在借鉴国际经验的基础上提出，跨境资本流动的宏观审慎管理不同于被动的资本管制和货币政策调整，是一种主动采取的措施，主要是从逆周期调节加杠杆行为和抑制短期炒作行为入手，在资本大规模流入的时候，抑制市场主体过度加杠杆行为和外币负债化倾向，控制货币错配和期限错配风险；在资本大规模流出的时候，抑制市场主体囤汇和外币负债去杠杆的"羊群效应"，吸引资本流入、控制顺周期性和跨市场传染。我国已初步建立了跨境资本流动宏观审慎政策框架，主要是从外汇市场和跨境融资两个层面，以市场化的手段对市场加杠杆和以自有资金进行短期炒作等行为进行逆周期调节。本文结合我国跨境资本流动的管理实际，分析了现阶段影响跨境资本流动宏观审慎管理的主要问题，并从本外币政策合一、账户体系统一的角度提出改进跨境资本宏观审慎管理的政策建议。

一、引言

国际资本的跨境流动日益成为影响全球经济新的不稳定因素。资本流动的顺周期性和杠杆放大作用增加了经济体宏观经济风险管理的复杂性,并在宏观层面对汇率和金融稳定产生了重大影响。聚焦我国,近年来在国内外多重因素综合作用下,跨境资本流动数度面临高强度的风险冲击。外汇市场短期内先后出现2015年底至2016年初和2016年第四季度至2017年初两次波动,跨境资本流动从长期净流入转向一段时期的净流出,形势复杂多变。随着主要经济体逐步退出量化宽松的货币政策,国内外经济、金融环境发生重大变化,人民币出现了一定贬值预期,一些人民币资本流到境外被用于做空人民币,防控金融风险的压力比较突出。

改革开放以来,我国经济社会各方面都发生了翻天覆地的变化,涉外经济更是得到蓬勃发展。国际收支平衡表显示,1982年我国货物和服务进出口总额为404亿美元,在全球范围内位居第20位。之后到2001年加入世界贸易组织的近20年间,货物和服务贸易总额年均增长14%;2001—2008年,对外贸易进入高速发展期,年均增速达26%;2009—2017年,对外贸易在波动中逐步趋稳,年均增长9%。2016年,我国货物和服务进出口总额为4.14万亿美元,在全球范围内位居第2位。国际投资头寸表显示,2017年末我国对外金融资产和负债规模合计12.04万亿美元,自2004年有数据统计以来年均增长17%。从2016年末的各国数据比较来看,我国对外金融资产和负债规模在全球排第8位,并且是全球第二大净债权国。

随着外汇管理改革的不断推进,原有的事前监管、行为监管模式已经不能满足要求。更为重要的是,随着人民币加入SDR,国际货币地位初步奠定,资本项目可兑换有序推进,金融市场开放成效显著。面对这种情况,建立与市场机制接轨的、符合宏观审慎管理要求的政策手段是今后跨境资本流动管理与调控的发展方向。而作为核心内容的跨境资本管理具体政策,应考虑统筹协调,降低跨币种套利风险,这是防范跨境资本异常流动风险,维护国际收支基本平衡和经济金融安全的重要手段。正视现实,加强跨境资本宏观审慎管理研究,可以帮助宏观监管当局拓展视角,加快推进政策协调。一是减缓跨境资本大进大出的波动,构筑起一套能够能为有效且管制成本更低的跨境资本流动管理体系,防范因跨境资本波动引发的系统性风险。二是以市场化、便利化为导向,进一步完善政策,改善营商环境,满足更多的主体进行跨境融资,充分利用国际国内两个市场、两种资源。三是在尊重市场机制的前提下,发挥引导作用,提升人民币在跨境收支中的占比。

二、文献综述

（一）宏观审慎管理内涵

宏观审慎政策框架是一个动态发展的框架，其主要目标是维护金融稳定、防范系统性金融风险。总体来看，现有研究的一个基本共识是，宏观审慎管理着眼于整个金融体系，以防范系统性金融风险和抑制金融危机导致的宏观经济波动为目标。

宏观审慎政策框架形成于2008年国际金融危机深化以后。国际社会在反思危机教训过程中已取得不少共识，加强宏观审慎管理、构建宏观审慎性政策框架可谓其中最重要的一点。目前，加强宏观审慎管理已成为危机后国际金融管理制度改革的核心内容。从2009年4月召开的二十国集团（G20）伦敦峰会[①]以来，多次G20峰会都将宏观审慎政策框架列入公报文件[②]。2009年初，国际清算银行（Bank for International Settlements，BIS）对"宏观审慎"进行定义，并指出要用宏观审慎政策解决危机中"大而不能倒"、顺周期性、监管不足和标准不高等问题。随后在2010年11月的二十国集团领导人峰会上，各成员国对宏观审慎的定义达成共识，即"宏观审慎政策"主要是指利用审慎性工具防范系统性金融风险，从而避免实体经济遭受冲击的政策。2016年8月31日，IMF（International Monetary Fund，国际货币基金组织）、FSB（Financial Stability Board，金融稳定理事会）、BIS联合发布了《有效宏观审慎政策要素：国际经验与教训》的报告，对宏观审慎政策进行了定义：宏观审慎政策利用宏观审慎工具来防范系统性风险，从而降低金融危机发生的频率及其影响程度。

从国内来看，2010年，在党的十七届五中全会形成的决议文件中，明确提出要"构建逆周期的金融宏观审慎管理制度框架"。党的十八届三中全会通过的《中共中央关于全面深化改革若干重大问题的决定》中明确提出"建立健全宏观审慎管理框架下的外债和资本流动管理体系"。2017年7月，习近平总书记在第五次全国金融工作会议上强调，要强化人民银行的宏观审慎管理职责，防范系统性金融风险。2017年10月，习近平总书记在党的十九大报告中明确提出，要建

[①] G20成立于1999年9月，由八国集团、11个重要新兴工业国家以及欧盟组成，其目的是防止类似亚洲金融风暴的重演，让有关国家就国际经济、货币政策举行非正式对话，以利于国际金融和货币体系的问题。最初，G20是财政部部长和中央银行行长会议，但金融危机的爆发使其上升为领导人峰会，即G20峰会。

[②] 2009年9月，在G20匹兹堡峰会上，最终形成的会议文件中开始正式引用"宏观审慎管理"和"宏观审慎政策"的提法。

立健全货币政策和宏观审慎政策双支柱调控框架。

我国学者也对宏观审慎进行了界定，认为宏观审慎管理是通过对风险相关性的分析、对系统重要性机构的监管来防范和化解系统性风险，它是保障整个金融体系良好运作，避免经济遭受重大损失的一种审慎管理模式。更为全面的总结是，为了避免各种歧义，或简单理解为资本要求、资本缓冲、流动性、杠杆率等，第一，需要明确澄清其核心含义、框架结构和包含的具体政策要素。总体来看，宏观审慎政策首先是逆周期政策。第二，应对"羊群效应"等市场失效现象，使整个金融市场更加稳健、金融市场参与者更加审慎。第三，全球化下金融市场迅速发展、金融产品和交易日趋复杂，需要制定和实施更广泛的国际标准。

(二) 宏观审慎管理与货币政策、微观审慎的关系

结合中央银行政策框架的演变来看，在现有货币政策和微观审慎监管之间存在一块政策管理的空白，充斥着可能导致系统性金融风险的各种因素，亟须通过完善政策框架加以应对，因此，在进一步发挥好传统货币政策工具反周期调节作用的同时，有必要加快构建宏观审慎性政策框架，提升防范系统性风险的能力。具体表现为，货币政策继续主要针对宏观经济和总需求管理，侧重于经济增长和物价水平的稳定。宏观审慎政策则直接和集中作用于金融体系本身，抑制杠杆过度扩张和顺周期行为，侧重于维护金融稳定。宏观审慎政策作为金融调控的第二支柱，与货币政策相互补充强化，在防范系统性风险、营造适宜的金融环境等方面发挥了重要作用。

传统金融监管的核心是微观审慎监管，其主要目标是维护微观个体机构的稳健，并不关注微观监管的宏观影响，这种建立在个体稳健基础上的微观审慎监管体系难以应对银行行为的顺周期性，也难以有效应对跨机构的系统性风险。宏观审慎管理与微观审慎管理的差异主要在于影响经济的方式和实现的目标不同，与实现这些目标所使用的工具无关。具体来看，微观审慎监管的目标是限制单个银行倒闭的风险，最佳的衡量指标是对储户和投资者的保护，且微观审慎监管排除了在个体理性的前提下的集体不理性的可能。而宏观审慎管理着眼于金融体系整体，目标是降低金融危机的成本。

(三) 宏观审慎管理的两个维度

有效的宏观审慎政策框架应包括时间维度和结构维度两个层面，核心是必须具备逆周期调节杠杆的能力和手段。

宏观审慎管理的跨时间维度，主要体现在关注金融体系的顺周期性，即随着时间推移的金融体系的脆弱性和风险是如何产生并演化发展的，金融系统性风险

的运行机制问题,及金融体系与实体经济之间的相互作用相互影响,有可能传导并放大等。金融系统的顺周期性主要有三个方面:第一,资本充足率监管的顺周期性。第二,贷款损失拨备的顺周期性。两者都体现为金融系统对实体经济信贷供给在经济上行期增加,在经济下行期减少,放大了经济的短期波动。第三,公允价值会计引起的顺周期性,体现为金融系统对资产价格波动的放大。这种顺周期性被认为是经济不稳定的主要原因,因此,时间维度上监管的关键是逆周期调节。

宏观审慎管理的跨空间维度,重点是识别具有系统重要性的金融机构及其在金融体系中的风险分布状况、鉴别具有系统重要性金融机构的风险类别和行业属性,特别是关注资产负债表的关联性所导致的共同风险暴露、相似风险暴露及相关行为反应,防范系统重要性金融机构的"大而不倒"影子银行监管缺失、国际金融监管合作缺乏等。跨空间的主要政策问题是如何运用宏观审慎工具将整个金融系统的风险控制在局部,从而控制系统性的尾部风险(Tail Risk),关键在于避免"拥挤交易",即在一段时间内,不同金融机构相同和相关的风险敞口的处理。

(四)跨境资本流动宏观审慎的内在逻辑

用宏观审慎政策对资本流动进行管理不同于被动的资本管制和货币政策调整,是一种主动采取的措施,主要是从逆周期调节加杠杆行为和抑制短期炒作行为入手,在资本大规模流入的时候,抑制市场主体过度加杠杆行为和外币负债化倾向,控制货币错配和期限错配风险;在资本大规模流出的时候,抑制市场主体囤汇和外币负债去杠杆的"羊群效应",吸引资本流入、控制顺周期性和跨市场传染。

跨境资本流动与银行信贷一样,也有明显的顺周期性,其表现在跨境资本的大进大出上。宏观审慎是逆周期调节的有效工具,可以在一定程度上克服金融系统天然的顺周期性。具体到跨境资本流动管理,可以从三个层次防范资本流动大幅波动对经济金融的冲击风险:第一个层次是以防范系统性金融风险为目标的宏观政策,利用存款准备金、利率、汇率政策、外汇储备平准功能、税率等多方式维护宏观经济金融稳定。第二个层次是直接针对跨境资本流动的管理工具,研究借鉴国际上针对跨境资本流动的宏观审慎管理工具经验,总结我国近年来跨境资本流动宏观审慎管理的实践,探索托宾税、风险准备金等管理工具。第三个层次是抓住银行部门和短期资本流动,研究跨境资本流动宏观审慎管理的制度安排。

跨境资本流动的宏观审慎管理制度应具有以下特点:一是要体现逆周期调控。通过宏观审慎管理工具实施逆周期调控,打破汇率下跌、资本流出、外汇储备下降的恶性循环，防止跨境资本流动的顺周期现象和异常波动。二是要抓住系统重要性机构。重点关注和管住这些系统重要性机构。三是要能防止预期引发的"羊群效应"，抑制这种效应的蔓延。四是出发点与核心在于"放、管、服"。简政放权、放管结合、优化服务是政府职能转变的重要举措，宏观审慎管理最终要有利于放松管制，让微观更有活力，所以要管理好宏观。

三、国际经验

2008年国际金融危机以来，很多国家在不同时期面临流入激增和逆转流出的挑战，采取了各种应对措施。

（一）主要工具

缓解流入压力的工具包括：一是数量控制。主要有三个工具：控制外汇衍生品头寸，防止银行为发展外汇远期结汇等衍生业务借入过多的外债，减缓资本流入，同时降低银行对外负债压力。控制银行外汇贷款增长，通过调节银行贷存比控制银行放贷规模，也减少银行因此而产生的对外融资。控制境内主体外债交易项目资本流入规模。二是价格调控。主要有四个工具：部分资本项下资本流入的无息准备金，对外债、FDI、证券投资、外汇衍生品等交易项目资本流入征收无息准备金。降低短期资本流入对本币升值的压力，外汇衍生品业务准备金。对银行外汇衍生品交易征收准备金，增加其开展外汇掉期、远期等业务成本。宏观审慎稳定费、金融交易税、资本利得税、预扣税等，对外债、证券投资、外汇衍生品等交易项目资本流入征税，增加上述资本流入成本。资本流入最短停留时间。对非居民证券等交易项下资本流入规定最短停留时间，抑制短期资本频繁流动。

缓解流出压力的工具包括：一是数量调控。主要有三个工具：控制居民用汇或境外资产规模，限制居民日常用汇规模或境外资产规模，遏制资本流出和汇率贬值势头。控制外汇衍生品头寸，直接规定银行外汇远期售汇等衍生业务额度，减少购汇需求和资本流出压力。提高强制结汇的比例，对企业、个人经常和资本账户有关交易在一定比例范围内强制结汇。二是价格调控。主要有五个工具：衍生品交易准备金，通过准备金方式增加银行外汇远期售汇等衍生业务交易成本，减少购汇需求。提高购汇成本，提高企业、个人经常和资本账户有关交易购汇成本。利息平衡税，对企业、个人证券投资资本金流出征收一定税收，有效一致购买外国证券的行为，一致跨境资本流出效果显著。撤资税，对非居民投资撤回征税。外资利润税，对非居民投资的所得利润征税。三是临时禁止。主要是指临时禁止交易，包括临时性禁止企业、个人部分涉外交易。

(二) 国别案例

宏观审慎政策治理架构的国别案例主要是英国、美国等发达国家，主要体现在防范系统性金融风险。而尝试对跨境资本流动进行宏观审慎管理的案例主要集中在新兴经济体，因为防范跨境资本大幅波动对经济金融的冲击风险是新兴经济体首当其冲需要面对的问题。

1. 智利

智利于20世纪90年代开始实施包括无息准备金制度抑制国际短期资本的流入。1996年末，国际资本流入趋势减缓，智利逐步放宽无息准备金制度。

表1　　　　　　　　　智利无息准备金政策的演变及其政策动机

时间	措施内容	政策动机
1991年6月17日	实行20%的无息准备金制度（URR）。90天以下的对外借款的准备金存放期为90天，90天至1年期的对外借款的准备金存放期限为借款期限，1年以上的对外借款的准备金存放期限为1年。准备金以所借外币的币种存放，无息。适用于所有外国对国内银行和企业的贷款，但不包括贸易信贷	增强货币政策的灵活性；防止汇率升值；保持国内高利率；限制短期资本的流入；刺激股权和长期资本的流入
1991年6月27日	允许借款者通过回购协议的方式执行无息准备金要求。借款者可以按照Libor的利率向中央银行贴现准备金，以满足流动性的需要	回购协议机制使应纳税收预先交纳，有利于URR政策的实施和监管
1991年7月	准备金要求扩大到为偿还现有借款而进行的新的借款	堵塞漏洞
1992年1月	扩展到银行的外币存款	堵塞漏洞
1992年5月	比重提高到30%，企业境外融资除外；存期统一为1年	增加了隐性税的成本；统一存期有利于政策的实施
1992年8月	30%的比重适用于所有信贷；存期统一为1年；贴现率上调为Libor + 2.5%	堵塞漏洞，提高隐性税的成本
1994年11月	从1995年开始，无息准备金币种限于美元	防止使用本币头寸
1995年7月	对二级市场上交易的美国存托凭证（ADRs）实行无息准备金制度	堵塞漏洞
1995年12月	对为偿还现有借款而进行的新借款免除无息准备金要求	新融资可能降低成本，延长停留期限
1996年3月	扩展到潜在的投机性外国直接投资	堵塞漏洞
1996年12月	对小额借款例外（金额低于20万美元或者12个月内累计50万美元）	降低政策管理成本

续表

时间	措施内容	政策动机
1997年3月	对小额借款的豁免范围缩小（小于10万美元或12个月内累计少于10万美元）	堵塞漏洞
1998年6月	比重降至10%，以减少外部借款的成本；短期借款和外币存款例外	适应国际资本市场形势
1998年9月	比重降至零，要求外国投资者的投资期限不得少于1年	适应国际资本市场形势

2. 巴西

与智利不同的是，巴西主要采用征税的方法来提高短期资本的流入成本。1993年创建外国固定收益基金（FIYF），并征收5%的进入税，1994年又将其提高到9%，1995年7月调整为7%；将金融贷款的进入税从零提高到3%，1994年进一步提高到7%，1995年7月调整为5%。1994年1月对股票投资征收1%的进入税，1995年3月取消；对巴西企业在国外发行债券征收的发行税从3%提高到7%，后也于1995年3月取消。除以征税的方式限制短期资本流入外，巴西还采取了直接管制的形式来改变资本流入的结构。如1993年将金融贷款的最短期限从30个月提高到36个月，1994年又进一步延长到96个月；限制或禁止对某些固定收益类型的证券的投资，并不断扩大限制的范围。

3. 韩国

2008年国际金融危机后，韩国构建了多家监管机构共同发挥作用的宏观审慎政策框架。一是建立联合监管的宏观审慎管理框架。其中，韩国银行是宏观审慎监管体系的核心主体。二是建立以金融稳定报告和SAMP模型为核心的风险监测体系。通过系统风险指标、压力测试等方法综合评价金融稳定状况，多方位分析金融系统、中小企业、脆弱部门、房地产部门的风险，并提出对策。开发"系统性风险评价模型"，进行资本管制、流动性管理、资本注入等多种审慎政策效果的模拟分析。三是综合运用宏观审慎管理政策工具。如通过设置银行外汇衍生品头寸上限，以限制2011年欧债危机中韩国外资银行回收短期借贷的规模；为控制和防止不稳定的短期外国资本大量流入金融市场，对银行的非存款型外汇债务征收宏观审慎稳定税（MSL），以应对流动性变化顺周期性；对债券收入征收预提税；采取住房担保贷款比率和总负债偿还比率限制政策，控制房价。

四、我国的实践

2015年起，人民银行、外汇局根据中央有关精神，在立足国内市场现状、汲取国际经验的基础上，初步建立了跨境资本流动宏观审慎政策框架。主要是从外汇市场和跨境融资两个层面,以市场化的手段对市场加杠杆和以自有资金进行短期炒作等行为进行逆周期调节。

(一) 完善外汇流动性宏观审慎政策

我国远期售汇准备金机制首次出现于2015年,其本质上是一种托宾税(Tobin Tax)①。2015年"8·11"汇改后,市场贬值预期强烈,为应对顺周期和"羊群效应",监管部门采取了一系列措施。其中就有开征20%的风险准备金。之后随着市场稳定,在2017年9月,中央银行将风险准备金从20%降为0,但这一制度依旧留存。2018年8月,由于短时间快速贬值,加上中美贸易摩擦和货币政策分化等原因,汇率市场出现较大波动,因此,又将风险准备金从0调整至20%(见表2)。

表2　　　　　　　　我国远期售汇准备金政策变动情况

时间	文件	内容
2018年8月3日	中国人民银行决定将远期售汇业务的外汇风险准备金率调整为20%	自2018年8月6日起,将远期售汇业务的外汇风险准备金率从0调整为20%
2017年9月8日	《中国人民银行关于调整外汇风险准备金政策的通知》(银发〔2017〕207号)	自2017年9月11日起,外汇风险准备金率将从20%调整为0
2016年7月4日	中国外汇交易中心关于加强境外金融机构进入银行间外汇市场开展人民币购售业务宏观审慎管理有关事项的通知(中汇交发〔2016〕294号):自2016年8月15日起,进入银行间外汇市场的境外金融机构在境外与其客户开展远期卖汇业务产生的头寸在银行间外汇市场平盘后,按月对其上一月平盘额缴纳外汇风险准备金,准备金率为20%,准备金利率为零	中国人民银行办公厅关于远期售汇宏观审慎管理有关事项的通知(银办发〔2015〕203号),对银发〔2015〕273号文件所称代客远期售汇业务进行定义,明确期权(组合)及其他外汇产品的准备金缴纳计算基准
2015年9月2日	中国人民银行关于加强远期售汇宏观审慎管理的通知(银发〔2015〕273号)	从2015年10月15日起,开展代客远期售汇业务的金融机构(含财务公司)应交存外汇风险准备金,准备金率暂定为20%
2015年8月31日	中国人民银行决定将远期售汇业务的外汇风险准备金率调整为20%	自2018年8月6日起,将远期售汇业务的外汇风险准备金率从0调整为20%

---

① 这一税种是美国经济学家,1981年诺贝尔经济学奖得主詹姆斯·托宾在1972年的普林斯顿大学演讲中首次提出的,他建议"往飞速运转的国际金融市场这一车轮中掷些沙子"。该税种的提出主要是为了缓解国际资金流动尤其是短期投机性资金流动规模急剧膨胀造成的汇率不稳定。

对远期售汇征收风险准备金作为对跨境资本管理的宏观审慎工具，相当于让银行为应对未来可能出现的亏损而计提风险准备，通过价格传导抑制企业远期售汇的顺周期行为，属于非歧视性、价格型的逆周期调节，是对宏观审慎政策框架的完善。

（二）加强对人民币跨境资本流动的宏观审慎管理

2014年12月，《关于存款口径调整后存款准备金政策和利率管理政策有关事项的通知》（银发〔2014〕387号）中提及，"境外金融机构在境内金融机构存放纳入存款准备金交付范围，存款准备金暂定为零。"2016年1月17日，《关于境外人民币业务参加行在境内代理行存放执行正常存款准备金率的通知》，将自1月25日起，对境外参加行存放在境内代理行等境内银行的境外人民币存款执行正常存款准备金率。2017年9月，《关于调整境外人民币业务参加行在境内代理行存放存款准备金政策的通知》（银发〔2017〕206号），从9月8日起，境内代理行、除港澳人民币业务清算行以外的其他人民币业务清算行境内母行可不再为境外人民币业务参加行和清算行单独开立"参加行人民币存款准备金"账户或"清算行人民币存款准备金"账户。原账户内资本相应释放，可用于支付清算等其他用途。2018年5月18日《关于进一步完善跨境资本流动管理 支持金融市场开放有关事宜的通知》（银办发〔2018〕96号），港澳人民币清算行不用再向人行深圳和珠海中心支行缴纳存款准备金（存款准备金率调整为0）。

这一举措以流动性存量为抓手，在进一步完善中国存款准备金制度的同时，建立起了对跨境人民币资本流动进行逆周期调节的长效机制，有助于抑制跨境人民币资本流动的顺周期行为，通过降低境外市场流动性，推高拆借利率，提高做空成本，引导境外金融机构加强人民币流动性管理。

（三）在汇率中间价报价模型中引入逆周期因子

2017年5月26日，外汇市场自律机制《自律机制秘书处就中间价报价有关问题答记者问》中表示，中间价报价模型中拟增加逆周期因子，主要目的是适度对冲市场情绪的顺周期波动，缓解外汇市场可能存在的"羊群效应"。2018年1月19日，中国外汇市场自律机制秘书处就逆周期因子调整答记者问时表示，人民币对美元中间价报价银行均已对报价模型中的"逆周期系数"进行了调整，使其报价模型中"逆周期因子"恢复中性。另外，此次各报价行只是将本行的"逆周期因子"调至中性，"收盘价＋'一篮子'货币汇率变化＋逆周期因子"的中间价报价模型并未改变。2018年2月14日，《2017年第四季度中国货币政策执行报告》披露：2018年1月，各报价行基于自身对经济基本面和市场情况的判断,陆续对"逆周期系数"进行了调整,逆周期因子已回归中性。

在计算逆周期因子时,可先从上一日收盘价较中间价的波幅中剔除篮子货币变动的影响,由此得到主要反映市场供求的汇率变化,再通过逆周期系数调整得到"逆周期因子"。逆周期系数由各报价行根据经济基本面变化、外汇市场顺周期程度等自行设定。逆周期因子就是将市场由于顺周期和"羊群效应"导致的升贬值因素从第二天的中间价中剔除,从而抑制顺周期行为。

(四)实施全口径跨境融资宏观审慎管理

人民银行在自贸区试点的基础上,从2016年4月29日起,开始在全国范围内实施本外币一体化的全口径跨境融资宏观审慎管理。2017年1月,人民银行又进一步完善了全口径跨境融资宏观审慎政策。目前正在运行的宏观审慎管理制度设计了一套完整的由宏观指标触发微观调节的参数指标体系。

一是对跨境融资风险加权余额设定上限,设置境外融资杠杆率和宏观审慎调节参数。跨境融资风险加权余额上限=资本或净资产×跨境融资杠杆率×宏观审慎调节参数。通过这个计算公式,确保跨境融资与借债主体的资本或净资产直接挂钩。具体包括企业按净资产计、银行类法人金融机构按一级资本计、非银行法人金融机构按资本计、外国银行境内分行按运营资本计。设定跨境融资杠杆率:企业为2、非银行法人金融机构为1、银行类法人金融机构和外国银行境内分行为0.8。宏观审慎调节参数,初始值设定为1。

二是建立基于微观主体资本或净资产的跨境融资约束机制,设置境外融资风险转换因子。企业和金融机构开展跨境融资按风险加权计算余额,风险加权余额不得超过上限,即跨境融资风险加权余额≤跨境融资风险加权余额上限。在计算跨境融资风险加权余额时,设置了期限转换因子、类别风险转换因子和汇率风险折算因子。从对国际收支的影响角度出发,中长期跨境融资的期限风险转换因子为1,短期跨境融资的期限风险转换因子为1.5;汇率风险折算因子设定为0.5。

三是建立跨境融资宏观风险监测指标体系,适时采取逆周期调控措施。在跨境融资宏观风险指标触及预警值时,采取单一措施或组合措施的方式进行,也可针对单一、多个或全部企业和金融机构进行。总量调控措施包括调整跨境融资杠杆率和宏观审慎调节参数,结构调控措施包括调整各类风险转换因子。

五、政策建议

对跨境资本流动而言,宏观审慎政策是一种主动性的防御措施,直接作用于资本流动的顺周期波动和风险传播,目标是维护金融体系的稳定和安全。从实践的角度看,宏观审慎政策是反思金融危机教训、进一步完善现有金融宏观调控手段的重要内容。同时存在人民币和外币跨境政策、账户体系的情况，要真正对跨境资本流动开展有效的宏观审慎管理，前提是确保现有跨境政策之间的协调和配合，把由于政策不同导致的管理空白和套利风险通过完善政策框架来加以应对。

（一）确保跨境政策的协调和配合

目前，本外币跨境政策共包括国际收支统计申报，货物贸易，服务贸易与收益、经常转移，外商直接投资，境外直接投资，银行向境外放款，资金集中运营管理，境内企业境外放款，金融机构、企业境外融资，跨境担保，境外机构境内发债及使用、汇出，合格境内机构投资者制度，合格境外机构投资者制度，支付机构跨境支付业务，个人业务等多项内容。推进本外币政策协调，就是要在对现有政策进行梳理的基础上，以市场化、便利化为导向，进一步完善政策，改善营商环境，提高服务实体经济的能力，加强监管能力建设，防范跨境资本流动风险。

（二）实现账户一体化管理

本外币账户的一体化应确保账户回归其基本的会计属性。账户的本质是记录、核算资金的"收、支、余"。账户体系是基础设施，属于会计范畴。从我国金融改革开放的成功实践来看，可兑换的推进不依赖于账户体系的创新。依托现有本外币账户体系，可以满足推进资本项目可兑换的需要，现行账户体系的收支余功能、记录核算功能、记账单证等已经满足了"留痕、追诉、调控"的监管要求。建议根据《中华人民共和国中国人民银行法》《中华人民共和国反洗钱法》和《中华人民共和国外汇管理条例》等法律法规，对本外币账户管理进行统一。对跨境人民币、外汇的账户开立、使用、变更与撤销、管理、监督、罚则等方面的规则要求进行统一和明确。回归账户本源，在不考虑管理规则和政策要求的情况下，银行按照管理惯例，采用分币种记账的方式，所有账户组织和处理都以原币作为记账单位进行记账核算，各种币种都自成一套独立的账务处理系统。

（三）扩大人民币在跨境交易中的使用

当一国货币变成国际货币后，交易成本降低会使该国国际资本流动更加顺畅，国际收支中本币占比较高，也降低了汇率风险对经济主体资产负债表的影响。特别是在国际汇市动荡时，国际化货币有助于货币发行国避免过度的恐慌性、投机性资本流动。因此，要从金融服务实体经济的角度出发，完善人民币跨境使用政策框架，确保人民币跨境流动"有进有出"，逐步形成"出得去、留得住、回得来"的良性循环。主动结合上海国际金融中心、人民币在岸中心的实际，创新人民币国际使用的新产品、新工具，逐步形成境内外主体间人民币结算、人民币金融产品交易的新趋势。

（四）合理评估现有政策的有效性

一是根据宏观经济热度、国际收支状况和宏观金融调控需要对全口径跨境融资进行宏观审慎管理，调整跨境融资杠杆率、风险转换因子、宏观审慎调节参数，并对企业和金融机构进行全口径跨境融资统计监测。减少因国际市场汇率和利率波动带来的负面影响，防范通过合规途径实现其非法目的。二是强化跨境资本流向监管。保证跨境资本能真正投向实体经济，支持实体经济的发展壮大，确保跨境资本借款期限与实际使用期限相匹配，杜绝发生投机行为，避免因期限错配引发债务危机，维护金融稳定。

（五）抓住关键渠道嵌入宏观审慎调节机制

一是加强对金融机构审慎管理。将现有的银行执行外汇管理规定考核升级为银行部门跨境资本流动宏观审慎和微观合规评估，主要包括加强合规性管理、重点是所有跨境交易都要留痕、按照实质重于形式的原则，加强穿透式监管。违法违规的交易可追查；在宏观的外汇市场出现严重失衡时，可调节；开展平衡性管理，要结合外汇收支形势的变化来调整结售汇头寸限额，开发的产品要明确实需原则，不能助长客户的套利套汇，不能对单向的汇率波动推波助澜；开展稳健性管理，要从防范短期资本波动的角度，提高业务的稳健性，重点关注外汇流动性风险。

二是突出对资本流动顺周期宏观审慎管理。执行严格的审慎标准，限制可能使系统性风险积聚的业务。根据经济金融周期各阶段特点，对资本流动进行逆周期管理，在脆弱性积累上升期和资本外逃风险加剧下降期，运用融资杠杆率、风险集中度、流动性和期限匹配、资本成本等手段，对资本流动进行有规则的相机抉择审慎管理。

三是加强对贸易融资及外汇衍生产品管理。完善对外汇衍生产品准入和事中监测，既鼓励企业套期保值交易降低汇率骤变带来的汇兑风险，又防止企业通过套利套汇行为引发的"羊群效应"和货币错配带来的偿付风险。

参考文献

[1] 张新，施琍娅，等. 跨境资金流动的宏观审慎管理 [M]. 北京：中国

金融出版社，2008．

［2］张晓慧．从中央银行政策框架的演变看构建宏观审慎性政策体系［J］．中国金融，2010（23）：13-16。

［3］巴曙松，王璟怡，杜婧．从微观审慎到宏观审慎：危机下的银行监管启示［J］．国际金融研究，2010（5）．

［4］周小川．金融政策对金融危机的响应——宏观审慎政策框架的形成背景、内在逻辑和主要内容［R］．北京大学演讲稿，2010-12-15．

［5］张晓慧．宏观审慎政策在中国的探索［J］．中国金融，2017（11）：23-25．

［6］谢平，邹传伟．金融危机后有关金融监管改革的理论综述［J］．金融研究，2010（2）．

［7］巴曙松，王璟怡，杜婧．从微观审慎到宏观审慎：危机下的银行监管启示［J］．国际金融研究，2010（5）．

［8］李波．构建货币政策和宏观审慎政策双支柱调控框架［M］．北京：中国金融出版社，2018．

［9］潘功胜．在2018年中国人民银行跨境人民币业务工作会议上的讲话［J］．金融简报，特刊第13期．

［10］Crockett, A. Marrying the micro – and macro – prudential dimensions of financial stability ［R］. speech at the 11th International Conference of Banking Supervisions, Basel, 21 September 2009.

美元周期与我国跨境资本流动研究

中国人民银行上海总部外汇管理部课题组

课题组组长：周　鹏
课题组成员：何念如　杨　永　陆　斌　王红燕　秦　泰
　　　　　　王　健　蔡璐婧　余子珍

摘　要

　　由于美元在国际货币体系中的特殊地位，几轮美元上行或下行周期均与全球经济金融动荡有着极为密切的联系。2014年以来，美元指数再度走强并持续至今，多个新兴经济体货币产生较强的贬值压力，并逐步演变为债务危机和货币危机。本轮美元指数走强，适逢我国经济进入增速换挡期、金融领域各项改革进入攻坚阶段，国内外经济金融环境越发复杂多变，一方面影响我国跨境资本流动出现了许多新特征，另一方面也对我国宏观经济政策、外汇管理政策框架提出了全新的挑战。可以预见，随着我国稳步推进汇率制度改革和资本账户开放进程，未来美元周期对我国跨境资本流动的影响也将趋于加大。

　　本文共分为四个部分。第一部分探讨美元周期与全球经济波动的关系，主要表现为美元大幅波动对非美经济体经济与金融的巨大溢出效应。第二部分探讨我国跨境资金流动的驱动因素及其周期性特征。第三部分是关于美元周期与我国跨境资本流动的关系分析。近年来，随着我国汇率形成机制改革的推进以及资本项目开放的稳步推进，发达经济体货币政策变化以及经济波动对我国跨境资本流动的影响逐渐加大。第四部分是从处理好外汇微观审慎管理与宏观审慎管理、金融对外开放与国内金融体系改革、金融对外开放与实体经济领域改革三方面的关系入手进行了分析，提出了短期、中期和长期政策建议。

一、美元周期与全球经济波动

　　美元作为国际货币体系的核心货币，是全球最主要的交易、支付、结算和储藏货币。由于美元在国际货币体系中特殊而重要的地位，美元大幅波动往往与全球经济波动联系密切，历次美元走强均对新兴市场货币汇率和流动性造成巨大冲击。20 世纪 70 年代初至今，两轮美元指数大幅上行过程，均伴随着不同程度的新兴市场国家金融危机；而在美元指数回落的过程中，则往往伴随着资本向非美国家的流入。

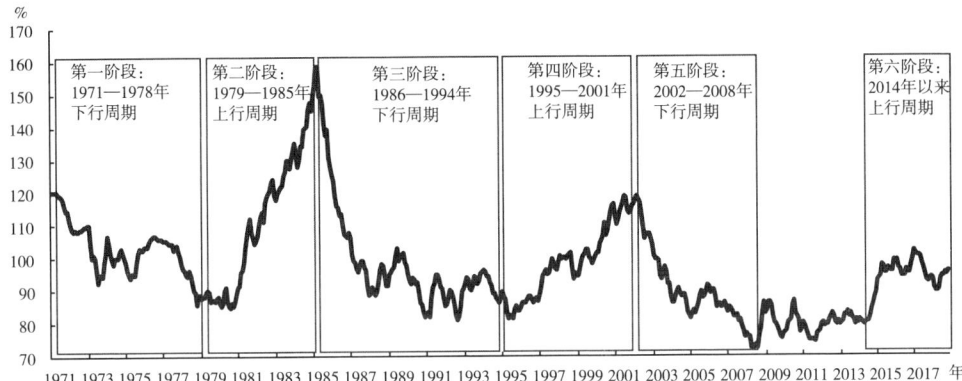

资料来源：CEIC 数据库。

图 1　20 世纪 70 年代以来的美元指数走势

第一阶段：1971—1978 年，美元指数下行周期。美国打破布雷顿森林固定汇率体系以后，美元开始进入持续贬值过程。加之石油危机带来的供给端冲击，20 世纪 70 年代包括美国在内的全球主要发达经济体相继陷入"高通胀＋经济增长低迷"的滞胀环境。而 20 世纪 70 年代美国一度采取宽松经济政策刺激需求，但在供给受限的背景下，不恰当的刺激需求政策进一步加剧了"滞胀"困境，同时加剧了美元指数的回落。自 1971 年 8 月到 1978 年底，美元指数贬值幅度累计达到 29.5%。

第二阶段：1979—1985 年，美元指数上行周期与拉美债务危机。为摆脱石油危机导致的高通胀环境，20 世纪 70 年代末至 80 年代初，美国在主要发达经济体中率先扭转宽松货币政策，并启用更严格的措施直接控制货币供给增速。在 1979 年上台的美联储主席保罗·沃尔克强力的货币紧缩政策下，美国 M_2 同比在长达 3 年的时间内均被控制在 9% 以内，同时联邦基金利率于 1980 年下半年自 9.93% 快速飙升至 22%。此外，同期美国里根政府大力推行减税等扩张性财政政策，也对美国长短期利率水平起到推升作用。"紧货币＋宽财政"的政策组合促进了美国与其他发达经济体的利差水平显著扩大，支撑美元指数自 1980 年起持续单边走强。1979 年至 1985 年 2 月，美元指数累计升幅高达 70%，最高一度升至 160 上方的历史高位。然而，本轮美元指数的快速上行也触发了 20 世纪 80 年代初拉美国家债务危机的爆发。尽管外债过高、出口结构失衡、长期进口替代政策导致的制造业薄弱等，均为拉美国家爆发危机的内在因素；但 20 世纪 70 年代弱势美元及其低利率环境导致的资金源源涌入,以及美元强势上行后资金的大举撤出,无疑均构成本次拉美债务危机重要的加速器。拉美债务危机爆发后,阿根廷、智利、巴西等国经济增长均一蹶不振,陷入了"失落的十年"。

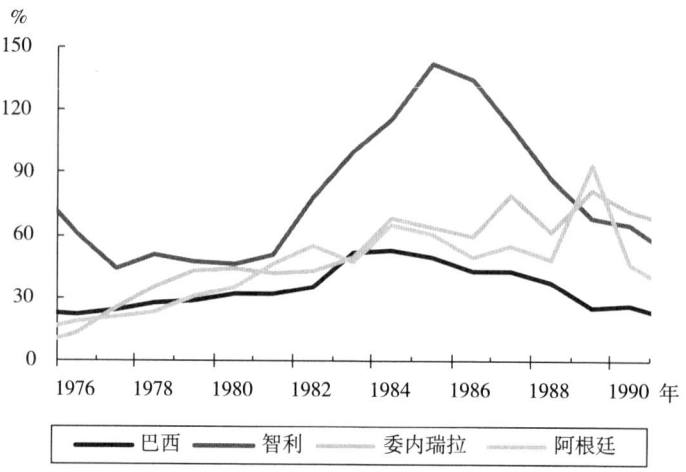

资料来源:CEIC 数据库。

图 2　主要拉美国家外债/GDP

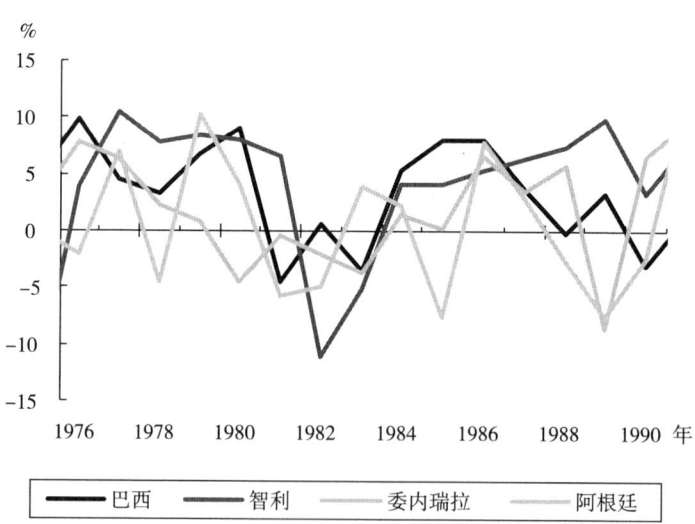

资料来源:CEIC 数据库。

图 3　主要拉美国家实际 GDP 增速

第三阶段:1986—1994 年,美元指数下行周期与日本经济泡沫的累积和破裂。1980—1985 年,美元指数上行过快、幅度过大,显著削弱了美国出口商品的价格竞争力,导致其出口受到沉重打击,贸易逆差迅速扩大。自 1982 年起,美国自20世纪60年代以来首次出现出口同比负增长；1985年，其贸易逆差增至1218亿美元，为1981年的7.5倍。在此背景下，美国联合G5于1985年达成广场协议，其实质是要求英、法、德、日四国同样采取一定的货币紧缩措施，以缓解美元指数过高对美国经济造成的外部压力。广场协议签订后，五国联合干预外汇市场，美元指数迅速逆转为持续大幅下行；截至1988年，美元指数跌至88附近，跌幅较1985年的最高水平达到45%。

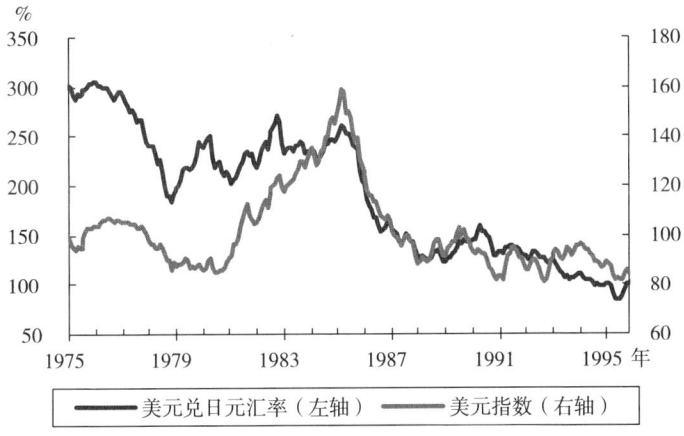

资料来源：CEIC数据库。

图4　主要拉美国家外债/GDP

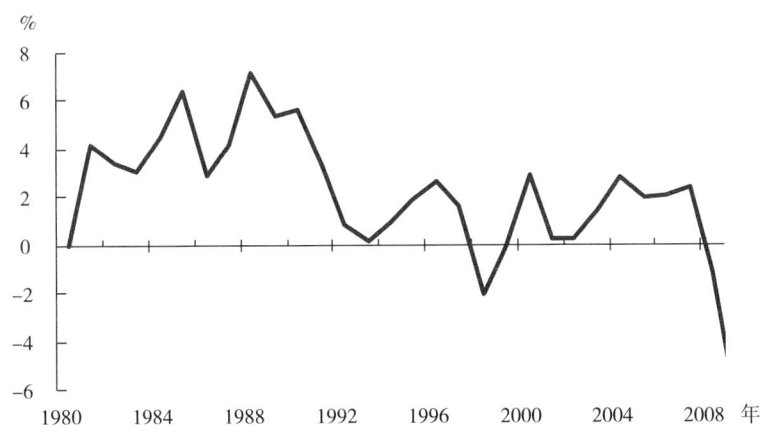

资料来源：CEIC数据库。

图5　日本实际GDP增速

而这段时期美元指数的大幅贬值，也同时拉开了日元、德国马克、英镑等其他非美货币急速升值的序幕。尤其是1985年起日元的大幅升值，导致日本贸易顺差此前的扩张趋势受到抑制,并导致经济增长逐步放缓。20世纪90年代初期,随着日本中央银行跟随美国逐步收紧货币政策,日本国内资产价格泡沫破灭,股价、房价相继暴跌,商业银行深陷不良贷款的泥潭,由金融业开始的危机逐渐向实体经济蔓延,日本经济长期增长中枢显著下移,步入"失去的二十年"。

第四阶段:1995—2001年,美元指数上行周期与亚洲金融危机的爆发。20世纪90年代中后期,互联网经济催生的繁荣达到顶峰,信息技术的发展极大地推动了生产力的进步,令美国经济持续高速增长。1996年下半年起,美国GDP同比增速始终保持在4%以上的较高水平,1998年第四季度甚至高达5%;劳动力市场亦稳步趋紧,失业率单边下行,到1999年初降至4.2%的历史低位,劳动参与率则抬升至历史高位67%附近。而良好的经济增长表现也对美元指数的上行起到支撑作用,自1996年开始,美元指数启动新一轮上行过程。此外,在总需求强劲、劳动力市场高度紧张的环境下,1999年美国通胀抬升端倪逐步显现,令美联储于当年6月决心开启加息。1999—2000年连续6次快速加息,推动美元指数进一步走强,到2002年1月升至最高120附近。

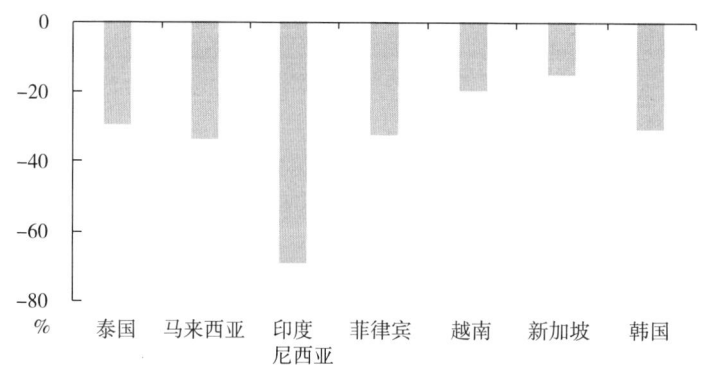

资料来源:CEIC数据库。

图6　1997—1998年亚洲主要货币贬值幅度

本轮美元指数的上行周期也给新兴市场国家带来不同程度的动荡。其中最为著名的便是1997—1998年始于泰国并席卷亚洲的金融风暴。由于当时泰国、马来西亚、印度尼西亚等亚洲新兴市场国家仍实行与美元挂钩的固定汇率制度,美元走强客观上给这些国家带来货币被动升值的压力。

第五阶段:2002—2008年,美元指数下行周期内资本持续流入新兴市场经济体。2001年,在互联网泡沫破灭以及"9·11"恐怖袭击的负面影响下,美国经济再度陷入衰退和通货紧缩。美联储于当年罕见地连续大幅降息,联邦基金目标利率由2000年末的6.5%大幅下降475个基点至1.75%。此后,尽管2002—2003年美国经济增速温和回升,但失业率仍然居高不下、通胀改善幅度有限。

为进一步促进增长，美联储分别于 2002 年 11 月、2003 年 6 月再度降息合计 75 个基点，令联邦基金利率降至 1% 的低位，由此形成了 2002—2004 年长达三年的低利率环境。利率水平的稳步下降，令美元指数自 2002 年初的高位逐步趋于回落。到 2004 年末，美元指数降至 80 附近的低位，跌幅较 2002 年初达到 32.7%。本轮美元指数的下行周期，以及美国形成的低利率环境，使全球资本开始持续流入经济相对高增的新兴市场经济体。根据国际货币基金组织（IMF）的数据，2002—2006 年，新兴市场和发展中经济体金融项目差额保持顺差，且顺差规模逐年递增，2006 年达到最高 6187 亿美元，反映出这段时期新兴市场经济体对于国际资本的吸引力。

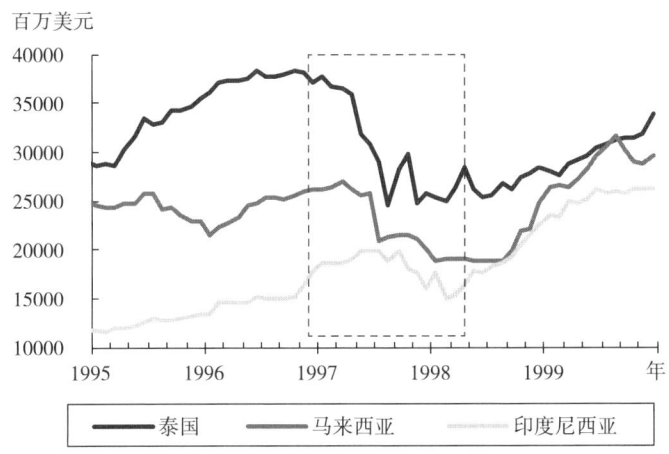

资料来源：CEIC 数据库。

图 7　泰国、马来西亚和印度尼西亚外储

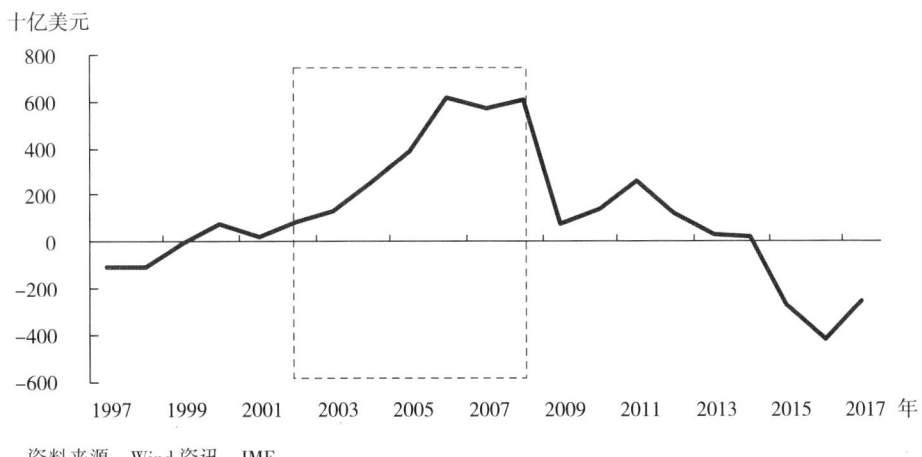

资料来源：Wind 资讯，IMF。

图 8　新兴市场和发展中经济体金融项目差额

第六阶段：2014 年以来，美元指数上行导致新兴市场经济体再一次面临资本外流和货币贬值的考验。为应对国际金融危机，美联储 2007—2008 年迅速降息至零利率，并实施四轮量化宽松政策，开启延续数年的发达经济体零利率时代。在穷尽传统货币政策空间的同时，美联储还采取了量化宽松（QE）政策，旨在避免银行体系流动性枯竭、降低银行整体资产风险，并达到促进经济增长、增加就业、推动通胀回升的目标。在连续多年极度宽松的货币政策刺激下，2013—2014 年，美国经济出现企稳复苏迹象，GDP 同比一度升至 3.8%，失业率和劳动参与率均降至低位，核心 CPI 同比触及 2% 的通胀目标。但与此同时，前期量化宽松政策也导致美联储资产负债表急剧膨胀，商业银行超额流动性积聚，股价、房价等资产价格泡沫再现。在这一背景下，2014 年 9 月，美联储宣布货币政策立场逐步正常化，旨在重归传统货币政策框架，以有效和高效地实施货币政策，以备未来美国经济再次遭遇负面冲击时能够获得足够的空间。2015 年，美元指数一度蹿升至 100，新兴市场国家自全球金融危机后再度面临资本外流和货币贬值的严峻考验。2014 年 7 月至 2016 年 1 月，俄罗斯卢布相对美元的贬值幅度高达 54%，巴西、南非、土耳其、墨西哥、马来西亚、智利和印度尼西亚汇率相对美元的贬值幅度亦分别达到 45%、35%、30%、28%、27%、23% 和 16%。2015 年，新兴市场和发展中经济体金融项目差额也由此前的顺差扭转为逆差，显示美元走强背景下新兴市场经济体开始面临持续的资本流出压力。相似的情形也表现在 2018 年第二季度以来美元指数的新一轮阶段性走高。5 月以来，阿根廷、土耳其、委内瑞拉等国先后引爆货币危机，新兴市场风险持续暴露。

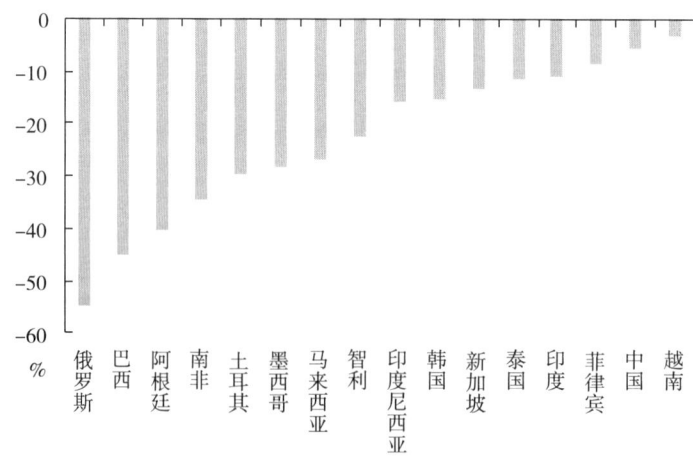

资料来源：CEIC 数据库。

图 9　2014 年 7 月—2016 年 1 月主要新兴市场国家货币相对美元贬值幅度

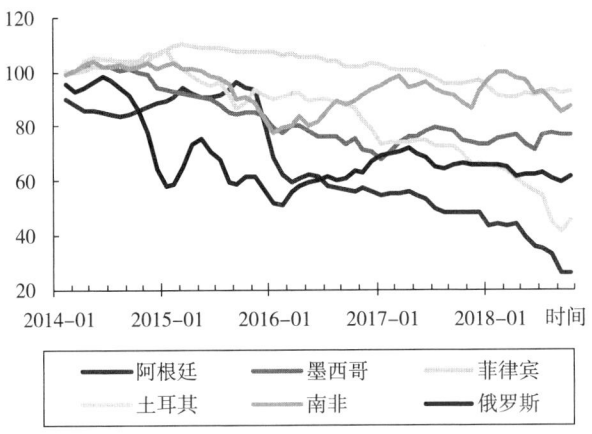

资料来源：CEIC 数据库。

图10 有效汇率指数（以2014年1月为100）

二、我国跨境资金流动的驱动因素及其周期性特征

我国跨境资本流动的驱动因素，主要包括我国制造业长期竞争力与经济前景、发达经济体货币政策周期与经济周期、美元指数波动与人民币汇率预期、国内外资本市场回报率等。考虑到不同特征的跨境资本流动，其驱动因素和变动逻辑均有所不同，结合国际收支平衡表，将我国跨境资本流动分为稳定流入、非投机性流出和投机性流入三大类，并对三类流动在不同时期的驱动因素分别展开分析与回顾，以完整反映近年来我国跨境资本流动全貌。

（一）我国跨境资本稳定流入的驱动因素及周期性特征

我国国际收支中的稳定流入部分主要由经常账户顺差和外国股权直接投资流入构成，两者共同组成了长期以来我国国际收支保持稳健的重要基础。由于我国个人额度内购汇仅能用于经常项下支出，且在实践中多归类于"经常项—服务—旅行"项下支出，考虑到该项流动的金融属性及投机性属性较强，在分析时将其从稳定流入中扣除，并归入投机性流动中进行分析。

1. 经常账户顺差（剔除个人购汇支出）

剔除个人购汇支出后的经常账户顺差，主要反映本国企业通过参与国际贸易获取净外汇收入的能力，一国制造业长期竞争力、中短期外需变化以及汇率环境是影响经常账户顺差扩大或收窄的核心因素。2008年以前，庞大的外需市场和我国工业化、制造业投资导向的宏观经济政策之间形成正反馈，促进了我国制造业供给能力和生产效率的提升。制造业竞争力的大幅提升，一方面带动制造业部门增加值持续高增,另一方面也令我国货物贸易顺差显著扩大,构成我国经常账户长期保持巨额顺差的重要原因。2008年国际金融危机爆发后,世界经济饱受危机造成的负面冲击困扰,外需趋弱一度令中国出口增长出现恶化。但随着2013年以后美国等发达经济体经济的逐步复苏,我国出口回暖并驱动经常账户顺差连续回升。2015年,我国经常账户顺差(含个人购汇部分加回)达到3567亿美元,创近7年以来新高。其中,我国货物贸易顺差(5762亿美元)创历史纪录,并再次超越德国(2850亿美元),重返全球最大顺差国地位。

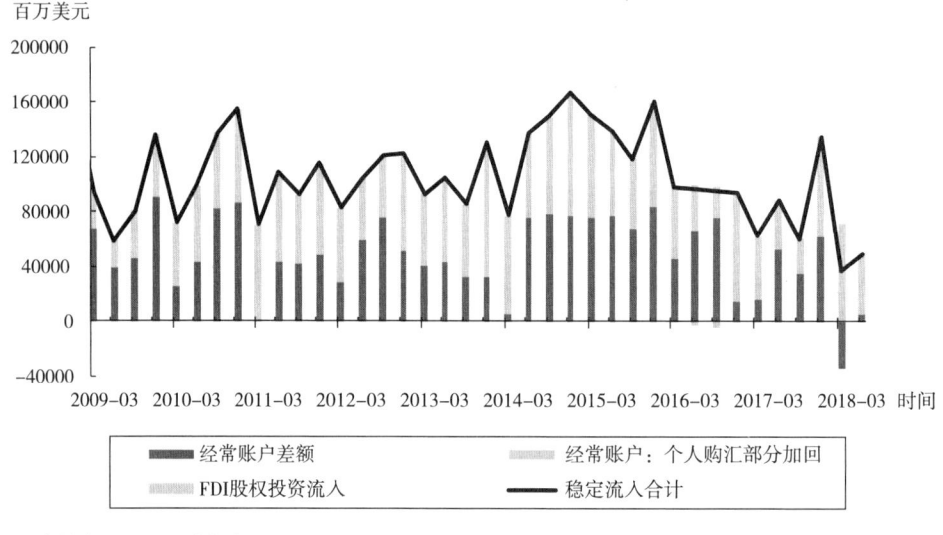

资料来源:CEIC数据库。

图11 稳定流入及其结构分解

2016年以来,经常账户差额中的服务贸易逆差进一步扩大,货物贸易顺差则趋于平稳,导致我国经常账户顺差有所收窄。一方面,自2012年起,旅行项下逆差便逐渐成为经常账户服务贸易差额的主要驱动因素。2014—2017年,我国剔除个人购汇支出后的服务贸易逆差仍分别达1312亿美元、1658亿美元、2171亿美元和2259亿美元,呈现持续扩大的态势,显示出境旅游人数快速上升、人均旅行支出持续增长的情况下我国居民较为旺盛的出境游需求。这一因素持续构成服务贸易逆差拖累经常账户差额的主因。另一方面,2016年美国经济增长边际趋弱、欧元区则刚走出通缩阴霾令外需疲弱,2017年人民币汇率企稳并小幅回升,导致2016年和2017年我国货物贸易顺差分别收窄至4889亿美元和4761亿美元。

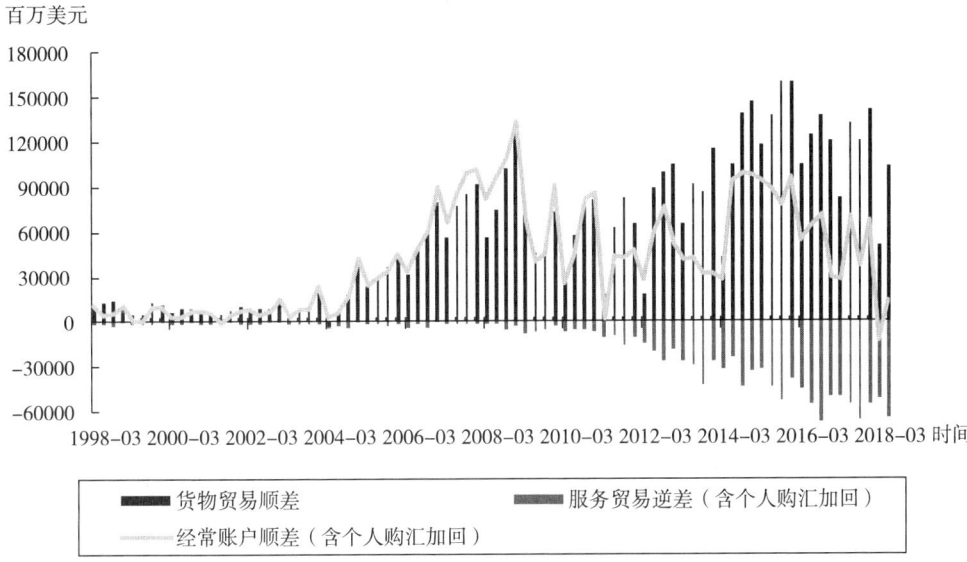

资料来源：CEIC 数据库。

图12　经常账户顺差及其结构分解

2. 外国股权直接投资流入

外国股权直接投资流入主要反映本国产品和要素市场对外国资本的长期吸引力，一般由国内产品与要素市场的发展程度、一国中长期汇率环境等因素决定。2013年以前，受益于相对低廉的劳动力成本优势、城镇化进程推进过程中基础设施水平不断提高，以及2005年汇率制度改革后形成的人民币汇率升值预期，除2009年受全球金融危机影响、流入规模有所下降以外，外国股权直接投资流入基本呈现逐年上升态势，流入规模自2005年的917亿美元持续升至2654亿美元。

2014—2017年上半年的人民币汇率贬值预期环境下，汇兑损失令外币标价的投资收益出现下降，外国直接投资于中国市场的吸引力有所下滑，外国股权直接投资逐年递减，分别降至2108亿美元、2118亿美元、1649亿美元和1422亿美元，同比降幅分别达到 -21%、0、-22%和 -13%。但在国内商品和要素市场竞争力仍相对较强的趋势性背景下，伴随2017年下半年人民币汇率企稳并逐步回升，2018年上半年，我国外国股权直接投资流入回升至824亿美元，同比大幅增长近60%（2017年上半年流入仅520亿美元），较大程度逆转了2017年外国股权直接投资流入略少的趋势。

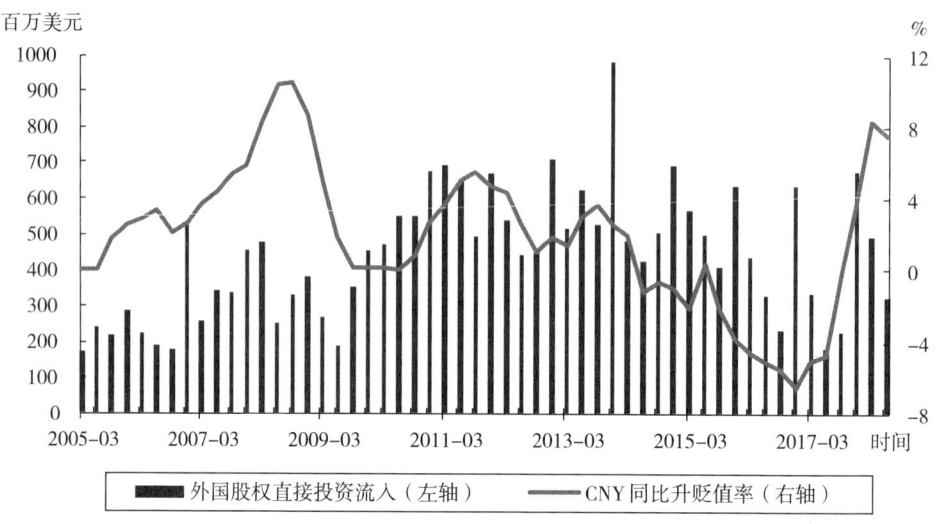

资料来源：CEIC 数据库。

图 13　外国股权直接投资流入与人民币汇率升贬值率

（二）我国跨境资本非投机性流出的驱动因素及周期性特征

我们将国际收支中可逆性较低、并非主要由短期汇率波动所驱动的三类跨境流动定义为"非投机性质的资金流出"。其一是外债类流动（国内企业或银行借

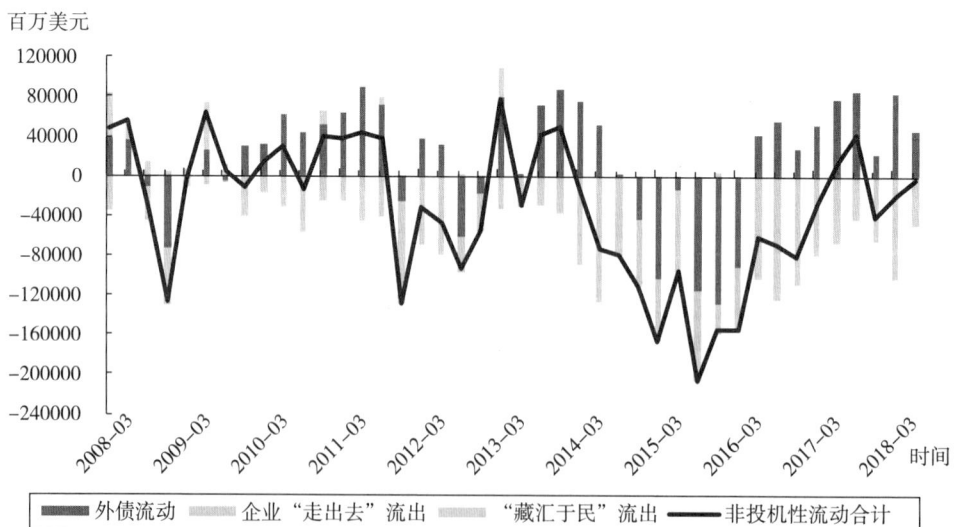

资料来源：CEIC 数据库。

图 14　非投机性流出和结构分解

入或偿还外债),其二是企业主动对外股权和债权投资(企业"走出去"),其三是居民和银行增持海外流动性金融资产(藏汇于民)。非投机性流出的驱动因素往往与我国和发达经济体之间货币政策与经济周期的相对变化、人民币汇率中期预期以及国内外资本市场收益率等因素相关。

1. 外债类流动

我国外债流动主要由企业部门和银行部门所驱动。从国际收支平衡表的角度看,外债流动主要对应于"资本与金融账户—其他投资—贷款/货币与存款/贸易信贷"项的负债端,以及"资本与金融账户—证券投资—债券"的负债端。若这四个科目加总为正值,表明国内部门净借入国外资金,构成"外债流入";反之,若这四个科目加总为负值,则表明国内部门净偿还国外债务,降低对外负债水平,构成"外债流出"。在当前我国的资本项目开放程度下,外债类流出较少受到法规限制,其流动的变化更多与中期人民币汇率预期和国内债券市场回报有关,同时还受到整体外债存量水平的约束。

2014年下半年至2015年,中美货币政策、经济周期的分化以及人民币汇率贬值预期,导致国内企业以低成本国内信贷置换此前借入的外债,造成一轮大规模偿还外债流出过程。2014年下半年,我国货币政策进入宽松周期,而美国货币政策进入边际紧缩周期,中美货币政策的分化令中美利差快速收窄。同时,2014年我国经济出现较为明显的下行风险,而美国经济则处于一轮复苏,中美经济周期的分化催生了较为显著的人民币汇率中期贬值预期。尽管资本账户尚未完全开放意味着汇率与利差之间在短期内并无直接联系,但2015年"8·11"汇改后人民币中间价形成机制的变化,导致市场陷入恐慌情绪。从而,中美货币政策分化引发的中期贬值预期兑现,与偿还外债带来的资本流出之间形成反馈强化关系,企业部门加速以国内低成本信贷替换此前通过上述各类渠道借入的外币计价债务融资,引发大规模外债类资本流出。2014年第四季度至2016年第一季度,季均外债净偿还达822亿美元,该项合计流出达4933亿美元。

但2016年第二季度至2017年,此前长达一年半的大规模偿还外债过程趋于结束,与外债相关的四大分项均先后转为净流入。一方面,经历前一轮大规模偿还过程之后,2016年外债存量大幅下降,使此前由于企业和银行加速偿还外债造成的资本流出压力趋于缓解;同时,2017年国内信用环境趋于收紧,企业国内融资难度提高、再度转向海外债务类融资。另一方面,2016年下半年开始,中国宽松货币周期结束、货币政策边际收紧,中美货币政策分化程度减弱;同时,我国汇市、债市经历前期大幅调整后,随着2017年初美元指数见顶,人民币汇率自第二季度开始稳步回升并逐步脱离中期贬值区间,海外融资成本相对降低,令企业借入外债的动力进一步增强。

2018年上半年，债券类构成外债流入延续高增的主因，一方面源于上半年人民币汇率稳中有升，另一方面也反映出中国债券市场经历2017年的大幅调整后，收益率对于境外投资者而言的较强吸引力。从银行间债券市场托管量数据看，2018年1—10月，境外机构在我国银行间债券市场的托管量累计增加4684亿元人民币，为2017年全年净增加量的2.4倍，也显示境外投资者对国内债券市场的青睐。

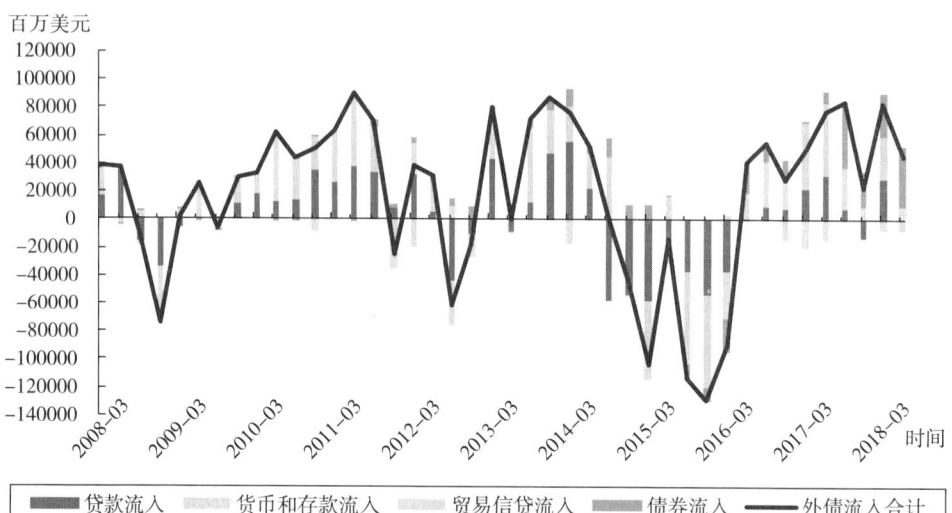

资料来源：CEIC数据库。

图15　外债流动及其结构分解

2. 企业"走出去"

企业"走出去"类流动指企业主动对外股权和债权投资。在国际收支平衡表中，主要反映为"资本与金融账户—直接投资—股权"项的资产端和"资本与金融账户—其他投资—贷款"项的资产端。若这两个科目加总为正值，表明国内企业主动对外股权和债权投资，构成资本流出；反之，若这两个科目加总为负值，则表明国内企业回流在外投资的股权和债权投资，构成资本流入。

2009年6月，国家外汇管理局出台《关于境内企业境外放款外汇管理有关问题的通知》，这一政策标志着人民币在资本项目下兑换限制进一步放松，企业对外股权和债权投资开始受到政策的鼓励。与此同时，近年来在"一带一路"倡议和国际产能合作背景下，我国企业对外直接股权投资意愿也逐渐增强。

2014年下半年至2016年，在人民币汇率贬值预期以及部分非理性因素的影响下，我国企业"走出去"流出进一步呈现加速增长态势。部分企业通过一些大额非主业对外投资方式，借道股权对外投资项目从而实现资金的跨境流出，形成了"母小子大""快设快出"等一系列具有投机性流出特征的现象。2016年，企业对外股权和债权投资规模创历史新高，并取代2015年的偿还外债流出，成为新的最大流出单项。

企业"走出去"中的部分非理性投机性流出倾向，受到了监管部门的高度重视。2016年第四季度以来，我国监管部门针对企业对外投资的监管与核实力度均显著强化，使对外股权投资中的投机性部分得到了有效遏制。与此同时，2017年以来国内信用环境收紧、信贷增速放缓，对外提供贷款规模也受整体信用环境的影响而有所收缩。

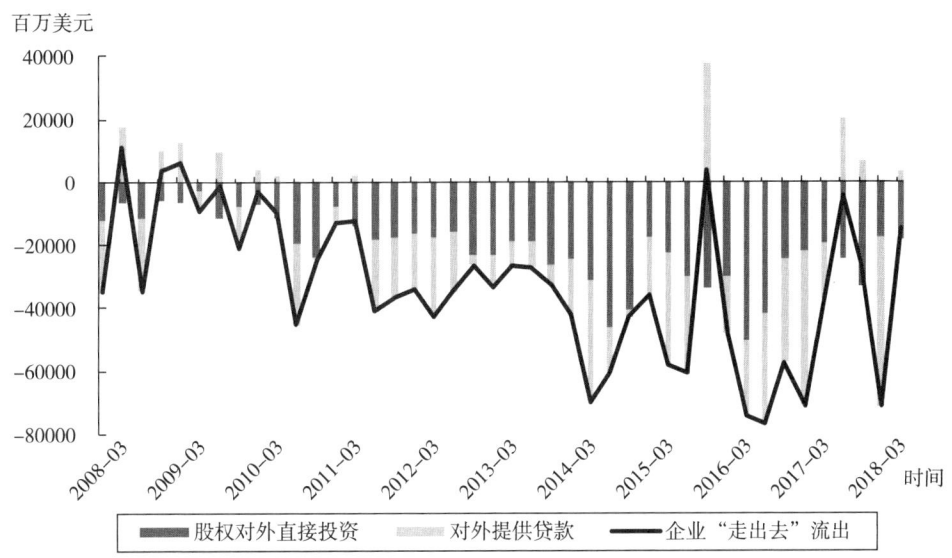

资料来源：CEIC数据库。

图16　企业"走出去"流动及其结构分拆

3. "藏汇于民"

非投机性资本流出的第三个重要原因是居民和银行更多地持有海外流动性较高的金融资产，导致外汇资产由官方外汇储备转移至居民和银行手中，一定程度上实现"藏汇于民"。在国际收支平衡表中，主要反映为"资本与金融账户—证券投资"项差额（扣除债券类流入）以及"资本与金融账户—其他投资—货币和存款"项的资产端。若这两个科目加总为正值，表明国内居民和银行主动增持海外流动性金融资产，构成资本流出；反之，若这两个科目加总为负值，则表明国内居民和银行撤回在海外投资的流动性金融资产，构成资本流入。尽管"藏汇于民"类流出同样在一定程度上受到汇率的短期波动影响，但考虑到其与投机性流出相比可逆性仍然较弱，并且具有一定的长期配置特征，因而我们将它归类为非投机性流出。同时，居民对外股票类投资也受到 QDII、港股通等额度的限制。

进入 2014 年以后，在人民币贬值预期的影响下，国内居民和银行主动增持海外流动性金融资产的规模趋于增加。2017 年，得益于人民币贬值预期弱化、国内金融市场收益率走高后居民结售汇意愿的积极变化，"藏汇于民"分项中货币和存款类流出明显放缓，构成当年我国国际收支改善的另一大积极因素。

2018 年上半年，"藏汇于民"两大分项出现结构性分化。一方面，第二季度美元指数大幅上行、美中贸易争端加剧，人民币相对美元再现压力，在此背景下，企业和银行增持海外货币存款资产的意愿再度上升。另一方面，2018 年以来港股等海外股票市场风险提升，海外债市收益率普遍持续上行，同时 A 股纳入 MSCI 带来被动配置需求、股市估值较低带来主动跨境配置需求，均令证券投资流出大幅缩窄。

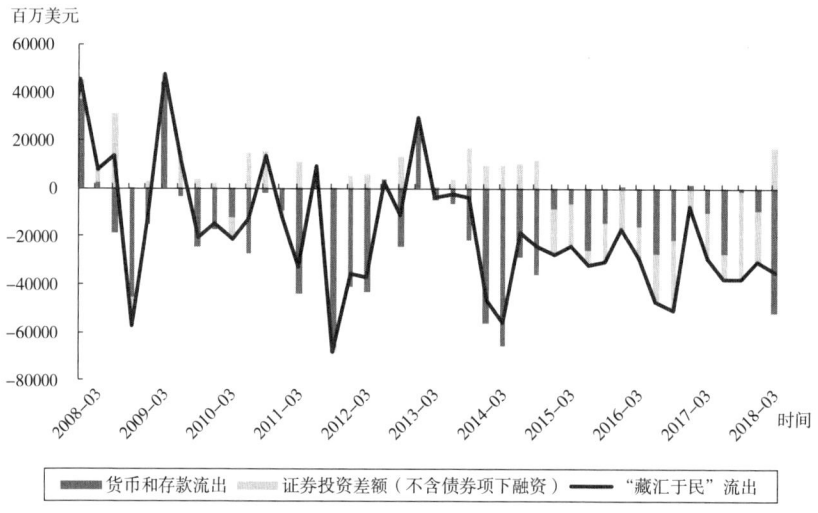

资料来源：CEIC 数据库。

图 17　"藏汇于民"流动及其结构分拆

（三）我国跨境资本投机性流出的驱动因素及周期性特征

与"非投机性质的资金流出"相对，我们将国际收支中可逆性较高、主要由短期汇率波动所驱动的跨境流动定义为"投机性质的资金流出"，其一是个人购汇支出，其二是关联企业贷款流出。投机性跨境资金流出与短期汇率波动关系密切。

1. 个人购汇支出

在实际操作中，个人额度内购汇大多通过"经常项—服务—旅行"项进行银行结售汇和国际收支申报，因而常常被包含在经常账户差额之中。但该项支出实际上更多与短期人民币汇率预期、离岸与在岸汇差相关,且具备资金流动可逆性较强的特点,更多属于投机性资本流出的范畴。本文利用出入境游客数据,对个人购汇导致的资本流出进行估算,并将它从经常项下分离出来单独进行分析。

估算显示,我国个人购汇流出规模与人民币汇率环比变化、个人购汇管制措施的执行力度密切相关。2014 年,个人购汇支出导致的资金流出高达约 825 亿美元,主因人民币贬值预期带来的居民结售汇需求。2015 年 8 月的人民币中间价形成机制改革,令人民币汇率波动进一步扩大并进入持续走弱区间,个人购汇导致的流出压力有增无减。2016 年个人购汇流出规模趋于有所下降（约为 500 亿美元）。2017 年以来,美元指数高位回落、人民币汇率企稳后有所回升,加之国内金融产品收益率逐步上行,居民购汇后出境投资的套利空间明显收窄,使这一因素导致的流出过程趋于结束。

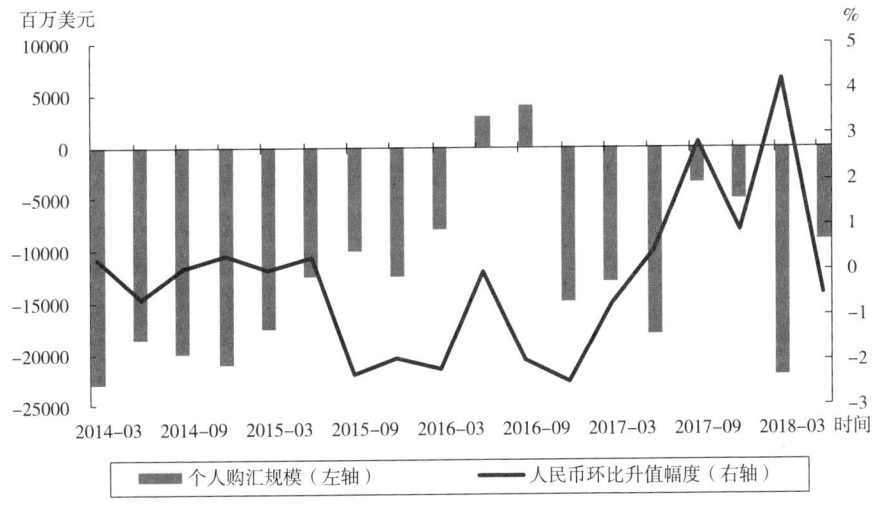

资料来源：CEIC 数据库。

图 18　个人购汇规模估算与人民币升值幅度对比

2. 关联企业贷款流动

关联企业债务项是跨国公司与境外关联企业之间以贷款等形式形成的跨境资金流动。尽管根据定义,该项债务流动本应更多具备实体投资性质,但从历史数据来看,关联企业债务流向、流量均与人民币汇率高度相关。当人民币汇率趋于升值时,关联企业债务往往呈现净流入；而当人民币汇率趋于贬值的过程中,则往往呈现持续净流出。这一特征较大程度上表明,跨国企业集团内部可能基于人民币汇率预期的变动,以内部贷款等形式进行一定规模的资金套利和投机活动,从而使该项跨境资金流动具备了较强的投机属性。例如,受人民币持续贬值预期的影响，关联企业信贷自 2014 年的净流入 765 亿美元转为 2015 年的净流出 398 亿美元，并于 2016 年进一步扩大至 596 亿美元。而随着人民币兑美元汇率稳中有升，加之监管控制趋严，关联企业信贷投机属性有所弱化，2017 年关联企业债务扭转了此前两年的净流出过程，全年流入 238 亿美元。

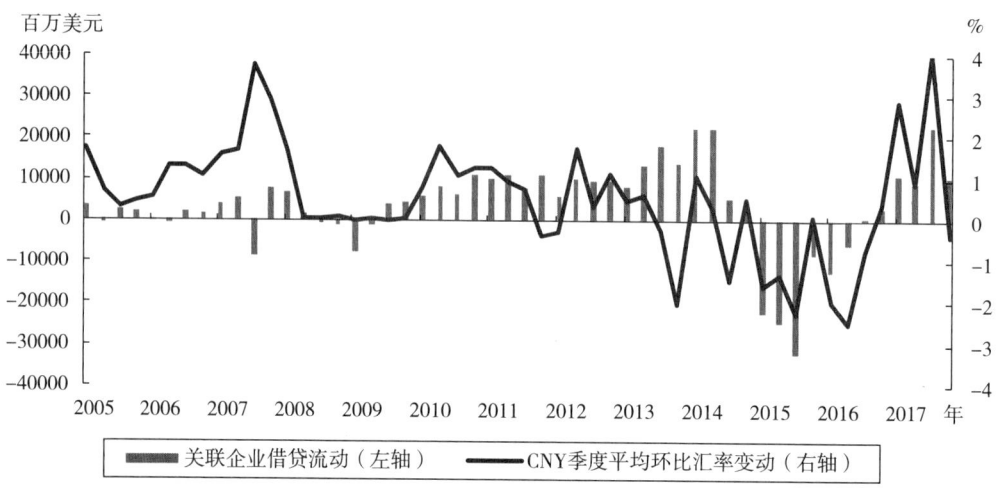

资料来源：CEIC 数据库。

图 19　关联企业借贷流动与人民币汇率

三、美元周期与我国跨境资本流动关系日趋密切

（一）1994—2005 年：美元周期对我国国际收支影响极小

1994—2005 年，由于人民币采取事实上盯住美元的汇率制度，并且我国实施资本流动管控，美元指数的波动通过汇率变化与资本流动渠道对我国跨境资本流动造成的影响极为有限。

（二）2005 年至 2014 年上半年：美元周期开始影响我国跨境资金流动

随着 2005 年 7 月 21 日人民币汇率制度改革的实施以及此后我国资本项目有序开放的推进，美元指数的周期性变化与我国跨境资本流动之间的关系日趋密切。这一阶段，我国资本与金融项下的流动开始逐步增多，国际收支呈现经常账户、资本与金融账户"双顺差"格局。根据之前的跨境资本流动分析框架，投机性与非投机性资本流动对于汇率变动的敏感程度相对较高，这两项流动在 2005 年以后大致呈现"美元指数走强时期，我国跨境资本流出压力增加，美元指数走弱时期，我国跨境资本流入增加"的特征。

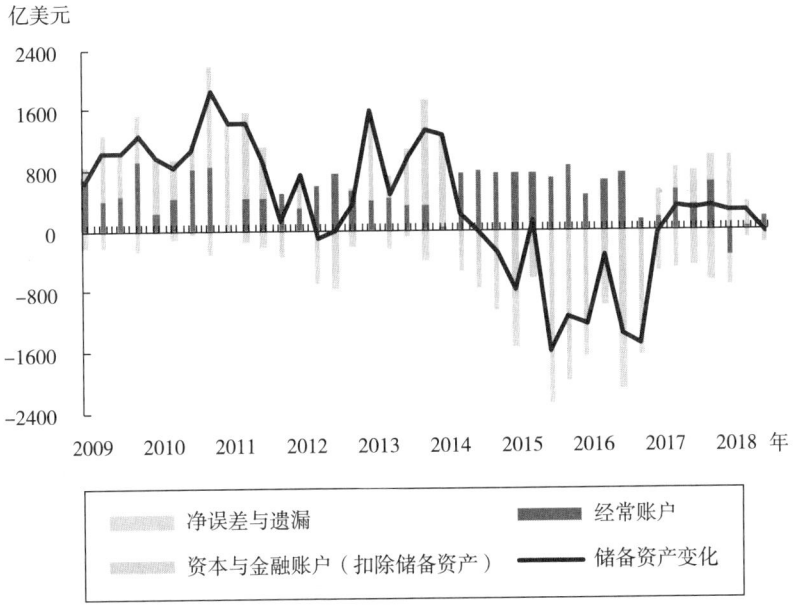

资料来源：CEIC 数据库。

图 20　我国国际收支总体情况

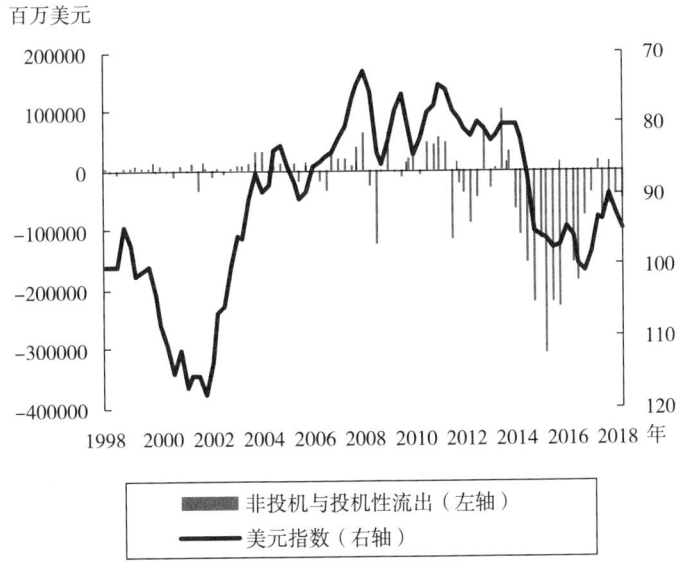

资料来源：CEIC 数据库。

图 21　美元指数与我国非投机与投机性流出

（三）2014年下半年以来，美元周期对我国跨境资本流动的影响更为显著

2014年下半年，美国退出量化宽松并开启货币政策正常化进程，美元指数开启新一轮上行过程。而与此同时，中国经济增长面临增速换挡，中美货币政策出现分化，2014年下半年起人民币汇率预期由2005年以来的持续升值逐步转为贬值。尤其是2015年8月11日我国实施人民币中间价形成机制改革以后，人民币贬值压力由预期变为现实，令我国跨境资本流出压力不断加大。从2014年以来我国跨境资本流动的整体情况看，2014年下半年起我国资本与金融账户（不含储备资产）由此前的持续顺差逆转为逆差，2015年和2016年逆差幅度进一步扩大至4342亿美元和4164亿美元。其中，外债流动、企业或居民增产境外资产等非投机性流出是构成这一时期我国国际收支失衡的主要因素。

而进入2017年，美元指数自103左右高位大幅回落，到2017年底降至91.5左右，降幅超过10%，美元指数阶段性弱化，令新的中间价形成机制下，人民币相应扭转了此前的贬值过程，出现连续升值，很大程度上令跨境资金流出压力得到缓解。而与此同时，2017年"去杠杆"成为我国货币政策的主要目标，货币投放偏紧、表外融资收缩，强化了美元下行周期中，国内企业从境外获得融资的动机。综合来看，美元指数的阶段性回落、国内货币环境的显著趋紧，令我国跨境资金流动大幅逆转了2015—2016年的流出局面，流出规模大幅收窄。

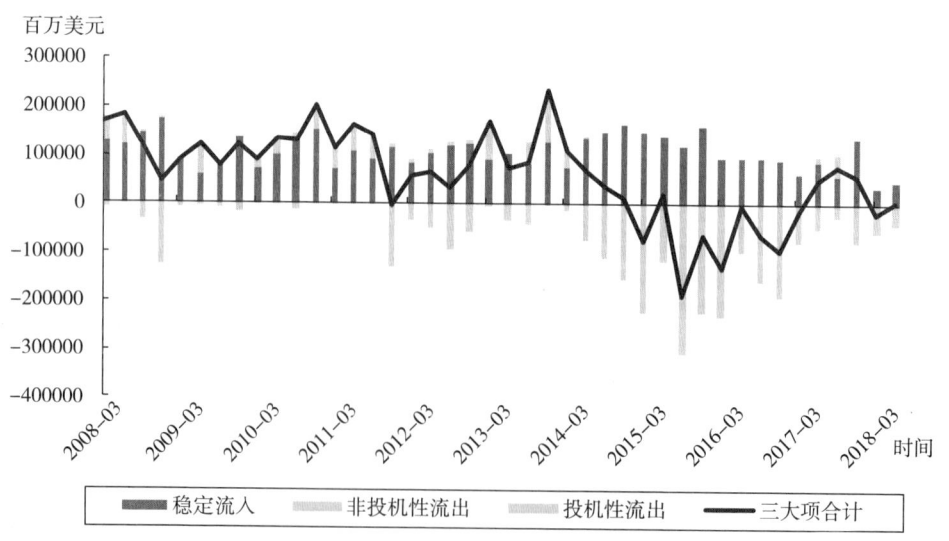

资料来源：CEIC数据库。

图22 我国跨境资本流动及其结构

四、结论与政策建议

(一) 相关结论

1. 处理好微观审慎管理与宏观审慎管理之间的关系

在我国短期跨境资本流动越发受到以美元周期为代表的全球经济金融因素影响的背景下，一方面，需要坚持在真实、合规的基础上满足市场主体合理的用汇需求，严厉打击经济主体违法违规行为导致的外汇流出，不断提升外汇管理的事中事后监管能力；另一方面，需对跨境资本流动的价格、数量、期限、预期等方面进行全方位的风险监管，并协调使用多种跨境资本流动管理工具进行及时、审慎地调控。

2. 处理好金融对外开放与国内金融体系改革之间的关系

金融领域的对外开放和国内金融体系改革应相互配合、协同并进，以增强我国抵御跨境资本流动冲击的能力，降低宏观金融脆弱性，避免开放过程中资金流动和人民币汇率的大幅波动对国内经济发展产生重大负面冲击。因此，我国资本项目开放和人民币国际化进程，需要相应的经济环境与制度建设（如建立更加稳健的金融体系、深化利率与汇率市场化改革等）予以配套。

3. 处理好金融对外开放与实体经济领域改革之间的关系

金融领域的对外开放，其开放模式、开放进度，仍将最终取决于我国实体经济领域改革的进程和效果，宏观经济运行内部风险的下降，是金融领域对外开放的坚实基础和降低外部风险的最终保障。只有确保宏观经济在中长期内高质量增长模式的重新建立，才能从根本上稳定人民币汇率预期、引导跨境资本流动预期，才能拥有一个推进人民币国际化和资本项目进一步开放的更为坚实有力的基础。

(二) 政策建议

1. 从短期看

一是加强对国际金融市场的监测。紧密跟踪国际金融市场动态，特别是加强对美联储的政策走向的分析预测，准确评估美元当前所处的周期位置，通过历史跨国数据分析美元周期变动对新兴市场经济体的跨境资金流动影响，积极做好政策预案。

二是加强对跨境资金特别是投机性资金的统计监测。高度重视跨境资金流动的数量、结构变化，在全球视野下分析跨境资金流动的驱动因素，及时发现并排查风险。

三是建立健全外汇微观审慎管理。抓住跨境资本流动管理的关键领域和薄弱环节，完善政策框架，堵住投机性资金、违法违规资金跨境流动的政策漏洞。

四是重视预期管理。加强与市场主体的沟通，及时阐明货币当局及外汇管理部门的政策意图，消除市场主体非理性的恐慌担忧，通过合理的预期引导减少投机性资本的大规模单边流入流出，缓解"羊群效应"对我国跨境资本流动的集中冲击。

2. 从中长期看

一是深化汇率市场化改革。不断完善人民币汇率形成机制，发挥汇率自动稳定器的市场作用，通过市场化的汇率形成机制自发调节跨境资本的流动，降低跨境资本流动对我国货币政策独立性的影响。

二是完善宏观审慎管理政策框架。通过逆周期的宏观审慎制度安排缓解顺周期跨境资本流动影响，积极探索构建完善跨境资本流动宏观审慎管理政策框架，在制度层面提升我国经济抵御美元周期等外部风险冲击的能力。

三是坚持开放的基本战略不动摇，推动形成全面对外开放新格局。通过更加公平的准入条件、透明的行业规则，以准入前国民待遇和负面清单的开放政策吸引全球产业资本扎根中国，不断巩固中国作为世界工厂在全球产业链中的特殊地位，不断巩固外汇供给的基础来源。

四是增强抵御风险的能力。通过深化改革扩大开放不断释放经济增长潜能，改变当前过度依赖投资的增长模式，提升全要素生产率，促进经济高质量发展。

参考文献

[1] 姜波克. 国际金融新编（第五版）[M]. 上海：复旦大学出版社，2012.

[2] 管涛，等. 中国的跨境资本流动 [J]. 新金融评论，2017（5）.

[3] 魏巍贤，张军令. 人民币汇率变动、跨境资本流动与资本管制——基于多国一般均衡模型的分析 [J]. 国际金融研究，2018（10）.

[4] 丁德臣. 美元周期及对中国经济安全的启示 [J]. 宏观经济研究，2018（7）.

[5] 孙刚强. 美元汇率周期及其对我国跨境资本流动的影响研究 [J]. 华北金融，2018（7）.

[6] 中国科学院大学国际资本流动与金融稳定研究课题组. 国际资本流动分析 [J]. 中国金融，2018（2）.

[7] 徐洪才，鲁明. 我国短期国际资本流动分析 [J]. 中国金融，2013（11）.

[8] 孙寅浩. 美元周期成因的实证研究 [J]. 投资研究, 2016 (7).

[9] Balassa, Bela. . The Purchasing-Power Parity Doctrine: A Reappraisal [J]. Journal of Politics, 1964.

[10] Samuelson Paul A. . The oretical notes on trade problems [J]. The Review of Economics and Statistics, 1964.

上海国际金融中心建设框架下跨境金融业务税收政策研究

中国人民银行上海总部跨境人民币业务部课题组

课题组组长：金鹏辉

课题组成员：施琍娅　吴　鸣　张晓萌　陈颜新　王德莲

摘　要

到 2020 年基本建成与我国经济地位和人民币国际化程度相适应的上海国际金融中心，既是我国战略发展的需要，也是服务实体经济的需要。综观国际，成熟的国际金融中心的成功在一定程度上与其有吸引力的税制（尤其是针对跨境金融交易）有不可分割的关系。在符合税制改革方向和国际惯例以及不导致税基侵蚀和利润转移的前提下，上海应该积极对标世界顶级金融中心的税制安排，研究并执行具有国际竞争力的税收制度。

本文研究中的跨境金融业务是指世界贸易组织（WTO）对服务贸易分类中归类为金融服务的"所有保险和与其相关的各类服务"以及"银行和其他金融服务（不含保险）"两大类 16 子项、由境内金融机构为客户提供的各类跨境金融服务。其中保险类服务中包括：（1）人寿险、意外险和健康保险服务；（2）非人寿保险服务；（3）再保险和转分保服务；（4）保险辅助服务（包括保险经纪、保险代理服务）。银行和其他类金融服务中包括：（1）接受公众存款和其他需偿还的资金；（2）所有类型的贷款，包括消费信贷、抵押贷款、保理和商业交易的融资；（3）金融租赁；（4）所有支付和货币汇送服务；（5）担保与承兑；（6）在交易市场、公开市场或其他场所自行或代客交易（货币市场票据、外汇、衍生产品，包括但不限于期货和期权、汇率和利率契约，包括掉期和远期利、汇率协议等）；（7）参与各类证券的发行；（8）货币经纪；（9）资产管理；（10）金融资产的介绍和清算，包括证券、衍生产品和其他可转让票据；（11）咨询和其他辅助金融服务；（12）提供和传输其他金融服务提供者提供的金融信息、金融数据处理和相关的软件。

本文从对标全球领先的国际金融中心（伦敦、纽约、香港、新加坡和东京等）着手，专项开展了跨境金融税收安排方面的比较，并同时对比了境内具有相同开放诉求的区域金融税收安排（横琴和前海自贸区）的情况，就上海建设国际金融中心在税收安排上所面临的压力和差距进行了分析，提出了亟须改革的若干问题和相关政策建议，希望为国家和上海层面定制最具竞争力的国际金融中心税制安排提供参考依据，同时也为中国金融业参与国际竞争和人民币国际化推进构建应有的税收制度提供参考。

在具体实施上，课题组建议了两种实现方案：方案一是依托上海国际金融中心建设框架，采用行业性税制安排的方式来定制跨境金融领域独有专项方案开展先行先试，并根据试点的结果来决定是否需要复制推广；方案二是依托上海自贸新片区采用区域性税制安排的方式来做整体面上的推进，金融作为其中一部分纳入。同时，通过梳理"已明确但落实有难度""有概念但需要明确""税负偏重但有减免空间"以及"税负不合理应当取消"四个维度的情况，提出了完善现有的涉外金融税收制度十项具体措施。对标国际，缩小上海与其他先进的国际金融中心在开展同类跨境金融业务时的税赋差距，进一步优化营商环境，提高上海金融服务的国际竞争力。

一、全球顶级国际金融中心跨境金融业务税收情况比较分析

（一）核心金融业务增值税及预提增值税

核心金融业务是指金融机构开展的资金融通、收费业务以及金融商品转让业务。在上海，金融服务的增值税税率为6%。考虑到在增值税基础上征收的附加税（7%的城市维护建设税，3%的教育费附加和2%的地方教育费附加；上海在2018年第二季度将地方教育费附加降低了1个百分点至1%），每笔交易的实际税率约为6.66%。

表1　　　　　　全球主要国际金融中心核心金融业务增值税比较

金融企业业务涉及税种	伦敦	纽约	香港	东京	新加坡	上海
核心金融业务增值税	免征增值税，不能抵扣进项税额	无增值税	无增值税	8%（2019年10月1日起10%）出口或某些向非居民提供的服务可免税	无增值税	6%加上附加税（附加税各地不同，一般为增值税的11%~12%）出口金融服务中的收费服务可免征增值税（但实际操作困难，税收优惠力度有限）

对于交易频繁的跨境金融服务而言,基于每一笔交易而征收的6.66%的实际税率是一个不可忽视的成本。尤其值得指出的是,对于出口金融服务项目(境内金融机构向境外非居民主体提供的服务),虽然相关政策允许免征,但优惠力度十分有限且实际落地也非常困难:一是实际操作困难重重(详见后面分析);二是享受免征增值税优惠的范围十分有限;三是免征增值税下无法抵扣相应的进项税额;四是金融对外开放中增值税是否计征是根据具体业务一项一项地出台措施,而不是统一的政策框架性明确,致使境外投资者不能形成稳定的市场预期。

(二)企业所得税相关

与上海国际金融中心建设相关的企业所得税有两个方面:一是注册在上海的企业执行国家统一的企业所得税;二是境外投资者投资上海国际金融中心各类金融商品中的预提所得税。预提所得税将在"(四)预提税(包括预提所得税和预提增值税)相关"中专题讨论。

1. 企业所得税税率

与全球主要国际金融中心相比,上海缺乏竞争性企业所得税税收优势吸引跨国企业开展财资管理活动。

表2   全球主要国际金融中心企业所得税比较

金融企业业务涉及税种	伦敦	纽约	香港	东京	新加坡	上海
企业所得税	19%(自2018年4月1日),与专利相关盈利税率可降至10%,银行业盈利超过2500万英镑的部分加增税率8%	联邦税21%(自2017年12月31日),州税6.5%+地铁税(合格科技增长企业5.5%,合格纽约制造企业0%)	16.50%,8.25%(包括符合条件的金融服务公司,及船运、空运服务公司的200万港元以内盈利部分)	30.62%(大型企业),34.60%(中小企业),对于注册在国家战略特殊经济区(NSSZ)的企业税率降低20%即24.50%、27.68%(自2018年4月1日)	17% 2018/2019年度对于所有企业享受收入前10000新加坡元免征75%的所得税,后续的290000新加坡元免征50%的所得税,对于初创企业在创业三年之内享受前100000新加坡元免征100%的所得税,后续的200000新加坡元免征50%的所得税(房地产和投资控股公司不享受上述优惠政策)	25%对特殊行业(如高新技术等)有特殊优惠税率
企业所得税佣金手续费税前列支	据实扣除	据实扣除	据实扣除	据实扣除	据实扣除	财产保险:15% 人身保险:10%

2. 保险公司佣金及手续费——企业所得税中的特别处理安排

保险公司为保险产品支付的佣金、手续费等正常经营支出，在税收征管环节却不能据实扣除，统一执行财产保险业务按保费收入的15%计算限额、人身保险业务按保费收入的10%计算限额，进行税前列支，这进一步推高了企业所得税实际税负，削弱了与国际同行竞争的能力。

3. 资本利得相关——金融及资本商品交易特有

资本利得税也是各国际金融中心普遍开征的税种，在东京、纽约及伦敦，资本利得税的税率均在10%以上。我国没有明确的资本利得税规制，对于境内企业投资金融产品产生的资本利得（或亏损）是合并在企业所得税中统一按25%计征的。

对于境外投资者而言，税收制度的最大问题不在于税率高低而在于税收不确定性。目前，境外投资者投资中国债券市场所取得的债券买卖收益（资本利得）是否免征预提所得税尚不明确（只明确了投资债券的利息收益免征预提所得税），导致国际投资者在投资我国资本市场时对于是否计提资本利得的预提所得税心存疑虑，而不敢放心投资。

(三) 交易印花税相关

大多数国家征收印花税的对象是不动产交易合同及部分股权转让合同，如伦敦、纽约等，对于金融贷款合同较少有收取印花税的安排。对比伦敦等国际性金融中心，上海的印花税税负属中等水平。

表3　　　　　　　　全球主要国际金融中心印花税比较

金融企业业务涉及税种	伦敦	纽约	香港	东京	新加坡	上海
印花税（贷款合同）	不适用印花税	不适用印花税	不适用印花税	适用印花税 使用阶梯税额最高60万日元（约合人民币37000元）	不适用印花税	0.005%
印花税（财产保险合同）	不适用印花税	不适用印花税	不适用印花税	适用印花税 使用阶梯税额最高60万日元（约合人民币37000元）	不适用印花税	1‰

（四）预提税（包括预提所得税和预提增值税）相关

跨境金融业务中通常有两种利息收支涉及预提所得税和预提增值税，分别是银行存款/贷款利息和企业间借贷利息。

从税收饶让或抵免角度来看，一般情况仅适用于所得税，流转税不适用此概念，因此预提的增值税必然成为跨境金融业务的附加成本。目前除上海外，其他国际金融中心都不对跨境金融业务征收预提增值税。

在预提所得税上，大多数国际金融中心在对非居民利息收入的预提所得税上都有独到的安排，主要目的就是汇聚资金和跨境交易业务（见表4）。中国预提所得税的法定税率为10%，在与大部分国家签订的税收协定中并未提供优惠税率，仅在和有限的国家及地区如新加坡、香港之间的税收协定或者税收安排中约定了7%的优惠税率。

表4　　　　　　　全球主要国际金融中心预提所得税税率比较

金融企业业务涉及税种	伦敦	纽约	香港	东京	新加坡	上海
利息预提所得税	0（大多数情况下包括英国银行支付/收到的利息、受益人为英国企业、短期贷款利息等） 0~20%（只有极少情况才会收）	对非居民利息收入征收0~30%，（视与各国的税受协定，中国10%）同时美国税法根据利息性质的不同给予了多种免税优惠，如同业往来账户的利息	无预提所得税	对非居民利息收入征收0~20%（视与各国的税收协定，中国10%）	0/15%/17%（金融企业支付利息给境外企业免税）特定业务如财资中心活动境外利息免税（详见（六）17%（对于境内企业付境外企业的利息支出，财资中心不收）	法定税率10%（根据与各国签订的税收协定可以有优惠税率，但目前大多数国家为10%）
预提增值税	免征	无预提增值税	无预提增值税	免税	无预提增值税	按照6%加上附加税预提（附加税各地不同，一般为增值税的11%~12%）

（五）个人所得税相关

个人所得（主要是指工资薪金收入部分）税税率的高低对于金融人才集聚度的影响是较为直接的。我们对各大国际金融中心的个人所得税进行了粗略的比较，香港和新加坡在个人所得税设置中税制设定简单，最高边际税率都很低，香港按照15%征收，新加坡最高不过22%。上海的工资收入个人所得税边际税率达到了45%，已与伦敦齐平，但伦敦的免税额度约是上海的2倍，还有约20项免税项目。纽约按照美国税制，其个人所得税包括联邦税、州税和纽约市税三部分，其最高边际税率可达到约48%，但其起征点是上海的8倍，且联邦税、州税和城市税有十五大类近百项税收减免和返还政策。日本则是世界上税负最高的国家，东京按照国税加地税和附加税征收，其最高边际税率可达到56%，但其实行阶梯免征税额，最高免征额度是上海的3倍，边际税率的起征点也是上海的约2.5倍。

表5　　　　　　　　全球主要国际金融中心个人所得税税率比较

金融企业业务涉及税种	伦敦	纽约	香港	东京	新加坡	上海
个人所得税（本币收入）	0,20%,40% 最高45% 年收入>150000英镑（未扣除起征基数11850英镑）	联邦税10%,12%,22%,24%,32%,35% 最高37%年收入>500000美元+州税4%~8.82%年收入>1077550美元+城市税2.907%~3.876%（按照单身人士标准）	2%,6%,10%,14% 最高17%年收入>200000港元（2018/2019年度按15%征收）	国税：2.1%,10%,20%,23%,33%,40%，最高45%+2.1%的附加税年收入>40000000日元+地方居民税10%（未扣除阶梯起征基数1030000~2580000日元）	2%,3.5%,7%,11.5%,15%,18%,19,19.5%,20%，最高22%年收入>320000新加坡元非居民一般统一按照22%征收	3%,10%,20%,25%,30%,35%，最高45%月应税收入>80000元人民币（注：该收入是指已扣除了5000元基数和其他可扣除项目后的金额）

由于各地的个人所得税算法复杂，又牵涉币种转换等因素，直接比较边际税率很难有直观的判断。为了便于参考，本文将以相同收入情况下各地适用的边际税率进行综合比较。通过分析我们发现相同收入情况下，上海的实际税负相比国际税负水平最高的东京也并没有什么优势，比香港和新加坡则要高出3倍以上。更何况伦敦和纽约对于个人所得税有各项抵扣，税前扣除项目涉及赡养老人、子

女教育和住房贷款利息等，体现了对基本生活的保障，较为合理。目前的中国个人所得税的税收改革中也包括了一些专项附加扣除，但是相应的扣除金额非常有限。

（六）其他配套税收优惠政策

各大国际金融中心纷纷出台了一些支持金融业务发展的优惠政策，见表6。

表6　　　　全球主要金融中心其他金融业务相关税收政策比较

金融企业业务涉及税种	伦敦	纽约	香港	东京	新加坡	上海
其他金融业务相关税收政策	对资本利得实行税收减免、税收抵免和费用扣除等优惠 但伦敦对银行另行加收银行税：按银行短期债务的0.16%，及银行长期资产和债务的0.08% （该税率将在2021年降至0.10%和0.05%对每年200亿英镑以内的债务不收该税费，且该税费不可抵扣企业所得税）	对于包括金融企业在内的优选行业，企业可享受员工工资6.85%的税收返还对于相关投资可享受2%的投资税返还。部分符合资质的企业还可享受房产税返还	资本利得免税 分红减免税 符合条件的财资中心企业所得税税率减半为8.25%	研发费用可以税收抵免 增加本地投资的企业工资增长部分可以税收抵免 互联网投资税收减免 风险投资损失可部分税收抵扣 支持运营中心模式，提供各项税抵免政策	针对符合条件的财资中心（FTC）经核准的财资中心相关业务按照8%的优惠税率征收所得税。 核准的业务包括：全球财资管理，资金管理，企业财务和咨询服务，经济和投资研究分析、信贷控制和管理等。 同时，因上述经核准的业务而向海外银行或非银行金融机构借款的跨境利息免收预提所得税	

整体而言，伦敦、纽约和东京等市场导向的国际金融中心的税制设计比较完备，体系复杂，而香港、新加坡等政策推动的国际金融中心的税制设计较为简单。

二、上海国际金融中心对外开放面临的相关税收问题

通过比较发现,除东京外,在这些国际金融中心中,上海金融业存在企业税负结构性偏高、个人税负整体偏高的问题,且缺少对于金融中心的税收支持政策。梳理下来,有以下几个方面:

(一) 增值税安排在跨境金融服务方面执行难点多

从核心金融业务发展的角度,目前上海的增值税税负相对较高且存在"已明确但落实有难度"以及"税务不合理应该取消"的问题。

1. 出口金融服务缺乏明确界定标准

这是属于"已明确但落实有难度"的问题。

我国增值税的基本原则是只对发生在中国境内的服务征税。目前对于如何界定境内境外的金融服务没有明确的标准。根据财税36号文附件4《跨境应税行为适用增值税零税率和免税政策的规定》的第二条第(五)款,可以免税的金融服务是"为境外单位之间的货币资金融通及其他金融业务提供的直接收费金融服务,且该服务与境内的货物、无形资产和不动产无关"。此外,国家税务总局公告第29号公告进一步解释,免税的出口金融服务包括为境外单位之间、境外单位和个人之间的外币、人民币资金往来提供的资金清算、资金结算、金融支付、账户管理服务,属于为境外单位之间的货币资金融通及其他金融业务提供的直接收费金融服务。

此条款的表述含糊且条件设置较为苛刻,到目前为止,行业内尚没有适用此条款享受到免税的成功案例。此外,由于金融服务的特殊性,境内金融机构向境外主体提供即便完全在境外的服务中也要依赖"境内机构的声誉"这一无形资产,即金融做的就是信用服务,金融机构的声誉是最大的信用。

2. 享受免征增值税优惠的范围十分有限

这也是属于"已明确但落实有难度"的问题。

根据财税36号文附件3,《营业税改征增值税试点过渡政策的规定》第二十三条,法规虽然规定了金融同业往来利息收入予以免税,但对于同业的定义仅限于由中国的金融监管机构发牌并监管的金融机构,对于境外的金融机构则不认同其金融机构即同业的身份。这使与境外的金融机构进行的同业交易不能享受同业往来利息收入的免税。境内金融机构如果从境外金融机构取得利息收入,需要缴纳6%的增值税。中国是唯一对同业往来利息征收增值税的国家,十分不利于人民币国际化业务的发展。根据境内金融机构的议价能力,被动接受此部分税收或者将税负转嫁,都对上海构建国际金融中心和人民币国际化有负面影响。

又如，直接保险业务仅对出口货物方面提供免税待遇，大量跨境直保业务无法享受，也使我国庞大的进口货物的保险服务流失在境外。通过对我国进出口价格条款的调研分析，发现存在"我国进口大多以 CIF 价成交，出口大多以 FOB 价成交"的现象。这一现象的背后揭示的一个事实就是，我国的货物进口大多采用了境外保险（CIF），我国的货物出口也有不少采用了境外保险（FOB），从而导致我国的保险服务领域也出现了进口大于出口，每年需要向境外支付大量的保费。我国庞大的进出口贸易未能带来保险服务贸易的顺差，而事实上作为进口方，在保险、运费等货物贸易相关领域的附属服务的选用方面更具话语权的。

3. 再保险征收增值税

这是属于"税负不合理应该取消"的问题。

从其他国家针对金融行业的税收实务来看，再保险业务一般不纳入征收范围。在上海，再保险业务中只将境内保险公司向境外保险公司提供的完全在境外消费的再保险业务纳入免税范围，这对国内保险公司和再保险公司参与国际再保险业务的竞争产生了一定的不利影响。

4. 金融业务增值税无法进项抵扣

这是属于"税负不合理应该取消"的问题。

一是贷款利息的进项税金都不能抵扣。增值税，顾名思义，只对增值部分纳税。目前无论是金融机构还是企业产生的贷款利息的进项税金都不能抵扣，不仅税负高，而且造成融资成本升高。

二是金融业的出口服务采用增值税免税导致无法进项抵扣。增值税体系中有零税率和免税之分，区别在于零税率不需要交销项税，又可以抵扣进项税，而免税虽然不需要交销项税，但是进项税也不能抵扣。换言之，免税并非真正的免税，增值税免税处理意味着金融机构不得不承担上游的进项税成本。且我国现在采用的根据免税收入的比例进行进项转出的计算方法与国际普遍采用的方法相比并无优势，进一步使相关免税政策的优惠力度大打折扣。

5. 金融业无法合并申报增值税

这是属于"税负不合理应该取消"的问题。

根据目前的税法，只有特殊行业如航空公司可以合并申报增值税。金融业通常都是由总公司、分公司形式分布在全国各地，无法合并申报增值税对各金融企业而言带来较高的合规成本。

上海国际金融中心建设需要聚集大量的总部型机构，合并申报可以减轻企业的合规成本。

（二） 与国际金融中心相匹配有吸引力的企业所得税制度尚未建立

一是税务偏重但有减免空间的问题。上海的企业所得税税负相对较高。一方面，企业所得税税率在各个国际金融中心中属于高位，相应的激励金融企业、财资中心发展的政策却尚未出台。另一方面，对于实际经营发生相关的费用，如保险业务佣金、手续费，需要计算限额税前扣除，目前跨境直保业务实际发生的佣金手续费约占保费收入的18%，高于目前税法允许税前列支的限额，进一步推高了企业所得税实际税负。

二是有概念但需要明确的问题。我国尚未设置资本利得税种，一般操作中会归入所得税或预提所得税来处理。但不明确就意味着不确定，使熟悉国际市场的境外投资者在投资我国时反而心存疑虑，会计计提也不好处理，反而成为我国资本及金融市场对外开放中的一项缺陷。

此外，我国虽然在国地税合并的过程中形成了统一税制，但针对区域性的特定税收安排仍然存在，使一些并非定位为国际金融中心的地区反而拥有比上海更优越的税项安排，如横琴、前海等自由贸易区都纷纷推出了相应的企业所得税优惠政策，鼓励在当地建立金融总部企业，对于上海而言是很大的竞争和挑战。

表7　　　　　　　　部分国内自贸区企业所得税优惠政策

金融企业业务涉及税种	横琴自贸区	前海自贸区	上海自贸区
企业所得税	当年纳税额超过2000万元评定为金融总部企业，总部企业的所得税享受30%返还，实际征收税率为17.5%。 当年纳税额500万元以上2000万元以下的，可申请评定成长型总部。按其年度企业所得、营业收入、增值收入形成的市级财力贡献（企业所得税留存比例为20%，增值税留存比例为25%）的50%予以奖励。 纳税超过10万元（含）以税款的40%给予奖励；超过1.5万元（含）以税款的32%给予奖励；超过0.5万元（含）以税款的20%给予奖励	对主营业务符合产业准入目录及优惠目录，且业务收入占总收入的70%以上的前海企业减按15%的税率征收企业所得税	25% 对特殊行业（如高新技术等）有特殊优惠税率

(三) 印花税增加金融业务成本负担

这是一个"税负偏重但有减免空间"和"税负不合理应该取消"的问题。

大多数国际金融中心都没有对跨境贷款合同征收印花税,东京即使征收也有征收额度上限。而在上海,合同金额的 0.005% 印花税额对企业集团来说也是不小的成本负担。因为金融合同金额通常较大且发生频繁,尤其是企业集团财资管理需要的日归扫型的资金池,交易量非常大、频率非常高,对企业来说也往往是一笔不小的开销,且由于实际操作中计算难度很高,造成的合规成本也很高,阻碍了企业将财资交易活动放在上海开展。

同样地,对财产保险合同,大多数国际金融中心没有征收印花税。而在上海按照合同金额 1‰ 的印花税征收印花税且没有额度上限,合同金额越大成本就越高。

(四) 非居民银行账户利息预提税(含预提所得税和预提增值税)制约了全球资金在上海汇集

这属于"税负不合理应该取消"的问题。

目前上海的跨境利息预提所得税包括企业间借贷利息和银行支付的利息,上海按照利息预提所得税的税率要求,银行必须对支付给非居民账户的利息预提 10% 的预提所得税和 6.66% 的预提增值税,而伦敦、香港和新加坡则不征收该类业务的利息预提所得税,也无预提增值税一说。这阻碍了上海国际金融中心汇集资金交易功能发展。即使通过税收饶让,部分企业可以对这部分利息预提所得税进行抵免,但并非所有国家都认可且操作烦琐管理成本较高。

(五) 上海金融从业人员整体税负偏高

这属于"税负偏重有减免空间"的问题。

考虑到各地个人所得税的计算方式各不相同,十分复杂,为了便于比较,我们按照 2018 年 11 月 8 日汇率折算为美元等值美元税前收入(包含各项减免前的收入)对各地的相应边际税率进行了比较,各档次的边际税率仅考虑了标准免税额度,并未减扣其他可减免或退税项目。经比较可见,上海在各档次收入中比香港和新加坡都要高出很多,几乎是两地的两倍。而在税前年收入 15 万美元附近,上海边际税率最高,且东京和伦敦在这收入一档次的免税额度分别是上海的约 3 倍和 2 倍。

由此可见,即使不考虑合理的成本抵扣的因素,上海金融从业者的实际税负在全球遥遥领先。

表8　　同等收入下全球主要国际金融中心个人所得税税负情况比较

税前年收入约（美元）	伦敦	纽约	香港	东京	新加坡	上海
5000	0	16.91%	2%	0	2%	0
10000	0	19.41%	6%	约0	2%	3%
50000	40%	31.36%	15%	30%	7%	20%
100000	40%	34.41%	15%	44%	15%	30%
150000	40%	34.47%	15%	44%	19%	45%
200000	45%	42.53%	15%	51%	20%	45%
250000	45%	45.73%	15%	51%	22%	45%
标准免税额度：	15534.17			9000～22706.58		8652.00
其他扣除免税或退税优惠	约20项扣除免税项目	五大类联邦税返还 五大类联邦税减免 30%联邦税的州税返还 五大类纽约城市税返还 详细条目近百种		另有工资收入、房屋贷款、保险、投资损失等多项减税政策		专项扣除+六项专项附加扣除

注：上述表格中各参数参考2018年11月8日美元兑各币种汇率进行换算。其中1英镑折合1.3109美元，1港元折合0.1278美元，1日元折合0.008801美元，1新加坡元折合0.7269美元，1元人民币折合0.1442美元。

从国内来看，横琴自贸区和前海自贸区都相继出台了个人所得税优惠政策，见表9。

表9　　部分国内自贸区个人所得税政策比较

金融企业业务涉及税种	横琴自贸区	前海自贸区	上海自贸区
个人所得税（本币收入）	港人港税收，澳人澳税	对符合前海规划产业方向的境外高端人才和紧缺人才，取得暂由深圳市政府按照内地与境外个人所得税负额给予的补贴，免征个人所得税 境外高端和紧缺人才缴纳的工资薪金个人所得税，超过应纳税所得额15%的部分，由深圳市政府以财政补贴的形式归还	3%、10%、20%、25%、30%、35%，最高45% 月应税收入>80000元人民币

上海金融从业人员整体税负偏高，这在一定程度上既降低了上海对于优秀金融人才的吸引力，也间接提高了上海金融行业的经营性成本。

三、对上海国际金融中心建设金融税收政策优化的相关建议

基于以上调研，从增强跨境金融服务功能角度，我们提出两个建议。

第一，以"税收征管行业性安排"的方式，依托上海国际金融中心建设框架为我国整体金融业做专项的行业性先行先试安排，先行先试下来并经过评估认为也适用国内金融的，则可推广复制到全国金融业，不合适推广但确实提升了国际竞争力的依然保留给上海。

第二，以"税收征管区域性安排"的方式，依托上海自贸新片区为上海国际金融中心建设下阶段高质量发展建立相应的竞争性跨境金融税收征管安排。

由于是参与国际竞争而非国内竞争，因此不会产生国内税收不公平问题，同时也属于增量安排而非存量调整。因为是区域性安排，可以兼顾所有行业，金融只是作为其中之一接受这一区域性安排。

金融服务跨境提供同样是支持实体经济参与国际竞争且又具有辐射服务的功能，因此在新片区框架下给上海做专有专属的税收安排，既符合上海国际金融中心高质量参与国际竞争的定位，又可以通过增强中心点金融服务功能的方式（上海自贸试验区建设总体方案中就有此项任务）辐射服务好全国实体经济的需求，同时还可以避免全国因出于提高金融国际竞争力而做的涉外金融税收制度泛化套用而引致全国性脱实向虚，解决点和面的问题，即避免将根据点上需求所做的特别安排变成面上为单纯追求公平而泛化套用的问题。

从目前来看，这一涉外金融税收征管区域性安排放在上海自贸新片区框架下比较合适也具有较好的可行性，因为上海自贸试验区已经建立了有利于税收定向发力的电子围网式安排——分账核算管理制度下的自由贸易账户体系。这一体系的特点是"标识分设、分账核算、独立出表、专项报告、自求平衡"。在这一体系的支持下，涉外金融税收具国际竞争力的安排作用于跨境金融服务领域，不会产生境内溢出效应。

具体建议如下：

一是落实出口金融服务免征增值税或实行零税率。建议首先应放开出口金融服务的定义，除了直接收费金融服务，向境外借款人贷款取得的利息收入也应纳入免税范围；其次，应与其他行业保持一致，只要服务接收方是境外企业，就应认定为出口金融服务而予以免税。

或者，进一步地，由于免税又面临进项抵扣转出比例安排不合理的问题，对于此类本身就不应收取的增值税，建议采用零税率处理，以增加金融机构在服务

定价上的国际竞争力。

二是对金融商品转让类交易免征增值税或实行零税率。目前我国是世界上唯一一个对金融商品转让（包括外汇买卖、金融衍生品交易和股票债券买卖）征收增值税的国家，建议免征或实行零税率。

三是同业往来应包括所有境外接受金融监管的金融机构以落实同业往来利息免征增值税或实行零税率。建议只要境外的金融机构在所属国持有金融机构的牌照或被所属国金融监管当局监管，我国的增值税法规就应认可其同业身份并适用同业往来利息收入的增值税免税处理或实行零税率，以促进跨境金融交易。

四是免征或减征跨境借贷合同及财产保险合同的印花税。建议上海免征借贷合同的印花税，至少设置合理的征收上限，或减小征收的税率；或者建议向境外主体发放的贷款均免征印花税。

跨境财产保险合同印花税负偏高，建议免征或减征。

五是免征非居民账户的银行利息预提所得税。建议将银行支付给非居民账户的利息预提所得税减免，这将有利于上海作为国际融中心提供更多的全球资金支持。

六是对于金融总部、企业财资中心出台具有国际竞争力的税收政策。建议上海针对企业财资中心提出有国际竞争力的企业所得税政策鼓励跨国企业在上海建立财资中心，例如可将对高新技术等行业的特殊优惠税率也适用于被商务部认可的财资中心及其他金融总部企业，也可以参考纽约对于金融企业按从业员工工资实行一定比例的税收返还。

七是对标国际金融中心加大对金融人才的税收激励。建议上海出台相关政策能够给上海的金融从业人员和高端金融人才提供更多的税收优惠支持。建议参考横琴、前海等地政策，通过地方财政补贴出台金融人才的税收优惠政策。

八是推出对跨境保险业务具有吸引力的增值税、企业所得税税收制度。在跨境保险增值税方面，建议从位于中国境外的标的取得的直保保费收入、取得的跨境再保险收入（包括境内保险公司从境外保险公司分入的再保险业务、境内保险公司从境内保险公司分入的境外标的的再保险业务），免征增值税；在跨境保险所得税方面，建议对于取得的跨境保险收入不纳入或折扣纳入所得税应税收入范围，或者可独立核算跨境保险业务的佣金手续费，对于跨境保险业务发生的佣金及手续费可在保险收入中据实扣除。

九是设置资本利得税种并明确资本利得税的相关处理安排。资本利得税既是国际金融领域普遍存在的税种，我国也应当设置；且资本利得税还有调整交易活跃度的效果，可以根据对金融风险的宏观调控需要进行相机抉择的调控。但应该明确资本利得税的触发条件和征收方式。建议对跨境交易中的资本利得税安排比照其他国际金融中心设置，以使上海国际金融中心不弱于境外同业。

十是解决增值税税收征管处理方面的问题。具体包括：(1) 建议对于贷款利息进项纳入可抵扣范围，这可以降低融资成本，增加境内金融机构的竞争力，也符合增值税的原理；(2) 允许在上海设立总部的金融机构合并申报增值税或者至少可以上海地区设立的分支机构可以合并申报增值税（如总行与上海分行），以减轻在上海注册的金融企业的合规成本；(3) 建议允许企业在归集上述免税收入时剔除在中国的分行间的联行往来利息收入。各分行之间的联行往来收入，从银行整体来看，并不是其真实的收入，并且在编制合并财务报表时，会被抵消为零。或者，允许金融机构选择更合理的其他方法，如在世界各地普遍采用的方法，使用诸如以面积（用于租金费用）、花费时间、工作人员数量、贡献利润等元素为基准的分摊方法，只要纳税人就其选择的计算方法向税务机关进行备案并可以证明其合理性，就应允许采用。

综上所述，距离国家提出"2020年将上海基本建成与我国经济实力和人民币国际地位相适应的国际金融中心"这一初级目标仅余一年多时间，新时代、新方位下的上海国际金融中心应该进入全球顶级行列。从提升上海国际金融中心对外竞争力角度出发，金融界普遍希望国家有关部门能充分重视涉外金融税收制度的安排，通过一系列措施将跨境金融服务的税收首先恢复到营改增的税负水平，再出台战略性竞争税收安排来实现上海国际金融中心整体竞争力的提升。我们希望上述建议能够帮助国家尽快制定对标世界一流金融中心的税收制度，通过有竞争力的税收政策促进上海吸引更多的跨国公司将其区域性乃至全球的财资中心、结算中心和运营中心搬到上海，使境内金融机构在金融市场更具有竞争力，使境内的金融市场对于境外的参与者更具有吸引力，带动跨境金融服务的繁荣，提供更好更完善的金融服务，早日实现建设全球一流国际金融中心的目标。

参考文献

[1] 樊丽明，葛玉御. 上海国际金融中心建设的金融业税负与政策研究[J]. 金融发展研究，2016 (4).

[2] 财政部、国家税务总局、证监会关于深港股票市场交易互联互通机制试点有关税收政策的通知.

[3] Taxsummaries. PWC. com.

[4] NYC BUSINESS INCENTIVES GUIDE -www. nycedc. com/incentives.

[5] Invest Tokyo-Tokyo Leading The World In Business.

[6] Worldwide VAT, GST and Sales Tax Guide 2018-EY.

[7] International Comparison of Taxation of Securities.

[8] Taxation and Investment in Japan 2017.

[9] New York State Department of Taxation and Finance.

电子商务跨境资金结算新模式与监管创新的思考

中国人民银行上海总部跨境人民币业务部课题组

课题组组长：施珊娅
课题组成员：施建东　廖一榕　赵月茹　王映乔　左　娜
　　　　　　沈亦乐　李晨临

摘　要

所谓跨境电商，通常是指分属不同关境的交易主体，通过电子商务平台达成交易，进行支付结算，并通过跨境物流送达商品、完成交易的一种国际商业活动。跨境支付是跨境电商不可或缺的环节，跨境电商的迅猛发展给跨境支付带来了巨大的发展机遇。与此同时，跨境支付中的一些问题也有所暴露，如交易真实性审核难度大、相关法规不完备、各部门信息共享不充分等，对跨境资金流动监管提出了新的挑战。在此背景下，结合国内外的理论与实践经验，对跨境电商资金结算模式加以分析，指出当前监管中存在的问题，并有针对性地提出对策建议，对推动我国跨境电商健康发展具有非常积极的意义。

本文共分五个部分。第一部分是引言，阐述了课题的背景、研究方法及其相关文献。第二部分是跨境电商的发展现状，重点介绍我国的情况，并支出跨境电商未来发展机遇与挑战并存。第三部分是跨境电商资金结算新模式分析，并在此基础上提出跨境电商支付结算新模式的发展趋势。第四部分是我国跨境电商监管现状及问题分析，并提出完善管理、解决的相关问题的建议。第五部分是结论与讨论，认为跨境电商资金结算监管任重道远，需要从理念上、从制度上进行因时而变的创新变革。

本文的主要学术创新和突破是将理论与实践紧密结合，在分析跨境电商资金结算模式时突出一个"新"字，将研究重点放在基于传统银行结算和信用卡支付等结算模式之上出现的以第三方支付参与的新型跨境资金结算模式，提出的对策建议具有一定的前瞻性。

一、引言

（一）研究缘起

近年来，中国跨境电子商务交易规模迅速增长。据艾媒咨询预测，2018年中国跨境电商交易规模将达到9.1万亿元，到2020年可达到12.7万亿元。跨境电子商务的快速发展催生了小额个人出口贸易，海外代购、海外淘等新业态的出现，也带动了跨境支付模式的创新，在实现业务便利的同时，也对跨境资金流动监管提出了新的要求。

本文对跨境电商支付结算新模式进行梳理与研究，从跨境监管角度对此其交易结构与资金结算进行分析，并提出相关监管意见，具有现实意义和参考价值。

（二）文献综述

1. 关于跨境电商支付结算

王颖（2008）在阐述电子支付理论根基和发展现状的基础上，明确了电子支付与传统支付的区别，并基于电子支付独有的特征，分析了其面临的法律和社会信用问题。陈影（2014）以支付宝为例研究了第三方支付的特点和未来发展趋势，并且结合传统的银行支付分析了第三方支付的优势和劣势。汪文进（2013）讨论了第三方平台跨境电子支付服务对跨境电子商务发展的重要意义，同时也指出了第三方平台跨境电子支付服务发展面临的挑战。

2. 关于银行和第三方支付的关系

杨国明（2016）认为第三方支付机应在网络支付项目上与银行开展协作，优势互补。王宝海和王旭磊（2007）认为现阶段由于受政策影响第三方业务局限性明显，所以还与银行处于蜜月期，但随着第三方业务的扩展，与银行的客户群发生重合，在利益的驱使下必然会引发冲突。张细松（2009）觉得在第三方支付发展到一定程度后，与银行的关系既对立又统一。对立在业务范围发生了重合，统一在以金融控股公司的形式实现与银行的合作。王磊（2013）认为第三方支付已对商业银行的支付功能形成了严峻的挑战，已对商业银行传统的支付地位构成威胁。

3. 关于对跨境电商和第三方支付的监督管理

赵昕（2006）在《金融监管的新课题第三方支付平台》中系统概括了我国第三方支付所面临的风险，并与欧盟、美国、亚洲其他国家的第三方支付监管进行了比较，对我国的个性和共性问题提出监管意见，并呼吁国家尽早明确第三方支付公司的法律地位及业务范围，建立准入与退出机制。夏磊（2007）指出了第三方支付存在资金沉淀、信息安全、法律地位和经营范围不明确等问题。黄丹和谢凯（2011）针对客户支付资金所带来的风险隐患和相对应的防范措施。Cecelia Kye（2001）通过对比研究，发现欧盟是通过对电子货币的监管来实现第三方支付管理的监管；而美国是通过对支付业务本身的监管来实现的。但两者在对洗钱的风险控制、执照的审批等问题上达成了一致。

（三）研究方法

本文在研究过程中主要采取以下方法：

个案研究法。通过日常广泛收集商业银行、第三方机构跨境资金运营模式的相关资料，整理和分析研究案例产生和发展的动因、路径以及内外部因素的相互关系，形成对跨境新模式的认识和结论。

比较分析法。通过比较与传统支付工作的差别，明确跨境资金新模式的内涵。

归纳总结法。通过分析我国跨境电商以及第三方支付等发展现状后，归纳其主要的跨境资金新模式，从而对跨境支付的发展方向作出总结。

二、跨境电商的发展现状

（一）跨境电子商务整体发展

在经济全球化和一体化的背景下，跨境电子商务已然成为国际贸易发展的重要趋势。从本质上看，跨境电商可将传统的贸易流程数字化、网络化、碎片化，重组成跨境一体的电子商务生态。通常，跨境电商包括四个方面：一是信息和交易相关的各类进出口应用；二是平台，主要是围绕各类应用的平台（电子商务平台、供需信息平台、交易平台、供应链平台、信用平台）；三是基础服务（物流、支付、货物通关、监测验货等）和衍生服务（代运营、咨询培训、翻译、法务等）；四是环境，主要涉及国家环境（文化、市场、法律）、技术环境（互联网、云计算等）、贸易、监管政策环境（关、检、税、进出口管制政策等）。分析跨境电商的产业链，相关经营主体包括电商平台、境外买家、外贸卖家、生产商/制造商、跨境支付、国际物流、运营服务等生态方。跨境电商发展经历了从信息服务、在线交易、全产业链服务到政策推动产业转型，市场规模进一步扩大，产业链分工进一步细化。

（二）发达国家跨境电商环境及支付体系

当前，世界上主要国家都在积极发展跨境电子商务，如美国依托良好的贸易市场环境以及完善的基础设施和制度；日本借助政府的大力支持，产业链紧密合作及金融和支付体系的完善；英国、欧洲等则通过灵活的贸易政策、统一的金融市场、便利的通关环境、高效的物流运输体系。在跨境支付体系建设中，发达国家采取了有效的风险控制和管理，如美国大额支付系统中的联邦电子资金划拨系统建立了风险控制系统和风险管理策略；欧盟成员国之间的支付体系——即时全额自动清算系统能有效进行信用风险和流动风险的管理与控制。

（三）我国跨境电商发展回顾及现状

1. 发展回顾

1997年4月，中国商品订货系统开始运行；1999年，阿里巴巴首次利用互联网成功将中国供应商和海外消费者联系起来，再到后来天猫、京东等大型电商平台的崛起，全球购等业务的开设，中国的跨境电商发展如雨后春笋。

我国的跨境电商的发展历程大致可以分为三个阶段：2005年之前的萌芽期，2005年开始到2011年的探索期，以及2012年至今的发展期。处于萌芽期的跨境电商主要作为信息服务平台运作，采取收取会员费和推广费的方式，消费者可以通过平台了解产品的具体信息，而整个过程不涉及交易环节。探索期的特点主要体现在跨境电商平台专门针对对外贸易创立了交易平台，在交易完成后收取一定的百分比提成，消费者能够通过平台进行在线交易。2012年后，跨境电商开始转型且发展迅速，用户群体从消费者个人扩大到工厂和外贸企业，交易额大幅增长，相关政策和配套监管措施不断进行更新。2013年，海关提出了四种新型通关监管模式：一般出口、特殊区域出口、直购进口和网购保税，此举将惠及更多企业，对提升对外贸易增量、降低企业交易成本、提升企业竞争力等具有重要意义。

2. 发展现状

现阶段的跨境电商平台的主流交易模式可以分为B2B和B2C。通过分析现今国内主要跨境电商平台，共性是一站式服务备受重视，供应链金融服务成为新的焦点，基于已有平台数据开展的延伸服务如差异化营销更能够迎合消费者需求。2017年我国跨境电子商务交易规模保持了以往高速增长的态势，网络零售规模全球最大，产业创新活力世界领先；电子商务市场结构持续优化，行业发展质量不断提升；电子商务产业模式不断创新，大数据、云计算、人工智能和虚拟现实等技术创造了创新的丰富可能性。国家统计局数据显示，2017年海关验放的跨境电商零售进出口额为902.4亿元，同比增长80.6%，且近三年中国海关跨境电商零售进出口额年均增长率在50%以上。

跨境电商的支付方式也随着电商平台的迅速发展不断创新，如第三方支付机构的涌现迎合了现今小额高频交易的需求，消费者借助卡组织授权的收单机构完成前端支付，跨境电商平台通过合作国际货币分发机构完成资金分发，后端由具有跨境外汇支付牌照或跨境人民币支付牌照的第三方机构实现结汇。

3. 跨境电商的发展趋势

（1）机遇

一是政府政策扶持。近年来，我国围绕电子商务出台了很多政策，涉及进出口、通关、海外仓等方面，例如《支付机构跨境电子商务外汇支付业务试点指导意见》《关于跨境电商零售出口税收政策的通知》、扩大跨境电商零售进口监管过渡期政策至2018年底等，充分体现了国家对于新业态、新模式"包容审慎"的监管理念。

二是积极参与国际合作。2017年我国与"一带一路"七个沿线国家建立了双边电子商务合作机制。同时，我国积极参与了世贸组织、亚太经合组织、上合组织、金砖国家等多边贸易机制和区域贸易安排框架下电子商务议题磋商。这些积极举措对我国企业走出去、推动拓展更深层次的多边合作都有着重要意义。

三是设立跨境电子商务综合试验区并进行复制推广。2012年，杭州、上海、重庆、宁波、郑州5个城市凭借自身的地理优势、产业优势和已有的电商资源成为首批跨境电子商务服务试点城市，截至2017年底，我国已有综试区13个，创新举措涉及综合服务平台、金融支持模式、通关便利化、检验检疫监管模式、统计监测和人才培育六个方面。

四是配套服务体系更加完善、专业化分工逐渐出现。为了更好地提升客户体验，跨境电商平台不断提升售后服务质量和产品质量，相关监管措施也纷纷出台。

（2）挑战

跨境支付企业在与境外企业开展合作前，需经历长时间的谈判与前期磨合。因此，对于跨境支付企业来说，窗口期是一个重要的工作筹备阶段。但由于跨境支付产业链监管相对严格，尚未形成一个成熟的政策体系，跨境电商企业也对拓展新业务和创新有所顾虑。

在人才培养和岗位对接程度上，虽然一些跨境电商企业自身或者联合第三方机构有针对性地开设一些岗位培训，但是短期培训毕竟无法培养出具有专业知识过硬的复合型人才。打造智能商业体、加强技术创新以及培养具有国际化视野的专业复合型人才是电商企业能够在激烈的竞争中脱颖而出的关键一步。

三、跨境电商资金结算新模式分析

（一）跨境电商结算传统模式与新模式划分

传统模式主要形式是通过各国金融清算主体以银行为主的批量电子支付、联机小额支付等渠道进行清算，通常是线上下单，线下支付模式。该模式中消费者需按照海外商户要求通过银行柜台或网上银行购汇，按照订单金额汇入海外商户制定账户，并承担海外商户违约等风险，是 B2B 大宗电子商务资金清算的主要渠道。另外的形式是信用卡支付，即消费者在完成订单确认提交后，选择信用卡完成支付，境外商户收到支付完成信息后发货。

本文所指的跨境电子商务资金结算新结算模式主要是指以第三方支付参与的新型合作的跨境资金结算模式。

（二）当前相关政策法规

1. 外币相关政策

2007 年 9 月，支付宝首次尝试办理境外收单业务。2010 年，《非金融机构支付服务管理办法》（中国人民银行令〔2010〕第 2 号）出台，是第一部规范非金融机构开展支付业务较为完善的法规，在制度层面为跨境支付业务开展奠定基础，但尚缺乏规定支付机构开展跨境支付业务的细则。此办法出台后，中国人民银行据此先后颁发了 5 批支付业务许可证。2013 年 2 月，允许试点开展跨境收付汇和结售汇业务，先后有 17 家支付机构获得试点业务资质。2015 年 1 月，《国家外汇管理局关于开展支付机构跨境外汇支付业务试点的通知》（汇发〔2015〕7 号）进一步出台，将支付机构跨境外汇支付业务推广至全国。

2. 人民币相关政策

关于支持支付机构开展人民币跨境支付业务，上海依托自贸区建设在政策制定方面走在全国前列。2013 年，《中国人民银行关于金融支持中国（上海）自由贸易试验区建设的意见》（银发〔2013〕244 号）第十四条明确提出"上海地区银行业金融机构可与区内持有《支付业务许可证》且许可业务范围包括互联网支付的支付机构合作，按照支付机构有关管理政策，为跨境电子商务（货物贸易和服务贸易）提供人民币结算服务"。

2014 年，《关于上海市支付机构开展跨境人民币支付业务的实施意见》（银总部发〔2014〕20 号）将开展跨境人民币支付业务主体明确为在上海市注册成立并有互联网支付业务许可的支付机构，并明确了开办业务条件、备付金管理、风险管理一系列措施。同年，《中国人民银行上海总部关于支持中国（上海）自由贸易试验区扩大人民币跨境使用的通知》（银总部发〔2014〕22号）允许上海地区的银行可与区内依法取得互联网支付业务许可的支付机构（含分支机构）合作，提供基于真实跨境电子商务（包含个人及跨境电子商务出口经营主体）的跨境人民币结算服务。

2016年，《中国人民银行上海总部关于进一步拓展自贸区跨境金融服务功能支持科技创新和实体经济的通知》（银总部发〔2016〕122号）支持上海地区的银行和支付机构为跨境电商企业提供基于自由贸易账户的跨境金融服务。

在全国层面，《关于贯彻落实国务院办公厅关于支持外贸稳定增长的若干意见的指导意见》（银发〔2014〕168号）的出台标志着支付机构跨境人民币支付业务推广至全国。

（三）跨境电商资金结算模式

按照跨境资金支付结算的方向，以出口资金结算和进口资金结算两类进行分析，其中从不同的跨境商品交易的商业和经营维度来找到新的跨境资金结算模式。

1. 出口型资金结算模式

第一类为境内电商平台模式。从卖家收款环节来看，资金结算路径为境内电商平台+境内第三方支付+境内银行，如图1所示。

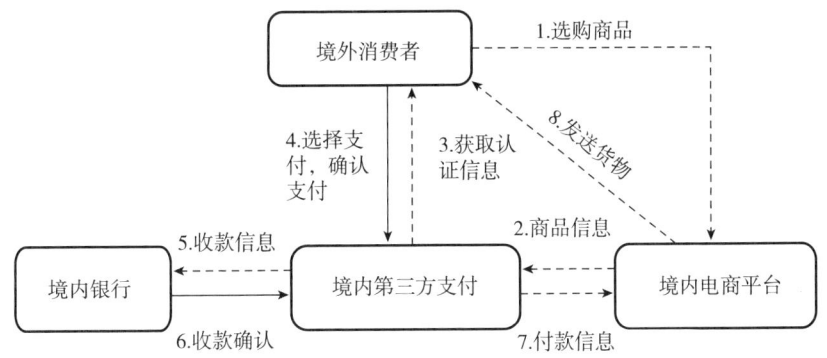

图1 境内电商平台模式

图1列示了常见出口B2C商业模式的基本流程。境外消费者登录境内电子商务平台，选购需购买的商品或服务并下订单。境内电商平台将消费者订单信息发送给第三方支付平台。第三方支付平台获取境外消费者认证信息，境外消费者提供信息、选择支付方式和币种等，并完成支付，通常情况较多采用卡基支付，即依托银行网络的银行卡支付。境内第三方机构向托管银行发送收款指令信息，境内银行完成收款后，并向第三方发出收款完成信息，境内第三方向电商平台反馈

收款信息后,跨境电商平台联系卖家发出货物。最终通过第三方平台将资金结算至境内供货商或个人卖家。

第二类为境外电商平台模式。按照境内卖家入驻境外电商平台的规模体量来看,细分为大型综合卖家和中小型卖家。对于大型综合入驻卖家,采用资金结算路径是境外银行+境内第三方+境内银行的模式,如图2所示。

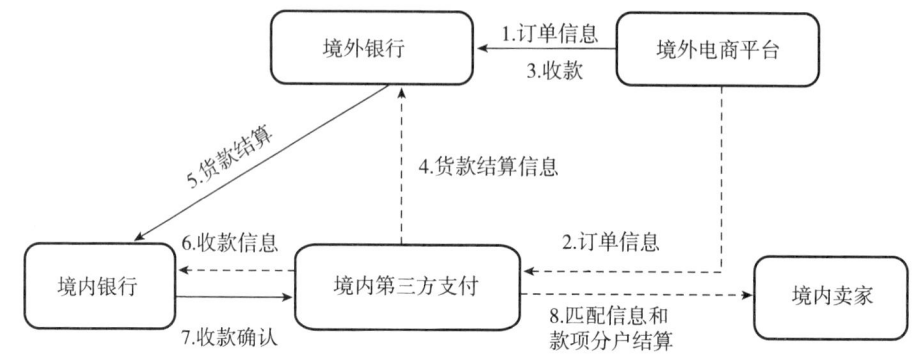

图2 大型综合卖家境外电商平台模式

一般流程是境外电商平台将订单信息和收款指令发送至境外银行,同时也将相应的信息发送境内第三方,境外银行按照指令完成收款,并按照境内第三方的指令要求划入境内第三方的境内备付金账户内。根据第三方提供的货款信息,境内银行完成收款,最终第三方按照信息和订单匹配后,将货款结算至境内卖家。

出于成本和账户准入的考虑,境内中小型卖家通常选择通过境外第三方支付机构进行收款,如 Payoneer、WorldFirst 等。如图3所示,境外第三方支付将资金结算至境内三方的合作银行的备付金账户,由该银行进行跨境收款,最终通过境内第三方代发将结算资金划至境内供货商或个人。

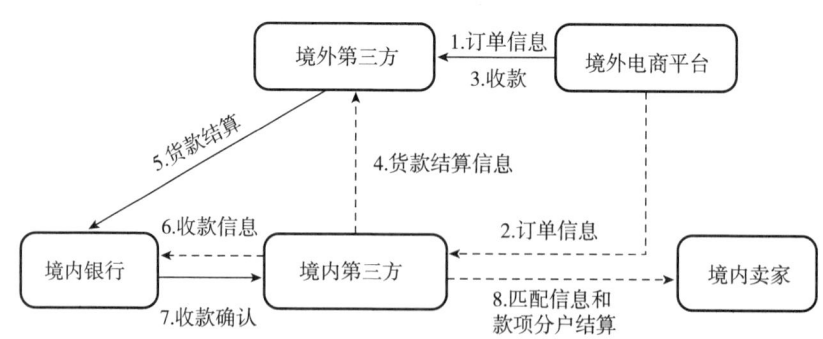

图3 中小型卖家境外电商平台模式

第三类是境内银行直销模式。随着境内第三方支付机构的蓬勃发展以及境内银行的利润空间不断收窄,两者对于跨境电子商务市场竞争也日益明显。从银行与境外三方或境外电商平台合作的紧密度上，细分为"半抛型"和"全抛型"。第一种"半抛型"是指境内银行+境外第三方的合作模式，如图4所示。

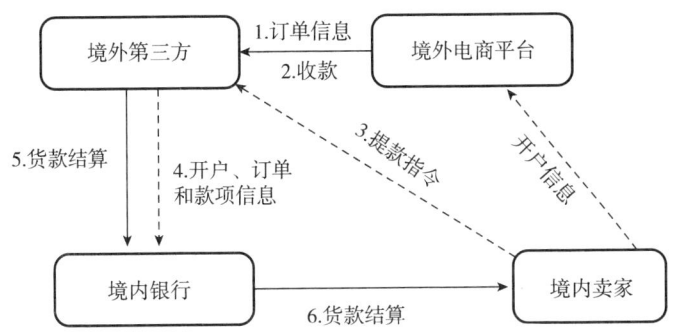

图4 "半抛型"境内银行直销模式

在该模式中，境内卖家入驻电商平台时已向接入的境外三方平台提供个人信息，并授权境外三方机构向境内银行提交个人开户材料。境内银行为境内卖家开立个人收款账户。同样，境外电商品平台向境外第三方发送订单信息，并委托完成收款。当境内卖家发起提款需要时，境外三方机构向境内银行发送订单和款项的相关信息，并要求完成向境内卖家打款。境内银行收到指令后，将第三方机构开在银行的 NRA 账户或 FTN 账户的资金汇划至境内卖家在其开立的个人账户，完成境内卖家的收款。

第二种"全抛型"是指银行利用自身集团海内外一体化优势，境内外分行联动，独立完成跨境资金收款，通常模式是境内银行+境外分行+境外电商平台，如图5所示。

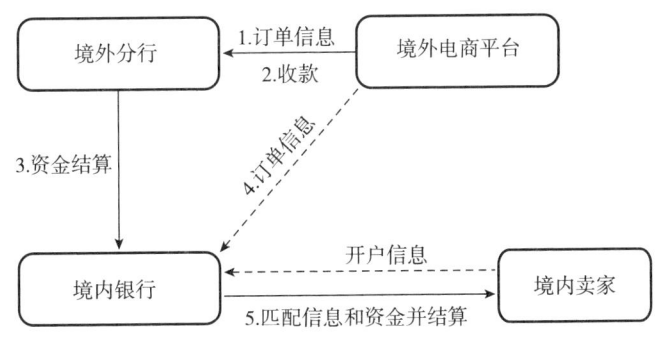

图5 "全抛型"境内银行直销模式

目前，由于外汇管理政策，该模式仅限在境内自贸区自由贸易账户框架内。境外电商向境外银行发送订单信息和委托收款，同时将订单信息发送境内银行。境外银行分行向境内银行的 FT 账户汇划资金，境内银行匹配信息流和资金流后完成境内卖家结算。

2. 进口型资金结算模式

进口虽然从规模上来说与出口相差甚远，但是近年来保持了60%的增长率。从跨境电商产业模式来看，进口的交易形式较出口更为多样复杂，有海外代购C2C、海淘B2C、保税自营B2C、平台招商M2C等。本文仅从资金流结算的角度出发，归纳出主要三类进口资金清算模式。

第一类是境内电商平台模式，又分成两种类型。一种是常见的境内电商＋境内三方＋境内银行的路径。这里的境内电商平台也包括境外卖家入驻平台。资金结算流也十分清晰，买家付款通过境内电商平台到第三方支付收款后，通过境内银行汇划至卖家的海外账户，进口B2C和C2C模式涉及较多的跨境资金结算模式。

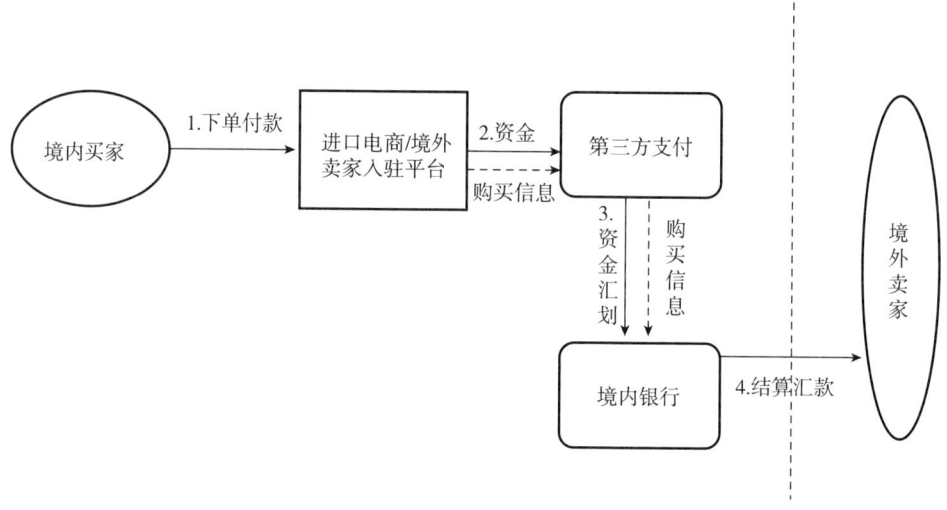

图6　境内电商平台模式

另一种是境内电商平台境内支付型，即跨境线下支付＋线上境内销售模式，常见形式有自采自营B2C。电商平台参与货源组织和物流仓储买卖流程，形成跨境供应链，先期从境外大宗商品采购入驻保税区，后期在线上境内销售。在先期的跨境采购中，传统贸易的传统付款方式居多，如电汇、信用证、托收等结算方式。后期是境内电商平台和第三方支付及托管银行的合作收款，不属于本文讨论范畴。

第二类是基于境外电商平台模式，通常买家采用卡基或邮件账户支付，常见形式是海淘B2C。境内买家在境外电商平台，一般的主流付款方式还是信用卡支付本文将信用卡支付结算模式归为传统模式，不是讨论的重点。

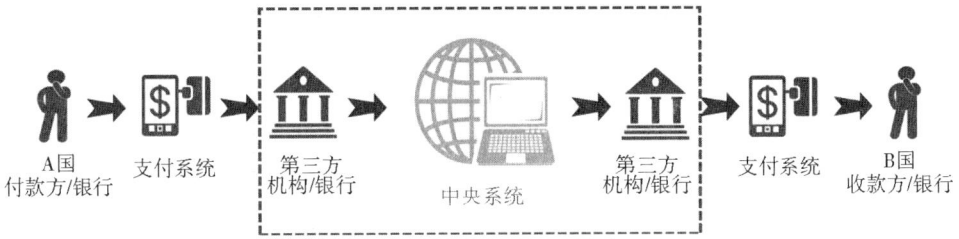

图 7　境外电商平台模式

除信用卡支付外，邮件账户模式的代表美国第三方支付龙头企业 Paypal，用电子邮件来标识身份的用户之间转移资金，实现在线的收付款。在这种模式下，交易双方在平台上以电子邮件的形式申请注册账号成为会员，经个人银行卡内资金转入已有的 Paypal 账户内，买卖双方通过各自邮件账户发生资金转移。买家支付方式的选择取决于与 Paypal 合作的跨境电商平台。

第三类属于创新其他类的资金结算模式。如代购 C2C 等可交易双方协商线下支付的多种方式。另外，还包括境内外第三方支付与银行合作实现付款，即境外第三方支付在自贸区内开立 FTN 账户，资金由境内三方的存管账户划至境外三方机构在自贸区内的 FTN 账户后，再汇划至境外的账户，最终实现汇兑和卖家结算。当然其中还有一些政策突破等问题，还需要进一步探讨和研究等。

（四）跨境电商资金结算新模式的发展趋势

1. 新模式追求路径更短，成本更低

成本优势和操作便利性是所有交易企业在跨境结算中的共同诉求。在支付路径设计中出现了两种趋势：一是在法规政策框架内谋求路径最短和成本最低。境内外银行与境内外第三方机构的四方架构逐步向银行集团合作或境内外第三方独立结算的模式转变，减少跨境资金结算的参与方，缩短资金流动的路径。二是出于对法规政策规避的路径设计。由于境内外经济金融政策不同，要按照所在国的法规要求进行资金划转结算，也要充分利用政策红利，如在上海自贸区内的跨境支付结算模式创新等。要注意的是，有一些模式是为了规避政策，绕道而行，形式上看起来合规，而实质与法规背道而驰。

2. 新模式中参与者和监管方将更加适应国际规则

新模式的发展不仅有利于境内银行和境内第三方支付机构适应国际规则，还有利于推动监管部门加快与国际接轨的步伐。近年来，中国第三方支付机构的实力上升，依托中国用户的跨境支付需求，从海外购物、旅游和医疗等需求着眼，迅速加快全球化布局。同时，随着境内外第三方机构与银行的合作接轨，逐步适应接受国际准则。对于监管部门也是如此，随着对外开放步伐的加快，境内诸多

管制解除松绑,未来将有更大的创新空间,加快国际化步伐。

3. 新技术重塑支付结算市场的新格局

随着未来互联网技术的深入发展,跨境支付结算的手段和途径也越发丰富,扫码支付等相继出现,打通线上线下和境内境外,多元化的支付结算模式为不同的交易主体提供了更多选择。例如,区块链技术的应用,加拿大最大的银行之一ATB Financial,成功利用 SAP 和 Ripple 公司的区块链技术,将平时需要 6 天时间的支付过程缩短为 20 秒,并降低了 43% 的费用。

四、我国跨境电商监管现状及问题分析

(一)跨境电商监管现状

面对金融市场全球化、混业化经营趋势,系统性风险成为各国监管机构的防范重点,我国监管机构也努力在金融稳定和促进跨境电商发展之间寻求平衡。自 2010 年以来,我国相关监管机构已发布了一系列针对跨境支付的监管规定和政策,反映了监管机构对发展跨境电商和跨境支付市场发展的重视。同时,跨境支付市场是整个金融市场新兴领域的重要组成部分,要确保金融稳定,不出现系统性风险,但政策法规对于跨境支付结算出现的新情况和新问题难以覆盖,难以制定具有前瞻性的、详尽而有效的管理规定,对我国监管工作形成较大考验和挑战。

(二)跨境电商资金结算管理存在的问题

1. 交易真实性审核问题

交易的真实性是跨境电商和支付结算体系建设必须守住的底线。交易的真实性包括交易主体的真实性及交易内容或背景的真实性。与一般境内贸易相比,跨境资金支付的真实性更加难以把握。一方面,根据要求,第三方支付机构负有对客户身份真实性审核的义务,但在实际履行中,由于第三方支付机构对境内外个人客户及法人机构客户缺乏有效的身份识别手段,难以真正做到把握真实性。另一方面,境内银行和第三方支付平台均很难获取境外客户的实际控制人、股权结构等信息,由此对于判断客户财务状况和资金交易情况造成影响。同时对境外客户做尽职调查成本相对较高,很多审核工作流于形式。

2. 资金非法流动和洗钱的问题

一是缺少对第三方支付机构反洗钱义务的具体规定和指引。第三方支付机构虽然在《反洗钱法》中作为非金融机构负有反洗钱的义务,但在《支付机构反洗钱和反恐怖融资管理办法》中并未规定跨境电子支付中的反洗钱内容,而银行

对于第三方支付平台在买卖双方代理的购、结汇业务的具体情况难以对于它的真实性进行审核,导致部分非法资金在我国境内的流动。二是缺乏甄别合法资金和洗钱行为的有效手段。买卖双方通常不见面且信用难以得到保障,因此制造虚假交易来洗黑钱等犯罪活动无法根除。再者,如果第三方支付机构监守自盗,在境外以机构客户身份注册,通过关联公司进行跨国资金转移,目前也并没有效的甄别手段予以控制。

3. 逃避个人结售汇限制的问题

我国目前要求个人年度结售汇限额不得超过等值5万美元。境内消费者通过第三方支付机构进行跨境支付,由第三方支付机构向银行集中购汇,而银行无法获取个人信息,很难执行个人年度结售汇管理政策,同时对于分拆结售汇金额也存在一定难度。

4. 国际收支申报监测的问题

一是第三方支付机构定位不清,国际收支申报主体存在"越位"和"缺位"问题。7号文十八条规定"支付机构应当根据本指导意见要求报送相关业务数据和信息,并保证数据准确性、完整性和一致性"。可见,第三方支付机构在跨境收支管理中既是外汇政策的执行者,又要监督交易行为,责任和义务冲突,容易造成监管缺位。二是外汇收支统计存在问题。由于第三方支付机构成为跨境电商的收款方,即境内外交易主体并不是实际的交易对手,申报时间与资金实际发生时间不同,增加了监测难度。

5. 行业信用管理体制有待厘清

我国在跨境电商上信用管理体制尚不健全。在跨境电商中,买卖双方、特别是卖方信用对跨境电商尤其重要,而我国企业信用由不同的部门管理,两个部门间的交流较少,造成我国信用管理体制存在缺陷。跨境电商的信用管理体制直接影响消费者对企业的信心,导致消费者和企业之间产生信任危机。对于信用监管部门而言,如不能及时了解企业信用状况、有效监管企业跨境电商贸易行为,也会制约跨境电商的发展。

6. 系统性风险隐患

第三方支付服务通过网络提供相关服务,在境内外买卖双方、第三方支付公司、银行之间发生关系。交易系统在任何一个环节出错,都可能导致资金在流动出现问题引发系统性风险。同时,信息的泄露也是需要关注的问题,但我国目前对于第三方支付企业在数据的收集、存储和使用方面,尚欠缺相关的法律条文和技术规范。

7. 跨国追溯及争端解决机制存在短板

我国现有跨境电商贸易缺乏跨国追溯机制和争端解决机制。在传统贸易中,监管部门可通过我国法律追究中间商的责任。跨境电商贸易与传统贸易存在差异，买卖双方直接进行交易，没有中间商，监管部门发现消费品出现问题时，无法将责任追溯至国外卖家，且消费者维权成本较高。

（三）我国跨境电商监管创新的建议

1. 完善跨境电商行业法律法规

一是要提升我国监管法律法规的层级。应提高立法等级，在上位法中作出详细规定，自上而下发挥对跨境电子商务行业的规范管理作用。此外，法律法规应明确跨境交易多方责任，这有助于构建良好的电商环境，提升市场信用，促进市场健康发展和公平竞争。

二是因时而变修改并完善相关法律法规。在跨境电商蓬勃发展的今天，应根据现实的新情况和新变化，适时进行法律法规的修改，解决法律滞后带来的不便。例如，跨境电商第三方支付机构实际承担了一定的类银行的管理职能，但其定位是"非金融机构"，与承担和执行相关管理政策之间存在矛盾，建议可修改法律法规。

三是明确主体的准入退出和责任义务。中央银行应对第三方支付企业的业务严格把关，进一步提高准入审核标准，可以把数据库的综合分数和第三方支付的准入门槛和退出机制挂钩，防止其过分扩张。另外，针对当前市场的共识，跨境资金是通过第三方支付平台流传的，所以支付中出现的所有问题都应该由第三方支付平台来承担。但第三方支付机构作为一个市场主体，并不是监管机构，赋予市场主体监管责任，必然会造成角色定位的混乱，出现自我监管或者"黑哨"监管问题。

2. 构建全方位跨境电商的风险风控体系

一是建立联合监管和信息整合机制。跨境电商运作中涉及多个领域和监管部门，建议由海关、税务、外汇管理局、人民银行等多个监管部门联手，建立联动工作和信息共享机制，制定相应的行业规范要求，对跨境电商的支付平台实施全面监管，有效解决真实性和合法性问题。同时，建议对跨境电商进行分类管理，建立多方位监管系统平台（如政府信息共享平台等），对跨境交易实时监测，及时上报大额、可疑信息，将不同监管部门的信息进行整理、合并和公开，形成既有利于监管，又能够促进行业发展，且满足消费者需求的稳定政策。信息共享平台的建立，既有助于增强管理的透明度，也有助于提高小额跨境网购中政府在事前、事中、事后的监管效率。并加快信息共享的监管平台建设，各监管机构联合强化源头监管。除此之外，应完善企业信息公示制度的基础建设与跨境电商信用的制度，建立跨境电商信用的评级制度，从而规范交易行为。

二是建立电子商务跨境资金支付标准。建设一个包含基础技术标准、安全标准、系统操作标准和电子信息交换的支付系统标准，确保第三方跨境支付运行的安全，信息的可靠。

三要建立用户认证和管理机制。建议第三方跨境支付在获取必要身份信息的同时，通过安全、准确、快捷的方式完成认证，有效地加强对交易过程的监督管理，做到每笔交易均可追溯到实名购买信息。在完善用户认证机制的同时，应对用户信息和交易记录数据的保管、使用、授权条件进行立法明确。同时，还要建立功能强大的防火墙系统和病毒监测系统。

3. 完善跨境电子商务反洗钱机制

一是建立各国之间的反洗钱合作机制。跨境洗钱犯罪在各国高压惩处的情况下仍然存在，根本原因是各国在法律上对其定义、处罚和引渡条款等内容存在冲突，合作机制尚未完善。加强政府和地区的反洗钱合作，减少各国因法律渊源、立法差异对于反跨境洗钱侦查工作带来的不利影响，是更好开展反跨境洗钱工作的基础。

二是加强非金融机构的反洗钱监管。应将第三方跨境支付机构与洗钱结合起来，打击跨境网络洗钱犯罪。对于此类非金融机构的反洗钱监管，用户认证机制是基础，如个人支付客户和企业客户的分类管理、境内外收单机构的客户识别等，并在此基础上对买卖双方的身份信息、交易、汇兑予以记录，提高第三方跨境交易平台交易数据的真实性、完备性、可追溯性。此外，要重点建立监测和甄别电子系统，第一，在非金融机构建设大额和异常交易统计检测系统，利用科技电子手段获取大额和异常交易信息，对其跟踪检查并递交给人民银行和外汇管理局。第二，要建立境内外双向人民币支付交易的监测系统，在结合资金系统流动趋势分析后，按照正常、可疑、非法三类情况进行分类，由监管部门进行进一步调查，证据确凿的，移送公安机关立案。

三是强化金融机构的反洗钱机制和从业人员的反洗钱意识。强化银行业金融机构一线从业人员对洗钱犯罪的敏感性和对洗钱活动的警惕性，从主观上驱动从业人员严格履行对开户审查和身份审核的义务，尽职审查，积极配合、专人负责，开展反洗钱调查和取证工作。

4. 优化行业的企业信用管理体系

我国征信系统主要有中国人民银行征信系统、企业信息公示系统两类，这两类征信侧重点存在很大不同，且无法真实有效地反映电子商务企业状况。建议相关部门联合共建跨境电商企业信用管理系统。一方面，建立跨境电商企业信用数据库，将电商用户、平台及相关第三方涉及数据有效联系起来，便于后期监管；另一方面，建立跨境电商经营主体的信用评级和评价制度，通过法律法规的进一步完善及技术手段的提升,对"黑名单"中的失信企业予以严惩,同时考虑引入第三方鉴定机构对电商品牌和电商企业做专业信用评价。

5. 加强行业统筹规划和国际监管交流合作

一方面,建议国家层面加强跨境电商行业的统筹规划。作为全球跨境电商领跑者,已经孕育出以阿里巴巴、敦煌网等为代表的具备国际影响力的大型跨境电商平台。但由于缺乏国家层面的统筹规划,国内电商平台各自独立发展运营,大大制约了大数据的综合应用、产业链资源整合以及全球市场拓展覆盖速度。因此,建议将跨境电商平台列入国家重点基础设施,探索尝试政府支持、社会资本参与、企业运营的整合共建机制。另一方面,建议加强我国和其他各国间的沟通合作,彼此承认电子商务身份及合理合法性,保护消费者合法权益。

五、结论与讨论

随着跨境电商将技术进步与商业机会完美结合,跨境资金支付结算将不再局限于汇款、信用卡等传统模式,以第三方支付为标志的结算模式路径兴起,追求路径更短和成本更低、参与者与监管方更加适应国际规则以及新技术,重塑跨境电商格局,将成为发展趋势。从监管的角度审视当前跨境电商现状和存在的监管问题,从法律法规、风险体系、反洗钱、信用管理以及跨国合作交流五大类十二个方面进提出相关建议:一是完善跨境电商行业法律法规;二是构建全方位跨境电商的风险风控体系;三是完善跨境电子商务反洗钱机制;四是优化行业的企业信用管理体系;五是要加强行业的国际监管交流合作,加快金融政策扶持跨境电商发展力度。

跨境电商资金结算监管任重而道远,还存在很多值得讨论而未解决的问题。例如,在进出口贸易的经常项目下,交易品趋向于电子化、虚拟化,其公允价值缺乏衡量标准,可能存在假借跨境支付的名义向境外非法转移资金或欺诈的风险。再如,在真实性审核方面,如国际上支付机构 Paypal 账户功能不局限于跨境电商平台,买卖双方基于邮件达成交易而产生的付款请求,邮件信息是否可以作为交易真实性材料凭证等。此外,跨境电商的发展对于传统的订单信息、物流信息以及支付信息的三单匹配的真实性审核要求在实际操作中尚存在困难,真正需要从理念上、从制度上进行因时而变的创新变革。

参考文献

[1] 孙韬. 跨境电商与国际物流—机遇、模式及运作 [M]. 北京:电子工业出版社,2018.

[2] 刘文燕.我国跨境电子商务政府监管问题研究[C].中国社会科学院硕士学位论文,2016.

[3] 任继东.我国跨境电子商务海关监管对策研究[C].大连海事大学硕士学位论文,2017.

[4] 龙昀,李隽波.跨境电商监管现状与改进策略研究[J].现代商贸工业,2018(39).

[5] Cecelia Kye. EU E-Commence Policy Development [J]. Computer Law & Security Report, 2001 (17).

[6] 徐勇,刘金弟.第三方支付信用风险分析及监管机制研究[J].科技管理研究,2010(10).

[7] 赵昕.金融监管的新课题:第三方支付[J].电子商务,2005(9).

[8] 孟晶晶.第三方支付平台监管制度研究[C].华东政法大学硕士学位论文,2013.

[9] 董明会.商业银行业务转型过程中存在的问题及对策[J].经营与管理,2016.

[10] 贝为智.第三方支付平台对商业银行经营的影响与对策[J].区域金融研究,2011(3).

[11] 汤兵勇,熊励.中国跨境电子商务发展报告[M].北京:化学工业出版社,2017.

[12] 王宝海,王旭磊.银行与第三方支付平台的竞合关系分析[J].经营与管理,2016.

[13] 王磊,对未来商业银行发展模式的几点思考[J].商业银行,2013.

[14] 赵昕.金融监管的新课题:第三方支付[J].电子商务世界,2016.

[15] 王蒙燕.跨境电子商务与物流互动发展研究[J].品牌,2014.

[16] 帅青红.网上支付与安全[M].北京:北京大学出版社,2010.

[17] 李毅,李卫刚.试析我国第三方支付领域的外资准入问题[J].国际经贸探索,2016.

[18] 常鸿雁.我国第三方跨境支付现状及其发展对策研究[C].浙江工业大学硕士学位论文,2015.

[19] 赵国栋,易欢欢,糜万军.大数据时代的历史机遇——产业变革与数据科学[M].北京:清华大学出版社,2013.

[20] 顾国建.电子商务催生真正的流通变革[J].商业时代,2013(29).

[21] 孙静.电子商务下的传统流通模式转变探讨[J].商业时代,2011(26).

［22］赵东升. 我国跨境电子支付服务研究［C］. 北京信息科技大学硕士学位论文, 2015.

［23］章玉贵. 中国电子商务发展及监管问题研究［C］. 上海外国语大学硕士学位论文, 2015.

［24］王颖. 第三方电子支付企业在新形势下的经营模式研究［C］. 华东师范大学硕士学位论文, 2008.

［25］朱家贤. WTO电子支付服务措施案及其对中国金融服务业的影响分析［J］. 国际贸易, 2013（9）.

［26］李育林. 第三方支付作用机理的经济学分析［J］. 商业经济与管理, 2009（4）.

［27］陈影. 第三方支付发展及其对商业银行影响研究［C］. 安徽大学硕士学位论文, 2014.

［28］汪文进. 第三方支付机构跨境外汇电子支付管理问题研究［J］. 华北金融, 2013.

［29］周莉萍, 于品显. 跨境电子商务支付现状、风险与监管对策［J］. 上海金融, 2016（5）.

［30］武俊奎, 高凌燕, 侯永杰. 中国跨境电商产业链融资及结算管理问题研究［J］. 西部金融, 2018（3）.

［31］肖成志, 祁文婷. 人民币国际化背景下跨境电子商务和跨境支付业务的发展思考［J］. 货币实论, 2016（8）.

［32］杨松, 郭忠良. 第三方支付机构跨境电子支付服务监管的法律问题［J］. 法学, 2015（3）.

［33］张红英. 中国B2C跨境电子商务的发展问题研究［C］. 山东大学硕士学位论文, 2015.

央行內部管理篇

金融消费纠纷投诉处理全流程规范制度研究

中国人民银行上海总部金融消费权益保护部课题组

课题组组长：马绍刚

课题组成员：王维强　舒　雄　张明珅　张　军　杨　洋
　　　　　　杨　佩　卢　静　郑绿萌

摘　要

随着金融消费领域业务规模的扩大，与之相关的消费纠纷投诉案件的数量也呈上升趋势，建立高效、合理的金融消费纠纷投诉处理机制成为金融市场稳定发展的重要环节。金融机构作为与消费者发生业务联系的直接方，身处金融消费纠纷投诉处理的第一线，应当提升投诉处理规程的完备性；而金融监管单位作为金融机构行为与制度的指引方，需要重视金融消费纠纷投诉处理机制的建设与引导；另外，消费者协会、行业自律组织、专业调解机构等团体的消费纠纷处理制度作为辅助性的纠纷解决机制，可以为金融消费者权益提供更全面的保护。本文将我国目前银行业金融机构投诉处理机制建设情况、金融监管部门金融消费纠纷投诉处理规定与域外金融消费投诉处理实践进行比较分析，并结合我国实际、借鉴域外实践，为后续探究建立覆盖投诉受理、处理、公示、通报约谈等全链条的金融消费投诉调查机制奠定基础，以推动金融机构提升投诉处理行为的规范化水平，提升行业信息透明度，建立有序、高效的金融市场。

一、银行业金融机构投诉处理机制建设情况

商业银行作为直接面向客户的金融服务机构，所面对的客户投诉数量庞大，内容复杂。因此，商业银行对于投诉纠纷处理机制的探索更加久远，投诉纠纷处理经验也更加丰富。大型国有商业银行、全国性股份制银行和地方性法人银行由于规模差异，投诉纠纷处理机制的相关制度也有所不同。

(一) 大型国有商业银行投诉纠纷处理机制

大型国有商业银行体量庞大，客户投诉量在业内也相对较高，因此在处理客户投诉方面具有丰富的经验，在投诉纠纷处理机制建立中已有较为成熟的体系。

以农业银行为例。在总行层面，针对内外部检查中发现的问题，总行制定了一系列投诉纠纷处理相关制度文件：一是修订发布了《中国农业银行客户服务联动管理办法》，对全行客服咨询投诉事件联动处理工作提出了明确的管理要求，确保各类事件处理到位；二是发布了《关于进一步明确客户服务投诉事件责任认定流程规范的通知》，要求各级银行对投诉事件的责任主体和投诉原因等关键信息进行详细记录，并统一投诉事件处理结果回复形式，规范了投诉纠纷处理各操作环节；三是设立"客户咨询投诉流程优化项目"，提高投诉处理时效性和规范性。

以现场投诉为例，农行建立了投诉处理基本流程，即"迅速隔离客户→安抚客户情绪→倾听客户诉求→搜集足够信息→给出解决方案→征求客户意见→跟踪服务"这一基本流程，使投诉处理及时、有效、快捷。

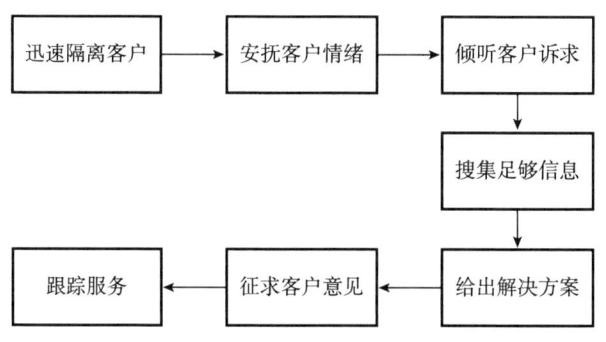

图1 农业银行投诉处理工作流程

除依照以上制度文件开展工作之外，农行还实行了限时办结机制和重大客户服务投诉反应机制。

(二) 全国性股份制银行投诉纠纷处理机制

全国性股份制银行近年来异军突起，以客户服务为主要竞争点之一，在投诉纠纷处理机制的探索、客户满意度和忠诚度提升方面进行了诸多实践，形成了一系列可研究推广的宝贵经验。

以招商银行为例。招商银行在总行层面明确了消费者通过人民银行12363投诉热线和招商银行95555客服热线等渠道投诉的处理流程，并对投诉的录入、响应、传递、处理、结案和回应等环节提出了具体要求，确保消费者的诉求能得到及时响应。

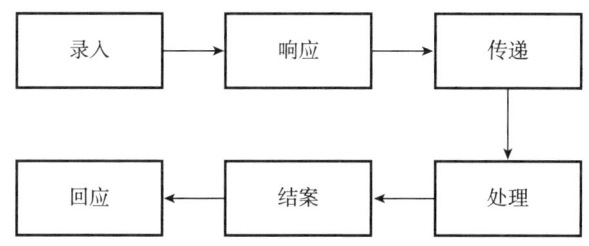

图2 招商银行投诉处理工作流程

在投诉处理的具体工作流程中，招行设立了各类制度要求和指标以规范全行投诉纠纷处理工作。例如在投诉处理中，招行设立了投诉管理时效指标和投诉管理质量指标，保证投诉得到及时有效的处理。

（三）地方性法人银行投诉纠纷处理机制

地方性法人银行在规模和内部职能分工上具有特殊性，目前所面对的投诉纠纷案件相对较少，投诉纠纷处理机制也在业务拓展中不断探索并完善。

以重庆银行为例。重庆银行制定了《重庆银行客户投诉处理管理办法》和《重庆银行客户投诉处理流程》，在各级单位设立投诉处理专岗，并明确其工作职责。在具体工作中，重庆银行从投诉处理操作要求和投诉处理时限要求两方面对投诉纠纷处理工作进行规范。其中投诉处理操作要求规定，各环节工作人员严格执行"首问责任制"和"专人跟踪制"，坚持执行满意度回访；投诉处理时限要求规定了从不同渠道受理的投诉处理时限，主动向消费者承诺各类投诉处理时限。以上制度设计实现了重庆银行"投诉有门、受理有人、处理有序"的工作机制，实现了"投诉→受理→处理→办结→回访"各环节紧密相扣，各环节责任到人。

再以长沙银行为例。长沙银行全面落实客户投诉接待"专人专线专门场所"工作要求，设立了客户投诉专线31条，设立客户投诉接待专人31人。分析客户投诉，并整理形成投诉案例分析汇编，定期以"客户之声"的形式发布全行系统，进行风险提示，并指导全行投诉处理工作，对于可能存在的问题进行针对性辅导。

二、金融监管部门金融消费纠纷投诉处理规定和机制分析

（一）人民银行金融消费投诉纠纷处理机制

2013年发布的《中国人民银行金融消费权益保护工作管理办法（试行）》

(银办发〔2013〕107号文印发)规定,人民银行受理的金融消费者投诉包括两大类,即中国人民银行法定职责范围内的金融消费者投诉,以及涉及跨市场、跨行业交叉性金融产品和服务的金融消费者投诉。

2013年,人民银行选择在上海、湖北、广东、江苏和陕西五省(市)以不同模式试点开通"12363金融消费权益保护咨询投诉电话"(以下简称12363电话),作为人民银行受理金融消费者咨询和投诉,加强金融消费权益保护的重要平台和渠道。由于试点受到广大消费者的欢迎,2013年10月在全国范围内推广12363电话。随着2014年12月30日北京地区12363电话的开通,12363电话实现了全国31个省(自治区、直辖市)的全面覆盖。12363电话由人民银行金融消费权益保护部门负责运行管理。2016年全年,人民银行各级分支机构共受理金融消费者投诉18689件,受理咨询117685件。

同时,为了公正、高效地处理好金融消费者投诉纠纷,人民银行本着"稳妥起步、不断完善、先试点后推广"的原则,自2013年起,在上海、广东、陕西、黑龙江等省(市)进行了省(市)级金融消费纠纷调解组织建设试点,在山东、广东等省进行了地(市)级金融消费纠纷调解组织建设试点。2017年,金融消费纠纷调解组织建设工作在全国全面铺开,各地人民银行分支机构结合实际,因地制宜推动调解组织建设,取得了一定成效。

从全国情况看,目前金融消费纠纷非诉讼解决机制的建设模式主要有四种:一是依托金融消费权益保护协会(联合会)开展工作的模式,如黑龙江金融消费权益保护协会和广东、山东各地(市)金融消费权益保护协会(联合会)、宁波市金融消费权益保护协会等;二是成立专业性的金融消费纠纷调解机构的模式,如上海市金融消费纠纷调解中心、陕西金融消费纠纷调解中心,采用在民政部门注册的民办非企业单位形式;三是依托金融学会或与法院、司法行政机关等合作,建立常设的金融消费纠纷解决机构的模式,如泰州市中心支行联合泰州市人民法院、市金融学会设立了泰州市金融消费纠纷调解中心,由市金融学会提供经费保障;四是采取建立金融消费纠纷解决非常设机构的模式,如经成都市司法局批准,设立了成都市金融消费纠纷人民调解委员会,为非常设机构,遇有纠纷时请兼职调解员居中调处。

在人民银行广州分行推动下,依托各地金融消费权益保护社会组织平台,在广州、惠州等10个地(市)金融消费权益保护联合会(协会)内设立金融纠纷调解(调处)中心,其中阳江、梅州等地金融纠纷调解中心还加挂"金融消费纠纷人民调解委员会"牌子。

上海市金融消费纠纷调解中心的建设列入了《2014年上海国际金融中心建设重点工作》,由中国人民银行上海总部、中国人民银行金融消费权益保护局负责筹建。2014年12月16日，上海市金融消费纠纷调解中心揭牌成立。中心是我国第一家金融消费纠纷专业调解组织。成立三年来，在润滑金融机构与消费者的关系，营造和谐稳定的金融法治环境方面发挥了积极作用。推出上门调解、夜间调解、视频调解、电话调解和调解中心现场调解等服务方式。开发并投入运行金融消费纠纷网上调解平台，推出小额纠纷快速解决机制和中立评估机制，在金融机构建立调解工作联络站，诉调对接机制覆盖全市三级法院，社会反响强烈。

(二) 银监会金融消费投诉纠纷处理机制

银监会及其派出机构的信访电话为本级消费者投诉受理处理电话。大部分银监局由办公室的信访投诉电话受理金融消费者投诉，个别银监局开设专门的消费者投诉热线电话，如北京、深圳、重庆、四川等地银监局依托行业内的社会组织开通了银行业消费者投诉热线。在地（市）一级，各银监分局办公室的电话受理消费者投诉。银监会及下设的三级机构同时也接受来信和来访投诉。

银监会系统内深圳、重庆、上海、四川、天津、北京、浙江、江西8个省（市）已成立银行消费纠纷调解机构，其中浙江银监局调解机构在辖内地级市实现了全覆盖。调解机构的组织形式主要包括独立非营利社会组织（如深圳、上海、北京、四川）和人民调解委员会（如重庆、浙江、江西）两种，人员和资金来源主要依靠银行业金融机构或当地银行业协会，纠纷案件来源包括银监局转办、独立受理、法院转办等。在设立调解机构的银监局，经与投诉人协商后，可将投诉事项转由调解机构处理。

(三) 证监会投资者投诉纠纷处理机制

证监会于2013年9月开通了"12386中国证监会热线"，由中国证券投诉者保护基金有限公司负责具体建设和运行管理。在北京设立了统一的呼叫中心。12386热线受理证券期货市场投资者投诉、咨询和建议等，不受理信访和举报。

在纠纷调解工作方面，2016年5月，最高人民法院与证监会联合发布《关于在全国部分地区开展证券期货纠纷多元化解机制试点工作的通知》，确定了8家试点调解组织。目前，我国各类证券期货纠纷调解组织有32家。这些调解组织主要可以分为四种形式：一是行业协会设立调解组织开展调解，如中国证券业协会设立了调解中心；二是证监会设立的专门机构从事调解；三是成立事业单位性质的调解组织，如深圳证券期货业纠纷调解中心，该中心登记为公益性事业单位法人；四是通过人民调解委员会形式开展调解，主要是依托各地方证券业协会调解组织成立证券业纠纷人民调解委员会。

(四) 保监会金融消费投诉纠纷处理机制

保监会于2012年4月开通"12378保险消费者投诉维权热线",在北京设立了热线呼叫总中心,受理消费者对保险公司法人机构的投诉和对保险公司、保险资产管理公司法人机构及其从业人员保险违法违规行为的举报。保监会还整合了信访、内部举报和纪检等部分职能,由12378热线承担。2015年以来,共接听消费者来电139.07万个,日均接听1323个,累计办理投诉举报件6.28万个,实际消费者经济利益超过10.44亿元。

保监会自2005年开始在上海、安徽和山东等省(市)探索建立纠纷投诉的非诉讼快速处理机制。2007年,保监会出台了《关于推进保险合同纠纷快速处理机制试点工作的指导意见》,明确了保险纠纷调解工作原则、机构建设、受案条件和工作程序,要求各保监局在辖区内有条件的地区依托保险业协会试点建立调处机制。2012年保监会要求各保监局所在城市均要建立调处机制,并与最高法院联合下发了《关于在全国部分地区开展建立保险纠纷诉讼与调解对接机制试点工作的通知》,在31个保监局辖区试点建立保险纠纷诉调对接机制。截至2016年底,全国各省(自治区、直辖市)已建立了414个保险纠纷调解组织,建立诉调对接机制的地市总数达到185个。2016年成功调解案件16万余件。

三、域外金融消费投诉处理实践

世界银行《金融消费者保护的良好经验》指出,"金融机构应有消费者投诉的途径以及明确的投诉解决程序,包括口头投诉";功能完善的金融消费者保护体制,"应当为消费者提供一个经济、有效、权威和专业合适并匹配充足资源的争端解决机制"。[1] G20《金融消费者保护高级原则》指出,"应确保消费者能够获得适当的投诉处理和赔偿机制。这些机制应是消费者可获得、可负担、独立、公平、负责任、及时并有效的。这些机制不应该给消费者带来不合理的成本、延误或负担。金融服务提供者和授权代理人应当建立投诉处理和赔偿机制。应该提供一个独立的救济程序来处理那些通过金融服务提供者和授权代理人内部纠纷解决机制无法有效解决的投诉"。[2]

---

[1] 世界银行《金融消费者保护的良好经验》第二章《金融消费者保护的通用良好经验》第25条、26条。

[2] G20《金融消费者保护高级原则》第9条"投诉处理和赔偿"。

(一) 英国投诉处理机制

目前，英国负责处理金融消费者投诉纠纷的机构是金融申诉专员服务公司（Financial Ombudsman Service，FOS）。FOS 依据《2000年金融服务与市场法》（*Financial Services and Markets Act* 2000，FSMA）设立，提供覆盖全部金融业的"一站式"投诉纠纷处理服务，以独立性、可获得性、高效、公平、合理为总指导原则，力求公平、合理、快捷地处理金融消费者投诉纠纷。

1. 投诉受理

FOS 行使职权的主要法律依据是《2000年金融服务与市场法》和《2006年消费信贷法》（*Consumer Credit Act* 2006），前述法律明确规定了 FOS 的管辖类型、可以受理的投诉范围和类型、投诉的主体和时间限制。

（1）FOS 的管辖类型有两种：强制性管辖和自愿管辖。强制性管辖的范围是受 FSMA 规范以及可能纳入其规制范围的金融活动，主要负责消费者与英国金融服务监管局（FCA）所监管的金融机构发生的争议。自愿管辖是金融机构自愿接受 FOS 的管辖，范围涵盖了金融机构的所有相关金融业务。

（2）FOS 受理的投诉涵盖了大部分英国的金融产品和服务，包括银行账户；信用卡、借记卡和储值卡；支付保障保险（Payment Protection Insurance，PPI）[①]；其他保险，如汽车保险、旅行保险、家庭保险；贷款，如发薪日贷款；其他信贷产品，如汽车金融；抵押贷款；还款问题和债务催收；转账和网上支付；财务咨询、储蓄和投资；养老金等。

（3）FOS 管辖的金融机构包括：受 FCA 监管并提供零售金融服务或信用相关产品的机构；一些曾被 FCA 监管但目前不在监管名录的机构；一些设立在境外，从事金融服务但不受 FCA 监管的机构，以及使用其他公司品牌提供金融服务的机构。

2. 案件处理程序

金融机构的内部处理程序是 FOS 的纠纷处理对前置程序。消费者须在向金融机构投诉并得到最终答复函后，或者在金融机构未能在 8 周内发出该函的情况下，才可以将投诉事项提交 FOS 处理。

消费者可通过电话、网站、书信等方式将该投诉案件提交 FOS。具体投诉处理和争议解决程序为联络团队审查是否受理投诉→裁决员（Adjudicator）处理案件，促成双方达成和解→申诉专员（Ombudsman）作出最终裁定→FOS 裁定补偿

---

① 支付保障保险，是一种抵押贷款业务保险，借款人因生病、失业等原因，导致无法偿还贷款时，由保险机构代偿。

方式。

FOS可以要求金融机构向消费者进行两种类型的补偿：对金钱损失和投资损失的补偿和对非经济损失的补偿。对金钱损失的补偿包括对额外损失的赔偿，对非经济损失的补偿包括赔礼道歉、更正错误、赔付保险、经济赔偿等。

3. FOS运行效果

FOS在解决金融消费投诉纠纷领域取得了良好的效果。根据FOS年报，2017—2018财年，共受理1456369件咨询和339967件新投诉，并解决了400658件投诉。其中，由申诉专员作出最终裁定的案件有32780件。

（二）美国金融消费者保护局投诉处理机制

国际金融危机后，美国根据《多德—弗兰克华尔街改革和消费者保护法》（以下简称《多德—弗兰克法》）成立金融消费者保护局（Consumer Financial Protection Bureau，CFPB），对资产规模超过100亿美元的银行、信用合作社和其他金融公司进行监管，并且负责执行消费金融法律，使金融消费者免受不公正、欺骗性、滥用的市场行为所害，加强对金融消费者的保护。

CFPB工作的重要组成部分是收集、调查和回应消费者投诉。《多德—弗兰克法》第1013条（b）款明确规定CFPB应建立专门的部门以收集和跟踪投诉，主要包括应设立免费的电话号码，建立网站和数据库（或利用现有的数据库），以便集中受理、监测和答复消费者有关金融产品或服务的投诉。

CFPB从2011年7月运营之初就开始受理金融消费者投诉。截至2018年7月25日，已处理超过1084211件投诉。CFPB帮助消费者与金融机构取得联系，解决消费者与抵押贷款、银行账户和服务、学生贷款、车辆和其他消费贷款、征信、汇款、虚拟货币、债务催收、发薪日贷款、预付卡和其他金融服务有关的投诉。CFPB通过金融消费者投诉了解金融市场动向，并采取预警措施。

1. 投诉处理程序

CFPB直接接收来自消费者的投诉。接受途径包括网站、电话、信件、电子邮件、传真和（相关机构）转介。

（1）提交投诉。消费者向CFPB提交投诉后将会收到电子邮件更新，并可以登录网站跟踪投诉状态。

（2）审查和转办。CFPB会将消费者投诉和提供的文件材料通过一个安全的机构网络门户转给相应机构，将投诉转给相关政府机构进行处理并通知消费者。

（3）金融机构回应。相关金融机构将查看消费者投诉信息，并视需要与消费者联系，向消费者反馈针对投诉反映的问题已采取的或将采取的措施。

（4）发布投诉。CFPB将在其消费者投诉数据库中发布与投诉有关的信息。

在征得消费者同意的情况下，CFPB 还会在消除消费者个人身份识别信息后发布消费者对相关投诉事项的描述。

（5）消费者评价。CFPB 会在得到金融机构回复时提醒消费者。消费者可以查看相关机构的回应，并有 60 天的时间提供对于金融机构回应的反馈。

2. CFPB 运行效果

2017—2018 财年，CFPB 共处理了约 320200 起消费者投诉，同比增长 9.88%。其中，约 81% 的投诉由消费者通过 CFPB 网站提交，5% 的投诉通过电话提交。由其他联邦机构转介给 CFPB 处理的投诉占 8%。其余的投诉通过信件、电子邮件或传真提交。

2016 年被投诉较多的金融产品分别是征信（占比 31%）、债务催收（占比 26%）、抵押贷款（占比 12%）、信用卡（占比 8%）、银行账户和服务（占比 8%）、学生贷款（占比 6%）、汽车贷款（占比 3%）、转账服务及虚拟货币（占比 2%）和个人贷款（占比 2%）等。

2016 年，CFPB 将 249200 个投诉（约占投诉总量的 78%）转给相关金融机构办理，向其他监管机构移送的投诉约占投诉总量的 16%，另有 5% 的投诉信息是不完整的。相关金融机构对所转办投诉中的 95% 进行了回复，办结了其中的 89%。

（三）香港金融管理局的投诉处理机制

香港金融管理局（以下简称金管局）于 1993 年 4 月 1 日成立，是负责促进香港银行业体系整体稳定及有效运作的政府机构。金管局监管持牌银行、有限制牌照的银行及接受存款的公司，有责任加强监察银行业遵守《银行营运守则》的情况，确保银行以负责、诚实及务实的态度经营，促进银行维持正当操守标准及良好和稳妥的业务规则。

1. 投诉范围。消费者可以就任何银行服务向金管局提出投诉，包括一般银行、投资及保险服务。金管局可以在下述情况下给予消费者协助，包括消费者对银行产品或服务有投诉；银行拒绝处理消费者投诉；消费者认为银行没有公平地处理其投诉；银行没有在 30 日内给予消费者最终回复；银行的最终回复没有全面回应消费者的投诉。

2. 投诉处理程序。金管局在收到消费者投诉后，会在 7 日内发出接获投诉的确认书。确认书发出后，金管局于 7 日内向消费者致函说明将如何处理其投诉。金管局也会要求银行将其回复的副本送交金管局审阅及评核。在完成评核后，金管局会决定应否及如何跟进投诉。金管局不干预银行的商业决定、就银行与客户的争议作出仲裁或介入有关争议，或指令银行作出赔偿。

四、金融消费纠纷投诉处理的监管措施

金融消费者在金融消费中处于弱势地位，需要法律和有关机关的倾斜保护。作为金融机构的监管单位，中国人民银行对金融机构处理金融消费纠纷的监管手段，除传统方法外还可引入新型柔性监管方式，及时保护金融消费者的合法权益。目前，可供参考的柔性监管手段主要有行政约谈、行政公示、行政指导以及风险提示函等。

（一）行政约谈

行政约谈是指行政机关在行政管理活动中针对相对人可能存在或已经发生的违法行为，采取调查了解、申明立场、讲解法律、宣传教育、给予指导、提出警示等方式，对其事前预防或予以纠正的新型行政行为。

在处理消费者投诉的过程中，人民银行可设立行政约谈制度，联系被投诉较多的金融机构相关人员到指定地点进行谈话，了解相关情况并督促其尽快解决问题。对于被约谈人员承诺的解决方法和效果，应重点记录下来并及时督促被约谈机构执行。

（二）行政公示

行政公示制度是指行政机关事先将公众关注的事项或情况向社会公布，以便查询。在监督金融机构处理消费者投诉的过程中，人民银行可以采用行政公示制度，对金融机构的被投诉情况及投诉办理情况安排公示。行政公示的具体内容应包括被投诉机构的名称、投诉数量、投诉内容等，增强对金融机构的声誉压力，并对满足一定条件的金融机构采取通报提醒、行政处罚等措施。

（三）行政指导

行政指导是指行政机关为谋求行政相对人作出或不作出某种行为以实现一定行政目的而实施的指导、劝告、建议等不具有国家强制力且不直接产生法律效果的行为。

在处理消费者投诉的过程中，人民银行可以构建行政指导制度，对投诉较多的金融机构进行重点指导。人民银行应定期整理投诉情况，将投诉数量较多的投诉情况安排行内或外部独立专家进行分析讨论，以研究出解决问题的办法，并将上述专家意见汇集成行政指导文件，并安排专门人员为相关金融机构提供行政指导。如果金融机构不配合指导，人民银行有权对其进行公开批评。

（四）风险提示函

风险提示函，一般是指金融机构向其服务的相对方提供的用于提示和规避风险的纸质文件。签收风险提示函表明相对方知晓风险提示函中所提示的风险的存在，并确认同意自担风险，这在一定程度上可以成为金融机构免责的依据。

在处理消费者投诉的过程中，人民银行也可以采用风险提示函。当人民银行接收的某金融机构的投诉数量达到了预设的警戒线时，人民银行可以向该金融机构发放风险提示函，以督促其及时核查问题并及时处理。

五、构建全链条的金融消费投诉调查机制

（一）完善金融机构的纠纷处理机制

作为直接与金融消费者发生业务联系的一方，金融机构身处金融消费纠纷投诉处理的第一线，应在以下几个方面提升金融消费纠纷投诉工作水平。

1. 构建组织结构

目前，我国商业银行在处理投诉时的分工模式大致可分为三种：一是设立"提升服务质量办公室"等专门部门，统一处理纠纷解决服务工作；二是将工会作为投诉处理的牵头部门，主要负责受理上门投诉与复杂投诉处理的协调，由客服中心分管电话投诉；三是不另设专门负责的部门，直接由原先的各部门负责与本部门有关的投诉。我国其他的商业银行大部分没有设立独立的纠纷处理部门，而是让市场营销部或者业务部门行使这部分职能。另外，我国各商业银行大部分都成立了专门的客服中心，如建行的95533客服中心。

对此，按照《国务院办公厅关于加强金融消费者权益保护工作的指导意见》（国办发〔2015〕81号）和《中国人民银行金融消费者权益保护实施办法》（银发〔2016〕314号）的规定，金融机构应当建立完善金融消费者保护工作机制，金融消费者权益保护工作基础较好，条件较为成熟的金融机构，宜建立独立的金融消费者权益保护部门，在人力物力、办公场所等配备充足资源顺畅开展工作；应作为一个独立部门开展工作，对投诉的调查、处理、回复不受业务部门的不当影响。金融消费者权益保护工作基础有待加强，条件尚未成熟的金融机构，应指定牵头部门，明确该牵头部门在金融消费者权益保护工作中的地位和作用，要求相关部门配合做好金融消费者权益保护工作。

2. 具体内容

（1）事前预警机制

进一步完善事前预警机制，统计分析过往投诉数据，研究潜在投诉客户的一

般特征及主要投诉情况，并依据研究结果建立起预警模型。预警模型可以帮助金融机构改良自身产品与服务，并提前与潜在投诉客户进行沟通与交流，及时了解客户需求，从根源上减少纠纷的发生。

（2）畅通投诉渠道

畅通投诉渠道能够让客户及时提出意见和宣泄自己的情绪，一定程度上有效缓解纠纷的紧张程度。具体来说，金融机构应当积极开通多种投诉渠道并通过各种方式告知客户，例如在柜台的醒目位置张贴介绍投诉渠道的海报。在受理投诉时，金融机构应以简明高效的方式准确记录客户投诉的主要内容，便于有关机关及时处理投诉。

（3）加强员工培训

作为直接与客户进行交流的人，受理投诉的员工应当培养特殊的专业技能和职业素养。金融机构应当对受理纠纷的员工进行日常培训，通过纠纷案例展示、模拟情景演练等方式，使他们了解客户的心态与各类纠纷的基本情况。受理纠纷的员工应掌握一定的金融消费基础知识。在处理投诉的过程中，受理纠纷的员工应具备服务客户的意识，态度始终保持谦和。

3. 事后追踪机制

在纠纷处理完毕之后，不仅要了解消费者的满意程度，考核纠纷数量、处理结果等指标，还要注意归纳整理各类纠纷。通过分析数据，找出引发纠纷的原因和问题，形成消保部门与业务部门的良性互动，从根本上提高服务品质。

（二）消费者协会的纠纷处理机制

消费者协会作为消费者权益保护的重要社会组织，在金融消费纠纷处理方面理应发挥更重要的作用。

1. 完善投诉受理

消费者协会在受理金融消费投诉时具体有以下几种受理方式：一是直接受理，即通过消协内部设置的投诉部、投诉中心、互联网、电子信箱等受理投诉。二是快速反应的受理方式，通常是指消协和政府职能部门（如工商部门）联合组建的快速处理消费纠纷的机制。三是电台热线受理方式，由新闻媒体通过举办"消费者投诉热线"的固定栏目，消费者通过拨打电台热线进行投诉，再转由消协工作人员进行处理。四是专业投诉站的受理方式，通过成立专业投诉站对专业性强的案件予以解决。消费者协会应进一步完善投诉受理途径，提升投诉处理专业性，保护消费者合法权益。

2. 丰富调解手段

对于受理的纠纷，消协可以进行调解，常用的调解方式主要有直接调解、公开调解、非公开调解和共同调解等。消费者协会应根据不同类型投诉,采取适当的调解方式。

3. 做好支持诉讼

根据我国《民事诉讼法》的相关规定,消费者协会可以征集相关的金融消费投诉。在征集投诉之后,消费者协会可以通过约谈涉事企业,甚至支持起诉等方式,帮助消费者维权。

(三) 行业自律组织的纠纷处理机制

金融行业自律组织近年来不断加强金融消费者保护,在金融消费纠纷解决方面不断完善处理机制。

1. 中国证券业协会

中国证券业协会于2011年9月成立了证券调解专业委员会,2012年2月成立了证券纠纷调解中心,并与地方证券业协会建立了证券纠纷调解协作机制。中国证券业协会在其官网上设置了"证券纠纷调解"栏目,包括在线申请、调解进度查询等内容。目前,受理证券纠纷的调解组织主要是指中国证券业协会证券纠纷调解中心以及接受调解中心委托转办证券纠纷调解案件的地方证券业协会。

2. 中国保险行业协会

2006年起,中国保险行业协会先后在上海、安徽、山东等地设立保险纠纷调解中心,开展保险业纠纷调解工作。部分地区建立保险消费者权益保护平台。该平台全天24小时接受投诉,可通过微信公众号投诉,并且实现了投诉—调解的衔接,一旦保险机构未能处理投诉,各地协会建立的保险纠纷调解组织将根据双方意愿介入调解。

3. 中国银行业协会

2011年7月,中国银行业协会设立了消费者保护委员会,以处理银行业的消费者诉求。2010年6月28日,中国银行业协会印发了《关于建立金融纠纷调解机制的若干意见(试行)》,对金融纠纷调解中心的设立、人员、受案范围、原则、调解方式、调解协议效力等作出了原则性规定。据统计,截至2016年,全国各地银行业协会支持或与部分仲裁机构合作建立了20多家金融仲裁院,金融仲裁院的重要职责便是金融纠纷的调解。

上述行业自律组织应充分发挥在行业内的自律作用,通过完善与法院、仲裁、信访、公证等机构的对接机制,提升纠纷解决渠道的丰富性和约束力,在保障行业健康发展的同时,为消费者提供便利的纠纷解决服务。

(四) 专业调解机构的纠纷处理机制

就专业调解机构的金融消费纠纷处理机制而言,本文选取上海市金融行业具有代表性的调解机构进行考察。

1. 行业性纠纷调解机构

上海银行业纠纷调解中心是在上海银监局指导下成立的全国首家民办非企业性质的银行业纠纷调解机构,该中心已经基本形成上海中心城区三级人民法院"诉调对接"全覆盖以及与多家仲裁委形成跨地域的"仲调对接"合作机制,逐步形成了包括"诉调""仲调""公调""律调""访调"等在内的全方位、多接口的司法对接大格局。

保险行业方面,2014年,上海市保险同业公会在上海保监局的领导下,将此前的"上海市保险同业公会人民调解委员会"更名为"上海市保险合同纠纷人民调解委员会",承担消费者涉及保险合同纠纷的调解工作,建成了"客户咨询投诉人民调解服务系统"信息平台。

证券行业除了专业的调解组织,还设立了中证中小投资者服务中心来解决证券纠纷。中证中小投资者服务中心是于2014年12月注册成立的证券金融类机构,归属中国证监会直接管理。为中小投资者自主维权提供教育、法律、信息、技术等服务;提供调解服务,代表中小投资者,向政府机构、监管部门反映诉求等都是中心的重要服务内容。

2. 综合性纠纷调解机构

上海市金融消费纠纷调解中心(上海市金融消费纠纷人民调解委员会)是我国第一家金融消费纠纷专业调解组织,在金融消费纠纷调解的实践中也进行了许多探索。中心先后推出了上门调解、夜间调解、视频调解、电话调解和调解中心现场调解等服务方式。建立了诉调对接机制,与上海市三级人民法院签署了合作协议。建立了中立评估机制,聘请与纠纷本身和纠纷各方均无利害关系的独立专家,依据当事人陈述及所提交的证据材料,作出建议性的评估报告,供当事人参考。自2018年5月18日起,中心陆续在全市各商业银行、信用卡中心、非银行支付机构设立了50个调解工作联络站,协助金融机构做好疑难投诉处置、金融知识普及与金融消费者教育工作,协助金融机构开展员工教育和职能培训,加强员工心理建设。

上述专业性调解机构应不断创新服务方式,利用好互联网、大数据等信息技术,突出专业性,为消费者提供经济、高效、专业、便捷的纠纷解决服务,润滑金融关系,提升金融稳定性。

参考文献

[1] 世界银行. 金融消费者保护的良好经验 [M]. 中国人民银行金融消费权益保护局译. 北京：中国金融出版社，2013.

[2] CFPB. 2017 Consumer Response annual report [EB/OL]. https://s3.amazonaws.com/files.consumerfinance.gov/f/documents/cfpb_consumer-response-annual-report_2017.pdf.

[3] FCA. Handbook Dispute resolution：Complaints [EB/OL]. https://www.handbook.fca.org.uk/handbook/DISP.pdf.

[4] FOS. Annual Review 2017/2018 [EB/OL]. http://www.financial-ombudsman.org.uk/publications/annual-review-2018/index.htm.

[5] OECD. G20 High-Level Principles On Financial Consumer Protection [EB/OL]. http://www.oecd.org/daf/fin/financial-markets/48892010.pdf.

人民银行征信信息安全管理效果及风险防范研究

中国人民银行上海总部内审部课题组

课题组组长：罗育全
课题组成员：俞义平　周　洁　成　娜　江　瀑　程　鑫
　　　　　　王北辰　赵亚楠

摘　要

近年来，征信信息泄露事件频发，近期人民银行内审系统组织了对征信信息安全管理的专项审计。结合审计发现，本文认为目前人民银行在征信信息安全管理中，存在制度上缺乏细化规定、技术上征信系统急需升级，且监管与被监管方均存在征信信息的内控缺陷等问题。

针对上述问题，本文通过建立混合策略模型后发现，接入机构违规经营与合规经营的收益差、接入机构的规模越大，违规业务占比越小时，人民银行应当提高查处概率；反之则可以降低查处概率，以期达到激励接入机构合规经营的目的。此外，业务规模越大的机构越倾向于选择违规运营，因此应当对机构进行分类监管，重点关注大型机构的内控情况。再次，模型还发现浮动比率的罚金将比固定数额的罚金产生更强的效用，因此人民银行在监管中应当慎用、用好浮动比率罚金。

老子云，"人无信不立，业无信不兴，国无信则衰"。随着经济全球化和我国市场经济的不断深化，我国信用体系建设正在全面展开、深入发展，征信体系一定意义上构成了市场经济的基石。从这个角度讲，守住征信行业不发生风险的底线，保证我国信用体系安全稳定运行至关重要。人民银行作为征信业监督管理部门，如何加强征信信息安全管理，规范征信行业健康发展成为需要我们关注的重要课题。

一、国内征信管理现状

（一）人民银行征信管理体系

我国征信体系建设走的是一条政府主导、先发展后规范的道路。它起步于 20 世纪 90 年代，经过 20 多年的发展历程，已形成一定规模。在征信体系建设过程中，人民银行扮演着建设者和监管者的双重角色。2003 年国务院赋予人民银行"管理信贷征信业"职责，2006 年中国人民银行征信中心成立，成为金融信用信息基础数据库的运营维护机构。2013 年《征信业管理条例》正式实施，标志着我国征信业发展正走向法制不断健全、信用信息基础数据库不断完善、征信市场不断成熟的轨道。

人民银行副行长陈雨露在 2018 年征信工作会议上指出，近年来人民银行征信系统致力于加强征信业顶层设计，实施"政府+市场"双轮驱动征信发展模式，牢牢守住征信信息安全防控底线，进一步规范评级市场管理，加快推进二代征信系统建设。[1] 2018 年 2 月，百行征信有限公司的个人征信业务申请获得人民银行许可，这标志着市场化征信渠道建设也开始起步，未来市场化征信机构将发挥更加重要的作用。

目前，我国已形成由人民银行和征信机构共同协调支撑的征信体系。其中征信中心负责运行维护信用信息基础数据库，经人民银行批准设立的征信机构负责经营业务范围内的征信业务，而从事信贷业务的机构（如商业银行）可以接入基础数据库向客户提供查询服务，但同时也负有及时向数据库报送征信信息的义务。自 2013 年 3 月《征信业管理条例》正式实施以来，我国坚持以贯彻落实《征信业管理条例》为核心，以促进征信业健康快速发展、保护信息主体合法权益为重点，推动征信服务水平的整体提升，由此促进社会信用体系建设不断深入推进。目前，人民银行运行的信用信息数据库已基本实现对商业银行全覆盖，部分互联网金融机构也已陆续接入，征信报告可信度大大提高。截至 2018 年 8 月末，数据库累计收录信贷信息 33 亿多条、公共信息 65 亿多条，为 2542 万户企业和其他组织、9.7 亿自然人建立了统一信用档案。[2] 而活跃于市场上的征信机构所能提供的产品服务也日益多元化，在帮助客户判断和控制信用风险方面服务

---

[1] 金融时报. 人民银行召开 2018 年征信工作会议 部署 2018 年五大工作方向 [EB/OL]. [2018-11-30]. http://www.cebnet.com.cn/20180503/102487701.html.

[2] 新华网. 我国已建成覆盖 9.7 亿自然人的金融信用信息数据库 [EB/OL]. [2018-11-30]. https://baijiahao.baidu.com/s?id=1615102401265649383&wfr=spider&for=pc.

日趋完善。

基础数据库的建设为征信系统的发展提供了有力的保障,而制度的建立和技术的发展则为征信系统的有序运行提供了必要的支持。制度上,征信查询程序、档案保存等各方面不断完善,《征信业管理条例》规定了各种违规操作的惩罚措施,为征信体系安全规范运行提供了有效支撑。技术上,已实现查询记录的可追溯,操作留痕使一旦发现违规查询可追溯到源头,有效保护了征信对象的个人隐私。但结合内审系统征信信息安全管理专项审计发现,当前由人民银行主导的征信体系在安全管理方面仍存在不少问题和风险。

(二) 当前征信信息安全管理面临的困境和风险

1. 征信信息监管相关法律制度不健全

2003年,由中国人民银行牵头的征信工作小组开始研究《征信业管理条例》,历经10年时间,直至2013年3月15日才开始实施。这一法规对征信机构、征信业务规金融信用信息数据库等内容做了规定,但仍存在一定的缺陷。首先,在法律层级上,《征信业管理条例》是国务院颁布的行政法规,而反洗钱业务的规制法规《反洗钱法》则是以法律的形式颁布的,征信业管理的重要性未能得到凸显。其次,在具体法规内容上该条例仍存在不够细致的问题。例如,条例中未提及征信机构用户管理的内容,导致部分机构对用户管理较为松懈。在征信信息安全管理专项审计中,审计组发现分中心柜台查询采用外包方式,为14名外包柜台人员设置了用户并办理查询、异议处理。此外,条例对征信信息数据的采集使用、个人隐私权的保护等也缺乏细化规定。

2. 征信系统安全防护技术存在缺陷

人民银行第一代征信系统已上线运行超过十年,其间几乎没有进行过重大系统升级,但近年来各类新型信息技术层出不穷,技术等级也已进行多次更新换代,旧有的安全防范措施很容易被黑客攻破。受限于当时的技术条件,征信系统在设计之初就缺少必要的异常信息监控、识别及追踪子系统,因此当有非正常访问发生时难以识别并锁定发生入侵的硬件设备,无法及时阻止信息的外泄。另外,征信系统无法记录查询行为IP地址等,导致无法在第一时间追溯发生查询行为的实际场所和设备,进而锁定查询人。同时征信系统的查询客户端缺少甄别非法程序的预警和阻断功能,这为大批量异常查询敞开了大门,给征信系统安全和防护带来极大风险。

3. 人民银行信息安全管理落实不到位

目前个人及企业征信查询、异议投诉处理等业务应当由人民银行征信中心及各分支行征信分中心受理。征信信息安全管理专项审计发现,部分分支行征信分中心由于人员少、任务重等原因，将部分征信方面业务（包括个人征信信息、企业征信信息的柜台查询和异议处理）外包。在相关监管机制未完全配套的情况下，征信分中心可能无法对业务外包公司进行有效的监督管理，因而产生信息泄露的风险。另外，征信管理链条上程序较为烦琐，造成征信中心任务过重、整体反应较慢等问题。

4. 征信系统接入机构内部管理不到位

除了制度上和技术上的缺陷以外，征信业运行的实践中，接入机构的违规行为同样也威胁着征信信息安全。例如，2016年发生了"5·26侵犯公民信息案"，该案中银行行长夏某出售掌握在自己手中的银行征信系统查询账号，由该行其他员工查询后，以30~50元的价格转卖给他人获利。这是因为随着P2P平台、小额贷款公司的发展，其对个人征信信息的需求越发旺盛却无法通过合法渠道获得，只能通过利诱征信系统查询人员非法获得相关信息。[①] 从全国各地风险事件来看，征信系统信息泄露事件多发，与外部大环境有关，更与接入机构内部管理不到位有重要关系。征信系统的应用已深度融入商业银行各个业务流程，但相应的内部管理却没有跟上，"重权力、轻问责，重使用、轻管控"的倾向较为普遍。在用户管理、查询操作、风险控制、硬件安全防控等方面大量存在设置公共用户、超出约定用途使用信用报告、对授权资料保管不善、对未经授权查询个人信用报告的严重性认识不足、对违规操作问责不到位等普遍性问题。

目前，尽管国家已经在推动征信机构市场化的转型，但获得人民银行批准成立的征信机构数量仍然较少。根据《中国金融年鉴（2017）》，截至2016年12月31日，目前存续的已在人民银行备案的企业征信机构仅有136家。[②] 而与此相对的是，从事信贷业务因而接入数据库的金融机构不胜枚举。因此，本文将选定接入机构作为征信信息安全监管的主要监管对象，并通过构建博弈论的模型拟说明相关因素对监管效果的影响。

二、博弈论浅析与混合策略模型构建

（一）博弈论概念梳理

利益冲突及其解决是人类社会永远的核心问题，即使目前倡导的"双赢"也无法完全均质化双方的利得。在当事双方存在利益冲突而进行抉择时，这种主体间的相互作用被称为博弈。从战国时期的"田忌赛马"到近代冯·诺依曼和

---

① 翟泉明. 基层中央银行防范征信系统信息泄露探析［J］. 征信，2017（4）：57.
② 中国人民银行. 中国金融年鉴（2017）［M］. 北京：中国金融年鉴杂志社有限公司，2018.

莫根施特恩以联盟为核心的合作博弈解思想，博弈论经历了较长的发展过程。而约翰·纳什跳脱出合作博弈的思维框架，不以联盟而是以个人作为利益分析的出发点，给出了"纳什均衡"这一伟大设想。① 纳什均衡主要探讨的是博弈主体在双方信息完全已知，且对方选择既定的情况下，对其自身而言效用最优的策略，但这一概念却无法完全解决动态多次的博弈情况。因此又有了泽尔滕的子博弈精炼纳什均衡和海萨尼的贝叶斯纳什均衡。但限于研究数据的不足和本文体量问题，本文将主要依据完全信息模式下的静态博弈论，在此基础上进行混合策略模型的建立。

1. 占优策略和占优策略纳什均衡

（1）占优策略

一个博弈往往可以用两种不同的方式来表述：一种是战略式表述（strategic form representation）或标准式表述（normal form）；另一种是扩展式表述（extensive form）。在静态博弈的框架下，战略式表述能够帮助我们更清楚地辨析双方的策略与收益，因此本文将采取该表述方法。战略式表述一般包括下面几个基本要素：参加者、策略空间和收益函数。我们拟定参加者为每个参与博弈、追求其自身效益最大化的理性人，策略空间则是每一个参加者可以选择的所有策略构成的集合，收益函数则是参加者选定某种策略后所获得的效用水平。② 以著名的囚徒困境为例③，两名囚犯为博弈的参加者，坦白或不坦白这两种策略构成了他们的策略空间，其战略式表达见图1。

		囚徒 A	
		不坦白	坦白
囚徒 B	不坦白	-2，-2	-1，-10
	坦白	-10，-1	-5，-5

图1 囚徒困境的战略式表达

显然，在这两名囚犯的博弈中，对于 B 而言，无论 A 进行何种选择，他的最优策略都是坦白，我们将这种策略称为严格占优策略（strictly dominant strategy）。严格占优策略是指面对博弈对手方的任何策略而言，参加者的某一策略都比其他策略带来的收益要多，那么这一策略就是对该参加者而言的严格最优策

---

① 涂志勇. 博弈论 [M]. 北京：北京大学出版社，2009.
② 洪开荣，孙倩. 经济博弈论前沿专题 [M]. 北京：经济科学出版社，2012.
③ 即两名囚徒被抓后，如果双方都坦白，各获刑5年；如果只有一人坦白，坦白者只获刑1年，未坦白者获刑10年；如果双方都不坦白，那么两人都只获刑2年。

略；而如果某一策略带来的效用并不比其他策略带来的效用少,那么这一策略就是最优策略。

(2) 占优策略纳什均衡

进一步,如果一个博弈中,某个策略组合中的所有策略都是所有博弈参加者的最优策略,那么这个策略组合肯定是所有参加者都愿意加以选择的,因此它也将成为该博弈较为稳定的结果。这时,这一策略组合就成为该博弈的一个"占优策略均衡"(dominant strategy equilibrium)。例如,在上述因徒困境的模型中,(坦白,坦白)就构成了 A、B 两人的占优策略均衡。

由于占优策略的作出与博弈对手方的选择无关,因此对单个博弈方而言占优策略属于绝对偏好的上策,这将导致博弈的结果非常稳定。然而,在现实生活中,并非每个博弈方都有这种绝对偏好的上策,而博弈的根本特征是单个博弈方的最优策略是会随其他参与方策略的变化而变化,因此占优策略均衡不是普遍存在的。[①] 为了解决双方"相机决策"的问题,我们就需要引入混合策略(mixed strategies)这一概念。

2. 混合策略与混合策略纳什均衡

(1) 混合策略

上面我们已经说到,纯策略的占优纳什均衡并不是普遍存在的,实践中的博弈双方往往会"相机决策",即根据对方选择的策略而改变自己的策略。生活中常见的例子有"剪刀、石头、布"等,本文将选用"猜硬币"这一模型说明混合策略。

"猜硬币"是指两个儿童 A 和 B,通过猜硬币的正反面赌输赢,其中 A 作为出题方用手盖住硬币,由 B 来猜是正面朝上还是反面朝上。B 猜对则得 1 元,A 输掉 1 元;反之,如猜题人 B 猜错,则出题方 A 得 1 元。我们用图 2 的战略式表达描述该博弈。

		儿童 B (猜题)	
		正面	反面
儿童 A (出题)	正面	−1, 1	1, −1
	反面	1, −1	−1, 1

图 2 "猜硬币"的战略式表达

显然,在这组博弈中是不存在严格占优策略下的纳什均衡的。因为对 B 而

---

① 范如国,韩民春. 博弈论 [M]. 武汉:武汉大学出版社,2006.

言,如果 A 出题为正面,则其应选择反面;而如果 A 出题为反面,则 B 应选择正面。在上述情境中,B 无法做到以不变应万变,在这个博弈中双方的利益是严格对立的,是一个典型的利益对立的零和博弈。因此,在这个博弈中,博弈参与方要想获得最大的收益,其一定要确保自己的策略不能预先被对方知道,即 A 应当确保自己出题时选择正面或反面是随机的。

上述模型可以推广到这样一个抽象表达:在一个有 N 人的博弈中,某个博弈方 i 的策略空间为 $s_i = \{s_{i1}, \cdots, s_{ik}\}$,博弈方 i 以概率分布 $p_i = (p_{i1}, \cdots, p_{ik})$ 随机在其 k 个可选策略中进行选择,以这种方式作出的策略为"混合策略"。

(2) 混合策略纳什均衡

此外,在不存在占优策略的博弈的多次重复中,博弈双方应当避免自己的选择体现某种规律性,否则对手就可以根据这种规律来选择自己的策略。比如,在"猜硬币"中如果 A 出正面的概率为 p,出反面的概率则为 $1-p$,A 倾向于多出正面,则 $p > 1-p$ 或 $p > 1/2$,这种情况下如猜硬币方 B 全猜正面,则他的预期得益为:$p*1 + (1-p)*(-1) = 2p-1 = 2(p-1/2) > 0$,那么对 B 而言,他就总是赢多输少。所以对 A 而言,最优的方法就是以相同的概率随机出正面或反面,这时 B 就无法根据对方的选择来获取更大的利益,双方也就对这两种可选策略随机选择概率分布的意义上达到了一种稳定,即均衡。这时候的纳什均衡意味着任何博弈方单独改变自己的策略,或者改变各个策略的概率时,都无法给自己增加任何利益,这就是"混合策略纳什均衡"。

三、人民银行征信信息安全博弈的混合策略模型

上文中我们已经提到,目前我国的征信信息安全保护方面仍存在较多的问题,其中较为显著的是征信信息库接入机构非法查询或查询不规范的问题。此外,接入机构内控制度不健全、相关标准不统一等问题,也导致了数据质量不准确、违规查询频发、异议纠纷等情况,这都影响着征信系统数据库的正常运行。因此,本部分将聚焦于人民银行与征信系统接入机构间的博弈,通过构建混合策略模型的形式得出相关结论。

(一)基本假设

首先,博弈双方的利益存在不一致,人民银行的目标在于贯彻征信信息监管,防止信息泄露。而接入机构的目标则在于履行征信业管理的相关法律制度,在收益与信息泄露风险中寻求平衡。当人民银行的监管要求与接入机构的盈利目标相违背时,双方会进行博弈,模型的目的在于寻求双方利益的均衡点,从而找出影响均衡的关键参数,解决现实问题。

其次，在设立具体参数前，我们还应建立以下基本假设：

假设1：博弈双方均为风险中性和完全理性经济人，风险中性意味着双方均采用"效用"来衡量其实际利益，完全理性经济人则说明其都能及时识别最优效用决策并且采用该决策。

假设2：博弈双方的策略集皆为对方所知，换言之，双方处于"完全信息博弈"。就本模型而言，人民银行的策略包括"查处"和"不查处"，而接入机构的策略包括"合规运营"和"违规运营"，合规运营即指接入机构完全按照《征信业管理条例》的要求进行查询、建立健全的内控制度。

假设3：接入机构合规（违规）运营的收益大于其运营成本，违规运营的净利润大于合规运营的净利润。

假设4：目前人民银行对接入机构合规运行并未进行相关奖励，但为了模型的构建，我们假设接入机构合规查询、合规运营被人民银行核实之后将获得奖励，且奖励分为固定奖励与和查询信息规模相关的浮动奖励。此外，根据《征信业管理条例》第四十条，接入机构的违规行为将受到人民银行的处罚①，同样出于研究的需要，本文中我们设定人民银行的罚金处罚不但包括固定的罚金，还包括与信息泄露规模相关的浮动罚金。

假设5：人民银行的检查强度与接入机构的信息查询规模呈正相关，即信息规模越大，检查力度越强。

假设6：信息泄露造成社会损失由人民银行承担，当接入机构完全合规运营时，社会损失为0。

假设7：人民银行的检查为现场检查，当人民银行进行现场检查时，接入机构将因此产生接待成本。

（二）参数设置

根据上述假设，我们设定如下参数。

1. 接入机构相关参数

根据《国家发展改革委关于降低中国人民银行征信中心服务收费标准的通

---

① 《征信业管理条例》第四十条："向金融信用信息基础数据库提供或者查询信息的机构违反本条例规定，有下列行为之一的，由国务院征信业监督管理部门或者其派出机构责令限期改正，对单位处5万元以上50万元以下的罚款；对直接负责的主管人员和其他直接责任人员处1万元以上10万元以下的罚款；有违法所得的，没收违法所得。给信息主体造成损失的，依法承担民事责任；构成犯罪的，依法追究刑事责任：（一）违法提供或者出售信息；（二）因过失泄露信息；（三）未经同意查询个人信息或者企业的信贷信息；（四）未按照规定处理异议或对确有错误、遗漏的信息不予更正；（五）拒绝、阻碍国务院征信业监督管理部门或者其派出机构检查、调查或者不如实提供有关文件、资料。"

知》(发改价格规〔2017〕1232 号),人民银行对接入机构等机构的查询收费采取的计算方式:征信查询服务费标准 = 基准服务费标准 × 数据贡献量系数 × 数据查询量系数。目前,接入机构查询个人信用报告的基准服务费用为每份 4 元,查询企业信用报告的基准服务费为 40 元。数据贡献量系数与上年度征信查询用户累计向征信系统提供数据量占全部数据量的比例呈负相关,即上年度该查询用户向数据库提供的数据越多,系数越低,因而产生的资费越少。数据查询量系数与该用户实际查询量成反比,即实际查询数越多,系数越低,因而产生的资费也更少。因此,我们假设以接入机构的数据贡献量系数 × 数据查询量系数为基础,设合规经营收益系数为 a;违约经营收益系数为 b(这里不区分接入机构个人和机构的收益);该年度该接入机构实际查询量 y(y 实际分为个人和企业信用报告查询量两部分,考虑到方程的简洁程度,这里未做区分);那么,合规运营的收益为 ay,违规收益为 by,$b > a$。

设接入机构的违规业务规模占总业务规模的比例为 d($0 < d < 1$),其违规行为一旦被查处,损失包括固定罚金 X 和与违规业务规模相关的浮动罚金 tdy(t 为浮动罚金比例)。

设接入机构合规运营的成本率为 d($d > b$),合规运营获得的利益包括固定奖励 B 和与查询数据规模相关的浮动奖励 ny。此外,假设当人民银行到接入机构进行现场检查时,会发生相关接待成本 fmy(f 为检查深度和广度,m 为接待成本比例)。

2. 人民银行相关参数

设人民银行的检查成本为 fgy(f 为检查深度和广度,g 为检查成本率)。如果接入机构违规运营,人民银行查处获得的收益包括固定罚金收入 X 和浮动罚金收入 tdy(此处收益主要指人民银行作为国务院授权的征信监督机构,代表国家收取的罚金收入,并非表明为人民银行的监管利得)。当检查发现接入机构合规运营时,人民银行对该机构的奖励为 $B + ny$;当接入机构违规运营,而人民银行不予查处时,人民银行承担的社会损失为 hdy(h 为社会损失比率)。

(三)构造混合策略收益矩阵

人民银行与接入机构之间策略组合有以下四种情况:

1. 接入机构选择"合规运营",人民银行选择"查处"。该策略组合下,接入机构在净收益的基础上还需要减去因接待现场检查而支出的成本,但同时其也能获得奖金收入,因此接入机构的净收益为 $ay + B + ny - fmy$。人民银行因为选择查处,将增加检查成本和奖励成本,净收益变为 $-fgy - B - ny$。

2. 接入机构选择"合规运营",人民银行选择"不查处"。该策略组合下,

接入机构净收益为 ay。人民银行因为不查处，且未发生信息泄露事件，因此净收益为 0。

3. 接入机构选择"违规运营"，人民银行选择"查处"。该策略组合下，接入机构需支付检查接待成本和违规行为被查处的罚金，其净收益为 $by - X - tdy - fmy$。人民银行因为查处，获得罚金收益并挽回了社会损失，也承担了检查成本，其净收益为 $X + tdy - fgy$。

4. 接入机构选择"违规运营"，人民银行选择"不查处"。该策略组合下，接入机构净收益为 by。人民银行由于未履行监管职责而导致了社会损失，其净收益为 $-hdy$。

		人民银行	
		查处（p）	不查处（$1-p$）
接入机构	合规运营（q）	$ay + B + ny - fmy$, $-fgy - B - ny$	ay, 0
	违规运营（$1-q$）	$by - fmy - X - tdy$, $X + tdy - fgy$	by, $-hdy$

图 3　接入机构和人民银行的混合策略博弈

根据上文提到的混合策略模型，假设人民银行选择"查处"这一策略的概率是 p，不查处的概率则为 $1-p$；接入机构选择"合规运营"的概率为 q，则选择"违规运营"的概率为 $1-q$。那么人民银行与接入机构的混合策略博弈收益矩阵见图 3。

（四）运用极值定理计算最优概率

根据上述收益矩阵计算接入机构和人民银行期望收益，并分别关于概率求偏导，对计算结果进行分析，排除无现实意义的结果，得出均衡概率。

1. 给定人民银行查处概率 p，接入机构的期望收益为

$\Pi(p, q) = q * [p(ay + B + ny - fmy) + (1-p)ay] + (1-q) * [p(by - fmy - X - tdy) + (1-p)by]$

关于 q 求偏导，

$\frac{\partial \Pi(p,q)}{\partial q} = p[ay + B + ny - fmy] + (1-p)ay - p(by - fmy - X - tdy) - (1-p)by = 0$

得到 $p* = (b-a)y / [B + X + ny + tdy - (b-a)y]$

2. 给定接入机构合规运营概率 q，人民银行的期望收益为

$$\Pi(p, q) = p * [q(-fgy - B - ny) + (1-q)(X + tdy - gfy)] + (1-p) * [q*0 + (1-q)(-hdy)]$$

关于 p 求偏导, 得

$$\frac{\partial[\Pi(p,q)]}{\partial p} = q*(-fgy - B - ny) + (1-q)[X + tdy - fgy] - (1-q)(-hdy) = 0$$

得到 $q* = (hdy + X + tdy - gfy) / (B + X + ny + hdy + tdy)$

对接入机构而言，如果人民银行查处的概率大于 $p*$，接入机构的最优选择是合规运营的策略；如果人民银行查处的概率小于 $p*$，接入机构的最优选择是违规运营的策略。对人民银行而言，如果接入机构实施合规运营的概率小于 $q*$，则人民银行的最优策略是查处；如果接入机构实施合规运营的概率大于 $q*$，则人民银行的最优选择是不查处。可见，在接入机构较少合规运营策略的阶段，为了引导接入机构主动实施该策略，人民银行需要提高查处概率；但当采取合规运营策略的接入机构已达到一定比率时，人民银行可以减少查处的概率。实际上，由于参数数据较难在现实中获取，有的则没有实际意义，所以较难进行实证分析，计算出 $(p*, q*)$ 的具体数值，本文旨在通过模型进行参数分析，提出具有实践价值的意见和建议。

(五) 参数分析

1. 人民银行最优查处概率 $p*$ 值分析

上述算式 $p* = (b-a)y / [B + X + ny + tdy - (b-a)y]$ 可变化为

$$p* = (B + X + ny + tdy) / [B + X + ny + tdy - (b-a)y] - 1$$

$$p* = (b-a) / [(B+X)/y + n + td + a - b]$$

可见，人民银行最优查处概率 $p*$ 与接入机构相关参数 $b-a$、y 呈正方向变动关系，与 d 呈反方向变动关系，即接入机构违规经营与合规经营的收益差、接入机构的规模越大，违规业务占比越小，人民银行查处的最优概率越大，则人民银行需要提高查处概率，才能使接入机构选择合规经营；反之则会降低查处概率，以期达到激励接入机构合规经营的目的。

人民银行最优查处概率 $p*$ 与自身奖罚力度的相关参数 B、X、n、t 呈反方向变动关系，即奖罚力度越大，则人民银行可以降低查处概率，就可以实现激励接入机构选择合规经营策略的目的。此外，$p*$ 值等式表明，人民银行最优查处概率与检查接待成本 m 没有直接关系。

从参数对人民银行最优查处概率 $p*$ 的影响程度来看，尽管固定或浮动罚金

（奖励）对 $p*$ 的影响均为负相关，但由于浮动罚金（奖金）和 y 相关①，所以浮动罚金（奖励）对 $p*$ 负相关的程度是强于固定罚金（奖励）的。鉴于此，在制定奖罚规则时，相对于固定罚金（奖励），人民银行须谨慎运用浮动奖惩机制。

2. 接入机构合规经营的最优概率 $q*$ 值分析

上述算式 $q* = (hdy + X + tdy - gfy) / (B + X + ny + hdy + tdy)$ 可变化为

$$q* = (gfy + ny + B) / [d(hy + ty) + ny + B + X] - 1$$

可见，接入机构合规经营最优概率 $q*$ 与自身相关参数 d 呈正方向变动关系，即接入机构违规经营的比率越大，自身选择合规经营的概率越低，这是符合一般逻辑的。但是 $q*$ 值与接入机构自身规模 y 的关系无法从算式中简单判断，与违规经营带来的社会损失、人民银行对违规经营行为的浮动罚金与人民银行检查的力度和检查成本率的比较有关，如果信息安全出现风险事件引发的社会损失和人民银行设定的浮动罚金比率较大，相比人民银行检查力度较小，则接入机构合规经营最优概率 $q*$ 与业务规模呈反方向变动关系，即业务规模大的接入机构选择合规经营概率反而较小，这与一般逻辑存在差异，需要人民银行加大检查力度，避免大规模的接入机构逆向选择。

接入机构合规经营最优概率 $q*$ 与人民银行奖罚力度的相关参数 B、X、n、t 呈反向变动关系②，即人民银行奖罚力度越大，接入机构合规经营最优概率越小，则接入机构可以减轻合规经营的监管压力。

从参数对接入机构合规经营最优概率 $q*$ 的影响程度来看，与人民银行最优查处概率 $p*$ 类似，浮动措施均比固定措施的效应更强，所以人民银行在制定奖罚规则时，须谨慎运用浮动奖惩机制。

四、意见建议

通过模型的建立及参数分析，结合征信审计调查、行业调研情况，围绕提高人民银行履职、加强对征信机构的监督管理，本文拟提出下列意见和建议：

1. 完善征信法规体系，降低制度风险，加强事前预防。根据模型可以发现，接入机构选择选择是否违规运营的概率 $(1-q)$ 与其选择违规经营获得的收益 $(b-a)y$ 密切相关。同时该参数对人民银行的最优查处概率 $P*$ 有很大影响，其值越高，人民银行的监管成本 fgy 也将越高，从而使人民银行无法在更广的层

---

① 可以通过对 $q*$ 关于所有参数求偏导，这里限于篇幅，未列出偏导算式，仅以文字表述。

② 其中对 $q*$ 和 X 的关系需要求偏导判定：$\dfrac{\partial q*}{\partial X} = -\dfrac{fgy + B + ny}{(B + X + ny + hdy + tdy)^2} < 0$，限于篇幅，不在正文中给出算式。

面开展监管，客观上使接入机构选择违规经营的概率升高。对模型深入分析后发现，引起此种情况的最根本原因在于制度体系不完善、不健全，给相关接入机构留下了违规操作的空间。现行的征信业管理法规中，《征信业管理条例》于2013年3月开始实施，而《个人信用信息基础数据库管理暂行办法》更是已实施了13年。与此相对的是，征信行业最近5年经历了快速发展，征信业市场也已发生了巨大变化。上述几部基础法规已经很难完全适应征信违法违规的新情况。因此，制定出台与《征信业管理条例》等相配套的规章制度，完善征信业务操作流程、建立征信信息安全巡查制度、健全征信信息泄露事件应急处置机制、严肃责任追究制度等方面显得尤为重要。通过相关措施尽量减少制度漏洞，防止市场机构打擦边球，从而提高接入机构合规经营的概率 q，使征信市场经营更加规范。

2. 积极适应金融科技，完善征信系统开发，利用科技手段防范风险。人民银行应主动适应科技的发展与创新，通过整合应用各种数字化手段有效应对金融科技发展对信息安全造成的潜在风险隐患。以征信查询前置系统（以下简称前置系统）为例，人民银行通过向接入机构推广前置系统，很好地实现了用户管理、业务审核、电子档案管理等各类功能。但随着征信业务信息的扩充、业务量的上升，前置系统更新不及时、安全补丁不足的问题已逐渐暴露。因此需要继续加强金融科技的开发应用，与时俱进。例如可以在前置系统中加入查询预处理功能模块，通过建立用户关联映射关系，将前置系统打造成为能够实现用户管理、授权查询、统计分析及监测预警的综合性业务平台，[①] 从而进一步加强征信信息安全风险防范，保障征信信息查询安全。

3. 提高非现场监管手段，完善监督检查，构筑事中、事后风险防范体系。一是合理分配资源，分类监管，提高监督检查成效。当前，基层人民银行普遍存在人员短缺的问题，随着征信行业规模迅速扩张，接入机构数量快速增长，资源紧缺的矛盾越发凸显。因此，研究如何合理分配有限的资源，提高监督检查成效是很有必要的。对本文建立的模型进行分析发现，业务查询量 y 大、收益率 a 较高，以及长期未接受检查的相关接入机构，如果出现违规，人民银行所受到的损失 $-hdy$ 将会很大。例如大型商业银行，业务范围广、分支机构众多，业务量巨大，其一旦违规造成的影响将更为恶劣，因此这样的机构理应成为监管的重点。但是，某些小微机构出于盈利需求，同时内部管理水平较低，也倾向于违规，其所造成的社会损失同样不可忽视。因此，应根据不同机构的特点，对其分类、划分等次、规划相应的监控力度和检查频次，并依据不同的属性制订出重点突出且能有效覆盖的检查计划。二是丰富现场检查手段，提高工作质量。及时总结现场

[①] 顾科. 征信查询前置系统建设探析 [J]. 征信，2018（10）：23–26.

检查经验，科学合理抽样，找准检查重点、难点，不断提高检查效率；做好检查准备，利用征信查询数据库，做好数据筛选，寻找问题线索，提前分析研判，为现场检查打好基础。三是完善异常查询预警，丰富征信系统功能，开展非现场检查。积极探索应用大数据技术，在征信系统加入实时数据分析功能，将有限人力无法全面覆盖的现场检查工作交由系统监督，实现对接入机构的非现场检查，释放资源。另外，结合现场检查发现的问题，完善异常查询预警模型，不断创新征信系统的功能开发，简化操作，实现科技预防；加强系统的数据传输、报送功能，有效降低检查成本，从而有效提高监督的覆盖面。

4. 建立健全奖惩体系，实现激励约束。通过模型可以发现，固定罚金 X、浮动罚金 tdy、固定奖励 B、浮动奖励 ny 与人民银行最优查处概率 $p*$ 和接入机构合规运营概率 $q*$ 均是反向相关。因此，可以通过提高接入机构的违规处罚上限并对表现较好的接入机构实行奖励，达到降低人民银行监管成本与接入机构违规概率的双重效果。目前，《征信业管理条例》中规定处罚的上限为"5万元以上50万元以下的罚款"；针对"擅自设立经营个人征信业务的征信机构或者从事个人征信业务活动的""窃取或者以其他方式非法获取信息"等情形，有"2万元以上20万元以下的罚款"；针对个人的则有"1万元以上10万元以下的罚款""1万元以上5万元以下的罚款""1万元以下的罚款"三档。相对于违法获得的收益，处罚力度明显不足，因此本文建议积极修订新条款，适当增加处罚上限或加入浮动处罚条款，提高接入机构的违规成本，形成行政处罚的震慑效果。奖励方面，实际操作中人民银行可以适当地在考核评价中予以体现或者适当给予荣誉称号等形式的精神鼓励。同时，建立完善征信市场准入、退出机制：备案管理中严控企业进入门槛，对于申请接入征信系统的机构资质严格审核；同时建立征信市场退出制度，对存在多次重大违规的接入机构取消其接入资格，促使其退出征信市场，保证征信行业的健康发展。

参考文献

[1] 范如国，韩民春. 博弈论 [M]. 武汉：武汉大学出版社，2006.

[2] 洪开荣，孙倩. 经济博弈论前沿专题 [M]. 北京：经济科学出版社，2012.

[3] 涂志勇. 博弈论 [M]. 北京：北京大学出版社，2009.

[4] 中国人民银行. 中国金融年鉴（2017）[M]. 北京：中国金融年鉴杂志社有限公司，2018.

[5] 高博. 基层中央银行征信信息系统安全管理审计实践 [J]. 中国金融电脑，2018（1）：79-81.

[6] 顾科. 征信查询前置系统建设探析 [J]. 征信, 2018 (10): 23-26.

[7] 汪秋萍, 崔强, 梁鹏, 周超. 基层中央银行风险导向型征信监管模式的思考与实践 [J]. 征信, 2018 (5): 13-17.

[8] 翟泉明. 基层中央银行防范征信系统信息泄露探析 [J]. 征信, 2017 (4): 57.